이규하 교수 논문집

이 도서의 국립중앙도서관 출판예정도서목록(CIP)은 서지정보유통지원시스템 홈페이지(http://seoji.nl.
go.kr)와 국가자료공동목록시스템(http://www.nl.go.kr/kolisnet)에서 이용하실 수 있습니다.
CIP제어번호: CIP2018041883

이규하 교수 논문집

원로 역사학자의 독일 현대사 연구

이규하 지음

한울
아카데미

머리말

필자는 빈(Wien) 대학교[1]에서 서양 현대사를 중심으로 7년 만에 박사학위[2]를 취득한 후 귀국해 전북대학교 조교수로 발령받아 6년간 근무했다. 그 후 연구에 필요한 책이 국내에 거의 없어 독일에서 지원하는 연구비로 뮌헨 대학교 대학원에 적을 두고 1년간 뮌헨의 '현대사연구소(Institut für Zeitgeschichte: IfZ)'에서 근무했다. 당시 필자의 연구 주제는 '아돌프 히틀러(A. Hitler)'와 '독일 분단'에 관한 것이었다.

당시 독일 현대사연구소 입구에 비치된 안내문에서 인상 깊은 내용을 발견했는데 내용은 다음과 같다.

> 현대사(現代史)란 역사 연구에서 매우 중요한 부분을 차지하고 있긴 하나 불가
> 피한 현실 정치의 영향 등으로 객관성을 유지하기 어려운 것이야 말로 최대
> 단점이다. 하지만 독일이 과거의 바람직하지 못한 정치로부터 벗어나 오늘날
> 모범적 민주국가로 재탄생하게 된 것은 전후 미국이 독일 현대사연구소 건립
> 에 많은 지원을 했고, 연구소의 방향을 독일이 건실한 민주국가로 성장하는

---

1 신성로마제국을 600여 년간 통치했던 오스트리아 합스부르크가의 전성기인 1365년에 건립된 독일어권에서 가장 오래된 대학이다.
2 서양학 전공(서양의 역사·정치·사상을 연구하는 학문).

데 역점을 두었기 때문이다.

서양 현대사, 특히 독일 현대사가 어려운 것은 자료가 너무 방대하기 때문이다. 이 책의 내용은 조금 길고도 복합적이며 내용 또한 까다롭다. 그 이유는 '히틀러의 사상', '독일 분단과 독일 통일'에 대해 역사·정치·사상을 중심으로 비교적 자세하면서도 폭넓게 다루었기 때문이다. 또한 에른스트 놀테(E. Nolte) 교수의 지원으로 '한국전쟁으로 야기된 독일의 재무장 논쟁', '중국 산둥반도에서 독일·일본 제국주의의 충돌', '독일 전통사상(역사주의)의 한 주류 및 비판'이 포함된 것도 이유라 할 수 있다.

독일 격동기(激動期)의 역사·정치·사상에 대해 자료를 수집·연구하고 보완해온 글들을 마침내 한 권의 책으로 세상에 내놓게 되어 필자의 마음은 매우 기쁘고 홀가분하다. 또한 이 책이 필자의 전공 분야 중 핵심을 다루고 있어 더욱 의미가 있다고 본다.

그간 살아온 긴 세월을 돌이켜보면 어려움도 많았지만 행운이 함께한 때도 여러 차례 있었다. 필자는 초·중등학교를 1등으로 졸업했고 전주 고등학교의 우등생이었으며 전북대학교를 수석으로 졸업하는 영광을 차지하기도 했다. 대학 졸업 직후 미국 스탠포드 대학교와 오스트리아 빈 대학교에서 장학금을 받고 입학할 수 있는 기회를 얻었다. 그중 빈 대학교를 선택한 이유는 유럽의 선진 문화를 직접 경험하고 배워 한국의 발전에 기여하고 싶었기 때문이다.

오스트리아는 "스키와 음악에 열중하는 작은 나라"로 알려져 있지만 합스부르크(Habsburg)가가 신성로마제국(962~1806, 약 840년)을 통치하던 약 600여 년 동안 '해가 지지 않는 나라'라고 칭할 정도로 세계에서 가장 넓은 지역을 차지했다.[3] 빈 대학교와 '비엔나 학파(Vienna Circle)'에 대해 알아보고 비슷한

---

3 이에 대해서는 필자가 지난 2016년 11월부터 6회에 걸쳐서 ≪자치광장≫(전북 의정연구소 편)에 상세히 기술했다.

시기에 빈 대학교에서 유학 생활을 한 사람들에 대해 기억을 더듬어보려고
한다.

먼저 여러 명의 노벨상 수상자가 있다. 그리고 UN 사무총장을 중임하고 대
통령이 된 발트하임(K. Waldheim)이 있다. '비엔나 학파'는 철학·과학·사회학·
심리학·의학·역사학 등으로 유명한데 철학·사회학 부분에는 비엔나 학파를
창설한 슐리크(M. Schlick)와 사회학자 노이라트(O. Neurath)가 있고, 빈 대학교
에서 학위를 받고 옥스퍼드 대학교에서 활약한, 『열린 사회와 그 적들(The
open society and its enemies)』로 유명한 칼 포퍼(K. Popper)가 있다.[4] 미국 과학
철학에 많은 영향을 끼친 비트겐슈타인(L. Wittgenstein), 필자가 열심히 청강한
가브리엘(Gabriel)·하인텔(Heintel) 철학 교수, 그리고 심리학(정신분석학) 분야
에는 전 세계적으로 불후(不朽)의 명성을 지닌 지그문트 프로이트(S. Freud)가
있다. 음악 부분에는 모차르트, 슈베르트, 왈츠의 황제로 불리는 요한 슈트라
우스가 있으며, 비록 오스트리아에서 태어나지 않았지만 주로 빈에서 크게 활
약한 베토벤이 있다.

빈 대학교에서 함께 학문을 닦은 "한국의 소(小)비엔나 학파"에 속하는 이들
의 명단은 다음과 같다. 당시 학문 연구를 도와준 이한빈 대사, 유양수 대사,
이광규(서울대 교수, 한국인류학 창시자 겸 최초의 한국 재외동포회 이사장), 이태영(호남
대 총장), 안병영(연세대 교수, 교육부장관, 교육부총리), 맹선재(한양대 부총장), 최한
선(전남대 총장), 서인석(서강대 총장), 이우영(서강대 교수), 조상현(성악가, 국회의
원), 김현욱(교수, 국회의원), 진교훈(서울대 교수), 김광요(한국외대 교수·대학원장),
최영(연세대 교수), 이우영(경북대 교수), 신국범(건축가, 김포공항 설계자), 김명진(오
스트리아 철강회사 훼스트 한국지사장), 이경건(오스트리아 KAL 지사장), 김창호(건축
가, 미국 미시간 대학 교수), 이영희(단국대 교수), 하병준(경희대 교수), 최옥식(영남대
교수), 서영석(경북대 교수), 이은호(연세대 교수), 백봉흠(동국대 교수), 그리고 음악

---

4   포퍼는 여기서 전체주의자들의 폭력에 맞서는 합리적인 이론을 펼쳤다.

분야에는 이성재(서울대 음대 교수), 이명학(서울대 음대 교수), 김창환(음대 교수), 신수정(피아니스트, 서울대 명예교수), 김청자(성악가, 연세대·중앙대 교수), 박혜수(한양대 음대 교수) 등이다.

필자는 전공과 관련된 직책 외에는 최대한 보직을 사양하며 학문에 매진해 왔다. 전북대학교 인문대학 서양사(근·현대사) 조교수로 발령을 받았다. '현대사 연구소'에서 자료를 수집하고 연구한 이 책의 1장 '히틀러의 사상과 그 실천'과 2장 '제2차 세계대전 후의 독일 분단'은 연구생활의 희망찬 계기가 되었다. 그리고 '3장 독일의 통일'은 교육부의 지원으로 베를린자유대학, 본(Bonn) 대학, 프랑스 스트라스부르 대학에서 연구한 내용이며, '4장 한국전쟁으로 야기된 독일의 재무장 논쟁'은 독일 초대 바이마르 공화국 대통령 에베르트(F. Ebert) 연구재단의 지원으로 연구한 내용을 바탕으로 쓰였다. '5장 중국 산둥반도에서 독일·일본 제국주의의 충돌'은 오스트리아 합스부르크가 문서고(HHSTA)의 외교문서를 중심으로 쓴 글이고, 부록 '독일 전통사상(역사주의)의 한 주류 및 비판'은 교육부의 지원으로 하버드 대학 1급 연구 교수로 2년간 체재하면서 연구한 것이다.

끝으로 심한 허리 통증에도 불구하고 워드작업을 해준 안사람(Theresa)에게 감사하고 그리고 주로 독일(뮌헨 대학교·베를린 대학교·본 대학교)과 미국(하버드 대학교)에서 연구한 내용을 바탕으로 쓴, 이 책이 빛을 볼 수 있도록 많은 도움을 준 한울엠플러스(주)의 김종수 사장님과 박행웅 고문님, 윤순현 차장님에게 크게 감사드린다.

차례

제1부

아돌프 히틀러,
제2차 세계대전 후의 독일 분단, 독일 통일

제1장

히틀러의 사상과 그 실천

1. 히틀러의 사상과 계획

1) 서언

오늘날 우리는 제2차 세계대전으로 야기된 극한적 이념의 동서 대립인 냉전의 영향 아래 살고 있다. 다시 말해 제2차 세계대전이 종결된 지 70여 년이라는 긴 세월이 지났지만 아직도 아돌프 히틀러에 의해 야기된 대전의 영향으로부터 완전히 탈피하지 못하고 있다는 것이다. 그렇기에 지구촌의 삶에 지대한 변화를 가져왔고 인류 역사상 최대의 전쟁으로 불리는 제2차 세계대전과 히틀러와는 어떠한 관계가 있는 것인가, 좀 더 구체적으로 말해 히틀러의 어떠한 인생관과 세계관이 제2차 세계대전을 유발했는가에 대해 알아보는 것은 매우 중요한 일이라고 본다.

물론 히틀러와 제2차 세계대전과의 관계를 규명한 연구가 전후에 많이 쏟아져 나온 것은 사실이다. 하지만 그 대부분이 히틀러에 대한 분노와 증오심을 바탕으로 연구된 것이기 때문에 편파적인 면이 있고[1] 중요한 사료가 다수

---

[1]   Hermann Rauschning, *Die Revolution des Nihilismus*(Zürich: Europa Verlag, 1964), p.38f, 206.

미발굴된 상황 아래에서 이루어졌기 때문에 객관성 측면에서 논쟁이 끊이지 않고 있는 실정이다.

필자는 이 책에서 제2차 세계대전은 히틀러가 독일에 큰 불행을 안겨준 베르사유체제를 단순히 수정할 목적으로 일으켰는가, 혹은 히틀러가 전쟁 도중 전략상의 불가피한 상황하에 전쟁을 확대시킴으로써 야기된 것인가, 아니면 히틀러가 유럽 본토에 대게르만 국가(Gross germanisches Reich)를 건설하기 위해 동부에서 영토 확장을 강력히 추진한 데에서 기인하는 것인가에 대해 밝히고자 한다. 또한 이와 같은 히틀러의 정책이 그의 생의 2대 목표인 반유대주의(Antisemitism) 및 영토 확장 정책[2]과 어떠한 관계를 가지고 있는가 등에 대해서도 고찰하고자 한다.

나아가 세계대전 직후에 나온 연구에서 볼 수 있듯이, 과연 히틀러는 뚜렷한 세계관과 목표를 갖지 못했고, 니힐리스트(Nihilist)요, 기회주의자로 오직 권력 장악과 지배만을 꿈꾸어왔는가,[3] 아니면 오히려 어떠한 확고부동한 인생관, 세계관, 사관의 소유자였는가에 대해서도 밝히고자 한다.

영국의 유명한 역사가 테일러(A. J. P. Taylor)의 주장과 같이 히틀러는 다만 상황의 변화에 따라서 정책을 수행했을 뿐이고, 전쟁에 결코 적극적이지 않았다고 보면[4] 제2차 세계대전에 대한 히틀러의 책임은 가벼워지게 된다. 반대로 히틀러가 의도적이며 적극적으로 동부로의 영토 확장 정책을 추구했다고 보면 독일 국민 전체보다는 오스트리아 브라우나우(Austria Braunau) 출신인 히틀러에게 대전의 책임이 더욱 가중되는 중대한 의미를 내포하게 된다.

---

2   H. Kolze and H. Krausnik(eds.), *Aufzeichnungen*(1967), p.127f.

3   H. J. Laski, *Reflection on the Revolution of our Time*(New York: The Viking, 1946), p.101ff.

4   테일러는 히틀러가 인내심이 강한 정치가로 결코 이니셔티브를 쥐지 않았으며, 따라서 그는 제2차 세계대전의 원흉이 아니었다고 주장했다. A. J. P. Taylor, *Die Ursprünge des 2. Weltkrieges, Übers*(Oxford, 1976), p.178ff.

2) 히틀러의 사관 및 세계관

히틀러 연구에서 크게 인정받고 있는 마제르(W. Maser)[5]의 린츠 학창 시절 히틀러의 동료들을 중심으로 한 조사에 의하면 그들은 모두가 반유대주의자들이었다. 히틀러 또한 예외는 아니었으며 이후 히틀러의 과격한 안티세미티즘(Anti-semitism)은 이러한 성장 배경 아래 격정적인 그의 성격과 영혼 상태와 결합하여 촉발된 것으로 밝혀지고 있다.[6]

심지어는 그가 린츠를 떠나 빈에 처음 왔을 때 안티세미티즘에 대해 오히려 저항감을 가지고 있었던 것을 고려해볼 때 도대체 무엇이 히틀러에게 그토록 과격하게 유대인을 배척하도록 만들었는가 하는 질문을 내세우는 것은 당연하리라고 생각된다. 아마도 당시 린츠에는 유대인이 거의 없었던 데 비해 빈에는 특정 구역의 경우 주민의 3분의 1이 유대인이었다는 사실로부터, 유대인을 중심으로 일어난 사건들의 경험으로부터 그의 유대인 증오와 배척이 시작된 것으로 보는 것이 타당할 것이다.[7]

그러면 린츠 학창 시절 당시 일반인과 다를 바 없는 평범한 반유대주의자였던 히틀러가 어찌하여 과격한 유대인 말살주의자로 변했으며, 동부로 과감한 영토 확장을 시도해 궁극에는 제2차 세계대전을 야기했는지에 대해 심도 있게 고찰해보자. 좀 더 구체적으로 히틀러가 어떠한 확고부동한 인생관, 역사관을 가지고 자신의 삶을 영위했고 당시 독일의 사회와 정계를 이끌어왔느냐 하는 문제는 반드시 제기되어야 할 것이다. 그리고 이것은 제2차 세계대전의 원인을 밝혀내고 세계대전 발발의 주 책임이 누구에게 있느냐를 밝히는 데에도 큰 도움이 될 것이다. 그런데 한 가지 주목해야 할 것은 히틀러 자신이 신세계관의 예언자를 자처했다는 것이다.[8] 이 때문에 문제가 되는 것은 히틀

---

5   Christian Zentner(ed.), *Adolf Hitler, Sonderdokumentation*(Hamburg: Jahr-Verlag K.G, 1977), p.1.

6   같은 책.

7   같은 책.

러가 『나의 투쟁(Mein Kampf)』에서 자신의 제반 목표에 관해 분명히 밝히고 있음에도 그간의 연구 대부분이 혐오와 격정 속에서 히틀러를 비이성적 인물 혹은 권력에 눈이 먼 기회주의자로 묘사해왔다는 것이다.[9]

예를 들면 라우슈닝은 히틀러가 허무주의자임을 밝혔고, 1942년 라스키는 한 극단적인 표현을 통해 "히틀러가 무원리의 기회주의자일 뿐 아니라 그의 이론은 아무런 의미를 갖고 있지 못하며, 그는 오직 권력만을 추구했다"라고 말했다.[10]

또한 그는 히틀러가 오직 권력만을 위해 테러를 사용했고 평화는 자신의 권력을 보존하는 데 매우 위험스러운 것으로 여겼으며 자신의 권력이 약화되지 않고 지속될 수 있도록 전쟁을 일으켰다고 주장했다.[11] 1952년 불럭은 그의 첫 학술적 히틀러 전기에서, "히틀러는 마르크스와 레닌에게서 볼 수 있는 어떠한 원리의 달성을 이룩하지 못한 가운데 권력과 지배만을 추구했다"라고 쓰고 있다. 그리고 그는 결론에서 라우슈닝을 인용해 "히틀러는 허무주의의 혁명을 일으켰을 뿐 아니라 전혀 원리가 없는 기회주의자였다"라고 밝히고 있다.[12] 루카치 또한 나치즘의 세계관이 전통적 독일 제국주의의 진테제로 내용이 없고 임의적일 뿐 아니라 선전적 투쟁에 불과하다고 주장했다.[13]

라이히만도 루카치와 마찬가지로 1951년 그의 저서에서 "히틀러와 그의 집단이 일시적으로는 분명한 생각과 일정한 목표를 가지고 있었으나 나치즘은 이념을 바탕으로 한 체제적 결정을 이루지는 못했다"라고 주장했으며, 나치즘의 안티세미티즘조차도 다만 도구적 성격을 지니고 있을 뿐이라고 했다.[14]

---

8   H. Kolze and H. Krausnik(eds.), *Aufzeichnungen*, p.96.
9   Adolf Hitler, *Mein Kampf*(Franz Eher Nachfolger, 1925), p.691f.
10   H. J. Laski, *Reflection on the Revolution of our Time*, p.101ff.
11   같은 책.
12   Hermann Rauschning, *Gespräch mit Hitler*(Europa Verlag GmbH & Company KG, 2012).
13   Georg Lukacz, *Die Zerstörung der Vernunft*(Berlin: Aufbau-Verlag, 1953), p.572.
14   E. G. Reichmann, *Die Flucht in den Haß*(1956), p.220.

제2차 세계대전 말에 발행된 발렌틴의 저서 내용 역시 위의 모든 견해와 뜻을 같이 하고 있는데, 그는 히틀러의 글은 읽을 필요도 없고 어법이 전혀 맞지 않아 읽을 수도 없다고 쓰고 있다. 히틀러의 글은 내용이 없고 의미가 없으며 그가 세계관을 가지고 있지 않았으므로 그의 글에서 세계관을 찾고자 하는 것은 늘 헛수고가 되기 때문이라는 것이 그의 설명이었다.[15]

그러나 이 같은 부정적인 내용의 히틀러 연구에 대신해 뒤늦게나마 냉철한 사실을 바탕으로 한 새로운 연구들이 나타나기 시작했다. 새로운 자료를 중심으로 한 연구가 본격화되고 그 연구 결과에 따라 히틀러가 나치즘의 결정적인 인물이었음이 밝혀지면서 그동안의 지배적 견해는 동요하게 되었다.[16] 그뿐 아니라 이 같은 새로운 연구에서 얻어진 결과는 분명히 히틀러와 제2차 세계대전에 관한 종전의 견해와는 전혀 다른 새로운 것이었다. 그리고 이 새로운 견해는 "히틀러가 독일 내 실권자들의 싸움에 이용된 꼭두각시에 불과했다"라는 종전의 견해를 완강히 부인한 데에서 분명히 나타나고 있다.[17] 종전의 히틀러에 대한 부정적 일변도의 견해로부터 완연히 탈피한 입장은 1952년에 발간된 퀸트의 전기 가운데 ≪나치즘이 바로 히틀러주의였다(Nationalsozialisms war ein Hitlerimus)≫에서 잘 밝혀지고 있다. 그리고 1960년 하이베르는 히틀러를 제외하고는 나치즘을 생각할 수 없고, 양자는 동일한 것이며 여타의 모든 것은 오해일 뿐이라고 했다(Heiber, 1960: 157).[18]

이로부터 히틀러가 일찍이 일정한 계획과 목표를 가지고 있었다는 인식이 점차 뿌리를 내렸다. 그리고 이것은 불럭의 또 다른 언급 "히틀러는 수미일관 강력한 의지력을 가지고 최후의 순간까지 그의 목표를 견지하고 있었다"에서

---

15 Veit Valentin, *Deutsche Geschichte*, Bd 2.(Berlin: Pontes-Verlag, 1947), Zitiert nach der Ausg abe von 1956, Bd II, p.694.

16 R. C. K. Ensor, *Herr Hitler's Self-Disclosure in Mein Kampf* (München: Clarendon Press, 1939), p.24f.

17 Alan Bullock, *Hitler, Übers* (Düsseldorf: Droste-Verlag, 1953), p.803.

18 H. Heiber, *Adolf Hitler* (Berlin: Colloquium Verlag, 1960), p.157.

잘 입증되고 있다.[19] 그러나 실제에 대한 격정적인 편견에서 나온 관점으로부터 완전히 벗어난 해석은 옥스퍼드의 연구에 의해 이루어졌으며, 그 대표적인 한 인물이 사가이자 기자였던 엔소르이다. 그는 자신의 글 속에서 히틀러처럼 자신의 행동을 이끌어갈 목표와 원리를 미리 정한 사람도 매우 드물다는 내용을 밝혔다. 또한 그는 다른 사람들처럼 『나의 투쟁』이 읽을 수 없다고 보지 않았을 뿐 아니라 자신이 직접 읽었고, 히틀러는 모든 계획을 아주 정확하게 밝혔다고 했다. 그는 히틀러가 이미 『나의 투쟁』 속에서 전 유대인을 제거하려 했으며, 러시아 정벌을 비롯한 자신의 세계관에 따르는 체제를 구축하기 위한 준비를 하고 있었다고 말했다.[20]

　　제2차 세계대전 뒤에 대전기를 쓴 사람으로 손꼽히는 옥스퍼드의 불럭 교수가 히틀러의 기회주의와 원리의 결여에 대해 매우 강조한 것이 사실이기는 하지만 한편으로는 히틀러가 뚜렷한 계획을 가지고 있었음에 대해 부인하지 않았다. 엔소르 이후의 첫 사람으로 트레버-로퍼도 히틀러가 늦어도 1923년 이래 자신의 사관을 갖게 되었으며 그 이후의 히틀러의 행위는 정확하게 그의 사관에 입각해 표출되었다고 주장했다. 그는 『나의 투쟁』 속의 히틀러 자신의 기술인 정치가와 프로그래머라는 말을 인용해, 히틀러가 정치사상가요, 정치가로서 제 국가의 흥망성쇠의 역사를 바탕으로 하는 큰 비전을 가지고 있었음을 밝혔고, 그뿐만 아니라 동부의 정벌을 통해 독일제국 건설을 결심했으며,[21] 이 대독일제국의 건설이야말로 히틀러의 생의 꿈이자 나치즘의 목표라고 주장했다. 트레버-로퍼의 이 같은 연구는 그의 이전의 모든 연구보다 더 중요한 것이었고 히틀러 세계관에 대한 앞으로의 광범한 연구에 크나큰 동인이 될 전망이다.[22]

19　Alan Bullock, *Hitler*, *Übers*, p.806.

20　R. C. K. Ensor, *Herr Hitler's Self-Disclosure in Mein Kampf*, p.25ff.

21　H. R. Trevor-Roper, *Hitlers Letzte Tage*(Frankfurt: Ullstein-Verlag, 1965), p.48.

22　같은 책.

지금까지 히틀러의 사관·세계관의 문제에 관해 서로 상반되는 2개의 견해가 지배적임을 알아보았다. 그런데 이 같은 견해의 차이는 히틀러에 관한 연구 자세에서 비롯된 것이라고 볼 수 있다.[23] 물론 히틀러만큼 세계를 모욕했고 세계에 도전해 고통을 준 사람은 없을 것이며 그가 치른 대가의 정당성 역시 그 고통을 배경으로 이해되어야 할 것이다.

그렇다고 해서 이 불행한 사건의 대해 격정적인 매도와 도덕적 분노 그리고 히틀러에 대해 보복의 마음가짐으로 접근한다면[24] 그 누구도 히틀러에 관해 올바른 이해를 시도했다고 볼 수 없으며 히틀러에 관한 연구에서 큰 공헌을 했다고 볼 수 없을 것이다. 증오는 항시 맹목을 낳기 마련이고, 히틀러가 죽은 시점에서는 피증오자들(히틀러, 독일 국민)이 더욱 부당한 평가를 받을 수 있기 때문이다. 이러한 태도는 도덕적 무관심이나 희생자의 고통에 대한 무감각에서 비롯된 내용이 아니라 올바른 인식을 위한 학문적 태도와 관련이 있기 때문이다.

그러나 올바른 인식을 가능하게 하기 위해서는 명확한 개념과 질문이 선행되어야 한다. 예를 들면 허무주의가 무엇이고, 기회주의가 무엇이며, 세계관이란 이름 아래 무엇을 이해해야 하는가부터 분명히 할 때, 히틀러에 대한 진정한 평가의 토대가 마련된다. 그 구체적인 방법으로는 먼저 히틀러 자신의 세계관이 무엇이었는가를 밝혀내야 한다. 이 과정에서 나치즘의 세계관을 히틀러의 세계관과 혼동하지 않아야 한다. 즉, "사실은 어떠했나?"라는[25] 랑케(L. Ranke)의 말대로 히틀러의 정신은 과연 무엇이었으며 실로 무엇을 의도하고 있었는가 하는 점에 대해 냉철한 고찰이 이루어져야 한다.

---

23 Ernst Nolte, *Der Faschismus in seiner Epoche*(Berlin: Piper, 1963), p.366ff.
24 같은 책.
25 19세기는 사실을 탐구하는 위대한 시기였다. 내가 원하는 것은 사실이다. … 사실만이 인생에서 필요하다. 19세기의 역사가는 대체로 그러한 생각이었다. 랑케는 1830년대에 도덕적 역사학에 근거 있는 항의를 하며 사가의 임무는 "단지 실제로 있었던 것을 보여주는 것"이라고 했다. E. H. 카, 『역사란 무엇인가』(시사영어사, 1999), 8쪽.

그러면 필자는 다음에서 좀 더 구체적으로 들어가 히틀러가 과연 세계와 인간을 어떻게 보았는가에 대해 알아보고자 한다. 히틀러는 그의 생의 여러 단계에서 서로 다른 말을 해온 것이 사실이지만 이 모두를 비판적 입장에서 잘 종합하면 히틀러가 과거·현재·미래의 생활과 사회를 어떻게 보아왔는가를 이해할 수 있으리라고 본다. 다음으로는 프로그래머로서의 히틀러 자신과 그의 프로그램의 실천에 대해 알아볼 필요가 있으며, 여기에서의 히틀러의 세계관에 관한 연구는 처음부터 가치관을 기초로 해서는 안 된다고 본다. 프로그램이 제아무리 좋아도 그것이 실천에 옮겨지지 않는다면,[26] 즉 사상이 투쟁의 목표가 되지 않는다면 인간에 아무런 도움을 주지 못하게 된다는 히틀러 자신의 말을 고려해야 하므로 필자는 이 양자에 대한 동시적·종합적 연구가 매우 필요하고도 중요하리라고 본다.

또한 히틀러가 자신을 프로그래머요, 정치가로 생각하고 있었기 때문에 이 양자 가운데 한쪽만을 연구한다면 이것은 필시 전체 가운데 부분의 연구에 그치고 마는 결과를 초래하게 되리라고 여겨진다. 그러면 히틀러의 세계관은 과연 어떻게 연구되어야 할 것인가? 히틀러의 세계관이 생성되는 과정에서 히틀러 자신이 여러 단계를 거치는 동안 도처에서 서로 상이한 표현을 사용했기 때문에 우리는 그가 남겨놓은 수많은 자료를 종합·정리해 하나의 세계관을 구성해야 한다고 본다. 이와 같은 히틀러의 사상체계를 만들어내기 위해서는 원전으로서 히틀러 문서의 전집과 히틀러 자신의 서책을 이용해야 할 것이다. 히틀러는 실로 2년 간격으로 세 권의 책을 썼다. 그는 1924년 란츠베르크(Landsberg)의 구금 기간 동안에 『나의 투쟁』 제1권을 썼고, 그 후 2년 뒤에 자신의 예언에 따라 제2권을 완성했으며, 그리고 정치적인 고려에서 생전에 미발표된 유고로부터 1961년 히틀러의 『제2권(Zweites Buch)』이라는 책이 출판되었다.[27]

---

26 Adolf Hitler, *Mein Kampf*(München: Zentralverlag, 1941), p.188ff.

이 세 권의 책은 그 구성에서 동일한 양상을 취하고 있지 않으나 그 내용 안에 히틀러의 모든 계획과 정치 이론이 담겨 있음을 볼 수 있다.[28] 제1권에서 는 출생으로부터 1920년까지의 히틀러 자신의 경력에 대해, 그리고 곧이어 많은 양을 할애해 외교 및 동맹 정치에 대해 기술하고 있다.[29] 『나의 투쟁』 제 2권은 나치즘 운동이란 부제가 붙어 있는 것으로 정당사와 일반적 고찰을 다 루고 있는데 특히 역사 이론과 프로그램에 관한 서술이 두드러진다. 그리고 히틀러 자신이 책명을 붙인 일이 없는 제3권에 해당하는 『제2권』이라는 책 내용에는 히틀러 자신의 정치관·세계관이 상세하게 기술되어 있을 뿐 아니라 종족 문제와 국내 정책에 관해서도 면밀히 기술되어 있다.[30] 히틀러의 저서 3 권을 분석해보면 비록 구성은 다르나 내용은 동일하므로 이를 통해 그의 세계 관 형성에 관해 알 수 있다. 이렇게 볼 때 히틀러의 저술은 비록 문학적 기술 은 결여되었지만 히틀러의 사상을 밝혀낼 수 있다. 즉, 산재된 채 정리되지 않 은 발언 내용과 히틀러 자신이 추구해왔던 세계관을 기초로 새로운 연구를 시 도한다면 히틀러에 대한 사상체계가 형성될 것이다. 다음 두 장에서는 히틀 러 사상의 핵심이 담겨 있는 안티세미티즘과 그의 영토 확장 정책에 관해 알 아보고자 한다.

3) 히틀러의 안티세미티즘

독일 내의 안티세미티즘(반유대주의)은 20세기에 들어와 시작된 것이 아니 었다. 중세의 유대인 공동체에 관한 역사적 기록을 보면 유대인들이 총애와 증오를 되풀이해 받아왔던 사실이 드러난다. 계몽주의 시대와 시민혁명 시대 에 이르러서는 인도주의의 영향으로 사회·경제 분야에서 유대인에게 해방이

---

27 Adolf Hitler, *Zweites Buch* (Stuttgart: Deutsche Verlags-Anstalt, 1961), p.36f.
28 같은 책.
29 같은 책.
30 같은 책.

주어졌음을 알 수 있게 된다.[31] 그런데 19세기 이후에는 우경학(優境學)을 비롯한 사이비 종족 이론과 그릇된 사회진화론으로 말미암아 유대인 배척주의가 다시 거론되었다. 제1차 세계대전이 끝난 뒤 경제적인 어려움 속에서 여러 계층의 많은 독일인들은 패배로부터 받게 된 치욕적 국민감정과 함께 증오의 기치 아래 일정한 정치적 노선을 택하게 되었으며 유대인을 독의 유대인(das jüdische Gift), 민족의 적(Feind der Nation)으로 간주하게 되었다.[32]

안티세미티즘이 하나의 독트린이 되기 전에 당시의 감정적 반유대주의는 히틀러 정치 활동의 일부가 되었고, 그 시기는 1919~1920년으로, 히틀러의 투쟁 초기에 해당된다. 그리고 이 같은 여러 형태의 종족·민족 이론에 바탕을 둔 사상의 조류는 나치스당(NSDAP)운동과 합류가 되어 전 나치스(NAZIS) 당사를 통해 흐르게 되었다.[33] 예를 들면 페더(G. Feder)의 경제적 반유대주의가 그러한 것이었고, 괴벨스(G. P. Goebbels)의 실용적 반유대주의가 그러한 것이었다. 또한 여기에는 히틀러의 빈에서의 사적 관찰에서 나온 반유대주의가 가세했고 이러한 반유대주의는 독서를 통해 이루어지기도 했다.[34]

결정적으로는 이전까지는 마땅한 지지 기반이 없었던 안티세미티즘과 종족 이론이 마침내 나치스당으로부터 필요한 지원을 받을 수 있게 된 것이다. 이에 관해 크라우스니크(Krausnik)는 권위적 전체주의적 국가에서는 언제나 일반에게 내보일 수 있는 적이 필요하다고 말하며 독일에서는 전 국민의 투쟁력을 재생시키고 나아가서는 나치 운동을 더 활성화하기 위해 유대인을 표적으로 삼게 되었다고 주장한다.[35]

독일인과 유대인이 거의 모르는 중에 시행되었던 유대인에 대한 잔혹한 박

---

31 Thilo Vogelsang, *Die Nationalsozialistische Zeit, Deutschland 1935 bis 1939*(Frankfurt: Fischer Verlag, 1976), p.66.
32 Friedrich Berber, *Das Staatsideal im Wandel der Geschichte*(München: Beck, 1973), p.352.
33 같은 책.
34 Thilo Vogelsang, *Die Nationalsozialistische Zeit, Deutschland 1935 bis 1939*, p.66f.
35 같은 책.

해는 부분적으로는 히틀러의 직접적인 명령에 의한 것이었거나 히틀러의 묵인에 따라 이루어진 것으로 유대인의 완전 제거라는 이름 아래 제2차 세계대전 기간에 지속되었다.[36] 그리고 이것은 조직적인 완전무결함과 노련한 방법으로 목적 수행을 위해 만들어진 관료기구를 통해 이루어졌으며, 그 구체적인 예는 수년 전의 아이히만(A. Eichmann)의 재판 과정에서 잘 드러나고 있다.

당시 독일 내의 유대인의 상황을 보면 시오니즘(Zionismus)에 방향을 두고 있는 가족이 있었는가 하면 제3세대로서 기독교를 종교로 갖고 있기도 했으며 대도시에서는 이미 독일 국민으로 행세하는 유대인 집단들이 있었다.[37] 이들에 대한 박해는 처음부터 심하지는 않았으나 나치스가 유태 민족을 하나의 종교적 집단으로 보지 않았던 시점부터, 즉 1919년 히틀러가 그의 한 편지에서 확언한 대로 그들을 하나의 이질적 종족(eine artfremde Rasse)으로 간주하기 시작할 무렵부터 상황은 달라진다.[38]

독일 내 유대인의 고행은 1933년 초에 시작되었다. 소규모의 가해 행위가 백화점·점포·개인·변호사 등에 행해지기 시작했는데 대부분의 지방에서는 나치스 돌격대(SA)가 유니폼, 또는 일반인의 옷차림으로 이에 참여했으며 지방경찰은 피해자의 요청에도 불구하고 불응했다. 그리고 외국의 신문들과 외국의 유대인 기관들이 독일 국가의 혁명적 사건에 대해 비판적 입장을 취하자 제국의 선전상은 부랑자와 나치스 돌격대를 통해 국가와 당의 지시에 따라 유대인 상점 주인, 자유영업인, 의사, 변호사를 보이콧하도록 했다.[39]

그리고 같은 해 5월 10일의 베를린과 여타 대학에서 있었던 책의 소각 사건은 유대인에 대한 공격 계획과 밀접한 관계가 있었다. 그뿐 아니라 국가의 관리를 임용할 경우에도 반드시 아리아인(Aryan)의 혈통 증명서를 제시하도록

36 Friedrich Berber,, *Das Staatsideal im Wandel der Geschichte*, p.352f, p.411f.
37 Thilo Vogelsang, *Die Nationalsozialistische Zeit, Deutschland 1935 bis 1939*, p.66f.
38 같은 책, p.351ff.
39 Thilo Vogelsang, *Die Nationalsozialistische Zeit, Deutschland 1935 bis 1939*, p.66f.

했으며, 그렇지 않을 경우에는 퇴직을 시키거나 명예직일 경우에는 더 이상 일을 하지 못하도록 했다.[40]

또한 당시 일반 국민의 많은 호응을 받았던 히틀러의 사회 정책이 이와 같은 정책 실현을 위한 중요한 수단이었음이 저서 『나의 투쟁』에 잘 나타나고 있다. 히틀러는 오직 2개의 분명한 목표를 가지고 있었다. 하나는 대외 정책으로 동부에서 신생활권을 획득하는 것이었고, 다른 하나는 아래에서 논하게 될 유대인을 제거하는 일이었다. 그리고 국가와 헌법, 국내의 사회·경제 정책과 당의 프로그램 및 이념 또한 이 2대 목표의 달성을 위한 수단이었으며, 오랫동안 광범하게 전파된 '히틀러 기회주의자론'도 실은 히틀러가 이러한 목표 달성을 위해 기회주의자적 입장을 취했기 때문이었다.[41]

히틀러는 정권의 장악과 유지를 위해 자주 양보적인 입장을 취했으나[42] 히틀러의 정치적 견해와 전통적인 견해 사이에는 어떠한 유대가 없었다. 히틀러의 사고는 한마디로 표현해 독자적이었고 혁명적이었다. 이러한 히틀러의 정치관, 즉 그의 의도적 행위와 목적을 이해하기 위해서는 히틀러가 어떠한 사상을 가지고 세계를 어떻게 변화시키려 했는가에 대해 그리고 동구로의 영토 확장을 통한 신질서 수립 계획과의 관련 아래 좀 더 면밀히 고찰해보아야 한다.

히틀러의 연구에서 오늘날 학계의 큰 인정을 받고 있는 마제르(W. Maser)에 따르면 히틀러는 유대인의 문화 파괴 역할을 확신했다.[43] 그는 정치가의 입장에서는 자신이 처한 상황에 따라서 처리해나가려 했으나 프로그래머의 입장에서는 『나의 투쟁』에서 볼 수 있는 바와 같이 그가 믿고 있는 자연의 진리에 입각해 목표를 달성해가려고 했다. 그 진리라는 것은 다름 아닌 다위니즘

---

40 같은 책.

41 H. Kolze and H. Krausnik(eds.), *Aufzeichnungen*, p.90.

42 Hans Herzfeld, *Die Weimarer Republik*(Ullstein GmbH, 1978).

43 Christian Zentner(ed.), *Adolf Hitler, Sonderdokumentation*, p.1.

(Darwinism)의 자연도태설이었다[44]. 즉, 그가 범한 과오는 "자연의 의지는 종족의 순수성을 지향하고 종족의 혼합은 필연적으로 퇴화를 가져온다"라는 동물 세계에 적용되는 극단적 학설을 인간 사회에 그대로 적용한 데에서 생긴 것이다.[45]

종족에 관한 그의 견해를 요약하면, 세상에는 2개의 종족이 경쟁을 벌이고 있는데 하나는 문화를 창조하는 아리아인이요, 다른 하나는 문화를 파괴하는 유대인이란 내용이다. 이때 그는 오직 아리아인만이 공평무사하게 헌신할 수 있고, 이와 반대로 유대인은 이상적인 성향의 결여로 독자적인 국가를 형성할 수 없다고 보았다.[46] 이것이 히틀러에게 하나의 확고부동한 공식이 되어, 유대인을 배척하고 유대인의 지배하에 있는 모든 국가(예를 들면 동구와 소련)를 정벌함으로써만 그 안에서 진정한 문화를 창조할 수 있고 광대한 지역의 통치가 가능하다고 보았다. 여기서 히틀러의 안티세미티즘이 그의 영토 확장 정책의 기초가 되어 있음을 명백히 볼 수 있다. 이 밖에도 안티세미티즘을 그의 영토 확장 정책의 기반으로 볼 수 있는 여지는 유대인에 대한 그의 또 다른 견해에서 볼 수 있다. 그는 유대인이 기생충으로서 여타 종족에 기생할 뿐 아니라 유해한 박테리아로서 마침내 타민족을 몰락으로 이끌어간다고 했고, 역사의 원동력과 의미를 종족 및 국가 간의 종족 유지를 위한 투쟁으로 여겼으며, 유대인과 아리아인 사이의 최후적 투쟁에서 현실적 상황이 이루어진다고 보았다.[47] 그리고 이 같은 히틀러의 유대인에 대한 사악하고 무례한 표현은 그가 정권을 유지하고 자신의 계획의 실천에 도움이 되는 분위기를 조성하기 위해 날조한 사이비 이론임이 점차 드러나게 되었다.

---

44 프로그래머로서의 히틀러는 당시의 지배적인 정치 이론이 아니라 자연의 진리에 입각해서 무조건적으로 정벌하는 것이라고 했다. 같은 책; K. D. Bracher, *Die nationalsozialistische Machtergreifung*(1974), p.137.

45 Ernst Notle, *Deutschland und der kalte Krieg*(München·Zürich: Piper, 1974), p.157.

46 같은 책.

47 J. C. Fest, *Hitler*(Berlin: Ullstein TB, 1973), p.303ff.

더불어 그가 이상적이라고 생각하는 제도에 대립되는 제반 제도가 유대인의 소산인 까닭으로 히틀러의 유대인에 대한 증오는 더욱 가중되었다. 그 예로서 유대인은 종족과 개인의 차이를 부정하는 대신 진화론에 위배되는 평등을 주장했고, 투쟁의 원리 대신 평화주의를, 영원한 지도자 국가 대신에 평등을 바탕으로 한 민주주의·사회주의·유물사관을 내세웠다는 것이다.[48] 그중에서도 히틀러는 종족과 개인의 차이를 부정하는, 즉 게르만 민족의 우월을 부정하는 유대인의 태도를 유대인이 세계를 지배하기 위해 저해 요인을 제거하려는 것으로 보았으며, 유대인의 위험을 인식하고 이에 대해 단호히 투쟁하는 것이야말로 히틀러 자신의 세계사적 사명으로 생각했다.[49]

프로그래머로서 히틀러는 종족 중심의 역사관이 정당함을 확신했으며 종족 문제[50] 내에서 세계사와 문화의 열쇠를 얻었다고 믿었다. 사고가 이지적이고 합리적이라고 알려진 히틀러는 그가 죽음에 이를 때까지 국제 유대인이 여러 민족을 투쟁 속에 몰아넣고 혼란에 빠지게 한다는 망상에 사로잡혀 유럽 유대인의 조직적 말살이라는 형언하기 어려운 과격한 조처를 행하는 데 조금도 주저하지 않았다(유대인 600만 명 유대인 살해).[51] 히틀러는 이 과격한 정책을 독일뿐 아니라 앞으로 독일의 생활권에 해당하게 될 동유럽과 러시아에서 실시하여 영토를 확장하고 그곳에 우수한 독일 민족의 신질서를 수립하려는 계획을 가지고 있었다.[52]

여기서 히틀러의 동방으로의 영토 확장 정책에는 안티세미티즘이 그 근저를 이루고 있음을 볼 수 있다. 이제까지는 안티세미티즘과 히틀러의 영토 확장 정책과의 관계를 그의 정책 이론을 중심으로 살펴보았으나 다음으로는 이

---

48 같은 책.
49 Martin Broszat, *Der Staat Hitlers*(München: Deutscher Taschenbuch-Verlag, 1973), p.34ff.
50 Christian Zentner(ed.), *Adolf Hitler, Sonderdokumentation*, p.1.
51 Martin Broszat, *Der Staat Hitlers*, p.34ff.
52 같은 책, p.34.

와 같은 이론을 뒷받침으로 해서 히틀러의 정책 실현이 이루어지도록 한 안티세미티즘에 관해 좀 더 구체적으로 고찰하고자 한다.

히틀러는 종족의 육체와 정신의 육성 및 보존이 자신의 목표임을 주장하면서 미와 품위를 지닌 문화 창조적인 독일 종족을 보존하는 것이 자신의 역사적 사명이요 정치적 임무라고 여겼다. 또한 히틀러는 유대인들이 독일 민족과 유대 민족의 혼혈을 통해 독일인의 우수한 지능을 끌어내려 종족의 수준을 격하시키는 한편 유대인으로 대치시키려 한다고 믿었으며 이것은 자연과 역사의 법칙에 위배되는 것이기 때문에 유대인들은 마땅히 제거되어야 한다고 생각했다.[53]

히틀러의 독서열은 세상에 널리 알려진 사실이지만[54] 특히 빈 체제 중 안티세미티즘에 관해 탐독했다. 이로부터 그는 라인강변에 유대인들이 흑인을 들여온 것은 혼혈인을 통해 그들이 증오하는 백인의 세계를 파괴하고 백인의 높은 정치적·문화적 수준을 떨어뜨려 스스로 주인이 되려고 한 데에서 나온 것이라고 믿게 되었다.[55]

또한 히틀러는 자신이 싫어했던 현대음악·예술, 자유주의·사회주의, 그리고 자신의 정책에 대한 비판 등의 책임이 유대인에 있다고 믿었다.[56] 유대인의 평등주의 대신에 개인과 종족 사이의 차이를 인정하는, 즉 자연의 위계 원리를 주장한 히틀러는 고향을 떠나 무식과 빈곤 속에서 살아가고 있는 유대인들의 우월을 지지해주는 여하한 이념도 배제해야 한다고 했다. 그리고 이것은 바로 독일 국민의 입장에서 용납할 수 없는 것이라고 했을 뿐 아니라 나아

53   H. Kolze and H. Krausnik(eds.), *Aufzeichnungen*, p.281.
54   히틀러는 반유대주의에 관한 서적과 잡지를 비롯해 문학·정치·철학 등에 관해 다독했다. 마제르는 20여 페이지에 걸쳐 히틀러의 독서·독서 내용, 그리고 그로부터의 영향에 대해 서술하고 있다. W. Maser, "Er starb mit reinem Gewissen-Interview mit Hitler-Forscher," in Christian Zentner(ed.), *Adolf Hitler, Sonderdokumentation*, p.178ff.
55   같은 책.
56   Christian Zentner(ed.), *Adolf Hitler, Sonderdokumentation*, p.91.

가서는 이러한 경험을 바탕으로 한 비과학적 유대인 배척사상이 히틀러 영토 확장 정책의 중심을 이루었다.

히틀러가 동부를 정벌·지배해 신질서를 구축하고 독일제국을 건설하려는 데는 종족을 중심으로 한 또 하나의 개념이 그 토대가 되어 있다. 즉, 히틀러의 헤렌 폴크(Herren Volk, 지배 민족) 사상은 히틀러가 인간의 불평등보다는 인종의 불평등을 믿는 과오를 범한 데에서 유래되었으며, 이러한 그의 민족주의는 특히 그가 오스트리아 출신인 데에서 비롯된 것이라고 말할 수 있다.[57]

오스트리아는 중부 유럽, 즉 신성로마제국과 독일연방에서 정치와 문화 측면에서 주도적인 역할을 해왔다. 또한 합스부르크가(빈에 중심을 두고 신성로마제국과 오스트리아를 610여 년간 통치)는 독일 내 여러 국가 가운데에서 우월한 지위를 차지하고 있었을 뿐 아니라 많은 민족의 광범한 생활권을 지배해왔다. 이러한 상황에서 빈의 독일인들은 자신들을 헤렌 폴크라고 보게 되었다. 그러나 1866년 오스트리아가 쾨니히그레츠(Königgrätz)의 프로이센과의 결정전[58]에서 독일에 패배한 뒤부터 오스트리아는 여러 어려움에 부딪히게 되었다. 제국 내의 이탈리아, 헝가리, 슬라브 민족 등이 동등권을 주장함으로써 제국 내의 소수민족과의 분쟁이 오스트리아 내의 정치 문제를 지배하게 되었기 때문이다.[59] 이로부터 히틀러의 민족에 대한 의식은 매우 강해졌고 강인한 이민족인 유대인에 대해서는 특별히 혐오하게 되었다.[60]

또한 히틀러는 이탈리아가 유대인의 영향권에 들어간 데 이어 영국이 유대인의 영향을 받게 되었다고 주장했으며 유대인의 영향하에 있는 처칠(W. Churchill)과 런던 정부를 심히 증오했다. 히틀러는 제1차 세계대전의 패배의 원인이 유대인이 중심이 된 평화론자들의 돌흐스토스(Dolchstoß, 비수로 찌름)[61]

---

57 Alan Bullock, *Hitler*, *Übers*, p.19.
58 같은 책, p.41; Gordon A. Craig, *Königgrätz*, *Übers*(1966), p.9ff.
59 Erich Zöllner, *Geschichte Österreichs*(Wien: Verlag für Geschichte und Politik, 1966), p.404ff.
60 Alan Bullock, *Hitler*, *Übers*, p.42ff.

때문이라고 보았으며 제2차 세계대전에서의 패배도 유럽 제국에 미친 유대인의 영향을 과소평가한 데에서 비롯된 것이라고 파악했다.[62]

다음으로는 안티세미티즘과 히틀러의 러시아 정벌과의 관계를 보면 히틀러는 1942년 반제(Wannsee)회의에서 유대인 바이러스의 발견이 가장 큰 혁명이라고 했으며 많은 병이 유대인 바이러스가 그 원인이므로, 유대인을 단절해야만 세계 평화가 이루어진다고 주장했다.[63] 더 나아가서 히틀러는 운명이 독일이 나아가야 할 길을 지시해주고 있는데, 그 운명의 지시란 러시아를 정벌해 유대인을 제거하는 것으로 여겼다.

또한 그는 러시아 국가 형성이 슬라브인의 정치적 능력에 의해 이루어진 것이 아니라 열등 종족(슬라브족)이 국가를 형성하기 위해 받아들인 게르만적 요소 때문이라고 했으며, 레닌이 중심이 된 볼셰비즘이 러시아를 위임받은 뒤 이 게르만적 요소가 거의 제거되었거나 해체된 대신에 유대인이 등장하게 되었다고 보았다.[64] 그리고 그는 러시아인에게는 이 유대인의 속박으로부터 벗어날 힘이 결여되어 있기 때문에 동부의 이 거대한 국가가 와해에 직면해 있는 것이며 동부의 러시아 국가를 파괴해 종족 이론의 타당성을 확실히 증명해야 한다고 했다.[65]

이상의 서술은 안티세미티즘이 히틀러의 러시아 정벌과 러시아를 포함한 동부로의 영토 확장 정책과 밀접한 관계를 맺고 있음을 잘 입증해준다. 다시 말해 히틀러는 러시아를 포함한 동부를 정벌해 유대인을 제거하고 열등 종족인 슬라브족 노예 노동의 도움으로 신질서를 구축해 헤렌 폴크 국가를 건설하려고 했다. 따라서 동부 정벌의 근저에는 유대인을 제거한다는 안티세미티즘

---

61 Hans Herzfeld, *Die Weimarer Republik*, p.42f.
62 Christian Zentner(ed.), *Adolf Hitler, Sonderdokumentation*, p.93.
63 같은 책, p.91ff.
64 유대인의 러시아 지배가 끝이 나면 국가로서의 러시아는 끝날 것이다. J. C. Fest, *Hitler*, p.310.
65 같은 책.

이 기초를 이루고 있는 것이다.

4) 히틀러의 생활권 개념

영국은 일찍이 유럽을 발칸화해서 소국으로 분열시키고 이로부터 이루어진 유럽의 세력균형 위에 패권을 차지해왔으며, 프랑스 역시 자국의 목적 달성을 위해 독일의 발칸화를 희망해왔다. 그렇다면 이에 맞서는 히틀러의 대유럽 정책은 무엇이었을까?[66] 히틀러의 정책과 그 기초를 중심으로 볼 때 그의 정책은 전통적인 견해[67]와 온건주의[68]를 바탕으로 하는 바이마르공화국의 정책과는 달랐는데 독일을 세계의 가장 강력한 국가를 만들려는 것이었다.[69]

강력한 게르만 국가 건설 계획[70]은 히틀러가 정권을 장악한 1933년 이후가 아니라 훨씬 전부터 이루어졌다. 히틀러는 빈 시절에 오스트리아-프로이센 전쟁에서 오스트리아의 패배 후 많은 영토와 인구를 잃고 쇠락해가는 빈과 오스트리아를 감상적으로 받아들이는 한편 오스트리아와 게르만인을 중심으로 하는 위대한 신성로마제국(Heiliges Römisches Reich)의 부활을 꿈꾸고 있었다.[71] 여기서 히틀러의 대국가 건설이란 제국의 수도 빈이 여러 민족의 혼합(체코인, 폴란드인, 슬라브인, 크로아티아인, 유대인 등)으로 이루어진 것에 대한 혐오로부터 순수 게르만 민족에 의한 동부로의 영토 확장을 통해 대국가를 건설하려는 것이었다.[72] 따라서 그동안 심각한 학술적 토론 주제가 되어왔던 제2

---

66 H. Kolze and H. Krausnik(eds.), *Aufzeichnungen*, p.1207.

67 Hans Herzfeld, *Die Weimarer Republik*, p.10ff; Gerhart Binder, *Geschichte des 20. Jahrhunderts mit Dokumentation in Text u. Bild*(1972).

68 Bundesarchiv(독일연방문서고), "Akten persönlicher Stab Reichsführer, SS. Ns 19/Himmler-Reden/5".

69 K. D. Bracher, *Die nationalsozialistische Machtergreifung*(1974), p.97.

70 Ernst Nolte, *Deutschland und der kalte Krieg*(München·Zürich: Piper, 1974), p.137.

71 다수의 이민족으로 이루어진 빈이 19세기의 전환기에 다시 전성을 이루었으나 그 후 점차 몰락해가자 이를 절감한 히틀러는 지난날 오스트리아가 주역을 했던 신성로마제국의 환상 속에 독일 국민의 대게르만국가 건설을 생각하게 되었다. J. C. Fest, *Hitler*(Berlin: Ullstein TB, 1973)

72 Hitler, *Mein Kampf*, p.742.

차 세계대전의 원인으로서의 베르사유체제의 수정[73]에 관해 본다면, 수정을 위한 히틀러의 노력은 하나의 수단에 불과했던 것으로 실은 영토 확장을 그 본질적인 원인으로 볼 수 있다. 이와 같은 사실은 1914년 국경으로의 복귀는 정치적 난센스라고 한 히틀러의 발언에서 더욱 분명해진다.[74]

히틀러는 프랑스를 견제하면서 동부로 영토를 확장하기 위해 통상·식민지·공업화를 포기했다. 영국과 마찰을 피하면서 안정적 기반 위에서 광대한 농지를 획득하기 위해서도 동부로의 진출은 필요했다. 또한 그는 매년 90만의 인구증가에 대처하기 위한 네 가지 방법, 즉 ① 산아제한, ② 식민지 획득, ③ 수출 사업 장려, ④ 토지의 취득 가운데 농지취득 정책을 택했으며, 이를 위해서는 영국과 동맹 관계를 맺어 러시아에 대항해야만 했다.[75]

히틀러는 독일 민족의 장래를 위한 합당한 영토의 취득을 하나의 자연권으로 보았고, 이에 따라 독일 국민은 독일 국민에 합당한 생활권을 얻어야 한다고 생각했다.[76] 나아가 그는 독일의 인구와 면적, 세력권의 기점에서 본 불균형의 제거를 주장했으며 협소한 생활권으로부터 벗어나 새로운 토지와 영지의 쟁취를 위해 투쟁해야 한다고 했다.[77] 생활권 확대와 관련한 히틀러의 주장은 말하자면 독일의 유럽 제패와 독일을 중심으로 한 세계 패권 질서를 도모하는 구체적인 계획으로서, 그는 영원한 서남유럽 게르만 행렬을 멈추고 동부로 시선을 돌려야 한다고 주장했다.[78] 그리고 동부로의 진출을 위해 히틀러는 무력과 타민족의 힘을 빌리려고 했다.

73　H. R. Trevor-Roper, *Hitlers Kriegsziele, in Vierteljahreshefte für Zeitgeschichte*(1960), p.121ff.

74　여기서 히틀러는 1914년의 국경을 다시 찾는 것은 무의미하나 대영역 획득을 위해 피를 흘리는 것은 신과 후손 앞에 떳떳한 일이라고 했다. J. C. Fest, *Hitler*, p.308.

75　Hermann Rauschning, *Gespräch mit Hitler*, p.38ff.

76　Alan Bullock, *Hitler, A study in tyranny*(Oxford, 1972), p.316.

77　같은 책.

78　여기서 히틀러의 영토 확장 범위는 인접 국가는 물론 러시아를 포함하고 있다. Christian Zentner (ed.), *Adolf Hitler, Sonderdokumentation*, p.1; 헤르만 마우·H. 크라우슈니크, 『독일 現代史: 1933-1945』, 오인석 옮김(探求堂, 1976), p.73ff.

동부로의 생활권 확대를 위한 히틀러의 구체적 계획을 보자. 먼저 그는 이탈리아의 호의를 사기 위해 오스트리아 남부 지역의 남티롤(Südtirol)을 포기하려 했고, 프랑스에 대해 알자스-로렌(Alsace-Lorraine)의 재탈환을 주장하지 않기로 했으며, 영국의 이익에 저촉되지 않도록 하기 위해 세계 무대로의 등장을 포기하기로 했다. 그 대신 유럽 내 영토 확장을 가장 우선으로 아무런 방해를 받지 않는 가운데 동부로 진출하고자 한 것이었다.[79]

전통적인 서남 방향으로의 영토 확장 대신에 동부로의 영토 확장을 계획하게 된 것이 히틀러 자신의 사고인지 아니면 어떠한 이론을 받아들인 데에서 나온 것인지에 관해서는 불분명한 점이 있다. 그가 열등한 민족으로 분류한 슬라브족을 지배하려고 한 점으로 미루어보면 자신의 독자적 사고의 산물이라고 볼 수 있으나[80] 히틀러에 끼친 마킨더(H. Mackinder) 이론의 영향이 결코 적은 것이라고 볼 수는 없다.

마킨더의 지정학적 이론은 헤스(R. Heß)의 스승 하우스 호퍼(K. Haus Hofer)를 통해 제국주의적 영토 확장 철학으로 발전했으며, 이것이 히틀러의 영토 확장 정책에 큰 영향을 끼쳤음이 분명히 드러나고 있다. 특히 마킨더의 반(半)학술적 지정학적 이론[81]은 그에게 큰 영향을 끼친 것으로 보인다.[82]

이와 같은 이론적 틀로부터 1920년대 초 히틀러의 미래 정책의 초안이 마련되었다. 영국과 동맹을 체결하기 위한 노력, 로마와의 추축 형성, 프랑스 공격, 그리고 세계 중핵 지대의 정벌과 지배를 위한 동부에서의 전쟁 계획이 바로 그것이었다.[83] 이 계획의 실천 방법, 즉 동구제국의 정벌을 통한 게르만국가를 건설하는 데 세계지배냐, 영원한 몰락이냐의 양자택일의 과격한 정치 이

---

79 Alan Bullock, *Hitler, Übers*, p.319.
80 같은 책, p.319.
81 동유럽·유라시아·러시아의 거대한 지역은 중핵 지대를 이루고 있으며 세계 지배의 보루로 이 중핵 지대의 지배자가 세계를 지배하게 된다는 내용이다.
82 J. C. Fest, *Hitler*, p.309.
83 같은 책; 岩波書店編輯部, 西洋人名辭典(東京: 岩波書店, 1966), pp.1003~1297.

론이 이 시기에 형성되었다.[84]

이러한 히틀러의 정치 사상은 1930년 교수와 학생을 상대로 한 그의 연설 내용인 "자연의 법칙은 강자에겐 승리를, 약자에겐 파멸과 무조건적 항복을 가져다주며, 독일은 수차례 전쟁에서 패배한 약자이며 강자인 동부 민족의 미래가 유망하다. …… 자신은 모든 지혜를 안고 있는 무자비한 여왕인 자연에 머리를 숙이게 되었다"[85]에 잘 나타나고 있다.

이러한 사고하에서 히틀러는 전쟁을 목적으로 하지 않는 동맹은 무의미하고, 국경은 항시 인간에 의해 만들어졌고 변경되었으며 오직 약자에게 불변의 것으로 보일 뿐으로, 정복자의 힘에 의해 정벌된 것이 그들의 소유가 되었다는 것이 이를 증명해주고 있다고 자주 역설했다.[86] 또한 히틀러는 이와 같은 것을 정치 이론의 바탕으로 삼아 독일을 오직 중도 역할로만 생각했으며, 정권을 장악한 뒤 민주 공화 체제를 지도자국가(Führerstaat)로 전환해 국민의 총화를 통해 나치스 국가 이념을 실천하고 무력에 의한 영토 확장을 실현하려고 했다.[87]

히틀러의 많은 표명에서 볼 수 있는 바와 같이 그는 민족 이동 당시의 게르만인 지도자를 방불케 하고 있다. 그의 제국주의적 의도, 좀 더 구체적으로 말해 유럽 대륙에서의 제국주의 실천 계획은 역사적 이해나 이미 형성된 국경을 초월해 여러 국가를 파괴하면서 타국의 영역에 침입하려는 것으로서 세계 최강의 게르만 국가를 구축하는 것이었다.[88]

히틀러가 계획한 국경은 북쪽으로는 북극해, 남쪽으로는 지중해, 서쪽으로

---

84 마제르는 이와 같은 그의 사상이 쇼펜하우어와 니체의 영향을 받은 데에서 온 것으로 보고 있다. W. Maser, "Er starb mit reinem Gewissen- Interview mit Hitler-Forscher," p.180ff.

85 Christian Zentner(ed.), *Adolf Hitler, Sonderdokumentation*, p.39.

86 같은 책, p.2.

87 Martin Broszat, *Der Staat Hitlers*, p.5ff.

88 G. Gruchmann, *Nationalsozialistische Großraumordnung, Die Konstruktion einer deutschen Monrore-Doktrin, in Schriftenreihe der Vierteljahreshefte für Zeitgeschichte*, Nr.4(1962).

는는 태평양, 동쪽으로는 우랄에 이르는 동유럽 중심의 한 지역이었다. 동부는 그곳에 정주하는 농민층이 아시아로부터의 공격을 방어하도록 하고, 중동북 유럽은 바로 유럽의 중심 지역으로 우수한 게르만족이 통치의 책임을 져야 할 곳으로, 독일에 의해서만 통치되어야 한다고 했다.[89]

이 같은 히틀러의 동구 정책은 마제르 이전 히틀러 연구의 권위자였던 옥스퍼드 대학 교수 불럭의 저서 『히틀러』의 다음과 같은 내용에도 잘 명시되어 있다.[90]

> 그리고 이러한 목표의 실현 방법으로서 그는 일시에 유토피아에 도달하려 하지 않고 목표를 단계적으로 이루어 나아가려 했다. 히틀러는 1932년까지 자신이 어디를 향해 가고 있는지 국내의 적대자들이 알지 못하게 한 것처럼 독일이 지향해 나가고 있는 본래의 목표에 대해서도 적들에게 불분명한 상태가 되도록 하는 데 성공했다.[91]

최근의 학술 연구에서도 입증되는 바와 같이 히틀러는 목적 달성을 위해 언제나 책략을 사용했고, 집정 초기로부터 평화를 열렬히 강조하면서 베르사유 조약의 무장해제 규정을 파기시키기 위해 노력했다.[92] 히틀러는 사가 테일러의 견해와는 달리 유리한 기회를 기다리는 것으로만 만족하지 않고 신속한 해결을 위해 적극적으로 추진해왔다. 히틀러는 행동적인 사람이었고, 슈슈니크(K. Schuschnigg), 베네슈(E. Benesch), 베크(J. Beck), 체임벌린과 같은 정치가들이 자신에게 유리한 기회를 만들도록 하고 그로부터 항시 승리를 취하는 방

89   H. Kolze and H. Krausnik(eds.), *Aufzeichnungen*, p.90.
90   Hans A. Jacobsen, *Der Zweite Weltkrieg, Grundzüge der Politik u. Strategie in Dokumenten* (Frankfurt, 1964), p.189ff.
91   Alan Bullock, *Hitler, Übers*, p.300.
92   헤르만 마우·H. 크라우슈니크, 『독일 現代史: 1933-1945』, p.57.

법을 택했다.[93] 이것은 세계의 거대한 힘에 대항해 싸울 수 있는 힘의 결여를 의식한 히틀러의 혁명적 두뇌에서 나온 것으로 은폐와 위장의 전략이었고 간접 공격의 책략이었다.

2. 히틀러의 영토 확장 정책의 실현

다음으로는 대독일 국가 건설을 위한 히틀러의 영토 확장 정책이 제2차 세계대전의 원인이 되었음을 밝히기 위해 그 구체적 과정인 히틀러의 오스트리아·체코의 병합과 폴란드 공격에 관해 살펴보고자 한다.

위의 3국에 대한 히틀러의 전략은 동부로의 영토 확장을 위한 치밀한 장기적 계획하에 이루어졌으며[94] 히틀러는 이 전략을 또한 유럽 정치 세계의 변화의 원동력으로 이용하려 했다. 전략의 기본은 "트로이의 목마(Trojan Horse)" 형태로 본국의 지령에 따라 행동하되 목적 실현 과정에서 저항을 제거시키려는 방법이었다.[95] 피정복민의 전통과 가치를 인정치 않으려 했고, 해당 국민의 의사와 도의에도 구애받지 않으려 했을 뿐 아니라 고도로 위기를 조장해 단계적으로 정벌을 수행해가려고 했다.[96]

1) 모국 오스트리아의 합병

오스트리아의 정벌에서도 마찬가지로 히틀러는 트로이 목마의 역할로 오스트리아 내의 나치스 당원들을 이용하는 전략을 택했다. 그 첫 시도는 1934년 7월 25일 154명의 유니폼을 착용한 나치당원들이 수상 관저에 침입해 수

---

93   Christian Zentner(ed.), *Adolf Hitler, Sonderdokumentation*, p.91.
94   K. D. Bracher, *Die nationalsozialistische Machtergreifung*(1974), p.84f.
95   K. D. Erdmann, *Die Zeitalter der Weltkriege*(1959), p.233.
96   같은 책.

상을 비롯 대통령과 장관들을 살해하려는 것이었으나 수상 돌푸스(E. Dolfuß) 만이 살해되었고 오히려 히틀러 진영에서 5인의 과격분자와 수천 명의 나치스 당원이 처형되었다.[97] 이후 오스트리아에 대한 독일의 전략은 매우 큰 곤란에 봉착하게 되었으나 히틀러는 이에 굴하지 않고 돌푸스의 후계자 수상 슈슈니크와 협상을 통해 나치스 당원들이 오스트리아 내에서 원활히 활동할 수 있도록 노력했다.[98] 오스트리아 내 650만 독일인의 자연권을 주장해 자유로이 생활할 수 있도록 한 뒤 나치스 당원들이 무장봉기를 일으키도록 하려는 것이 그의 계획이었기 때문이다.[99] 오스트리아의 외교적 고립을 확신한 히틀러는 1938년 2월 오스트리아의 수상 슈슈니크를 그의 별장 베르히테스가덴(Berchtesgaden, 남독 바이에른주에 있음)에 초청해 강력한 군사개입의 위협하에 히틀러의 최종 요구에 응하도록 했다.[100]

이 회담의 결과가 이후에 끼친 가장 큰 영향은 오스트리아 내에서 나치스 당원들에게 동등한 정치적 권한을 인정한 것이다. 그런데 슈슈니크는 이 회의를 통해 히틀러가 세계 여론 앞에 요지부동하도록 만들었을 뿐만 아니라 베르히테스가덴 협정이 오스트리아의 독립을 확실히 한 것이라고 주장했다. 이에 반해 히틀러는 이 협정을 오스트리아의 최후의 합병 과정을 향한 시작이라 여겼고, 오스트리아 내의 나치스 당원들에 대한 동등권의 인정을 오스트리아를 나치스화할 수 있도록 오스트리아 국경 내에 트로이 목마를 가져다 놓은 것으로 생각했다.[101]

베르히테스가덴 협정에 따라서 2월 16일 나치스 당원 자이스-잉크바르트(A. Seyss-Inquart)가 내무 장관이 된 이래 오스트리아의 나치스는 별다른 방해

---

97   Erich Zöllner, *Geschichte Österreichs*, p.516.
98   Gerhart Binder, *Deutsche Geschichte des 20. Jahrhunderts mit Dokumenten in Text u. Bild* (Stuttgart: Seewald, 1972), p.310.
99   Erich Zöllner, *Geschichte Österreichs*, p.524ff.
100 같은 책, p.522.
101 Bundesarchiv, ZSg. 101/32, p.143.

를 받지 않는 가운데 활약할 수 있었다. 나치스는 도발을 통해 점차적으로 시민전쟁과 같은 상황을 야기했으며 오스트리아 정부의 권위가 실추되어 국가가 위기에 처하게 되자 3월 9일 수상 슈슈니크는 독일과의 합병을 저지하기 위해 오스트리아의 독립을 다짐하는 국민투표를 실시하기로 결정했다.[102] 이에 히틀러는 오스트리아의 모든 나치스 지도자들을 베를린으로 소환했으며, 그들은 국민투표를 베르히테스가덴 협정의 위반으로 간주해 이에 대해 적절한 조처를 하기로 했다.[103]

이리하여 위기를 조성해 목적을 단계적으로 성취하는 히틀러의 간접 공격은 결정적 단계에 이르게 되었으며, 오스트리아 내 나치스의 전권대표인 자이스-잉크바르트는 "위기를 극도로 조성하라"라는 명을 받게 되었다.[104] 풍문과 압력과 혼란이 계속되는 동안 오스트리아 국경에 독일군이 진주해 있었고 오스트리아 내 여러 주에 나치스가 우세를 보이자 슈슈니크는 1938년 3월 11일 국민투표를 철회했다.[105]

연방 수상은 군의 압력하에서 수상직으로부터 물러났으며, 연방 대통령 또한 압력에 못 이겨 자이스-잉크바르트를 새 수상으로 임명했다.[106] 히틀러는 이미 3월 11일 독일군의 오스트리아 침입을 명했고 이러한 상황하에 미클라스(W. Miklas)가 대통령직을 사임하자 신내각은 오스트리아의 독일제국 합병을 결의하는 법률을 통과시켰다(1938.3.13).[107] 이리하여 오스트리아의 제3제국과의 합병은 어느 정도 합법적으로 이루어졌으며 동부로의 영토 확장 정책이 그 첫 성공을 보게 되었다.

---

102 Erich Zöllner, *Geschichte Österreichs*, p.523.
103 Bundesarchiv, p.201.
104 자이스-잉크바르트는 자국을 히틀러군이 무력으로 점령하는 것에 반대했다.
105 Thilo Vogelsang, *Die Nationalsozialistische Zeit, Deutschland 1935 bis 1939*, p.109.
106 같은 책, p.111.
107 Erich Zöllner, *Geschichte Österreichs*, p.523.

2) 체코슬로바키아의 해체 및 합병

히틀러의 동부 영토 확장 정책의 다음 목표는 영토 확장 계획 초기에 이미 해체를 결정한 체코슬로바키아였다.[108] 도나우(Donau) 왕국(오·홍제국, 즉 오스트리아-헝가리제국)과 오스만제국의 붕괴로 발칸반도에 민족 원리와는 관계없는 여러 소국가가 탄생한 시기였다. 그중에서도 체코는 히틀러와 독일 국민이 증오하는 베르사유평화조약에 의해 탄생한 국가였고,[109] 베르사유조약의 상징이기도 했다.

체코군은 유명한 스코다 공장뿐 아니라 마지노(Maginot) 방어선을 방불케 하는 강력한 군사력을 소유하고 있었으며, 보헤미아의 사각지대는 유럽의 심장부에 위치한 전략 요지로 히틀러의 동부 진출을 위해 우선적으로 점령해야만 했다.[110] 이러한 상황에서 체코 정부는 내적으로는 방어 요새를 구축했고, 외적으로는 프랑스 및 러시아와의 동맹으로 독립을 확고부동하게 선언하는 한편 독일의 체코 침략을 대전으로 확대시키려 했다.[111] 하지만 히틀러의 오스트리아 합병 직후 체코에 대한 약속 이행을 분명히 하려던 프랑스가 결국 히틀러의 요구에 양보하게 되었고, 1938년 체코는 완전한 고립 상태에 빠지게 되었다.

체코공화국을 와해하기 위한 히틀러의 책략은 지난날 합스부르크 지배하에 있었던 체코 내 250만 명의 소수 독일인 문제를 야기하는 것이었다.[112] 체코공화국의 탄생 이래 수데텐(Sudeten) 지역 독일인의 불평은 체코의 고뇌의 원천이 되었으며 나치스 세력이 강화되자 그들은 광범한 자치권을 요구했고, 동시에 나치스의 사상과 조직을 확대하는 역할을 했다.[113] 이로써 트로이 목

---

108 Edgar Hösch, *Geschichte der Balkanländer*(Stuttgart: Kohlhamme, 1968).
109 Alan Bullock, *Hitler, Übers*, p.420.
110 Edgar Hösch, *Geschichte der Balkanländer*, p.126.
111 Alan Bullock, *Hitler, Übers*, p.340.
112 Bundesarchiv, ZSg, p.1f.
113 Wilhelm Treue, *Deutsche Geschichte*(1948), p.748.

마는 이미 체코 국경 내에 들여놓은 셈이 되었다.

오스트리아를 합병한 이후 히틀러의 수데텐 내 소수 독일인 문제는 체코에 발을 디뎌놓기 위한 구실에 불과했으며 히틀러의 목적은 처음부터 체코 국가를 파괴하려는 것이었다.[114] 이의 구체적 실현을 위해 히틀러는 수데텐의 독일인 정치가 헨라인(K. Henrein)을 체코 내 히틀러의 대리자로 임명했고 (1938.3.28), "긴장을 조성하라"라는 히틀러의 뜻에 따라서 헨라인은 체코에 결코 받아들일 수 없을 정도의 요구를 내세웠다.[115]

헝가리와 폴란드가 체코에 대항하리라는 것, 독일에 대한 프랑스의 간여가 유럽 전쟁으로 확대되리라는 것과 러시아가 체코에 군사적으로 협조하지 않으리라는 것 등이 예상되는 국면에서, 히틀러는 긴장을 고조시켜 돌발 사건을 야기한 뒤 신속한 군사행동으로 목적을 달성하되 이와 같은 행위가 세계 여론에 도의적인 것으로 보이도록 신경 썼다.[116] 이러한 긴장의 시점에 체코 국경 근처에 독일군이 집결해 공격을 준비하고 있다는 풍문이 일자 체코 정부는 5월 20일 부분적으로 군사동원을 실시했다.[117] 히틀러는 이 사건을 큰 모욕으로 생각해 가까운 시일 내에 군사행동을 통해 체코를 분쇄하겠다고 했으며[118] 거사일을 9월 30일로 정했다.[119]

9월 9일 뉘른베르크(Nürnberg) 군사 회의 마지막 날 운집한 군중의 열광 속에 수데텐 독일인의 권한을 주장하는 수데텐 봉기가 일어났다. 사건은 많은 사망자를 낸 뒤 헨라인이 수천 명과 함께 바이에른으로 도주함으로써 마침내 평정되었으며, 봉기 진압은 성공했지만 오스트리아에서 일어났던 바와 같이

---

114 같은 책.
115 Wilhelm Hermann, *Ein Beitrag zur Methodik der Massenführung*(Hamburg: Hansischer Gildenverlag, 1948).
116 Alan Bullock, *Hitler, Übers*, p.443.
117 같은 책, p.461ff.
118 J. C. Fest, *Hitler*, p.762.
119 Alan Bullock, *Hitler, Übers*, p.462.

내부로부터의 와해가 이루어지지는 않았다.[120]

그러나 결과적으로 히틀러의 계획을 빗나가지는 않았다. 프랑스 수상 달라디에(E. Daladier)는 체임벌린이 히틀러와 만나 최선의 조약 체결을 위해 노력하도록 했다. 체임벌린은 수데텐 지방을 독일이 차지한다면 독일인의 혼합거주 지역은 어떻게 할 것인가에 관한 협상을 거듭하다가 영국 의회와 타협한다는 조건하에 수데텐 지방의 분할을 승낙했다.[121]

히틀러는 바로 다음 주에 체코 공격 준비를 서둘러 수데텐 독일 의용군 창설을 허락했고, 독일 군부가 이에 협조할 것을 명령했다. 체임벌린이 두 번째로 독일에 왔을 때 지난번의 협상의 내용과는 달리 히틀러는 폴란드 및 헝가리의 요구와 체코의 배신을 들어 분할 지역에서의 체코군의 즉각 철수와 함께 독일군의 진입을 허락할 것을 요구했다.

히틀러의 변심에 당황한 체임벌린은 수데텐 지역의 요구가 수단에 불과하며 단지 계획 실천을 위해 유리한 정치적 조건을 만들어 전 체코를 분쇄하는데 그의 목적이 있다고 생각했다.[122] 그리고 이것은 바로 히틀러의 동부로의 영토 확장 정책과 일치하는 것이었다. 독일의 장갑부대의 이동에 따른 영국해군의 출동에도 문제가 해결되지 않자 전쟁과 평화의 분기점에 직면해 주독 프랑스 대사는 수데텐 일부는 10월 1일에, 나머지는 점진적으로 점령할 것을 히틀러에게 제안했고, 영국은 무솔리니(B. Mussolini)에게 중재를 요청했다. 마침내 뮌헨에 모인 달라디에와 체임벌린은 무솔리니와 함께 체코 대표가 참여하지 않은 가운데[123] 히틀러에게 체코의 수데텐 지역 합병을 승인했으며, 10월 1일 히틀러의 주장대로 독일군의 체코 수데텐 지역의 진입이 이루어졌다.[124]

---

120 Thilo Vogelsang, *Die Nationalsozialistische Zeit, Deutschland 1935 bis 1939*, p.119.
121 J. C. Fest, *Hitler*, p.763.
122 Alan Bullock, *Hitler, Übers*, p.458.
123 Thilo Vogelsang, *Die Nationalsozialistische Zeit, Deutschland 1935 bis 1939*, p.122.

당시 영국 외상 핼리팩스(E. Halifax)경은 루스벨트 대통령에게 보낸 서신[125]에서, 히틀러가 뮌헨협정 이후 매우 괴로운 심기인데, 이것은 히틀러가 수데텐만이 아니라 체코 전체를 정벌하려는 그의 의도가 실현되지 않았기 때문이라고 했다. 역시 히틀러는 원래의 계획대로 10월 1일의 지령에서 제국의 국경을 확고히 할 것과 체코의 잔여 지역 해체를 명했다. 수데텐이 독일에 합병된 뒤 프라하 정부는 폴란드와 헝가리에 인구 200만 명의 84km²를 할양했고, 곧이어 동부 2주 슬로바키아와 루테니아(Ruthenia)에 광범한 자치를 허락했다.[126]

히틀러는 이에 만족하지 않고 슬로바키아의 정치가이며 얼마 전에 해임된 수상 티소(J. Tiso)와 두르칸스키(B. Durcansky)를 베를린으로 납치해 불응하면 프레스부르크(Preßburg)를 점령하겠다는 협박 아래 독일의 외상 리벤트로프(J. Ribbentrop)가 만든 독립선언문을 가지고 슬로바키아의 독립을 선언하도록 했다.[127] 같은 방법으로 히틀러는 체코 대통령 하하(E. Hacha)와 외무상 흐발코프스키(Chvalkovsky)가 협상차 베를린에 도착했을 때, 독일군의 체코 전면 공격 및 프라하(Prague) 폭격의 내용으로 위협하며 하하 대통령에게 프라하에 전화로 독일군의 체코 진입에 저항하지 말 것을 명령하도록 한 뒤 체코 나머지 지역을 독일에 넘겨주는 문서에 서명하도록 했다.[128] 이로써 체코는 히틀러의 동부로의 영토 확장 정책에 따라 완전 해체되었으며,[129] 히틀러의 동부로의 영토 확장 정책은 제2단계인 유럽 전쟁으로 확대되지 않은 채 무난히 성

---

124 체임벌린과 달라디에의 강력한 요구가 있었음에도 히틀러의 반대로 체코의 대표가 참여할 수 있었다. 같은 책.
125 Alan Bullock, *Hitler, Übers*, p.469.
126 같은 책. p.482.
127 히틀러와 사절단이 만났을 때 이미 리벤트로프가 작성한 슬로바키아의 독립선언문을 티소로 하여금 선언토록 했다. 같은 책.
128 Peter Rassow, *Deutsche Geschichte im Überblick*(1973), p.717.
129 같은 책. 히틀러는 3월 22일 뵈멘(Böhmen)·매렌(Mähren) 보호국을 대게르만제국에 예속시켰다.

공했다.[130]

3) 독일의 폴란드 공격과 제2차 세계대전의 발발

오스트리아의 합병과 체코의 해체 및 합병이 있은 뒤 독일의 미래 계획에 가장 큰 두려움을 갖게 된 나라는 폴란드였다. 1919년 이후 독일이 가장 약세였을 때 폴란드는 독일 영토를 많이 차지했는데 이것이 베르사유조약 중 독일에 가장 큰 치명상을 주었다.[131] 폴란드에 항구를 만들어주기 위해 단치히(Danzig)를 독일로부터 분리해 폴란드에 특권을 부여했으며, 폴란드는 슐레지엔(Schlesien)에서도 합법적으로 요구할 수 있는 범위 이상의 땅을 차지했다.[132] 그럼에도 폴란드는 히틀러가 불가침조약을 체결한 첫 번째 나라가 되었으며 향후 5년간 양국 사이에 우호 관계가 유지되었다.[133]

이와 같은 히틀러의 정책은 독일이 충분히 강해질 때까지 동구에서 프랑스의 강력한 동맹국과 우호 관계를 유지하고 러시아에 대해 폴란드를 지원하기 위해, 즉 히틀러의 단계적 영토 확장 정책 때문이었다.[134] 히틀러는 자신의 영토 확장 정책에 폴란드를 끌어들일 생각이었으나 소련과의 우크라이나(Ukraina) 이해관계[135] 문제로 폴란드는 독립적 외교 노선을 취할 수밖에 없는 입장이었다.[136]

러시아에 대한 독일·폴란드 동맹에 실패하자 리벤트로프는 주독 폴란드 대사 립스키(Libski)를 히틀러의 별장이 있는 베르히테스가덴에 초청해(1938. 10.24) 독일·폴란드 문제를 논의했다. 당시 독일이 폴란드에 내세운 여러 가

130 같은 책.
131 Alan Bullock, *Hitler, Übers*, p.491.
132 Edgar Hösch, *Geschichte der Balkanländer*, p.126f.
133 Gerhart Binder, *Deutsche Geschichte des 20. Jahrhunderts mit Dokumenten in Text u. Bild*, p.313.
134 같은 책; Walther Hubatsch, *Hitlers Anweisungen* (1973), p.20f.
135 Akten zur Deutschen Auswärtigen Politik Ⅴ. p.140.
136 Bundesarchiv, ZSg, pp.110~111.

지 제안 가운데 중요한 두 가지를 든다면, ① 자유 도시 단치히를 독일에 환원할 것, ② 독일과 동프로이센을 연결하는 폴란드 회랑지대 안에 치외법권적 자동차로와 철도를 부설할 것 등이 있었다.[137]

그러나 폴란드 사람 모두는 이러한 히틀러의 요구가 관철될 경우 그가 폴란드의 포젠(Posen)과 오버슐레지엔(Oberschlesien) 지역을 추가로 요구할 것임을 의심치 않았으며,[138] 대러시아 독일동맹에 응한다면 결국 독일의 위성국이 될 것이기에 폴란드 외상 베크는 이를 단호히 거절했다. 단치히는 독일의 것이었고, 앞으로도 독일에 속하게 될 것이라는 히틀러의 주장을 중심으로 한 베크와의 제2차 회담이 실패로 끝나자 히틀러는 유리한 정치적 조건을 기다려 폴란드의 타도를 결심했다.[139] 이에 대해 베크는 독일이나 단치히의 상원이 자유시 단치히의 현재 상태를 변경시킬 경우 폴란드에 대한 공격으로 보겠다고 맞섰고, 체임벌린은 하원에서 폴란드가 위협받을 경우 즉각적으로 지원할 것이라고 했으며, 프랑스 정부 또한 1938년 9월 말과는 다른 반감을 보였다.[140]

히틀러는 예기치 않았던 영국·프랑스의 반감에 당황하고 흥분하며 군에 세 가지를 명했다. ① 국경의 수호, ② 팔 바이스(Fall Weiß, 폴란드 공격에 대한 약호), ③ 단치히의 점유가 그 내용이었으며, 이 가운데 '팔 바이스'는 폴란드 군사력의 파괴를 목적으로 한 공격으로 독일군의 폴란드 진주의 날과 동일한 1939년 9월 1일로 정했다.[141] 이때 베크는 베를린 대신에 런던으로 향해 양국 간의 상호 원조 협정에 대해 논의했고, 히틀러는 이탈리아가 알바니아를 점령

---

137 Peter Rassow, *Deutsche Geschichte im Überblick*(1973), p.718.
138 히틀러는 처음에 회랑지대에 서부 독일 지역과 동부 지역의 단치히를 연결하는 철도부설권만을 요구했으나, 폴란드인들은 이를 믿지 않았고, 이후에 또 다른 요구를 내세울 것이라고 생각했다. Alan Bullock, *Hitler, Übers*, p.85.
139 같은 책.
140 Bundesarchiv, ZSg, 101~34, p.153.
141 Raymond Cartier, *Der Zweite Weltkrieg*(Paris: Buchclub Ex Libris, 1977), p.77.

해 독일과 같은 상황에 처하게 되자 이를 이용해 이탈리아와의 군사동맹을 서둘러 양국 간에 5개 항의 강철조약(Stahl Pakt)을 성립시켰다.[142]

가까운 시일 안에 전쟁 발발을 적극적으로 반대하는 무솔리니와는 달리 히틀러는 강철조약 바로 3일 뒤에 육·해·공군 장성들을 포함한 14명의 정부 요원 회의에서 동부로의 영토 확장이란 기본 정책에 근거를 둔 대(對)폴란드 정책을 밝혔다. 이는 "앞으로의 성과는 피를 흘리지 않고는 불가능하다. ······ 단치히가 목적이 아니라 우리에게는 동부로의 생활권 확장이 문제이다. 식량과 발트해 연안 국가 문제 역시 가볍지 않다. 우리의 최후의 결의는 적당한 기회에 폴란드를 공격하는 것이다"라는 내용이었다.[143]

이러한 강경한 히틀러의 연설에도 영국과 프랑스가 전혀 동요하지 않자 히틀러는 동부 문제의 타결책을 모스크바를 통해 찾으려고 했다.[144] 이것이 바로 동부의 힘을 빌려 동부를 정벌하고자 한 히틀러의 영토 확장 책략이었다. 이와는 대조적으로 러시아는 1938년 4월 16일 대독집단안보체제의 구축을 위해 러·영·프 사이의 군사동맹을 제의했지만 영국이 이를 3주간의 주저 끝에 거부함으로써 이루어지지 못했다.

히틀러는 러·영·프 동맹 대신에 독·러 동맹이 이루어진다면 러시아가 독일·폴란드 전쟁에 중립을 지키게 되어 영국·프랑스의 폴란드에 대한 원조가 불가능하게 될 것이고, 따라서 양국은 독일의 요구에 응하게 될 것이며 폴란드는 자신의 미래를 운명에 맡길 수밖에 없다고 생각했다.[145] 안티세미티즘 및 반공사상을 내세우고 러시아까지 영토를 확대하고자 한 히틀러가 러시아와 동맹을 체결하려 했던 것은 영국이 독일에 협력할 것을 거부한 데 주요 원인이 있겠지만 독일이 폴란드 문제에 집중하는 동안, 러시아와의 분쟁을 피하

142 Thilo Vogelsang, *Die Nationalsozialistische Zeit, Deutschland 1935 bis 1939*, p.147.
143 Alan Bullock, *Hitler, Übers*, p.509.
144 Thilo Vogelsang, *Die Nationalsozialistische Zeit, Deutschland 1935 bis 1939*, p.153.
145 같은 책, p.155f.

려는 데 있었다.[146]

한편 스탈린(J. Stalin)은 독일과의 충돌을 가능하면 피하거나 지연시키려는 입장이었고, 집단 안전책을 구하고 있었으나 서방 강대국에 대한 깊은 불신 때문에 망설이는 상황이었다. 즉, 러시아가 위기에 처해 있을 때 그들이 히틀러에 대해 싸우지 않을 것이며, 독·소가 전쟁에 빠지도록 해 양국의 시스템을 약화시키려 할 것이라고 생각한 데에서, 그리고 이후 독일이 러시아를 공격할 경우 조약 위반이라는 유리한 조건을 생각해 독·러동맹을 추진했다.[147]

독일의 유럽 패권주의에 비협조적인 영국과 임박한 폴란드 문제 해결의 시기와 자신의 악화되어가는 건강이란 악조건 속에서 히틀러는 러시아와의 동맹을 추진하기 위해 전권을 위임한 리벤트로프에게 스탈린, 몰로토프와 협상하도록 했다. 소련의 볼셰비즘을 겨냥한 안티코민테른조약이 소련에 대한 것이 아니라 서구 민주주의에 대한 것이라는 파라독스적인 변명과 함께 양국 간에 동구를 각기의 영향권으로 분할하는 합의가 이루어진 뒤 폴란드 공격과 제2차 세계대전의 지주가 되었던 10년간의 독·러 상호불가침조약이 체결되었다.[148]

체임벌린이 독·러조약으로 실각되지 않고, 영국 국회가 수상과 외상의 입장을 단일 의사로 지지함으로써 기대했던 만큼의 성과를 거두지 못하게 되자[149] 히틀러는 괴링(H. W. Göring)의 친구 달러루스(B. Dahlerus)를 영국에 보냈다. 달러루스는 영국의 세계 제국 건설에 독일이 협조할 것과 이번 폴란드 문제가 해결되면 히틀러는 정치 일선에서 물러날 것이라는 등의 공허한 미사여구로 합의를 꾀했으나 이루어지지 않았다.[150] 이어 프랑스와 이탈리아의 전

---

146 Gaston Castella, *Illustrierte Weltgeschichte III*(1963), p.311f.
147 Alan Bullock, *Hitler, Übers*, p.514; Georg von Rauch, *Geschichte der Sowjetunion*(1969), p.324.
148 Raymond Cartier, *Der Zweite Weltkrieg*, p.13.
149 Alan Bullock, *Hitler, Übers*, p.532.
150 같은 책.

쟁 저지 노력이 헛되이 되자 히틀러는 1938년 8월 31일 오후 8시 폴란드 국경 근처 글라이비츠(Gleiwitz)의 독일 방송국 습격을 폴란드인의 소행으로 꾸며 국경 분쟁 문제를 항의하며 폴란드 정부에 정치적 알리바이를 위한 16개 항을 제안한 뒤 9월 1일 폴란드 공격을 시작했고,[151] 이로부터 제2차 세계대전이 발발했다.

4) 결어

이상으로 필자는 남독일과 오스트리아와의 국경지대 소읍 오스트리아 브라우나우에서 태어난 히틀러가 린츠와 빈을 거쳐 독일에 들어가 정권을 장악한 뒤 유럽을 배경으로 나치즘을 실현하던 중 제2차 세계대전을 야기한 내용에 대해 살펴보았다. 이 과정에서 제2차 세계대전은 히틀러의 정책 실현 과정 중 발생한 불가피한 상황이 아니라 히틀러가 동부로 영토를 확대하여 독일 민족이 슬라브족을 지배하는 신질서 위에 게르만 국가를 건설하려고 한 데에 원인이 있다고 본다. 이로부터 히틀러가 허무주의자나 기회주의자라기보다는 뚜렷한 세계관을 가진 인물이었음을 확인했다.

그뿐 아니라 제1차 세계대전에서의 패배 이후 격앙된 독일 국민의 감정을 선동해 정권을 장악하긴 했으나 히틀러는 오직 자신만의 지배욕을 충족시키기에 급급하지는 않았다는 사실도 밝혔다. 영원한 자연의 진리에 바탕을 두고자 한 프로그래머요, 상황에 따라 대처하고자 한 책략가였던 히틀러는 자신의 생의 2대 목표인 유대인 제거와 영토 확장을 위해 의도적인 노력을 시종일관 추진해온 것이 사실이다. 이와 같은 확장 정책에는 다위니즘으로부터 얻어낸 사이비 자연관과 안티세미티즘이 그 기초가 되어 있음이 여실히 밝혀졌다.

히틀러는 유럽에 게르만 국가를 건설해 신질서를 수립할 수 있도록 동부를

---

151 Raymond Cartier, *Der Zweite Weltkrieg*, p. 24.

타도한 뒤 서부를 지배하기 위해 독일을 비롯한 오스트리아와 동구 여러 나라에서 유대인을 박해했다. 그 밖에도 볼셰비즘 체제하의 러시아를 정벌해 유대인을 제거하려 했던 점과 제1·2차 세계대전에서의 독일의 패배가 유대인 바이러스 때문이라고 굳게 믿었던 점으로부터 미루어보아 히틀러의 영토 확장 계획 근저에는 안티세미티즘이 놓여 있었음이 분명히 입증된다.

또한 히틀러가 모국인 오스트리아의 수상 돌푸스를 살해해 정권을 인수했으며 서방 강대국들에 굴욕적이었던 뮌헨협정에 만족하지 않고 슬로바키아를 강압적으로 독립시켜 체코를 해체시켰으며 이어 보헤미아와 모라비아를 보호국으로 만들었다. 게다가 자유도시 단치히가 문제가 아니라 전체 폴란드를 고립시켜 합병하고자 독·러 상호불가침조약(1939.8.23)[152]을 체결하면서도 미래에 러시아 정벌을 염두에 두었던 점에서 히틀러가 동부에서의 신생활권의 획득을 위해 전력을 기울여왔음을 확인하게 된다. 이렇게 볼 때 제2차 세계대전에 대한 독일 전 국민의 책임은 상대적으로 가벼워지게 되고 책임의 화살은 주로 히틀러를 향해야 마땅하다는 결론이 성립되는 것이다. 그러나 히틀러에 대한 최종적 평가와 그에 돌아가는 책임은 앞으로의 세계가 파괴적인 방향으로 흐르느냐 아니면 건설적인 방향으로 흐르느냐에 따라 달라지리라고 본다.

---

152 A. G. Plötz, *Konferenzen und Verträge*, Bd 4(1914~1959)(Würzburg: A. G. Ploetz Verlag, 1959), p.173f.

제2장

제2차 세계대전 후의 독일 분단

1. 서언

1945년 5월 8일 히틀러의 정권을 위임받은 되니츠 잠정 내각이 연합군에 의해 해체된 뒤 독일에 남게 된 참상은 이루 말할 수 없는 비극이었다. 제1차 세계대전에서 독일의 패배는 독일군이 프랑스 영토에 남아 있는 상태에서 이루어졌기 때문에 1919년 11월 힌덴부르크(P. Hindenburg) 장군은 의회 조사단의 진술에서 독일군이 비수에 의해 쓰러졌다고 말할 정도였으나, 제2차 세계대전에서의 독일의 패배는 독일 영토가 완전히 연합군에게 점령된 가운데 이루어진 무조건 항복이었다.[1]

제2차 대전에서의 패배로 독일에 이루어진 대격변에도 불구하고 50년대에 와서 교회와 사회민주당의 계속적인 발전을 들어 1945년이 독일사에서 절대적인 제로점이 아니었다고 하나, 독일의 패배는 철저한 단절을 초래했다고 볼 수 있다. 1945년의 독일의 단면은 영국, 심지어는 프랑스의 상황보다도 심한 것으로,[2] 영토의 절단, 절단된 영역의 분할, 대내외 주권의 완전한 상실, 국가

---

[1]   Richard Löwenthal and Hans Peter Schwarz(eds.), *Die zweite Republik: 25 Jahre Bundesrepu blik Deutschland-Eine Bilanz*(Stuttgart: Seewald, 1974), p.31; Raymond Cartier, *Histoire mon diale de l'aprés*(1970), p.47.

질서의 완전 해체 등으로 1871년의 독일 국가 탄생과 1918년의 독일 붕괴가 가져온 대변혁보다 훨씬 비극적인 것이었다.

이러한 대변혁이 이루어진 5년 뒤 1949년 5월 8일 서독 정부가 본(Bonn)에 수립되었고 이어서 베를린에 동독 정부가 구성됨으로써 독일은 양분되고 말았다. 독일의 전후 정치사와 유럽 정치세계에 결정적인 요인이 될 독일 분단으로 서부 지역에는 민주주의 체제가 동부 지역에는 공산주의 체제가 성립됨으로써 독일 영토에서 반히틀러 동맹국 사이에 이념이 분열되었다.[3]

독일이 처한 이러한 상황을 배경으로 이 장에서 목표로 하는 것은 동·서독 분단이 이루어지는 과정을 밝힘으로써 서방 점령 지역의 발전과 독일연방공화국에 대한 이해를 돕는 일이다. 더불어 전후 독일 문제가 어떻게 해결될 수 있었는가를 밝히고자 하며,[4] 또한 독일의 기본법(Grundgesetz)은 그 결의에서 점령국에 의해 강요된 것인지 아니면 독일 헌법의 전통에서 이루어진 것인지에 대해 상세히 알아보고자 한다. 마지막으로 독일의 경제적 부흥과 독일연방공화국의 건설 및 정치적 안정을 구축하는 과정에서 독일인들의 노력과 점령 국가의 노력은 어떠했는지도 알아보고자 한다.

2. 전후 독일 내의 상황과 독일인의 결의

1) 패전 직후 독일이 처한 상황

1945년 4월 30일 러시아 탱크 부대가 히틀러의 벙커 앞 1km 지점에 이르

---

2   1945년의 붕괴는 결코 완전한 것이 아니기 때문에 절대적 제로점으로 볼 수 없으나 종전의 독일에 비하면 근본적인 변화가 이루어진 것이다. Alfred Grosser, *Geschichte Deutschlands seit 1945: eine Bilanz*(München: Deutscher Taschenbuch-Verlag, 1974), p.16.

3   Thilo Vogelsang, *Das geteilte Deutschland. Weltgeschichte des 20. Jahrhunderts*, vol.11(München: Deutscher Taschenbuch-Verlag, 1976), p.15.

4   Andreas Hillgruber, *Deutsche Geschichte: Die deutsche Frage in der Weltpolitik*(1947), p.10.

렀을 때 히틀러가 자살함으로써 독일은 피와 눈물로 질식의 위협을 받고 있었으며 대혼란만을 남겨놓게 되었다.[5]

이보다 며칠 전에 미군과 러시아군은 엘베강에서 만나 작전 지역을 남북으로 구분했다. 35만 독일군이 루르 지역에서 체포되었고, 이탈리아에서는 5월 2일에 전투 행위가 종식되었으며 이어 2일 뒤에 북서독·덴마크·네덜란드에서 독일군이 투항했다.[6] 이때 미군은 베를린과 프라하에 러시아군보다 앞서 도달할 수 있었는데, 이것은 곧 정치 문제를 고려한 영국 정치가들의 주장이기도 했다.[7]

5월 1일 독일 정부의 권한을 위임받은 되니츠 사령관은 잠정 내각을 구성했다.[8] 육군대장 요들(A. Jodl)은 5월 7일 랑스에서 아이젠하워 장군에게 독일의 지휘하에 있는 육·해·공군을 넘겨줌으로써 무조건 항복 문서에 서명하는 일만이 남아 있던 상황이었다. 또한 그다음 날 소련군 본영에서는 같은 내용의 항복 문서가 카이텔(W. Keitel)을 비롯한 군 고위 지휘관들에 의해 조인되었다. 이어서 5월 9일에 독일군의 무조건 항복이 발효되었다.[9]

한편 연합국관리위원회는 되니츠에 대해 냉정하면서도 깍듯했다. 국가원수에 대한 관례상의 예의였다. 5월 7일 트루스코프(Truskow)하에 소련참모부가 구성된 뒤 동서 진영에서의 잠정 내각에 대한 비판이 더욱 강렬해졌고, 5월 22일 연합군 위원회의 본부로 되어 있는 파트리아(Patria) 선박에 강제 출두한 되니츠가 독일 잠정 내각과 군총사령부를 체포하라는 연합국 군사령부의 결의문을 전달받게 되었다.[10] 이로써 독일 잠정 정부는 해체되었으며, 이 날

---

5   Richard Löwenthal and Hans Peter Schwarz(eds.), *Die zweite Republik: 25 Jahre Bundes-republik Deutschland-Eine Bilanz*, p.31; Raymond Cartier, *Histoire mondiale de l'après* (1970), p.50.

6   Arthur Mojonnier, *Illustrierte Weltgeschichte*(Zürich: Stauffacher Verlag, 1964), p.468.

7   같은 책.

8   Lothar Gruchmann, *Der Zweite Weltkrieg: dtv-Weltgeschichte des 20. Jahrhundert*, vol.10(München: Deutscher Taschenbuch Verlag, 1970), p.442.

9   Alfred Grosser, *Geschichte Deutschlands seit 1945: eine Bilanz*, p.16.

로부터 4년간 독일 국민은 정부와 법을 잃은 가운데 살았다.

독일은 대전 기간 6년 동안 독일 역사상 최대의 시련을 맛보아야 했다. 350만 군이 사망했거나 실종되었고, 600만 군이 체포 및 납치되었으며 50만 시민이 적의 공격으로 인해 사망했고, 그리고 약 300만이 도피 중에 사망했거나 실종되었다.[11] 또한 제2차 세계대전은 역사상 유례가 없을 정도로 전 세계를 통해 희생자를 냈으며, 사망자만도 5000만 명에 달했다. 쾰른은 가옥의 65%가 파괴되었고, 뒤셀도르프(Düsseldorf)는 가옥의 93%가 거주 불가능 상태가 되었다. 전후 6주간 베를린에는 전체 인구의 절반인 430만 명만이 거주할 수 있었다. 3000개의 파괴된 철로와 교량으로 인해 모든 교통이 마비되었고 라인강과 베제르강의 모든 교량이 완전히 파괴되었으며 마인강과 도나우강의 교량도 연합군의 폭격과 이후의 광적 행위에 의해 대부분 파괴되었다.[12] 루르 지역의 석탄 생산량 또한 전쟁 전의 40만 톤에서 전후에는 2만 5000톤으로 감소했다.

독일 내의 수백 만 실향 외국인에 대한 보호는 점차적으로 이러한 목적을 위해 설치된 유엔 기구에 위임됨으로써 서부 지역 군정장관들은 관리 측면에서 그들의 임무가 크게 경감되었다. 그러나 곧 그들은 이보다 더 긴급한 다른 문제에 직면하게 되었다.

1937년의 국경을 중심으로 동부 지역으로부터 대규모 추방이 이루어졌다. 이는 포츠담 코뮈니케에 근거를 둔 것이 아니라 오직 모스크바의 비호 아래 주로 바르샤뱌 정부가 취한 일방적인 처사였다. 동독의 동부 지역과 폴란드, 체코, 헝가리, 유고 등지로부터의 피난민과 국외 추방자들의 고난이 계속되었

---

10 서부 및 동부의 신문들이 잠정 내각에 대해 공격함으로써 되니츠는 더욱 위기에 몰리게 되었다. Peter Rassow, *Deutsche Geschichte im Überblick* (1973), p.752.

11 Lothar Gruchmann, *Der Zweite Weltkrieg: dtv-Weltgeschichte des 20. Jahrhundert*, vol.10, p.447f.

12 Raymond Cartier, *Histoire mondiale de l'aprés*, p.48f.

다. 국외 추방자들은 곧 피난민 대열에 가담하게 되었으며, 이러한 난민의 물결은 1946년을 절정으로 다음해에 이르러서야 가라앉게 되었다.[13]

1945년 11월의 통계에 의하면 국외 추방자와 추가로 추방될 사람의 수는 모두 650만으로 추정되었으며 소련 점령 지구에 276만, 미국 점령 지구에 225만, 영국 점령 지구에 150만, 프랑스 점령 지구에 15만을 배당했다.[14] 이 가운데 3분의 2가 서부 독일 여러 주에 도달했다. 축출 방식이나 난민 수용에서 빚어진 제반 현상은 분명히 유럽의 전후 역사에서 가장 쓰라리고 수치스러운 것이었다.[15]

전후 2년간 독일인의 생활은 겨우 생계를 유지하고 기아를 면하기 위해 사는 생활로, 문자 그대로 숨이 막히는 상황이었다. 포츠담, 파리, 모스크바의 대성명은 이튿날 생존 여부도 불투명한 상황에서 아무런 도움을 주지 못했다. 이 밖에도 독일 패전 이후에 시작된 비참한 상황들은 도처에서 일어났다. 1947년 뮌헨의 주거 상태는 1실 5명 6600명, 1실 4명 3만 5000명, 1실 6명 1만 7000명이었다.

그뿐 아니었다. 그들은 때로 지하실과 창고 그리고 볼링장과 벙커를 주거 장소로 이용해야만 했다. 각 도시의 큰 길에는 각 주를 통과하는 난민의 행렬과 그들의 시민권이 박탈당했던 도시로 귀환하는 인파로 일대 혼란이 전개되고 있었다. 서부에는 이미 점령 기간 중에 150만의 동부 이주민이 유입되었고 600만 명의 외국인 노동자와 포로가 무리를 이루어 이동하고 있었다.[16]

이와 동시에 대중의 식생활 문제 해결이 시급하고 중대한 문제로 등장했다. 독일은 필요한 식량의 절반가량을 수입에 의존해왔는데 설상가상으로 전

---

13 Alfred Grosser, *Geschichte Deutschlands seit 1945: eine Bilanz*, p.58f.
14 실제로 고향으로부터 격리된 사람의 수는 이보다 훨씬 더 많은 1300만 명으로 추산되었다.
15 Alfred Grosser, *Geschichte Deutschlands seit 1945: eine Bilanz*, p.47.
16 모스크바는 연합국관리위원회 구성의 전제조건으로 서방 연합군의 동부로부터 철수를 요구했고, 이로부터 처칠은 소련을 적대시하게 되었으며 '철의 장막'이라는 말을 사용했다. Thilo Vogelsang, *Das geteilte Deutschland. Weltgeschichte des 20. Jahrhunderts,* vol.11, p.14f.

후 주요 농산물 생산지인 중동부 독일과의 사이에 통로가 단절되었다. 이로 인해 1946년 말 함부르크에서는 1만 명이 기아로 인한 수종을 앓고 있었다. 1947년부터 시작된 영·미 점령 지역의 학교 급식은 아동들의 건강을 겨우 구하는 실정이었으며 쾰른에서는 오직 12%의 아동들만이 정상적인 체중을 가지고 있었다. 당해 유엔 전문 기관에서는 노동력과 건강 유지를 위한 1일 칼로리의 양을 2550으로 정한 데 비해 독일인에 제시된 칼로리는 1500이었으며, 실제로는 1000칼로리 이하였다. 그마저도 1947년 독일 의사회의 각서에 따르면 기준량의 3분의 1이 채 되지 않는 제공량으로 수개월 내에 많은 사람이 사망했고, 병원에서 이 급식만을 취한 결과 단시일 내에 수백 명이 사망한 것으로 알려졌다.[17]

독일의 공장의 노동자들은 작업 능력의 부족으로 인해 하루를 우두커니 앉아서 보내고 있는 형편이었다. 이러한 상황에서 사람들은 극심한 풍기문란에 빠지고 말았다. 많은 젊은이는 폐허의 주위를 방황하면서 암시장을 중심으로 생활했고 역 구내와 지하도에 온갖 물건을 늘어놓고 우글거리고 있었다. 저축을 위한 유인은 전혀 존재치 않았다. 당시 프랑크푸르트 저축은행에서는 1947년 8월 740만 마르크의 불입이 있었는데 지출은 1630만 마르크에 달했다. 한마디로 말해 당시 독일에서는 화폐경제 대신에 자연경제가 지배했다.[18]

곤궁과 퇴폐는 한편으로는 많은 사람들에게 불행한 시기를 상기하도록 했고, 다른 면에서는 이 굴욕적이고 품위 없는 재앙에 대해 침묵을 지키거나 아예 잊어버리기를 바라고 있었다. 이와 같은 독일인의 비참한 상황을 두고 쾰른의 추기경은 그들에게 최소한의 생활필수품이 주어져야 한다고 선언했으며, 유력한 외국 인사들이 상황의 개선을 고려하게 되었다. 적대 행위가 종식된 뒤 부유한 미국인들과 굶주리고 있는 많은 영국인들이 독일인들에 생활필

---

17 같은 책, p.15.
18 전쟁 전 1500명에 비해 전후 쾰른에는 1만 5000명의 매춘부가 있었다. Lothar Gruchmann, *Der Zweite Weltkrieg: dtv-Weltgeschichte des 20. Jahrhundert*, vol.10, p.412.

수품을 보냈으며 자선단체, 특히 종교단체 그리고 독일계 미국인들이 원조 활동에 참여했다. 이에 대해 독일인들은 외국의 원조가 그들이 당하고 있는 부당한 운명에는 충분치 못하다고 생각하면서도 한편으로는 고마움을 갖게 되었다.[19]

2) 패전 직후 독일인 및 독일 인사들의 반성과 장래 계획

이러한 상황에서 1945년 6월 5일 연합군 사령관들이 대혼란을 받아들이게 되었다. 아이젠하워, 슈코프, 몽고메리, 타시니는 4개 항의 군사지휘권과 주, 도시, 지방 행정권을 인수받았다.[20] 최고행정권을 4대국의 최고지휘관이 장악하도록 했고, 자국 정부의 위임 사항을 각 점령 지역에서 수행하도록 했으며, 독일 전체의 문제에 관해서는 공동의 관리위원회(Kontrollrat)를 구성해 함께 관리하도록 했다.

이와 같은 일련의 사실로 인해 독일의 헌정 상황은 다시 시작점에 위치하게 되었다.[21] 주권 국민의 특성에 맞는 국가 헌법의 제정을 서구의 정치적 전통에서는 신성한 행위로 여겼으나 당시 독일은 이를 위해 전제가 되는 의지와 노력 가운데 어느 하나도 구비하고 있지 않았다. 그러나 히틀러체제 동안에도 독일의 정치적 전통이 잠재적으로 존재하고 있었으므로 국가기구의 재건에서 그들은 과거를 참고해나갈 수 있었다.[22]

다행히 정치와 정신 측면에서 지도적인 역할을 담당할 만한 인물이 많이 존재하고 있었다. 특히 전체주의를 어떠한 방법으로든지 견뎌낸, 그리고 사회와 국가를 재건하기 위해 다시 단결한 바이마르 시대의 민주적 집단이었던

---

19 영·미군정은 독일 국민의 식생활 문제를 해결하기 위해 매일 평균 1000톤의 식료품을 수입했다. Lucius D. Clay, *Entscheidung in Deutschland*(1950), p.300.

20 Alfred Grosser, *Geschichte Deutschlands seit 1945: eine Bilanz*, p.53.

21 Thilo Vogelsang, *Das geteilte Deutschland. Weltgeschichte des 20. Jahrhunderts,* vol.11, p.9.

22 Ernst Nolte, *Deutschland und der kalte Krieg*(Piper, 1974), p.46.

충실한 지도자들이 대부분 아직 남아 있었다.[23] 이후 함부르크 시장이 된 브라우어 같은 일파는 아직 불행한 망명생활을 하는 중이었고, 후일 독일연방 수상 아데나워 같은 일파는 은둔처나 수용소의 지하생활로부터 나왔으며, 사회주의 지도자 슈미트와 같은 또 다른 일파는 은둔 생활과 정치 망명 생활에서 돌아왔다.[24]

전쟁 직후 독일인들의 정치 의식은 크게 두 갈래로 나뉘어 있었다. 국민의 대부분은 나치 체제의 붕괴와 더불어 정치에 대해 무감각하게 되었으며 정치적 재건에 참여하지 않았다. 국가 재건을 위해 정신적 지원을 아끼지 않았던 많은 사람 가운데 다수가 정치로부터 영원히 물러섬으로써 이 파국에 냉담한 반응을 보였다. 또한 많은 사람이 결코 정치에 관해 특별한 관심을 가져보지 못한 채 숙식생활에 매어 있었다. 대부분의 국민들은 그들의 정치적 견해와 희망을 말할 기회를 잃은 데 반해 오직 극소수의 과격파만이 정치 무대와 대중 매체를 지배하고 있었다.[25]

반면 전체주의가 남겨놓은 가치의 공백 상태에 유입해 들어가기 시작한 다양한 정치적·종교적 이념에 대해 어떤 사람들은 매우 예민한 감수성을 보였다. 전후 2년 동안에 모든 저술들은 새로운 사회를 정의·박애 및 민주주의의 이상 위에 세우려는 생각으로 충만해 있었다. 즉, 인간의 존엄성, 기독교적 박애 정신, 인간의 자연권에 대한 사고는 감격과 더불어 재발견되었고 전무후무하게 그 가치를 인정받게 되었다. 소박한 정통적 민주주의를 실현할 것과 정치의 기초로서 종교를 다시 채택하고자 선전했으며, 그들의 감동은 사람들을 정치로부터 물러서게 한 경제적 위기에 의해 더욱 고조되었다.[26]

23 Wilhelm Treue, *Deutsche Geschichte*(1976), p.796ff; Ernst Nolte, *Deutschland und der kalte Krieg*, p.54.
24 John Pollock, *Germany under Occupation*(Ann Arbor, 1949), pp.11~15.
25 같은 책.
26 Richard Hiscocks, *Democracy in Western Germany*(1957), pp.9~33.

점령국들이 민주적 사고의 부활을 위해 지원을 아끼지 않았던 것은 분명한 사실이다. 여론 조성의 매체와 정당의 감시, 그리고 단호한 비나치화 및 비군 사화 정책은 독일인들에게 새로운 정치적 견해의 등장을 용이하게 했다.[27] 서 방 점령국 여러 지역에서 헌정 체계의 재기가 이루어지는 동안 이에 대한 연 합국의 보호 역시 민주주의의 확고한 토착화에 크게 기여했다. 그러나 전후 독일민주주의의 어린싹이 연합국의 씨로부터 나온 것이라고 믿는다면 이것 은 아주 그릇된 생각은 아니다. 점령 당국과 독일 정치인, 독일 지도자들 사이 에는 어느 정도의 긴장과 불신이 존재했다는 것이 사실이다.

이와 같은 주위 여건하에서 독일인들은 이미 오래전에 민주주의와 연방제 를 택하기로 결심했다. 연합국이 이를 서부 독일 헌법에 적용하고자 합의한 런던의 결의보다 훨씬 앞선 결심이었다.[28] 독일의 전통에서 찾아볼 수 있는 민주적 요소는 연합국의 지원과 전후 독일의 여론에 의해 약화되었으며, 또한 대부분의 독일인들은 유력한 독일 인사들과 일부 점령국의 지지를 받았던 연 방적 전통을 계속 지속시키려 했다.

이 기간 중에 대중의 여론에 가장 큰 영향을 끼친 것은 전통과 과거에 많은 시련을 겪은 제도였으며 독일인들은 과거의 역사 중 특정 부분만이 모방의 가 치가 있다고 여겼다.[29]

바이마르공화국과 최근의 독일 역사에 대한 일반의 태도는 상당히 복합적 인 성격을 띠고 있었다. 14년간의 바이마르공화국 시대에 대한 당시의 여론 조사에 의하면 많은 사람은 바이마르 시대 여러 정당의 불화와 실업·사회적 긴장·타협으로 인해 사람들은 민주주의에 대해 크게 회의에 빠져 있었다. 이

---

27 Wilhelm Treue, *Parteien in der Bundesrepublik, Institut für politische Wissen-schaft*(1955), p.25f.
28 Richard Löwenthal and Hans Peter Schwarz(eds.), *Die zweite Republik: 25 Jahre Bundesrepublik Deutschland-Eine Bilanz*, p.154.
29 같은 책.

에 비해 질서와 권위와 유능한 정부를 형성한 제3제국은 당시 그들에게 큰 매력으로 다가왔다.[30] 그들은 오직 나치스의 대외 과대망상증·전쟁음모·살인적 폭력 행위에 대해서만 거부하는 입장이었다. 그러나 여러 정당과 대중의 여론은 공히 반파시즘의 입장에 서 있었으며 나치 시대와 당시의 유산에 대해서는 강력히 배제했다. 전쟁 직후 제반 보도에 따르면 바이마르 시대의 민주주의 시도야말로 그것이 비록 보수주의자들과 민족주의자들에 의해 배신당했을지라도 위대한 것으로 보았다.[31]

다수의 지도급 인사들은 바이마르헌법이 히틀러의 성장과 승리에 큰 도움이 되었다고 보았으며, 비례대표제의 단점에 관한 헤르멘스(Hermens) 이론을 다시 거론해 토의했다. 혹자는 의회제도와 대통령의 긴급명령권에 대해 의혹을 갖게 되었고, 좌우 극단주의자들이 민주주의를 파괴하는 데 사용한 민주적 자유를 허용치 않았어야 했다는 주장이 지배적이기도 했다. 그 밖에도 바이마르공화국이 구래의 독일연방적 전통으로부터 계속적으로 이반하는 데에서 받게 되는 어려움에 대해 매우 비판적인 입장을 취했다.[32] 이 방향에서의 공격은 주로 지역적 특수성을 옹호하고 있는 입장에 있었던 하노버, 바이에른, 남서독으로부터 나왔다.[33]

바이마르 정부와 이의 붕괴에 대한 비판은 마침내 대중민주주의에 대한 비판으로 이어졌다. 민주주의의 가치와 절차를 옹호해야 한다는 의견이 지배적이었지만 그러나 히틀러의 입장을 국민이 환영하는 바였고 민주적 헌법의 규정에 따라 집권한 것은 누구도 부인할 수 없는 사실이었다. 이와 같은 이유로

30 Erich Peter Neumann and E. Nölle, *Antworten* (1954), p.17f.
31 Friedrich Friedensburg, *Die Weimarer Republik* (1946), p.11f; W. Appelt, *Geschichte der Weimarer Verfassung* (1946), p.39.
32 그러나 바이마르공화국이 의회제도와 대통령제도의 타협으로 몰락했다는 핀더의 주장에 찬성하는 사람들은 소수였다. Richard Hiscocks, *Democracy in Western Germany*, p.39.
33 H. H. Leonhart, *Der Weg preussischer Vorherrschaft und das unsichtbare Reich der Welfen* (1981), p.32f.

인해 일부 지도적 인물들은 대중과 그들의 돌발적 열광성에 대해 깊은 회의를 표시했다. 이 때문에 앞으로는 대중의 방종을 사전에 방지할 수 있는 조항을 헌법에 두어야 한다는 토의가 이루어졌다.[34]

1차 대전 이후와는 대조적으로 1945년 이후에는 군주제도를 위한 대단한 움직임은 보이지 않았고, 철혈재상의 상이나 그러한 국가통일 정책, 그리고 제국 시대의 군국주의에 대해서는 세인의 이목을 끌 만큼이나 수정이 가해졌다.[35] 그 밖의 수정으로는 전후 독일이 독일제국 정책으로부터 비스마르크 이전의 유럽으로 전향한 것으로 특기할 만한 사실이었다. 이보다 더 중요한 것은 그들이 인접 국가와 밀접한 관계를 수립하고자 하는 정책이었다. 이리하여 독일의 지방주의·연방주의, 그리고 유럽 통합운동 사이에는 순리적인 협력이 이루어지게 된 것이다.

3. 세계열강의 전후 독일에 대한 여러 결의

미국이 1941년 12월 7일에 전쟁에 참여하게 되었을 때 독일세력은 그 절정에 이르렀다. 독일이 전체 유럽 대륙의 지배자가 되었고 군은 무적인 것처럼 보였으나 런던과 워싱턴의 지도자들은 전쟁이 조만간 연합국의 승리로 끝나리라는 것에 대해 의심치 않았다. 1871년 이래 독일은 전 유럽 전쟁에 주 책임이 있으며 독일이 이 이상 세계 평화의 위협적인 존재가 되어서는 안 된다는 입장에서 미국은 소련에 불신을 일으키지 않는 가운데 오직 독일공격에만 전력을 경주하려고 했다.[36] 워싱턴의 미국 국무성과 여타 정부기관이 1942년 이래 전후 대외 정책에 대해 구상하고 있었지만 1943년 1월 카사블랑카회담

---

34 Wilhelm Röpke, *Die Gesellschaftkrise der Gegenwart*(1942).
35 Hans Maier, *Deutscher und europäischer Föderalismus*(1948), p. 17f.
36 Text der Atlantik-Charta, *Documents on American Foreign Relations*, vol. IV, p. 10f.

에서의 무조건 항복에 이르기까지 별다른 정치적 선언이 없었다.

1943년 중 미국 내 강경파는 중부 유럽 평화의 교란자 프로이센을 제거하고 동프로이센을 폴란드에 할양해야 한다는 주장을 내세우기도 했으나 국무장관 헐과 대부분의 국무성 전문가들은 이 견해에 대해 반대의 입장을 취했으며 대신 온건주의 정책을 권유했다. 유럽의 안정이 위협받게 되고 소련의 확장 정책을 자극하기 때문이라는 이유에서였다. 루스벨트 대통령이 독일을 최소한 3개 국가로 분할해야 한다는 주장을 계속한데 반해 헐의 입장을 미국 국방장관 스팀슨이 지지함으로써 양자 사이에 노골적인 불화가 일어나 미국의 전후 정책은 미결정 상태가 되었다.[37]

모스크바에서 헐은 소련외상 몰로토프에 접근해 전후 독일 문제에 대한 미국무성 견해의 윤곽을 밝혔다. 무조건 항복, 미·영·소군의 독일 점령, 독일군 해체, 유엔의 독일 경제 감시, 나치 체제의 완전 폐지, 모든 정치범 석방 등의 미국 기본 정책에 대해 스탈린은 열광적으로 환영했다.[38] 그럼에도 동맹국 사이에는 참된 합의의 징후는 나타나지 않았는데 부분적으로는 헐이 의식적으로 계획시행 세부안을 밝히지 않은 데에서였다. 1개월 뒤 루스벨트, 처칠, 스탈린이 테헤란에서 다시 만났을 때도 독일에 관한 구체적인 것이 별로 이루어지지 않았다.

서구 열강이 독일에 대해 관대할 경우 15~20년 내에 독일이 재기하게 될 것이므로 독일의 비공업화를 위해 공장을 해체해 배상으로 먼저 러시아에 이송해야 한다는 스탈린의 주장에 대해 서구 정치가들이 환영하지 않았기 때문이었다.[39] 그들은 화제를 바꾸어 독일에 대한 제반 계획에 대해 토의했으나 궁극적으로 결의된 사항은 유럽자문위원회(European Advisory Commission: EAC)[40]를 런던에 창설해 유럽, 특히 독일에 대한 정책을 공동으로 수립하자는

---

37 Alfred Grosser, *Geschichte Deutschlands seit 1945: eine Bilanz*, p.49.
38 Winston Churchill, *Grand Alliance*(1951), p.630.
39 Georg von Rauch, *Geschichte der Sowjetunion*(1969), p.434f.

것뿐이었다. 미·영·소의 대표로 구성된 이 유럽자문위원회는 구속력 있는 협정을 통해 패전 직후의 독일 관할의 임무를 띠고 있었다.

이 위원회의 창설은 연합국 외교가 이룩한 중대한 제 결정과 마찬가지로 미래를 내다본 동맹국의 공동 계획의 결과가 아니라 군의 전진으로 전쟁동맹국 사이에 외교적 협력의 결여가 노출되자 동맹국 사이의 협력의 강화를 필요로 하는 우연한 상황에서 만들어진 결과였다. 과거의 적대국과 독일 점령 국가에 대한 규정을 설정하는 것은 전쟁동맹국의 단합과 전후 유럽 세력 관계를 위해 매우 중요한 것이었다. 문서의 추가 조항 2에 기록된 지침 내용은 이 위원회가 전쟁의 종식에 즈음해 위 세 정부의 지시에 따라 제반 유럽 문제를 연구해 그 결과를 각개 정부에 추천 형식으로 보낸다는 것이었다.[41] 그 가운데 이 위원회의 가장 중요한 임무는 항복의 조건과 유럽의 적국에 대한 감시의 지침서를 마련하는 문제였다.

전쟁과 관련된 그리고 전후의 유럽 공동 관심사를 해결하는 결정 기관으로 본 영국[42]은 유럽자문위원회의 권한을 크게 제한하고자 한 미·소 대표의 반대에 부딪쳐 그들이 원하는 대로 통과시킬 수 없었다. 몰로토프 소련외상은 이 문제를 일상 외교 루트를 통해 해결할 것에 대해 주장했고, 미국의 국방차관보 매클로이는 유럽 및 세계 정책에서 미국 참여의 성격과 그 범위가 정해지지 않았기 때문에 적극 참여에 대해 반대한다는 입장이었는데, 전쟁이 끝나지 않은 시점에서 군과 국방부의 점령 정책 계획은 자신들의 권한 사항에 속해야 한다고 생각했기 때문이었다.[43]

소련의 서방 국가에 대한 의심, 영·미 사이의 협상 목표에 대한 견해 차이,

---

40 유럽자문위원회는 세계열강 간의 오해를 사전에 제거함으로써 이후 동맹국의 협정을 성립시키는 데 큰 공헌을 했다. Department of State, United States of America, Foreign Relations of the United States(Diplomatic Papers, 1943), p.708ff.

41 Der englische Richtlinien Entwurf, p.710f.

42 같은 글, p.620f.

43 W. Thayer, *The Unquiet Germans*(1957), p.5.

프랑스가 뒤늦게 대표를 파견함으로써 야기된 복잡한 문제, 그리고 전후 독일
정책을 중심으로 한 미국 내 여러 부처의 줄다리기 때문에 빈회의와 베르사유
조약에서 중재 역할과 같은 영·미의 환상은 깨지고 말았으며, 유럽자문위원
회는 부정적인 평가를 면치 못했다.[44] 유럽자문위원회에 대한 기대 차이로 이
에 대한 평가도 여러 가지였지만 "우리는 우리에게 주어진 시험에 통과했으
며, 때가 이르자 우리의 계획은 그 적용에서 마찰 없이 실효를 거둘 수 있었
다"라는 슈트랑(W. Strang)의 긍정적 평가에서 볼 수 있는 바와 같이 유럽자문
위원회의 점령 행정은 일상 외교 루트나 고위인사로 구성된[45] 위원회의 단기
회담을 통해서도 마찬가지의 성과를 낼 수밖에 없는 본래의 공헌을 이룩했다
고 보는 것이 중론이다.

1943년 8월 퀘벡(Quebec) 회의에서 연합군 참모장들은 참모총장 모건 자신
이 만든 몇 개의 원칙에 대해 동의를 표했으나 루스벨트는 이에 대해 회의를
표시했다. 미국이 프랑스와 분규를 원하지 않고 오스트리아 문제에 개입하지
않으려했기 때문이었다. 이 밖에도 극동 문제로 유럽 내 미군을 재편성해야
했고, 미 의회가 유럽 미군을 곧 철수시킬 것을 고려했으며, 이 경우 미국이
북서독일을 차지하는 것이 옳다고 확신하고 있었기 때문이었다. 이처럼 영·
미가 점령 지역 문제를 놓고 우왕좌왕하던 중 그 뒤 프랑스가 가담하게 되어
1년이란 세월을 보내게 되었다.[46]

이 사이에 영·미군은 노르망디에 상륙했다(1944.6). 1943년 12월에 프랑스
연합군 총사령관으로 임명된 아이젠하워의 계속적인 요구에 따라 워싱턴과
연합참모장들은 국무성, 국방성, 재무성, 그리고 영국의 외무성이 참여한 가
운데 만들어진 훈령을 기호 CCS 551라는 이름으로 아이젠하워에 전달했다.[47]

---

44   Alfred Grosser, *Geschichte Deutschlands seit 1945: eine Bilanz*, p.47.
45   William Strang, *Home and Abroad*(1956), p.205.
46   Alfred Grosser, *Geschichte Deutschlands seit 1945: eine Bilanz*, p.47.
47   P. Y. Hammond, *Directives for the Occupation of Germany*(Tuscaloosa, 1963), p.314.

이것은 독일이 패배 또는 항복할 때까지 독일 내 군정이 이용할 정치적 지침으로서 통치는 엄격히 하되 일반 시민에 대해서는 공정하고 인간적으로 대한다는 원칙하의 구체적 군정 목표였다. 주요 내용은 다음과 같다. ① 군 점령의 지원, ② 나치즘과 파시즘의 절멸, ③ 법과 질서의 수립, ④ 단시일 내 시민을 위한 정상 회복. 이 밖의 구체적인 내용으로서는 일용품의 생산과 판매의 군정 관할, 의사표시의 자유, 출판의 자유, 신앙의 자유, 나치 선전의 금지, 독일인 공무원으로서 자치기구 구성, 민주적 노조운동의 장려, 그리고 초기에는 연합군과 독일 국민과의 친교를 금한다는 것 등이었다.[48]

최고사령부 연합군 군정관리들은 즉시 CCS 551을 기초로 해서 명령과 지침의 세부안을 작성해 1948년 8월 독일 통치를 위한 군정 편람을 완성시켰다. 이 편람의 정신은 분명히 건설적인 것으로 모겐소 플랜[49]과는 대조적으로 처벌을 목적으로 하지 않았으며 중부 유럽이 조속한 시일 안에 안정 상태에 진입할 수 있도록 하는 데 목적을 둔 것이었다.

이 시점에서 독일 문제에 전혀 관계치 않았던 미국의 재무상 모겐소가 미국의 독일 계획에 적극적으로 참여함으로써 독일 문제 토의 과정에 큰 변화가 생겼다. 유대인인 모겐소는 "독일 국민은 냉혈적이고 침략의 기질을 가지고 태어났다"라고 규정하고 제3제국의 반유대인 극단적 행위에 대해 보복하려고 했다.[50] 모겐소가 전후 독일에 대한 미국 계획에 직접적으로 참여하게 된 것은 전후 프랑스 경제에 대해 협의하고자 런던을 방문했을 때 그의 동료 직원 화이트(H. White)를 통해 CCS 551의 초안과 군정 편람을 접하게 된 데에서부터였고, 아이젠하워 장군과 영국 주재 미국대사와의 회합이 있고 난 뒤의 일

---

48 Hajo Holborn, *American Military Government: Its Organizations and Policies* (1947), p. 53f.
49 루스벨트는 독일에서 학업 중에 있었던 젊은 시절에 독일인의 오만과 소시민적 편협성에 대해 혐오감을 갖게 되었다. Raymond Cartier, *Histoire mondiale de l'après* p. 50f; Lucius D. Clay, *Entscheidung in Deutschland*, p. 19.
50 같은 책.

이었다. 이 과정에서 그는 미국의 대독일 및 나치즘 제거 정책이 위험스러울 정도로 약하다는 것[51]과 미군의 현 정책은 독일을 다시 공업대국으로 발전시켜 여타 유럽 국가를 완전히 예속시키게 될 것이므로 미국 대통령과 주요 각료들이 결의를 통해 독일 중공업을 해체하고 제반 공업제품의 생산을 제한해야 한다는 것을 확신하게 되었다.[52]

1944년 9월 1일 모겐소의 요청에 따라 화이트가 만들었으며 모겐소 플랜으로 세상에 널리 알려진 재무성 안의 내용의 골자는 다음과 같다. ① 독일의 전면적 비군사화, 군수산업을 해체할 것, ② 동프로이센과 슐레지엔 남부, 자르 지역, 모젤과 라인강 사이의 지역을 인접 국가에 할양할 것, ③ 루르 지역, 라인 지역, 북해, 발트해 운하의 북부 지역을 국제 자유무역 지역으로 하고 잔여 독일을 2개의 느슨한 관계를 가진 국가로 전환시킬 것, ④ 복구와 배상은 유통되고 있는 생필품으로서가 아니라 현재의 시설을 이용해 전 나치친위대와 게슈타포 소속원 등의 강제 노동을 통해 할 것, ⑤ 독일 경제는 최소한 20년간의 연합국 감시하에 둘 것, ⑥ 모든 당원, 나치 동조자, 융커, 군 장교들을 공공기관에서 면직시키며, 공공기관·언론·교육기관·사법·은행·산업·무역 등 요직의 임명을 금지할 것, ⑦ 단시일 내 미군을 철수시키고 독일 인접 국가의 군대로 독일을 점령할 것, ⑧ 군정은 가격관리·배급·실업·생산·건설·통상·소비·주거·교통 등의 문제에 관여치 않을 것, ⑨ 독일 경제를 정상화하거나 약화하는 일체의 조치를 취하지 말 것, ⑩ 독일 경제의 재건과 주민의 생계에 대한 책임은 독일 국민에게 있음을 인정할 것 등이다.[53]

헐은 이것이 맹목적인 복수이며 독일에 대한 이와 같은 타격은 바로 유럽에 대한 타격이라고 했다. 1944년 9월 5일 스팀슨은 이에 대해 완강히 반대했으나 루스벨트만이 이 모겐소 플랜에 매혹되어 루르 공업의 파괴는 만성적 경

---

51 Henry Morgenthau, *Our Policy* II(New York Pst, 1947), p.26.
52 Wilhelm Treue, *Parteien in der Bundesrepublik, Institut für politische Wissen-schaft*, p.762.
53 P. Y. Hammond, *Directives for the Occupation of Germany*, p.502.

기 침체로 고난을 겪고 있는 영국 경제를 도와주게 될 것이고 독일 수출 시장을 정복하게 될 것이라고 했다.[54] 1944년 9월 9일 루스벨트와 처칠의 퀘벡 회담에서 모겐소는 자신의 독일 안을 설명했으나 처칠은 "영국을 시체화된 독일에 묶어둘 수 없다"라고 하며 이를 냉정히 거절했다. 하지만 그 뒤 처칠은 24시간 내에 외상 이든(A. Eden)의 맹렬한 반대에도 자신의 입장을 완전히 바꾸어 모겐소 안에 동의하고 말았다. 이것은 미국이 종전의 주장을 바꾸어 북부 대신 남부 독일 점령을 제안함으로써 서북 독일의 공업지대가 영국의 지배하에 들어가게 된다는 것과 앞으로 미국이 영국을 재정적으로 지원하겠다는 모겐소의 새로운 제안 때문이었다. 결국 9월 15일, 처칠은 일부 수정된 모겐소 안을 조인했다. 그러나 이후 처칠 내각은 이 합의 내용에 대한 동의를 거부했다.

루스벨트 대통령 또한 대통령 선거를 앞두고 공화당의 듀이(T. Dewey)가 모겐소 플랜을 선거무기로 이용하려 하자 서명 14일 뒤에 "내가 어떻게 그러한 내용에 서명할 수 있었는지 스스로 상상할 수 없다"라고 하며 철회하고 말았다.[55] 하지만 진짜 원인은 따로 있었다. 루스벨트를 고난에 빠뜨린 한 새로운 요인이 돌연 출현했기 때문이었다. 루스벨트 대통령은 계속해서 보수, 제국주의 노선의 영국과 과격한 러시아라는 양대 대립 세력 사이에서 미국이 중재적 역할을 맡기를 바랐으나 경제 및 군사 측면에서 영국이 처하고 있는 비참한 상황 때문에 자국의 역할이 위협받게 되었기 때문이었다.[56] 그럼에도 전후 세계의 구축에서 미국의 중재 역할을 통해 소련과 협력하겠다는 생각에는 변함이 없었다.

같은 해 11월 장기간 병중에 있었던 헐이 퇴임했고 뒤를 이어 전임 외무 차

54 Wilhelm Hoegner, *Der Schwierige Aussenminister: Erinnerungen eines Abgeordneten, Emigranten und Ministerpräsidenten*(1959), p.215.

55 H. L. Stimson and M. Bundy, *On Active Service in Peace and War*(1948), p.581.

56 J. L. Snell, *Wartime Origin of the East-West Dilemma over Germany*(1952), pp.94~96.

관 스티티니어스(E. R. Stettinius)가 국무 장관이 되었다. 스티티어니스는 독일 문제에 관해 헐의 견해를 루스벨트에게 피력하려 했으나 루스벨트는 독일에 관한 이 어려운 문제의 결정을 가능한 한 뒤로 미루려고 했다.[57] 그러나 루스벨트는 내심 얄타(Yalta)회담이 1945년 2월 초에 개최될 것이고 그 시기까지의 충분한 기간 안에 스티티니어스, 스팀슨, 그리고 여타 정치 고문들이 모겐소의 극단적인 안과 독일 국민을 처벌하지 않겠다는 순수 실제안을 포괄하는 새로운 정치 지침을 마련하리라고 믿었다.

1944년 11월과 1945년 1월 사이에 대통령에게 상정된 안은 대부분 외형상으로는 모겐소 플랜과 유사했으나 훨씬 온건한 입장이었다. 이를테면 JCS 1067과 같은 정책이 그렇다.)[58] 이 정책안은 9월 2~17일 사이에 내각안보위원회(WSC)에서 4차 회담을 거쳐 완성된 것으로 연합군이 독일 국경을 넘어서면 연합군 군정이 CCS 551 이외에 더 많은 지시를 필요로 한다는 데 대비해 만들어진 것이었다. JCS 1067은 독일 문제가 아직도 완전히 모겐소 영향 아래에 있을 때 이루어진 것으로 다음과 같은 몇 개의 특징으로 요약된다. 비나치화 계획을 모든 나치 동조자에 확대해 정부·사법·산업·재정·교육·언론에 종사하는 모든 사람에게 적용시킬 것, 독일 시민과 미군과의 우호 관계 금지 그리고 독일 재건 사업과 공공 업무의 정상화에 독일 내 연합군의 참여를 금지한다는 것 등이었다.[59]

이 잠정 조치 초안은 9월 23일에 재가되었고, 이튿날 미국 합동참모부(JCS)에 의해 영·미 참모부에 전달되었으며 아무런 고려 없이 즉시 부결됨으로써 모두를 당황하게 만들었다.[60] 이후 처칠 내각도 모겐소 안을 부결시켰다. 그후 1945년 3월에 이르는 수개월 동안에 JCS 1067 원형으로부터 많이 변형된,

---

57 Alfred Grosser, *Geschichte Deutschlands seit 1945: eine Bilanz*, p.48.
58 같은 책, p.49.
59 P. Y. Hammond, *Directives for the Occupation of Germany*, p.375.
60 같은 책, p.50.

그러나 모든 부처의 견해와는 여전히 조화를 이루지 못한 5개 정도의 안이 다시 제시되었다. 이 구체적 내용에 관한 설명은 다음으로 미루고 다시 얄타회담(1945.2.4~11)에 관해 말하고자 한다.

얄타의 3거두회담에서는 루스벨트가 바랐던 동맹국 사이의 우의를 바탕으로 한 제반 문제의 해결이 실현되지 못했다. 소련군이 동구를 장악하고 있다는 그리고 전쟁에서 승리가 임박해 있다는 사실 앞에서 러시아 지도자들이 전쟁이 종식된 뒤에도 그들의 점령지에 대해 양보하지 않으려는 입장을 취하고 있어 독일 문제가 자연히 큰 부담을 안게 되었으며 그 세부에 관해 아무런 배려가 이루어지지 않았다. 열강의 지도자들이 독일 문제에 관한 확정안을 가지고 있지 못한 데에서 기본 입장을 밝히기를 회피했고, 회담 벽두에 이 문제의 연기를 주장하자 몰로토프가 이를 받아들였으며, 스티티니어스 또한 침묵을 지켰다.

물론 이 회담에서 어떠한 문제들에 관해서는 합의가 이루어지기도 했다. 영국의 요구대로 점령 지구 경계에 대한 합의가 이루어져 프랑스가 영·미 지구에서 각각 일부를 차지하게 되었다.[61] 독일 영토의 분할은 매우 바람직한 것으로 보았으나 어떠한 확정이 이루어지지 못했으며, 활발한 토의는 소련의 지나친 배상 문제를 중심으로 이루어졌는데 이는 모겐소가 염두에 두고 있는 것보다 훨씬 큰 것이었다. 처칠이 앞으로 다가올 큰 기아에 대해 말하자 루스벨트는 제1차 세계대전 이후와 같이 독일이 배상 의무를 이행할 수 있도록 독일에 재정적 지원을 하지 않겠다고 밝혔다. 그리고는 마침내 모스크바에 배상위원회를 설치해 배상 문제를 처리할 것에 합의했다. 그러나 얄타회담에서는 전후 독일에 대한 연합국의 공동 노선이 이루어지지 못했다. 이에 대한 책임은 스탈린에게만 있는 것이 아니라 전후 중부 유럽의 처리 문제에 대해 영·미 정치가들이 신속한 답을 내리기 어려웠던 상황과, 유럽의 전쟁은 승리와

---

61   Alfred Grosser, *Geschichte Deutschlands seit 1945: eine Bilanz*, p.48.

다를 바 없었으나 아시아전쟁이 맹렬히 계속되고 있었기 때문에 소련과의 사이에 노골적인 결렬을 피하고자 독일에 관한 최후의 결정을 연기할 수밖에 없었던 루스벨트의 판단 모두에 그 원인이 있었다.[62]

2월 28일 루스벨트 대통령이 워싱턴으로 돌아온 뒤 다시 외무성·국무성·재무성은 전후 독일처리의 정책적 기준선을 놓고 경쟁을 벌이게 되었다. 3월 10일 국무성 입안자들은 얄타의 결의를 기초로 해서 만든 각서를 루스벨트 대통령에게 제출했다. 내용은, 유럽자문위원회가 구상하고 있는 연합국관리위원회에게 전 독일 통치를 위해 강력한 중앙집권을 행사하도록 하고, 이 관리위원회의 결의를 4개 지구 군정장관들이 집행하도록 하게 하는 것이었다. 경제 정책으로는 온건한 입장을 취해 독일의 잠재 전투력을 파괴할 것을 계획했으나 전반적으로 중공업을 억제하지는 않았다.[63]

배상은 연합국의 보장하에 독일 국민의 최저 생활을 유지하는 범위에서 10년 동안 생산하는 생산품으로 하기로 정했다. 비나치화도 온건한 수준에서 진행했는데, 열성 당원만을 공직 및 여타 주요 기관으로부터 해임하도록 했다. 그러나 독일 분할에 관해서는 전혀 언급하지 않았다. 스티티니어스가 3월 15일 루스벨트 대통령이 승인한 이 안을 모겐소 등이 참여한 회의에서 소개하자 그들은 크게 당황했다. 군정장관들에게 일개 행정 관리의 역할을 맡도록 하는 연합국관리위원회에 대해 몹시 불만족하고 있던 국방상 스팀슨은 화이트, 모겐소와 함께 루스벨트 대통령에게 공동 이의서를 제출함으로써 루스벨트는 이 안을 반년 전 모겐소 플랜과 같이 단념하고 말았다.[64]

모겐소 안과 현재의 국무성 안을 절충해 새로운 안을 만들라는 3월 22일 루스벨트의 지시에 따라 새로운 안의 개요가 대통령에게 제출되어 대통령과 모

---

62 루스벨트 대통령은 소련을 승인했으며, 전쟁동맹과 장래의 우호 관계를 위한 분위기 조성을 위해 무기 무상대여법을 통과시켰다. 같은 책, p.42.

63 P. Y. Hammond, *Directives for the Occupation of Germany*, p.376.

64 G. Moltmann, *Amerikanische Deutschlandplanung in 2. Weltkrieg*(1953), p.313ff.

겐소가 서명했다. 또한 이 문서 내용의 개요를 위난트(Winant) 대사에게 보내 유럽자문위원회 협상에 이용하도록 했으며, 나아가서는 주독 미사령관에 대한 지침의 기초로 삼으려고 했다. 새로운 정치적 노선은 관리위원회가 최상권을 소유한다는 것을 되풀이했고 합의가 이루어지지 않을 경우 사령관은 각자의 지구에서 조처를 내릴 수 있도록 했다. 특히 강조한 점은 비(非)중앙집권화와 정부의 권한 및 경제 문제였다. 오직 위의 목표 달성을 위한 경우에 한해서만 관리위원회는 최소한의 중앙 관할을 허용할 수 있도록 되어 있고 경제 정책에 관해서는 세부안을 만들어 상세히 규정했다.

1945년 3월 23일 서명된 이 지침서로부터 곧이어 제6차 JCS 1067지침서 합의가 이루어졌으며 이것이 루스벨트 대통령 재임 기간 중의 최후의 정치 노선이라고 볼 수 있다. 그 후 3주일 뒤 4월 12일 대통령이 사망하자 미국의 대독일 정책은 불확실해졌다.[65]

루스벨트 대통령의 뒤를 이은 트루먼 대통령은 미주리(Missouri) 상원의원으로 있을 당시 모겐소 플랜에 대해 강력히 반대했고 부통령 재임 수개월 동안 독일을 비공업화하려는 모든 정책에 대해 거부했다. 그럼에도 자신은 독일은 비무장화되어야 하고 연합국관리위원회의 통치를 받아야 한다고 주장했다. 미국의 대독일 정책에 대한 광범한 각서를 만들라는 트루먼 대통령의 지시에 따라 4월 26일 매클로이는 JCS 1067과 함께 몇 주 내에 대독 비공식 정책위원회(IPCOG)가 완성할 새로운 지침서에 대해 보고했다.[66] 이후 유럽 사태가 급진전되었고 독일의 붕괴가 순간적으로 일어날 것이 예상되자 아이젠하워 장군이 이에 대처할 수 있는 지시를 지체 없이 받아야 하는 상황에 처했다.

대독 비공식 정책위원회가 5월 초 JCS 1067을 완성했을 때 트루먼은 참모

---

65 P. Y. Hammond, *American Draft of Directive for Germany*, pp.418~420.
66 Harry S. Truman, *Memoiren* vol.I: *Das Jahr der Entscheidungen 1945*(1955), p.27.

부와 협의한 뒤 5월 11일 이를 승인했으며, 이후 이 안은 '독일 패전 직후의 독일 문제 처리를 위한 JCS 1067/8 지시'라는 공식 명칭을 갖게 되었다.[67] 트루먼이 조속한 결정을 내린 것은 아이젠하워의 초청으로 12인으로 구성된 상원위원회가 유럽을 순방한 뒤 전원이 독일에 대한 단호한 조처를 요구한 것에서부터였다. 비생산적이고 가혹했던 이 미국의 훈령은 독일이 다시는 세계 평화를 위협하지 않도록 하고 그들이 당하고 있는 혼란과 고통에 대해 자신들이 책임이 있다는 것을 강조하려는 데 있었다.[68]

큰 곤란과 망설임 속에서 장래의 미국 점령 정책에 대한 지침을 마련하는 데 성공했지만 공동의 독일 정책에 관한 연합국 간의 이해는 전보다 더 멀어졌다. 루스벨트 대통령 재임 최후 몇 주 동안에 서구와 소련과의 관계가 급속도로 악화된 데 이어 소련은 모스크바배상회의에서 200억 달러를 요구했고 독일 내의 공장과 시설을 해체해 자국에 이송하기 시작했다. 이에 대해 미국이 강력히 반대하자 소련이 연합국관리위원회를 마비시키려 시도하며 양측 간에는 최악의 상태가 찾아왔다. 이러한 난국을 타개하고자 처칠이 트루먼에게 제안한 3국 수뇌회담에 트루먼이 동의했고 스탈린이 또한 트루먼의 제의를 받아들임으로써 3국은 7월 1일경 포츠담 바벨스베르크(Babelsberg)에서 회의를 갖게 되었다.[69]

한편, 트루먼은 스티티니어스의 정책을 인정함에도 불구하고 강인하고 정치적으로 유능한 새 관료를 원하고 있었으며, 전 남캐롤라이나 주지사 번스가 적합한 인물이라고 생각하고 있었다. 그 후 이뤄진 관료 교체는 워싱턴의 분위기를 쇄신했으며 모겐소가 포츠담에 동반해줄 것을 부탁했으나 거절당한 뒤 사임하게 됨으로써 문제의 모겐소 플랜은 드디어 끝을 보게 되었다.[70]

---

67   P. Y. Hammond, *American Draft of Directive for Germany*, p.64.

68   같은 책, p.426.

69   Gerhard Binder, *Epoche der Entscheidungen: Eine Deutsche Geschichte des 20 Jahrhunderts mit Dokumenten in Text und Bild*(Seewald Verlag, 1960), p.627.

연합국 3국 대표가 독일 문제를 토의하려고 모인 날부터 마지막 날인 8월 2일까지 서방 국가와 소련 사이에 대부분의 문제에 관해 견해차는 종전보다도 더 심화되었다. 비군사화와 비나치화는 미국의 안을 중심으로 상호 이해의 틀이 마련되었으나 배상의 영역에서는 심각한 대립을 보였다.

루르 및 라인 지역에 대한 4개국 관리, 몰로토프의 200억 달러 요구, 전체 배상액의 반을 러시아가 차지해야 한다는 주장에 대해 영국 대표가 양보하려 하지 않고 심각한 투쟁을 벌임으로써 회담이 결렬 위기에 처하자, 소련이 자국의 배상 요구는 자국 지구 자산으로 만족할 수밖에 없음을 선언하며 양보했다. 이 밖에 독일의 평화 경제에 꼭 필요한 것이 아닐 경우 서방 지구로부터 소련이 금속공업·화학공업·기계공업 등 공업 시설의 이익 15%를 취득하도록 했으며, 또한 역시 독일 평화 경제에 필수적이 아닐 경우 서방 지구의 여타 공업 분야로부터 공업 시설의 10%를 대가 지불이나 보수 이행 없이 취득하도록 했다. 그리고 러시아에 대한 배상의 양을 정하는 문제는 서방 지구의 지휘 관들이 독일 경제 상황과 각 지구의 최소한의 생활수준 유지를 근거로 결정하도록 했다. 결론적으로 이 결과는 소련의 승리로 돌릴 수 없는 것이며, 포츠담 협정은 극히 일부를 제외하고는 JCS 1067 정신에 입각해 이루어진 것이라고 볼 수 있다.[71] 포츠담협정의 주요 내용은 다음과 같다.

① 모든 정치적 활동을 금지하는 원래의 계획 대신에 지방분권과 지방자치의 발전을 꾀하는 방향에서 정치적 원칙을 설정한다. ② 독일인에 허용할 최고 생활수준은 JCS 1067의 원칙대로 최저 생활수준이 아니라 독일 인근 국가(영국과 소련은 제외) 평균 생활수준으로 한다. ③ 독일 경제를 혼란에 빠뜨리는 대신 경제의 정상화를 위해 일련의 조처를 취한다. ④ 독일 경제체제는 농업

---

70   Harry S. Truman, *Memoiren*, vol.I, pp.40f~315f.
71   서방 국가들은 소련이 점령을 통해 지배하에 넣은 지역에 관해서는 돌이킬 수 없는 사실로 소련
     에 양보할 수밖에 없었다. Thilo Vogelsang, *Das geteilte Deutschland. Weltgeschichte des 20.*
     Jahrhunderts, vol.11, p.53; Winston Churchill, *Triumph and Tragedy*(1966), p.608.

과 내적 수요를 위한 평화 공업에 역점을 둔다. ⑤ 점령 기간 중 독일을 단일 경제단위로 간주하고 이 목적 달성을 위해 구체적 공동 노선을 정한다.

이러한 포츠담에서의 JCS 1067의 수정은 지구 지휘관의 책임 강화를 내세운 과거 미국 국무성의 안을 따른 것이었고 동시에 국무성의 건설적 독일 정책과도 일치하는 것이었다. 돌이켜보건대, 전후 독일 문제에 대한 미국 정부 제 부처의 불확실하며 불일치한 입장, 서방 열강 사이의 견해의 차이, 점증해가는 동서의 긴장을 중심으로 볼 때 연합국 간에 불확실하지만 그래도 하나의 협정이 이루어진 것은 기적과도 같은 것이었다. 이것은 트루먼과 번스가 사려 깊은 실용주의자로 정치적 실제를 중시해 과거의 정책이나 특정 인물에 감정적으로 매어 있지 않았고, 포츠담회의 중 총선에서 패배한 처칠을 대신한 수상 애틀리와 외상 베빈(E. Bevin)이 냉철한 실제성에서 위 두 사람에 못지않았으며 스탈린이 서방 동맹국과 결렬을 원치 않았던 까닭이라고 볼 수 있다.[72]

끝으로 강조되어야 할 점은 소련이 이기적 저의를 고집하지 않았다고 해도 포츠담에서 결의된 연합국관리위원회를 통해 대부분의 독일 지역에 통일성이 이루어졌을 것이라는 점이다. 서방측 대표들은 소련이 기정사실화해 돌이킬 수 없는 부분에 대해서는 소련에 양보했지만 포츠담협정은 서방측의 승리라고 볼 수 있으며 아마 트루먼 대통령이 성취한 최대의 성과로 볼 수 있다.

4. 독일 패전 이후 독일 행정부 수립을 위한 노력(1945~1946)

1945년 5월 8일 독일의 무조건 항복 이후 독일의 정치적 통일을 달성하는

---

72 Gerhart Binder, *Epoche der Entscheidungen: Eine Deutsche Geschichte des 20 Jahrhunderts mit Dokumenten in Text und Bild*, p.627f.

문제는 전승국이 이에 대한 근본적인 결정을 연기하려 했고 또 해결 방안의 결여로 연기될 수밖에 없었다. 경제적 측면을 보면 독일은 4개 점령 지역으로 구성되어 있음에도 단일 경제단위로 여긴다는 합의가 이루어졌고, 또한 이것은 연합국관리위원회의 기구와 기능에 언급되어 있었으며 포츠담협정에도 명시되어 있는 것이다. 이 단일 경제단위의 보조 기구로서는 관리위원회의 감시하에서 활동할 독일 중앙 행정부를 예상하고 있었으나 쉽게 실현될 수 없었다. 이것은 주로 프랑스의 부정적인 태도에서 온 것이긴 하나 부분적으로는 다른 점령국 특히 소련의 이견에서 온 결과인 것이다.[73]

다른 한편 현재 접할 수 있는 출전(出典)에 의하면 미군정은 포츠담회의에서 가결한 유일의 독일중앙기관(Deutsche Zentral Behörde)에 대해 매우 중대시했고, 미군정과 클레이 장군이 중앙 기관의 설립을 위해 전력을 기울였으며 이것이 실패한 뒤 그들 자신의 조직을 위한 행위는 계속 이와 관련을 갖게 되었다.

1945년 제 주회의(諸州會議)와 1946년 영·미 지역의 경제적 통합으로 이루어졌던 미국의 기선은 포츠담 결의를 보충한 것이었으며 앞으로의 발전을 위해 그 출발점이 되었다. 다음에서는 종전 이후 2년간의 서부 점령 지역의 특수 발전을 중심으로 좀 더 명백히 밝히고자 한다.

앞에서 언급한 적 있는 런던에 본부를 둔 유럽자문위원회는 항복 문서와 점령 지구의 경계선에 합의했을 뿐 아니라 관리위원회가 전체 독일을 관할할 것과 관리위원회 및 그 부속기관은 그들의 결의와 관련해 독일 중앙행정부(Deutsche Zentralverwaltung)를 이용하도록 한다는 데 합의했다. 마침내 1944년 11월 14일 완성된 관리 기구에 관한 협정은 상설 조정위원회가 독일 중앙행정부와 여타 관청의 활동을 감시하도록 했고(5조), 심지어는 독일 중앙관청과

---

73   Thilo Vogelsang, *Das geteilte Deutschland. Weltgeschichte des 20. Jahrhunderts,* vol.11, p.70; Gerhart Binder, *Epoche der Entscheidungen: Eine Deutsche Geschichte des 20 Jahrhunderts mit Dokumenten in Text und Bild,* p.66.

정부의 제 부처에 대해 언급하고 있다(6조).[74]

1945년 5월 1일 프랑스가 관리위원회 회원국이 된 외에는 본국 정부의 승인을 거친 이 협정이 수정되지 않았다고 볼 때 이것은 독일 항복의 시점에 이용할 수 있는 독일 중앙관청이 존재할 것이라고 생각한 것을 의미한다. 곧이어 국방상 스팀슨과 해군상 포레스탈은 항복의 시점에 기능을 발휘할 수 있는 중앙행정부가 존재할 것인지 회의를 표시하면서 중앙행정부나 중앙통치기구의 신설을 천거했다. 그리고 열강도 이 이전과 마찬가지로 그 뒤에도 독일 중앙기관의 설치를 위한 노력을 계속했다. 즉, 1945년 6월 5일 전승국의 4사령관이 자국 정부 명의하에 독일 내 최상권을 위임받았을 때 그들은 관리위원회 결의의 수임자로서의 독일 중앙행정부에 대해 재차 언급했다.[75]

이보다 더 구속력이 강한 독일 중앙행정부와 협력하고자 한 공동의 결의는 포츠담회담에서 이루어졌다. 8월 2일의 포츠담협정은 전후 독일 관할에 대한 정치 및 경제의 기본원칙을 정하고 있는데 독일 중앙기구에 관해 다음과 같이 기술하고 있다. "당분간은 독일 중앙행정부가 수립되지 않을 것이다. 그러나 사무차관을 장으로 하는 몇 개의 중요한 행정부서(재무·운송·교통·해외 무역·공업)를 두며 이 부서는 관리위원회의 감시 아래 활동하도록 한다".

5월 23일 정부 요원의 체포로 제3제국의 소내각이 최종적으로 해체되자 독일 중앙기관의 필요성이 다시 언급되었지만 이러한 목표에는 많은 어려움이 뒤따르게 되었다. 바로 이 문제가 큰 곤란에 빠지게 된 것은 프랑스와 소련의 반대에 부딪혔기 때문이었다. 비록 프랑스가 6월 5일부터 독일 관할에 참여하게 되었으나 포츠담에 초대되지 않은 것은 드골과 그의 외상 비도에게 몹시 불쾌한 일이었다. 포츠담회담 이후 프랑스 정부는 그곳에서 결의된 제반 사항을 대체적으로 인정하는 입장이었으나 일부 조항에 유보를 내세워 8월 7

---

74 Foreign Relations of the United States, 1944/I, p.322.
75 Amtsblatt des Kontrollrates in Deutschland, Ergänzungsblatt Nr.1, A Decade of American Foreign Policy 1941~1949(1950).

일 다른 3국에 대한 각서에서 독일 내 정당을 허용하지 않겠다는 입장을 천명했을 뿐 아니라 독일 중앙행정부의 수립에 대해서도 반대 입장을 분명히 했다.[76]

이와 같은 프랑스의 정책은 2차에 걸친 세계대전에 근거를 둔 안전의 필요성과 수세기 동안 지속된 라인 및 독일 정책에서 나온 것이었다. 이 주장을 비도는 5월 19일 워싱턴을 방문했을 때 더욱 구체화시켜 자국이 독일의 영원한 위협 아래에 있다고 호소하며 그 인접국이 곧 다시 힘을 결합하게 될 것이라고 주장했다.[77] 뜻밖의 프랑스의 부정적 태도에 미국인들은 유감과 실망을 갖게 되었으나 영국과 마찬가지로 독일 중앙기관을 수립하겠다는 생각을 바꾸지는 않았다. 유럽 주재 미군 최고사령부와 미국 측 관리위원회가 이를 위해 준비하고 있었을 뿐 아니라 카셀(Kassel) 근교에서 압수된 문서와 여타 공사 자료에 의하면 영·미 지구가 1945년 늦가을에 이르기까지 비밀리에 독일 중앙행정부 여러 부처의 사무차관의 임무와 고위 직책을 맡게 될 나치와 관련 없는 인물을 물색하고 있었음이 이를 뒷받침해주고 있다.[78]

한편 프랑스가 제시한 반대 이유에는 특별한 뉘앙스가 있었다. 프랑스는 4개 전승국위원회, 즉 관리위원회와 런던 외상 회담에서 수차 소련 대표에게 독일 중앙행정부의 수립은 그것이 관리위원회 감시하에 있다고 할지라도 강력한 독일 중앙행정부를 초래하게 될 것이며, 이는 프랑스가 결코 바라지 않는 일일 것임을 강조했다. 다른 한편 드골은 미국 정부에 대해 독일 중앙기관은 4개의 점령 지구를 관할하는 독일 정부로 발전해 소련의 지배 아래에 들어가게 될 것이며 프랑스는 소련과 국경을 접하게 될 것이라고 주장했다. 또한 드골은 미국 대사에게 작센과 프로이센을 지배하는 자가 독일을 지배하게 되며, 소련의 영향권 내에 있는 (다시금 강화된) 독일에 대항해 프랑스 단독으로

76 Foreign Relations of the United States, Potsdam II, p.1554f.
77 H. P. Schwarz, *Vom Reich zur Budesrepublik*(1966), p.179.
78 Hermann Pünder, *Von Preussen nach Europa, Lebensrinnerungen*(1968), p.11f.

혹은 영·미와 유대하여 싸울 수 없을 뿐 아니라 프랑스는 패배하고 전 유럽은 러시아화될 것이며 따라서 독일 중앙행정부는 프랑스의 사활이 걸린 문제임을 강조했다.[79]

이와 같은 논쟁 중에 또 하나의 변형이 나타나 큰 대조를 이루게 되었다. 1945년 가을 프랑스가 자르·라인란트·루르 지역에 대한 그들의 요구와 희망을 중앙기관과 관련시킨 것으로, 독일 내의 프랑스 대표들은 라인 문제가 프랑스에 유리하게 결정된 뒤 비로소 중앙행정부에 대해 논의할 수도 있다고 했다. 이후 12월에는 그들의 요구를 완화해 자르 지역·라인강 안·루르 지역이 중앙행정부의 관할하에 들어가지 않는다면 경우에 따라서는 중앙기관의 협상에 참여할 수도 있다고 제의했다.[80]

프랑스의 태도에 분노를 갖게 된 미국은 10월에 두 가지 안을 결의했다. ① 프랑스에 외교적 압력을 가함으로써 파리가 중앙행정부에 대해 동의하도록 할 것, ② 포츠담의 조인 국가인 영·미·소 관리위원회 대표의 합의를 통해 3지구에 한해 3지구 중앙기관을 설치할 것. 이와 관련된 일로 당시 부 군정장관 클레이는 미국 점령 정책의 강력한 추진자로서 관리위원회의 기능 발휘를 위해서는 오직 독일 중앙행정부 수립만으로 가능하다고 주장했으며 스스로 영·소와 협상할 수 있는 전권을 국방성으로부터 위임받기도 했다.[81]

미국의 자료에 의하면 1945년 말 서방 강대국 사이의 단일체로서의 독일 개념이 분명해진 것에 반해 독일 단일 경제단위에 대한 소련의 이견으로 말미암아 프랑스에 대한 분노를 대신 할 정도에 이르게 되었다. 다음으로 이 3지구 또는 4지구 중앙기관이 수립되지 않음으로서 중앙행정부의 행정적·정치적 과업과 가치는 시험되지 않은 채 그대로 남아 있게 되었다. 뒤에 알려진 사

---

79 Foreign Relations of the United States, 1945/III(Washington, D.C.: U.S. Government Printing Office), p.878.

80 같은 글, pp.920f; Telegramm Murphys an Byrenes, 1945.12.16.

81 Foreign Relations of the United States, 1945/III, p.822.

실이지만 당시 소련은 독일 중앙행정부에 대한 프랑스의 방해가 곧 러시아 일을 대신해주고 있다고 생각했다.[82] 당시 클레이 또한 4지구 중앙기관에 대한 소련의 용의에 대해 의심하고 있었고, 프랑스의 한 고위인사도 독일 중앙기관에 대한 모스크바의 협조는 진심에서 나온 것이 아니라고 말했으며 이 기구에 대한 프랑스의 반대야말로 독일과 서방 제국에 공산주의를 확대하게 될 기구를 만들지 못하게 한 것이라고 했다.

당시 관찰자들의 이와 같은 의혹은 소련 지구 내에 설치된 행정기관에서 비롯되었다. 즉, 1945년 7월 27일의 지시에 따라 설립된 소련군정 감시 아래 업무를 시작한 11개 지구를 대표하는 중앙행정부가 그 원인이었다. 이 중앙행정부는 당시 거론된 바 있는 전체 독일 기구가 될 수 있도록 하기 위해 구성했으며, 동년 가을 소련은 이 중앙행정부를 가지고 구체적인 협상에 임했었다.[83] 그리고 이 소련 지구 중앙행정부의 수립이 클레이 장군의 사고에 영향을 끼친 것은 분명하다.

1945년 말 독일 중앙기관을 위한 제1차전이 부정적으로 끝남으로서 비록 최종적인 것이 아닐지라도 하나의 중대한 결정이 앞서 이루어진 것만은 확실했다. 이제 클레이에게는 3국을 중심으로 한 해결책만이 조직의 문제를 해결하는 방법은 아니었다. 9월 24일의 그의 전보가 워싱턴에 끼치게 될 영향을 기다리지 않은 채 동부 지구에 수립된 중앙행정부로부터 받은 감명으로 미국 지역에서 독자 노선을 취하기로 했다. 그는 중앙기관에 대한 그의 계획을 아직도 최종적으로 포기하지 않았으며, 자기 지구의 행정기관이 강화되어 전 독일 정책을 위한 시발점이 구축된다면 일보 전진할 수 있다고 믿었다.[84]

---

82 Robert D. Murphy, *Diplomat unter Kriegern*(1965), p.370.

83 S. I. Tyulpanow, *Die Rolle der sowjetischen Militäradministration in demokratischen Deutschland*(1966), p.66ff.

84 Thilo Vogelsang, *Das geteilte Deutschland. Weltgeschichte des 20. Jahrhunderts,* vol.11, p.71ff.

또한 그는 9월 23일 쾰츠(Koeltz) 장군에게 지구 중심의 활동 외에 다른 길이 없음을 암시적으로 시사했으며, 중앙기관이 지연될 경우 미 점령 지역에서만이라도 하나의 대응책을 마련할 것이라고 했다. 이에 장군이 9월말 위탁한 참모부 연구는 유럽 주재 미군 내에서 준비되었으며, 이는 물론 클레이의 사적 제의를 받아들인 것이었다. 그들이 만든 원안은 3개 주(바이에른, 뷔르템베르크-바덴, 헤센) 지사들이 정기적으로 모임을 갖는 위원회를 조직해 상호의 경험을 교환하고 각 주의 공동 문제를 처리하는 내용을 담고 있으며, 10월 17일의 첫모임 뒤에 앞으로의 진행 방향이 분명해졌다. 미국 점령 지구에 제 주회의를 설립해 그 본부를 슈투트가르트에 둔다는 것이 그 내용이었다.[85] 이로써 이 지구에는 예상 외로 빨리 독일의 최고조정기관이 형성되었고 여러 주의 통치에 어느 정도까지는 단일성을 보증하게 되었으며, 다른 한편으로는 앞으로 당분간 창설할 수 없는 베를린 중앙행정부의 보충 기관의 역할까지 할 수 있게 되었다.

그러나 클레이의 독일 정책은 1946년 봄 배상 및 경제 정책 문제로 소련과 심각한 마찰을 빚게 되어 제 주회의라는 보충 해결책만으로는 만족할 수 없는 상황에 이르렀다. 미국 역시 계속해 포츠담의 결의에 따라 행동해야만 하는 제약 때문에 기존의 노선으로부터 이탈할 수 없는 불가피한 상황이었다. 이리하여 새로운 길이 등장하게 되었는데 이미 존재하는 지구 전문 부서를 이용하거나 새로운 부서를 구성해 제 군정과의 긴밀한 협력하에 점령 지구의 경제적 통합을 실현하려는 방법이 그 내용이었다.[86]

그런데 여기서 간과해서는 안 될 것은 앞으로 초래할 다음의 두 가지 결과에 관한 것이다. ① 중대한 의결 사항이 관리위원회로부터 이양된다. ② 실제에 있어서 두 지구 즉, 서방의 영·미 2개 지구의 통합만을 가져온다. 그런데

---

85 같은 책.
86 Wilhelm Treue, *Parteien in der Bundesrepublik, Institut für politische Wissen-schaft*, p.785.

이 제2안은 1945년 6월 14일 연합국 파견 총사령부가 해체된 뒤 트루먼 대통령에 의해 거부된 바 있는 서방 3국 군정의 창설안에 근거를 두고 있다. 이 때문에 미국의 당해 기관이 이 일을 추진하는 데는 어려운 여러 단계를 거칠 수밖에 없었다.

첫 단계는 앞선 계획을 실현하고자 하는 것으로 오직 영국만이 미국 측에 가담하리라는 것을 알면서도 정치적 알리바이의 시도로서 프랑스와 소련을 이 계획에 참여시키고자 한 것이다. 둘째 단계는 새로운 고려를 구체화한 것으로 미 지구와 하나 또는 둘의 타 지구를 결합하고자 한 것이었다. 이것은 1946년 5월 26일의 클레이의 각서에 의해 구체화되었으며 미 군정장관 맥나니 장군의 허락으로 만들어진 것으로, 파리에서 개최될 제2차 외상 회담의 자료가 될 수 있도록 미 국방성에 송부되었다.[87]

번스가 파리에서 주의 깊게 제시한 독일 단일 경제단위에 관한 새로운 안에 대해 4대국은 순전히 응변적인 합의에 도달하게 되었다. 왜냐하면 가장 많은 협력을 요구받고 있는 프랑스와 소련이 유보적인 그들의 입장을 버리지 않았기 때문이었다. 비도는 독일의 서부 국경이 최종적으로 결정될 때까지 프랑스에 자르 지역의 분리 통치를 허락한다는 번스와 클레이의 제의에도 불구하고 어떠한 중앙행정기관도 바라고 있지 않았으며, 몰로토프는 즉시 이 문제를 200억 달러 배상 요구와 관련시켰다.[88]

제3단계에서는 파리 회담에 이어서 워싱턴과 런던이 이 통합 정책에 매우 적극적인 태도를 취하자 이 문제는 다시 연합국관리위원회로 되돌아오게 되었다. 이 단계에서 2군정장관이 협상을 위한 전권을 위임받았으며, 7월 20일 맥나니 장군은 관리위원회에서 3인의 동료에게 점령 지구 통합에 관해 제안했다. 이에 대해 영국 군정장관 더글러스(Douglas) 경은 찬성의 뜻을 표

---

87   Telegramm CC-5797(1946.5), p.56f.
88   Alfred Grosser, *Geschichte Deutschlands seit 1945: eine Bilanz*, p.57f.

했고, 프랑스의 쾨니그(P. Koenig) 장군은 아무런 지시를 받지 못해 태도를 표명할 수 없다고 말했으며, 러시아의 소콜로브스키(W. Sokolovsky) 장군은 영·미의 정략에 대해 의혹을 품게 되었다. 통합에 반대하는 비난은 찾아볼 수 없었다.[89]

파리 정부와 쾨니그 장군은 그들의 반대 입장을 자신들에게 별로 불리하지 않은 상황에서 말했으나 근본적으로 프랑스는 통합 계획에 대해 무관심한 입장이었으며, 전체 점령 지구의 통합이 아닌 이상 이익보다는 어려움이 많을 것이라는 주장을 내세워 같은 해 가을까지 이 문제에 관한한 소극적인 태도를 보였다. 이 대신에 4대국 전문기관(연합국 행정기관)을 관리위원회 아래에 설치할 것을 제의했으나 미·영이 효과를 기대할 수 없다고 한 뒤로는 문제시하지 않았다.[90] 이로써 이미 제4단계에 이르게 되었다.

8월 9일 이래 2부 군정장관 클레이와 로버트슨은 독일 고위 행정관리를 참여시킨 가운데 협의를 통해 미·영 바이조니아(Bizonia)를 위해 준비하고 있었다. 미국은 다시 한 번 프랑스에 평화조약 체결 시 자르 지방에 대한 프랑스의 요구를 지지하겠다는 약속과 함께 참여를 종용했으나 아무런 성과를 거두지 못했다. 이리하여 러시아와 프랑스가 불참한 가운데 바이조니아는 계속적인 준비 과정을 거쳐 형성되어 갔으며 번스와 베빈이 서명한 이 조약은 1947년 1월 1일 발효하게 되었다.[91]

1945년 가을(제 주회의)과 1946년 여름(바이조니아) 사이에 미 점령 당국과 클레이에 의해 이루어진 보충 해결책은 오직 독일의 단일 경제단위를 의미하

---

89 Hermann Pünder, *Das bizonale Interregnum: Die Geschichte des Vereinigten Wirtschaftsg e biets 1946~1949*(1966), p.66ff.
90 1947년 3월 10일 모스크바 회담의 단일 경제단위에 관한 협상에서 비도는 몰로토프에게 프랑스의 자르 지역 병합에 대해 승인을 요구했으나 답을 얻지 못하자 앙겔작센과 러시아의 중재역할을 포기했다. Telegramm Murphys on Byrnes, 1946.8.11; Foreign Relations of the United States 1946/Ⅴ, p.590ff; Alfred Grosser, *Geschichte Deutschlands seit 1945: eine Bilanz*, p.107.
91 Wilhelm Treue, *Parteien in der Bundesrepublik, Institut für politische Wissen-schaft*, p.784.

는 것이었고 정치적인 것을 의미하지는 않았다. 그럼에도 이 기간의 초두에 이 두 기구 특히 제 주회의의 도움을 얻어 정치적 통일을 달성하는 방안에 대해 심사숙고하기 시작했다. 여기에는 미국인, 점령군 고위 장군, 독일 인사들이 참여했다. 그 출발점은 제 주회의였는데 이것은 제 주회의가 방향 설정의 도구일 뿐 아니라 하나의 모델로서 모방 내지는 개조할 수 있기 때문이었다.[92] 최초의 독일의 정치적 통일에 대한 사고는 미군정 안에 통합에 대한 생각이 대두하기 이전에 협정을 통해 이 문제와 관련해 어떠한 효과를 거둘 수 있다고 생각한 때부터였다.

그 발단은 슈투트가르트 지방 행정조정국장 폴록(J. Pollock) 교수가 1946년 1월 30일 이미 계획한 바 있는 5개 중앙행정기관(경제·식량·농업·재정·교통 및 체신)의 조직과 권한이 미 지구의 여러 주 및 여러 주회의와 어떠한 관계를 갖게 될 것인지에 대해 주지사들에게 문의한 데에서 비롯되었다.[93] 이에 대해 오직 헤센의 정부 수상 가일러(K. Geiler)만이 답을 제시했다.[94] 그는 제 주회의를 여타의 지역에도 구성할 것과 다른 지역에서 이것이 불가능하다면 적어도 영국 지역에서 만이라도 실시해야 한다고 주장했다.

2월 6일 슈투트가르트 제 주회의에서 북독일의 두 초대 인사(하노버 지사 코프(H. W. Kopf)와 레르(Lehr) 박사)에게 가일러와 폴록의 안이 제시되었으나 이를 동반한 영 군정 대표들이 공동 결의를 방해함으로써 폴록의 기대는 큰 제약을 받게 되었고 3주 뒤에 완전히 유보되고 말았다. 폴록은 이에 그치지 않고 그의 기본 계획을 실천에 옮기고자 노력을 계속했다. 자신이 주선한 브레멘(Bremen) 두 지구 순회 회담(1946.2.28~3.1)에서 그는 조심스럽게 영국 제 주회의와 두 지구 제 주회의의 설립을 제안했다.

---

92 같은 책, p.785.
93 *Schreiben Pollocks an den Generalsekretär des Länderrates Rossmann*, 1946.1.30; Bundesarchiv Koblenz, Z1/14 fol.186f.
94 *Ministerpräsident Prof. Geiler an Rossmann*, 1946.3.19, fol.155.

그러나 이 제안은 회그너(W. Hoegner, 바이에른 주지사)가 불참했고, 동참했던
영국 장교들이 영국 지구의 제 주회의를 바라지 않으면서 한계점에 부딪히게
되었다.[95] 그럼에도 폴록은 영 지구에 슈투트가르트의 모델을 실시하고자 4월
3일 제 주회의와 독일 자문위원회(Zonenbeirat)[96]의 공동 회의를 개최하기 이르
렀으나 이에 관한 두 지구 대표들의 합의 사항은 실제적인 성과를 거두지 못
한 채 열변으로 그치고 말았다.

　이러한 상황 아래에서 주지사들은 자신들의 수준에서 이 문제를 주도할 수
있고 또 그렇게 해야 한다고 생각하기 시작했다. 이로부터 독일적 사고가 좀
더 힘을 얻게 되었는데 가일러 한 사람에 의해 이루어진 내용이었다. 헤센과
튀링겐 사이에 경제적 화물교역에 관한 협의가 있은 뒤 두 지구 지사 가일러
와 파울(R. Paul)이 바이마르와 비스바덴을 교차로 방문함으로써 더욱 강화되
었기 때문이다. 또한 주지사 사이의 협력은 튀링겐의 파울이 영·미 지구 주지
사회담에 이어 제9차 제 주회의에 참여함으로써 전진의 계기가 이루어졌다.[97]
회의 도중 4개 지구 대표자 회담이 언급되었고 파울이 이에 반대하지 않는다
고 말했으나, 이 시점에서 회그너와 마이어(R. Maier, 바덴-뷔르덴베르크 주지사)가
이 제안을 실천에 옮기기를 주저했다.

　다음 몇 주 동안은 지구간 경제적 통합을 위해 노력이 계속되었다. 주지사
들은 늦어도 8월 초에 동의할 것을 추진하고 있었다. 제 지구 통합을 계획하
고 있는 가일러에게 제 주회의 특별담당관인 스트라우스(F. J. Strauss) 박사가
만든 점령 지역 단일화 조직에 관한 각서가 8월 4일 제출되었다. 이는 클레이
가 고안한 최근의 안과 유사한 것이었다. 클레이의 새로운 안은 독일 중앙행
정기관에 대해서는 더는 언급하지 말 것이며 대신 전 독일 정부를 구성해 관

95　Hans Maier, *Ein Grundstein wird gelegt: Die Jahre 1945~1947*(1964), p.18.
96　독일 지역자문위원회는 1946년 3월 6일 첫모임을 가졌던 영군정 자문기관으로 각 주 및 지역의
　　장과 정당·노조·소비조합의 대표로 구성되었으며 의결 및 집행권이 부여되지 않았다.
97　Protokoll der Internen Sitzung des Länderrates(1946.6.4), Z1 18, fol.252.

리위원회의 감시 아래 임시정부의 임무를 맡도록 하자는 것이었다. 이에 대한 워싱턴의 반응은 미온적이어서 장군이 기대했던 만큼의 성과를 거두지는 못했다.

그러나 9월 6일의 미 국무장관 번스의 유명한 슈투트가르트 연설에서 지구 통합 문제가 재차 화제로 등장하게 되었다. 앞으로 단일화할 행정기관을 독일의 전 주지사들로 구성되는 독일 제 주회의 아래에 두고 참여 지역의 정치적 대행기관을 유치하기 위해 제 주회의 이외에 독일인민위원회(deutscher Volksrat)의 창설을 주장하는 내용이었다.[98]

번스 또한 7월 9일의 클레이의 진술에 따라 임시정부로서의 중앙기관을 감독하고 연방헌법(Bundesverfassung)을 준비할 임무를 띤 독일국민회의(Nationalrat)를 언급했다. 이들의 계획은 독일 국민의 환영을 받았을 뿐 아니라 정부 수상들을 열광시켰으며 회의 계획을 촉진시켰다. 이에 따라 9월 10일 슈투트가르트 회의에서는 브레멘을 회의 장소로 정했으며 의사일정을 확정했다.

1946년 10월 4일과 5일에 브레멘에서 카이저 의장의 사회로 회의가 개최되었으나 오직 영·미 지구의 정부 수상만이 회의에 임했다. 프랑스 군정은 프랑스의 모든 주가 이 회의에 참석하는 것을 거부했으며 소련의 주지사들은 선거 준비를 이유로 또한 불참했다. 이리하여 이 회의에서 단일화의 입장에서 결의된 두 가지 즉, 제 점령 지구의 연락처(Zonenverbindungsstelle)와 코프(H. W. Kopf)의 추진으로 만장일치로 채택된 제 주의회와 인민의회는 영·미의 통합정책으로 그 기능이 난관에 봉착된 연합국관리위원회에 보고되어야 했기 때문에 미정으로 끝나고 말았다.[99]

이로써 제2차 브레멘 회의와 더불어 독일 제 기관의 단일화를 위한 노력의 제1단계가 끝을 보게 되었다. 다음해 1947년의 뮌헨 회의는 제 정당이 국가의

---

98 Die wichtigsten Teile des deutschen Textes der Byrnes Rede in Gerhart Binder, p. 197.
99 Wilhelm Strauss, *Die gesamtdeutsche Aufgabe der Ministerpräsidenten während des Interregnums 1945~1949*(1957), p. 90.

대표로서 정부 수상을 대신해서 전체 독일 정책을 이끌어 가는 매우 큰 변화가 이루어진 상황에서의 새로운 시작이었다.

5. 서방 점령 지구 내 독일인의 정치 활동과 독일 분단

1) 뮌헨 정부 수상 회의로부터 동서 지구 화폐개혁까지

함부르크회의에서 순수한 정치 문제는 정당이 관여해야 할 사항이라는 견해가 지배적이었는데 이것은 이보다 앞서 5월 28일에 개최된 카이저(기민당, CDU), 밀러(기독교 사회주의연맹 = 기사당, CSU), 슈마허(사민당, SPD) 당 지도자 토론 내용과도 일치하는 것이었다. 이로써 독일 중앙행정부 수립은 당을 중심으로 하려는 제2단계에 이르렀으며 뮌헨 정부 수상 회의가 그 출발점이었다.[100]

1947년 봄 바이에른의 정부 수상 에르하르트 박사는 뮌헨에 4지구 주지사를 초청해 독일 국민의 전후 최악의 월동을 예상하고 그 대책을 수립하고자 했는데, 정치 문제에 대한 언급을 신중히 하면서도 독일의 단일 경제단위와 정치적 통합에 대해 논의하려고 했다. 그러나 여기에 곧 문제가 등장했다. 프랑스 군정이 자국 지구 주지사들이 뮌헨 회의에 참여하는 데에 있어서 독일 통합을 논의하지 않는 것을 전제로 했고, 소련 지구 정부 수상들은 독일사회주의통일당(SED, 동독 공산당)의 지시에 따라 정당과 노조의 참여하에 독일의 경제적 단일체에 대해 논의할 것을 주장했기 때문이었다.[101]

비록 순수 정치 문제만은 뮌헨에서 거론하지 않으려는 것이 기본 입장이었으나 사회주의하의 주지사들의 참여를 바라는 마음에서 독일 중앙정부를 수

---

100 Thilo Vogelsang, Hinrich Wilhelm Kopf und Niedersachsen(니더작센주의 문서, 1966), p.81f.
101 Thilo Vogelsang, *Das geteilte Deutschland*, p.68.

립함에 있어서 제 민주정당과 노조의 이해를 통해 한다는 조항을 의사일정에 포함시켰다. 6월 5일 밤 전 4개 지구 주지사들이 사전 토의에 참여할 수 있었으며 절충안을 놓고 서방과 동부가 맞서 있었다. 브레멘의 상원의장이 중앙행정부 문제를 다루는 것이 시기상조라고 하자 코프는 독일 통합이 의사일정에 들어 있음을 빙자해 그 형태와 내용에 관한 의견교환을 주장했다.

에르하르트는 이 회의가 정치적 토의로 변형되어서는 안되며 점령국이 우리의 요구를 들어줄 처지에 놓여 있지 않을 뿐 아니라 중앙행정부에 대해 논의하게 된다면 상호 의견 대립만을 초래할 것이라고 말했다. 이미 튀링겐의 정부 수상 파울이 제시한 타협안이 채택되지 않자 소련의 지시에 따른 사회주의통일당의 압력 아래 동부 지구 정부 수상들이 회의 도중 뮌헨을 떠났다.[102] 후일 독일대통령 뤼브케와 전 바이마르공화국 장관 디트리히(H. R. Dietrich) 등 다수인의 연구보고가 있은 뒤 식량·석탄·난민 문제 등에 관해 결의했다.

또한 그들은 경제 문제에 관해 연합국관리위원회의 상시 자문에 임할 독일 전역의 대표로 구성되는 제 주위원회를 권장하기로 합의했다. 이로써 1947년 이래 정부 수상 회의는 주를 초월한 전체 독일 문제에 있어서 연합국의 공적인 주요상대가 되었을 뿐 아니라 그 결과 초지구적 기구의 의회화가 강화되었으며 연방의 비중이 또한 커지게 되었다.[103]

전후 심각한 독일 경제 문제 토의를 위한 뮌헨의 정부 수상 모임에서 동부의 대표들이 도중 이탈함으로써 경제적 통합을 위한 활동은 앞으로 동부를 분리시킨 서구 지구로 국한 되었다. 이미 브레멘에서 영·미 지구 주지사들이 번스와 클레이의 안에 따라, 두 지구의 경제적 통합을 추진했으며 이어 구체적 합의에 의해 이루어진 5개 중앙행정기관은 두 지구가 동수로 집행위원회를 구성하기로 했다.[104]

---

102 같은 책, p.70.

103 Wilhelm Strauss, Zusammenstellung der sechs in Bremen angenommenen Entschliessungen, Europa Archiv, 3(1948), p.143f.

초기에는 기관의 분리운영(Minden과 Stuttgart)으로 협력이 잘 이루어지지 않았으나 1947년 봄 모스크바외상회의가 실패한 뒤 토의를 계속한 결과 공동 경제행정의 개혁을 가져오게 되었다. 같은 해 5월 27일 두 군사 정부는 새로운 협정을 체결했으며 다음과 같은 기구를 설치하기로 합의했다. ① 경제위원회(Wirtschafstrat) : 프랑크푸르트에 본부를 둔 기관으로서 당세의 비례에 따라 8개의 지방의회로부터 54의원으로 구성, ② 집행위원회(Exkutivausschuß): 8지방정부의 대표로서 구성되는 위원회, 그리고 이사를 장으로 하는 5개 행정기관의 설치, 전 행정기관을 경제회의 본부가 있는 프랑크푸르트로 이전할 것과 독일인이 참여하는 혼성연합국관리국을 설치하기로 했다.[105]

이 변화와 관련해 오판을 막기 위해 5월 29일 로버트슨 장군은 영·미 지구 경제회의의 설치협정은 그 목적이 독일을 분할하는 데 있지 않으며 점령 당국의 경제 재건과 두 지구의 관계를 개선하기 위한 것이라고 설명했다.

마침내 1947년 6월 25일 의회 및 입법기관으로서 두 지구 기구인 경제회의가 프랑크푸르트에 설치되었으며 첫 의장직은 비스바덴의 의원이며 이후 초대 연방회의 의장이었던 쾰러가 맡게 되었다. 이뿐만이 아니라 공적 생활의 의회화는 1947년 더욱 확대되어 미실시 주에서 주의회 선거가 실시되었을 뿐 아니라 함부르크의 독일 자문위원회·슈투트가르트 제 주회의 등 의회화가 계속되었다.[106]

이로써 독일 국내 정책이 새로운 발전을 하게 될 결정적인 전제가 주어졌으나 중대한 경제 문제 및 여타 문제와 긴밀히 관련되어 있는 국내 정책은 정

---

104 Europa Archiv(유럽 문서고), Vorschläge ⋯ Über die Erichtung der Hauptzentralverwaltungen nach den Beschlüssen der Potsdamer Konferenz, fol(포츠담회담의 결의에 따른 중앙행정기구 설치에 관하여). pp. 156~159.

105 Thilo Vogelsang, *Das geteilte Deutschland*, p. 72; Wilhelm Treue, *Parteien in der Bundes-republik, Institut für politische Wissen-schaft*, p. 785.

106 Richard Löwenthal and Hans Peter Schwarz(eds.), *Die zweite Republik: 25 Jahre Bundes-republik Deutschland-Eine Bilanz*, p. 37f.

당 사이의 이해관계로 분쟁의 싹이 트기 시작했다. 두 지구 행정기관의 이사 선출을 놓고 모든 당은 대립했으며, 독일사회민주당이 경제 분야의 이사직을 희망했으나 이루어지지 않자 주 안의 양대 당의 협력 관계는 저항 관계로 변했으며 두 당의 반목은 독일연방 수립 이후에도 수년 동안 계속되었다.

위와 같은 상황에서 경제회의가 약 반 년 동안 일한 뒤 통합경제 지구는 다시 한 번 개혁에 부딪히게 되었다. 연합국 양측은 국유화의 입장에서 새로운 구성의 불가피성을 인식하게 되었는데 여기에는 트루먼-마셜 정책 노선의 경화(硬化)와 런던외상회의 중단이 큰 역할을 했다.[107] 경제회의의 인원수를 배가하는 등 독일 당국이 더 많은 책임을 위임받도록 하는 클레이 장군의 제의는 주지사들의 반대에 부딪히기도 했으나 마셜플랜의 실시를 위해 시간이 매우 촉박한 가운데 독일의 특수 요구 조건을 승인한 뒤 개편에 합의했다. 개편된 통합경제 지구의 기구는 다음과 같다. ① 경제위원회, ② 제 주의회(Länderat), ③ 행정위원회(Verwaltungsrat), ④ 고등법원(Obergericht), ⑤ 제 주연방은행(Länder-Unions-Bank), ⑥ 기타행정각부.

오늘에 와서 돌이켜보면 이것은 독일연방공화국의 선례였음이 분명하나 당시대 사람들이 오늘날 존재하고 있는 정부 형태를 위해 적극 노력한 결과가 아니라 1948~1949년의 단기간에 성립된 조직을 계속 발전시킨 것에 불과한 것이었다.[108] 1948년 3월 2일 대표이사로 쾰른의 시장을 지낸 퓐더를 선출했고, 여타 이사들은 유임되었으며 경제부처는 세믈러(J. Semmler) 대신에 후일의 독일 경제상이며 제2대 독일 수상이 된 에르하르트 교수가 맡게 되었다. 경제위원회와 제 주의회는 개선된 여건하에서 집행위원회와 함께 거의 단독으로 일을 처리해 갈 수 있었으나 그들이 당면한 시급히 처리해야 할 문제로는 화폐개혁과 신경제 정책의 실현이 남아 있었는데 사민당의 강력하고도 지

---

107 Wilhelm Treue, *Parteien in der Bundesrepublik, Institut für politische Wissen-schaft*, p.793.
108 Richard Löwenthal and Hans Peter Schwarz(eds.), *Die zweite Republik: 25 Jahre Bundes-republik Deutschland-Eine Bilanz*, p.152.

속적인 반대를 면치 못하게 되었다.

독일의 화폐개혁은 두 지역의 조직을 중심으로 한 발전 과정에 있어서 제3
단계에 해당하는 것으로, 세계 정책 특히 미국의 유럽 정책에 대한 변화와 매
우 일치하고 있다.[109] 당시 유럽 내에는 마셜플랜에 의한 원조의 실현을 위한
준비가 활발히 진행되고 있었으며 16개 유럽 국가들은 유럽부흥계획(ERP)에
따라 장래의 경제협력을 준비하기 위해 파리에 모임을 갖게 되었다. 마셜의
고문 케넌은 이 경제원조의 목적을 구대륙과 미국의 공동 노력으로 편재하고
있는 공산주의 위협을 봉쇄하려는 데 두었다. 따라서 이 유럽부흥계획은 경
제적인 지원으로 정치적 효과를 얻고자 하는 것이었다.

4월에는 파리에 벨기에 수상 스피크를 의장으로 하는 경제협력기구(OEEC)
가 설치되었고 같은 해 4월 3일 트루먼 대통령은 경제협력 방안에 서명했다.
서방 3국 점령 지역이 이 재건 사업에 참여해야 했으며 이 부흥 계획이 독일
의 경제협력을 포함시켰기 때문에 서부 독일을 대신해 3군정장관이 파리의
경제협력기구 회의에 참가하게 되었다.[110]

이와 같은 미국의 전후 유럽 정책에 의해 만들어진 제반 상황에서 독일의
시급한 문제는 화폐개혁을 단행하는 것이었다. 국민의 화폐에 대한 신인도(信
認度)는 영점 이하로 떨어졌고 1945년 연합국으로부터 위임받은 계획경제는
식량과 의류의 공급 부족을 초래했으며 암시장의 성행을 가져왔다. 이 모두
는 전쟁으로 인한 파괴 외에 히틀러 시대의 군비투자 및 5600억 제국마르크
에 해당하는 전쟁 비용에서 오는 인플레이션에 그 원인이 있었다.

1947년 외상 회담 이래 일련의 정치적 사건들은 4개 지구 화폐개혁을 불가
능하게 했으며 관리위원회에서도 클레이와 소콜로브스키 사이에 이 문제에
관해 합의하지 못했다.[111] 이리하여 독자적인 길을 택해야 하는 서방측의 입

---

109 같은 책.
110 John H. Backer, *Priming the German Economy: American Occupational Policies 1945~1948*
     (1971), p.136ff.

장에서 미국은 서방 지구의 화폐개혁을 전담하게 되었으며, 카셀의 근교 로트베스텐의 개혁 작업에는 에르하르트를 비롯한 독일인 전문가들을 참가시켰다.[112] 이어서 1948년 6월 18일 3군정은 독일제국마르크(RM)를 독일마르크(DM)로 바꾼다고 밝힘과 동시에 독일인 1인당 60제국마르크를 1 대 1로 교환해주었으며, 은행구좌 및 예금은 100RM : 6.5DM로 변경 조정했다.

에르하르트 교수는 처음부터 화폐개혁과 경제개혁을 연결시키려고 했고 이를 통해 독일 국민이 처한 존재의 위기를 극복하게 하며 신자유체제의 길을 열어주려고 했다. 그는 이념과 방법, 즉 이론과 실제의 합법칙성의 기초 위에 사회시장경제(Soziale Marktwirtschaft)를 구축해서 관료적 계획경제로부터 탈피해 소비자를 유리하게 함으로써 전 국민에 도움이 되도록 했다. 6월 21일에는 계획생산으로부터 일정한 소비품을 제외할 것을 방송으로 알렸고 이에 미국 당국과 사민당이 분노를 표시했으나 에르하르트의 예상대로 전체 경제 분야에서 정상화가 이루어지기 시작했다.[113]

동부 지구와 전체 베를린에서의 신화폐의 통용을 소콜로브스키 원수가 금할 것이란 것은 서방측이 예견한 대로였다. 이에 러시아는 6월 23일 서방과 분리해 화폐개혁을 실시했고 1:1의 비율로 1인당 70마르크까지를 교환해주었으며 동부 지구와 동베를린이 그 통용 범례가 되었다. 이로써 화폐개혁은 분할된 베를린에 심각한 영향을 주게 되었다.[114]

---

111 Wilhelm Treue, *Parteien in der Bundesrepublik, Institut für politische Wissen-schaft*, p.793.
112 1948년 4월 20일 외부와 완전 차단된 버스에 25명의 독일인 전문가들을 카셀 근처 비행장 아래의 어느 건물에 운반해 이중 철조망의 삼엄한 미군 경계하에 연합국이 마련한 화폐개혁안을 7주에 걸쳐서 마무리하도록 했고, 극비리에 완성된 화폐개혁안이 6월 18일에 공포되었다. Alfred Grosser, *Geschichte Deutschlands seit 1945: eine Bilanz*, p.100f.
113 Thilo Vogelsang, *Das geteilte Deutschland*, p.78f.
114 같은 책.

2) 런던회의로부터 기본법 제정까지

1947년 이래 독일 정책은 분명히 미국이 주도하게 되었고 이때부터 소련은 끌려가는 입장에 있었다. 동서 진영 대립의 극한적 상황이었던 베를린 봉쇄 시에 독일 국민을 위한 대량의 공수작전(空輸作戰)은 서방 연합국가를 승자로 보도록 했으며 공장 해체의 계속은 반공을 위해 단합하도록 했다. 이러한 여건하에서 서방 3개국 점령 지구를 연합하고자 하는 계획이 1947년 말 이래 영·미 정부에 의해 활발히 토의되었으며, 곧이어 결정적인 사실이 되었다. 이 계획에 프랑스를 끌어들이고자 2월 22일 영·미·프 3국 조약에서는 자르 지역을 프랑스 경제권에 포함시킬 것에 합의했으며, 3일 뒤에 3국이 참여하는 런던회의가 시작될 수 있었다. 곧이어 독일에 관한 결정에 참여하기를 희망한 베네룩스(Benelux) 3국을 이에 참가시켰으며 3월 6일 코뮈니케에서는 독일을 포함한 서부 유럽의 경제 재건을 위해 3개 서방 지구를 유럽부흥계획에 포함시킬 것을 선언했다.

이로써 민주 독일을 유럽 자유국민공동체에 참여시키려는 의도가 그리고 독일 국가 수립 계획이 분명히 드러나게 되었다. 이어 3월 19일 3군정장관은 베를린에서 3지구 통합 초안을 완성시켰고, 이어서 독일 점령 지역이 유럽 재건 계획에 참여할 수 있도록 국제적인 인정을 받게 되었으며, 이후 3국 점령 지구는 그 대표를 파리의 유럽경제협력기구에 참여시킬 수 있게 되었다.[115]

유럽경제협력기구가 창설된 직후 1948년 4월 20일 서방 3국 대표와 베네룩스 대표는 3월에 중단된 회의를 계속하고자 다시 런던에 모였다. 여기에는 3군정장관의 각서와 미국 정부의 5개 항의 안이 제출되어 있었는데, 이 가운데 미국 안은 1년여의 기간 내에 서독 정부 수립을 하라고 하는 내용이었다.[116] 이에 관해 미국은 중앙기구를 포함한 모든 주가 중심이 되는 연방적 구조를

---

115 H. P. Schwarz, *25 Jahre Bundesrepublik Deutschland*(Seewald Verlag, 1974), p.38f.
116 Office of Military Government, U.S., Civil Administration Division, Documents on the Creation of the German Federal Constitution(독일연방정부 창설에 관한 문서, 1949), p.44.

기초로 한 연방 국가를 계획했고, 이에 반해 프랑스는 제 국가의 느슨한 연합을 생각했으며, 영국은 중앙 중심 국가를 고려하고 있었다. 궁극적으로는 독일 분단을 가져올지도 모르며 동·서부 지구 정치 지도자의 큰 저항에 부딪히게 될지도 모르는 이 계획의 배후에 놓여 있는 서방연합국의 입장은, 유럽에 대한 진정한 고민 외에 점차 그 불편이 가중되는 책임의 일부를 독일 정치인과 독일 당국에 위임하고자 하는 것이었다.

6월 7일 제2차 런던 코뮈니케를 통해 발표된 런던 6개국 협상 결과 중 가장 중요한 것은 서방의 11개국 정부 수상들에게 제헌의회를 소집할 권한을 부여한다는 것이었으며, 이로써 뮌헨 회의 만 1년 만에 독일의 장래에 대해 정부 수상들에게는 큰 정치적 책임이 주어지게 되었다. 1948년 7월 1일 3군정장관들은 주지사들에게 런던회의 결과와 그들 자신이 고안해낸 3개안이 담겨 있는 다음과 같은 프랑크푸르트 문서를 넘겨주었다.[117] ① 늦어도 9월 1일까지 헌법제정회의를 소집할 것과 동 회의에 의한 헌법 제정, ② 주의 경계 변경에 관해서는 근거와 함께 변경안을 제출할 것, ③ 점령 조항(Besatzungsstatut)에 의한 장래의 독일 정부와 3점령국 관계의 확립.

이로써 전후 독일사에 있어서 정부 수상의 시대가 도래했으며, 또한 독일의 모든 주는 신독일 국가 창설 과정의 참여를 요구받았다. 시간의 압력하에서 주지사들이 노력했고 군정장관들은 정치적 통일이 이루어진 3지구의 청사진을 그려나갔으며 동서 분쟁을 야기해 가면서 서방 국가를 창설하고자 하지는 않았다.[118]

7월 9일, 3개 안에 대한 주지사들의 최종적 견해가 완성되었는데, 그 가운데 가장 중요한 것은 제1항의 내용으로, 국민의회와 헌법을 배제하고 대신에 주의회를 통해 의회평의회를 구성해 기본법을 제정하자는 것이었으며, 또한

---

117 Thilo Vogelsang, *Das geteilte Deutschland*, p.85.
118 Documents on the Creation of the German Federal Constitution(독일연방국 창설에 관한 문서), pp.44~45.

법률 제정에 있어서 여러 주의 대표가 참여할 수 있는 기구의 필요성이 강조되어 있었다. 제2항의 주의 경계는 기일의 촉박으로 다룰 수 없다고 했으며, 제3항의 점령의 목적과 연합국의 권한에 관해서는 독일의 주권과 앞으로의 활동의 자유를 위해 한계선이 분명해야 한다고 했고, 루르 관할 조항은 내용에서 삭제해야 한다고 했다.

7월 10일 전체 11개 정부 수상은 3결의문과 포괄각서(Mantelnote)에 서명해 연합국 군정장관에 송부했다.[119] 이 코블렌츠의 변경에 대한 요구는 클레이와 로버트슨을 크게 분격시켰으며 마지막에 이르러서는 전부를 택하거나 모두를 버리는 양자택일까지 생각하도록 했다.

정부 수상들은 그들에게 주권국가가 주어질 수 있는 좋은 기회를 잃지 않기 위해 생각할 여유를 요구한 뒤 뤼데스하임(Rüdesheim)에서 토의를 계속했다. 기본법은 의미가 너무 약하니 헌법으로 바꾸라는 군정장관들의 요구에 정부 수상들은 여전히 기본법으로 할 것을 결의했고,[120] 대신 기본법의 비중을 더하기 위해 주의회의 동의를 거쳐 승인하고 기본법을 'basic constitutional law'로 해석한다는 내용을 첨부하기로 했다. 주 경계선과 점령 조항의 문제점들을 첨가한 새로운 결의 내용을 군정장관들에게 제출했을 때(1948. 7.26) 의장직을 맡고 있던 쾨니그 장군은 이 제안을 받아들이려고 하지 않았다. 다시 한 번 에르하르트가 협상에 나섰으며 오랫동안의 토의와 협상 끝에 정부 수상과 군정장관들은 11개 주가 9월 1일 동일한 규정에 의해 의회평의회를 소집할 것에 대해 결의했다.

그리고 이 최종적인 합의는 전후 독일사에 있어서 하나의 역사적 사건이었다.[121] 왜냐하면 1948년 7월 26일 이래 서방 3대국 정부와 지역국가의 대표인

119 Alfred Grosser, *Geschichte Deutschlands seit 1945: eine Bilanz*, p.122f.

120 Hermann Pünder, *Das bizonale Interregnum: Die Geschichte des Vereinigten Wirtschaftsgebiets 1946~1949*, p.127ff.

121 Thilo Vogelsang, *Das geteilte Deutschland*, p.93.

정부 수상들이 새로운 독일 국가 체제를 구축하려고 했기 때문이다. 정부 수상들은 비스바덴에 상설 사무국을 설치했고 필요한 위원회를 구성해 헌법 전문가회 및 의회평의회를 준비했다. 다음으로는 기본법 작업을 위한 위원회가 개최될 장소가 중대한 문제로 등장했는데 지난날 선제후의 수도이자 독일 최고의 문화 터전이며 자유사상의 본고장인 본이 선정되었다.[122]

이로써 라인 지역이 당대인들에게 다시 한 번 강력히 부각되었고, 이후 헌법회의 전사(前史)에 바이에른의 현저한 참여를 볼 수 있게 되었다. 즉, 에르하르트는 연방적 기초 위에 신생 독일 국가를 형성하고자 하는 계획으로 8월 10일 바이에른 주 헤렌킴제(Herrenchiemsee)에 모든 주의 헌법 전문가들을 초청해 기본법 초안을 만들도록 했으며 2주간의 토의 끝에 이루어진 청사진은 각서로서 정부 수상들에게 제출되었다.

모든 추천서는 비스바덴 정부 수상 사무국에 제출하기로 되어 있으며 여기에는 헤렌킴제의 각서 이외에 기민당·기사당의 엘방겐-뒤셀도르프 초안과 사민당의 멘첼(W. Menzel) 의원의 안이 제출되어 있었다. 이 제출된 제안을 가지고 8월 31일 뤼데스하임에서 제3차 주지사회의가 계속되었으며, 이 마지막 뤼데스하임회의는 전후 독일사에 있어서 새로운 장의 전제가 되었다.[123]

하계 2개월 동안 주지사들은 군정장관들의 감시 아래 전면에서 활약했으나 그들은 당의 대표자들로서 당의 수임자로 행동할 수밖에 없었다. 따라서 제 정당 특히 대정당인 사민당과 기사당이 전 국민의 운명 문제에 대해 어떻게 처리할 것인가 하는 것은 중대한 문제였다. 헤센과 바이에른의 자유당원들은 제헌국민의회(制憲國民議會)가 국민의 직접선거를 통해 이루어져야 한다고 했고, 사회민주당원들은 주의 경계선 변경에 대해 비판했으며 지나친 연방 중심 제도에 대해 두려움을 표시했다. 그들은 특히 루르 관할 계획에 대해 충격적

---

122 "Wird Bonn in Berlin tagen," NY, 1948.10.21, p.2.

123 H. Nawasky, *Probleme einer deutschen Gesamtstaatsverfassung*(Frankfurter Hefte, März, 1948), pp.221~223.

인 반응을 보였는데 이중에서도 가장 강력한 반응을 보인 것은 영(英) 지구 기민당의장 아데나워였으며 사민당의 주장과 큰 차이가 있었다.[124]

그러나 1개월 뒤 그들이 다시 코블렌츠에 모여 협상에 임한 결과 제 정당은 돌연 합의점에 이르게 되어 9월 1일 모든 주의 간접선거를 통해 의회평의회를 구성할 수 있었다. 의장에는 아데나워가 피선되었고, 두 명의 부의장으로는 쉔펠더와 쉐퍼가 피선되었다. 의회평의회 당의장으로서는 파이퍼(A. Pfeiffer, CDU/CSU, 27석), 슈미트(SPD, 27석), 호이스(T. Heuss, FDP, 5석)가 피선되었으며, 독일당, 중앙당. 공산당이 각각 2석을 차지했다. 의회평의회 의원들이며 당의 대표들인 그들은 비록 간접선거를 통해 피선되었지만 스스로 국민의 대변인이라고 생각했으며 아데나워의 말과 같이 역사적 임무가 주지사들이 아닌 자신들에게 있다고 생각했다.[125]

이로써 독일 현대사는 결정적인 시기를 맞이하게 되었다. 주지사회의가 시작되었다는 사실과 이제까지의 독일 정치의 수권자인 에르하르트, 아널드, 마이어, 코프 이외에 아데나워의 지위가 현저히 높아졌다[126]는 내용이 그것이다. 65명의 의회평의회 의원들이 본의 교대(敎大)에서 토론하고 있는 동안 아데나워는 자신의 활동을 몇 차례의 본회의에 제한치 않고 모든 위원회를 적극 관찰했으며, 제반 세부 사항에 관심을 표명했다. 그는 군정장관과의 관계에서 공적인 인물이 되었으며 수년 뒤 호이스가 말한 바와 같이 형성되어 가는 독일공화국의 '스피커'가 되었다. 비록 기본법 심의 과정이었지만 연합국이 비군사화, 루르 지역 관할, 외환 관리 등에 관해 독일인의 권한을 유보시키고자 함으로써 아데나워에게는 대외 정책을 비롯한 광범한 활동 분야가 전개되기 시작했다.[127]

---

124 Wilhelm Strauss, Zusammenstellung der sechs in Bremen angenommenen Entschliessungen, Europa Archiv 3(유럽 문서고에 있는 브레멘의 6개항의 결의 내용, 1948), p.165ff.

125 Documents on the Creation of the German Federal Constitution(독일연방국 창설 문서), p.61.

126 SPD Parteitag Protokoll 1948(사민당 당대회 문서), p.43.

1948년 말까지 8개의 위원회가 신중히 일에 착수한 반면 기본법 초안을 담당하고 있는 중앙위원회만이 제1독회를 마치게 되었는데 회의 도중 여러 정당 사이의 대립은 충돌로 변하고 말았다. 사민당은 강력한 연방 권한을 요구했고, 이와 반대로 기민당 특히 기사당은 강도에 있어서 차이가 있었지만 주의 정치적 비중을 강화하려 했으며, 자민당은 균형을 위해 노력했다. 평의회가 1독회와 병행해서 연합국과 협의를 거치지 않고 점령 조항에 대한 성명서를 발표함으로써 군정장관들을 분노케 한데 반해 루르 조항 초안은 사민당의 집권과 그에 따른 국유화에 대한 프랑스의 공포 때문에 예상 외로 빨리 합의가 이루어졌다.[128]

제2의회에 관해 사민당과 상당수의 기민당 의원들이 미국에서 볼 수 있는 상원(Senat)을 생각하고 있는 것이 분명해지자 기사당의 8명의 대의원과 바이에른 정부는 그들의 견해와 일치되지 않는다 해서 본에 뮌헨 정부 대표를 파견해 그들의 연방 안을 관철시키고자 최대한의 노력을 기울였다. 11월 22일 군정장관들이 아데나워에게 양원제도는 그 가운데 하나를 제 주회의로 할 경우에 허락될 수 있다는 훈령을 내림으로써 큰 도움을 얻게 되었다.[129]

2월 13일 기본법 초안은 본회의에서 제3독회를 거쳐 완성되었으며 즉시 연합국에 제출되었다. 군정장관들은 3월 2일의 각서를 통해 그들의 입장을 분명히 했으며 장군들과 의회평의회 사이에는 연방과 주의 권한 문제로 격렬히 대립했다. 장군들은 또한 베를린이 신생 독일 국가의 제12주가 되는 것에 대해 반대했다. 몇 주 동안 계속된 긴장은 군정장관과의 관계뿐 아니라 양대 정당 사이에도 뚜렷했다. 기민당이 서방 국가와 타협하려고 노력하는 것에 반

127 Alfred Grosser, *Geschichte Deutschlands seit 1945: eine Bilanz*, p.115f.
128 Thilo Vogelsang, *Das geteilte Deutschland*, p.101.
129 지방분권을 강화해 독일연방체를 구축하려고 했던 것은 이든·루스벨트·흡킨즈가 프로이센을 독일로부터 분리시키고 다시 2, 3개의 국가로 분할하려고 한 데에서 잘 나타나 있다. 같은 책; Alfred Grosser, *Geschichte Deutschlands seit 1945: eine Bilanz*, p.46.

해 사민당이 양보하지 않으려 했기 때문이다. 사회민주당원들은 연합국이 중앙 권한의 약화를 더 강요할 경우 기본법에 동의하지 않으려고 했고 장군들 또한 이것이 불가할 경우 전체 기본법 초안을 단호히 거부하겠다는 주장을 되풀이했기 때문이었다.

그즈음 북대서양조약기구의 창설과 때를 같이해 3국의 외상이 워싱턴에서 회의를 갖게 되었으며, 여기서는 본의 노력이 실패로 돌아가지 않도록 하기 위한 중대한 제반 결정이 이루어졌다. 그뿐 아니라 군정장관들은 독일인들이 전혀 예상치 못했던 훈령(訓令)을 받았다. 사태가 긴박할 경우 입법 및 재정 측면에서 독일인들의 주장에 응하라는 내용이었다. 정책적인 논쟁과 상호 간의 비난으로 3주일이 경과한 뒤 사민당 당 대회에서 슈마허가 기본법 문제를 두고 강경한 태도를 취하자 클레이 장군은 이미 받은 훈령의 내용을 의회평의회에 알렸다. 이후 모든 정당이 본의 의회평의회에서 징세·조세행정·재정권에 대해 타협했으며 월말에 이르러 의견 일치를 보게 되었다.[130] 의회평의회에서의 기본법 채택은 무조건 항복의 4년째가 되는 5월 8일에 이루어졌으며 군정장관의 승인과 제 주의회의 비준으로 1949년 5월 23일 공보에 연방 법률을 발표해 발효되었다.

개개의 규정에 관해서는 언급을 피하고 기본법의 커다란 특징만을 본다면, 독일헌정사의 전통을 벗어났다는 것으로 요약할 수 있을 것이다. 특히 의회평의회원의 대부분이 제1공화국 시대 크게 활약한 사람들이었음에도 불구하고 바이마르헌법의 경험이 큰 역할을 한 것이 도드라진 특징이었다. 연방 대통령은 더 이상 제국의 대통령과 같은 막대한 권한을 갖지 못하도록 한 반면에 연방 수상과 연방 참의원은 제국의 수상에 비해 그 권한이 훨씬 강화되었다. 새로운 내용으로는 건설적인 불신임투표제도의 도입으로 후계자의 선출을 가능하게 하는 원내의 다수가 사전에 이룩된 경우에 한해 연방 수상을 실

130 *Badisches GVBL*(1948.8.6), p.291.

각시킬 수 있도록 한 것이며 긴급조치권을 두지 않기로 한 것이었다.[131]

표면상으로는 순조로운 출발 같았지만 바이에른 주의회가 주정부의 권유에 따라 과반수가 거부권을 행사함으로써 기본법을 기각시켰다. 그러나 에르하르트의 서명으로 기본법의 바이에른에서의 실시가 가능하게 되었으며 이리하여 바이에른의 거부는 신생 독일 국가 창설에 대한 항의가 아니라 그들의 연방적 사고가 잘 반영되어 있지 않다는 데 대한 경고라고 볼 수 있다.[132]

3) 동·서독 정부 수립과 독일 분단

기본법이 발효된 뒤 남은 일은 선거를 실시해 서방 점령 지역에 정부를 수립하는 일이었다. 선거전은 매우 활발해 이따금 과열 상태에 이르렀으며 양대 정당은 그들의 상대에 대한 공격의 근거를 통합 경제 지역 당국과 이 기구의 업적과 행위에서 찾았다.[133] 그들의 연설 내용은 점령국과의 관계에 관한 것이 주를 이루었고, 사민당이 경제 정책으로서 사회시장경제를 강력히 반대한 데 대해, 아데나워는 에르하르트와 함께 그 이론을 적극 지지했으며 화폐개혁 이후에 나타난 경제 회복을 선거전에 이용했다.[134]

8월 14일 유권자의 78.5%가 참여한 가운데 연방의원 선거가 실시되었다. 그 결과로서 기독교민주당(CDU/CSU) 139명, 독일사회민주당 131명, 자유주의민주당(FDP) 52명, 바이에른당(BP) 15명, 독일공산당(KPD) 15명, 경제재건연합 12명, 중앙당(Zentrum) 10명, 극좌파 5명, 무소속 3명, 남슬라브 선거연합 1명으로 연방의회 의석을 차지했다. 군정장관들의 계획에 의하면 독일연방공화국을 연방의회 및 연방 참의원 등 4단계를 통해 수립하려고 했으며 이 일정은 엄수될 수 있었다(9월 7, 12, 15, 20일). 연방의회 의장은 프랑크푸르트 경제

---

131 Bayern macht erneut Schwierigkeit: RNZ," 1949.4.28, p.1.
132 "Volksbewegung verwirft Bonner Grundgesetz, Bayerische Landeszeitung," 1949.2.18, p.1.
133 Wilhelm Treue, *Parteien in der Bundesrepublik, Institut für politische Wissen-schaft*, p.799f.
134 같은 책.

위원회 의원을 지낸 바 있는 쾰러(CDU), 부의장은 슈미트(SPD)와 쉐퍼(FDP)가 피선되었고, 연방 참의원 의장은 아널드(CDU), 연방 대통령에는 호이스(FDP), 그리고 연방 수상은 아데나워 박사가 사민당의 슈마허를 근소한 표차로 누르고 선출되었다.[135]

이와 동시에 통합경제 지역의 경제회의와 관리위원회가 해체되어야 했으며, 연방정부 선서 일주일 뒤 점령 조항이 발효하도록 되어 있어 군정장관 대신에 고등판무관이 등장했다. 서부 독일이 정부를 수립하자 동부 지구가 재빨리 반응을 보였다. 동독(DDR)은 소련군 통합기구(SMA)로부터 지구의 정치적·사회적 획일화의 임무를 부여받은 소위 인민회의 활동에 의해 이루어졌다. 그 시작은 1947년 11월 말 런던 외상회의가 독일 문제에 관해 독자적인 길을 택하자 모스크바와 독일사회주의통일당은 자신들의 입장에서 독일의 운명을 결정하고자 했다.[136] 국가의 통일성을 강조하라는 스탈린의 원칙에 충실히 따르는 독일인민회의를 구성하고자 정당·노조·대중기구, 그리고 학술 및 예술인 대표들을 베를린에 소집했다.

1947년 12월 6일 서독의 대표가 거의 참석하지 않은 가운데 유사독일의회를 구성했다. 그 후 세계 정치의 변화, 유럽에서의 미국 참여, 그리고 이것이 1948년 초 독일 문제에 영향을 끼치게 되자 동독 공산당이 조정하는 인민회의가 이에 대응하게 되었다.[137] 그간에 못마땅한 여김을 받아온 기민당 당의장 카이저가 인민회의 불참을 이유로 실각당한 뒤 그를 대신해 파시즘의 투쟁자인 누슈케(O. Nuschke)가 베를린에서 제2차 인민회의를 개최했다. 민족적이고 초당적인 성격이 강조된 회의였지만 대표들은 1차에서 좀 더 엄격히 선정되었으며, 중요한 한 걸음을 내딛게 되었다.

참석자들은 마셜플랜을 거부했고 오데르-나이세(Oder-Neisse) 국경선을 인

135 Documents on the Creation of the German Federal Constitution, p.62.
136 Andreas Hillgruber, *Deutsche Geschichte 1945-1972*(Ullstein Verlag, 1976), p.49.
137 같은 책.

정했으며 독일 통일 문제를 위한 국민 청원의 실시를 결의했다.[138] 그리고 상설 인민회의 중앙위원회가 경제소위원회·헌법소위원회·평화조약소위원회를 산하에 두었으며 400명으로 구성되는 독일인민위원회를 구성했다. 이것은 서방의 정부 수상 회의에 해당하는 것이었으며 곧바로 런던의 결의에 항의했다.[139]

동부 지구의 인민회의 여러 기구는 서부 지구에서 정부 수상과 의회평의회가 하고 있는 만큼을 따라서 하고 있었다. 즉, 전체 독일을 대표하며 유일한 합법적 독일 국가가 될 임시 독일 국가의 건설을 준비하고 있었다. 10월 22일 인민위원회는 입법기관으로서 인민의회와 여러 주의회를 가지고 있는 동독 공산당의 독일민주공화국 헌법 초안을 통과시켰다. 인민위원회는 다시 1949년 3월 19일 위의 헌법을 공식으로 채택했으며 "서방 국가에 의해 야기된 국가의 위기에 대처해나갈 수 있도록"이라는 슬로건하에 제3인민회의를 구성하기로 했다.[140]

나치 시대의 선전을 능가하는 선거 분위기 속에서 제3인민회의를 위해 5월 15~16일의 선거가 이루어졌고, 5월 29일 이 제3인민의회는 역시 헌법을 승인했으며 제2차 독일인민위원회를 구성했다. 이로써 독일인민공화국을 위한 모든 준비는 끝났고 최종적 조처만은 서방에 따라 추가해서 실시하고자 했다. 이런 이유로 제2차 인민위원회가 뒤늦게 9월 7일에 소집되었고 딕만(B. Dickmann, LDP)을 의장으로 해서 임시위원회를 구성했으며 그로테볼의 주도로 정부를 구성하도록 했다.[141] 따라서 동부 지구에도 중앙관료기구를 기초로 한 정부가 수립되어 독일이 동서로 분단되었다.

138 Wilhelm Treue, *Parteien in der Bundesrepublik, Institut für politische Wissen-schaft*, p.768.
139 Andreas Hillgruber, *Deutsche Geschichte: Die deutsche Frage in der Weltpolitik*, p.117.
140 Wilhelm Treue, *Parteien in der Bundesrepublik, Institut für politische Wissen-schaft*, p.805.
141 Thilo Vogelsang, *Das geteilte Deutschland*, p.3f.

6. 결어

독일군이 모든 전선에서 패한 데 이어 히틀러의 정권을 이어받은 되니츠 잠정 내각이 연합군에 의해 완전히 해체되었을 때 독일은 유럽의 어느 나라에 서도 그 유례를 찾아보기 힘들 정도로 처참한 상황하에 놓여 있었다. 독일인 들과 점령국들이 이러한 역경 속에서 독일 패전 5년 만에 서부에는 독일연방 공화국을 그리고 동부에는 독일인민공화국을 수립하게 되었다. 이와 관련해 결론에서 다시 한 번 강조하고자 하는 것은 국가 재건에 있어서 왜 5년이란 기간이 소요되었고, 어떤 까닭으로 분단 상태에서 이루어졌으며, 강력한 중앙 집권체제가 아닌 연방적 해결이 가능하게 되었는가, 그리고 재건에 주역을 담 당한 독일인들의 노력과 점령국과의 협력 관계는 어떠했나 하는 점 등이다.

독일연방공화국 수립이 5년이란 긴 시간과 그것도 분단 속에서 이루어졌던 이유는 먼저 독일 패전 직후 미국의 대독일 정책에서 찾아볼 수 있다. 제2차 세계대전 종식을 전후로 미국이 독일에 대해 가져왔던 큰 관심과는 대조적으 로 미국 정부 각 부처는 전후 독일 문제 처리를 위해 단일안을 합의하지 못했 다. 루스벨트 대통령의 독일분할론, 모겐소 플랜 및 JCS 1067 등의 강경론[142] 과 미국이 런던회의에 제출한 서독 정부 수립안과 이를 따른 프랑크푸르트문 서 사이에 큰 차이가 있다는 것이 이를 방증하며, 이렇듯 혼선을 빚는 정책 노 선으로 독일 문제는 적극적 처리가 불가능한 상황이었다.

루스벨트가 카사블랑카회담으로부터 얄타회담에 이르기까지 소련과의 우 호적 관계를 지나치게 의식한 나머지 독일 문제 처리에 관한 중대한 결정을 가급적 뒤로 미루려고 한 것 또한 커다란 이유로 볼 수 있다. 더불어 반히틀러 동맹국과의 국제 관계에서는, 동맹국 내 협력 강화의 필요성이 대두된 상황에 서 이루어진 (영국이 주가 된) 유럽자문위원회의 권한 문제를 놓고 영·미·소가

---

142 P. Y. Hammond, *American Draft of Directive for Germany*, p.375.

상이한 견해차를 보인 것 또한 주요한 원인이 되었다고 할 수 있다.

자유 점령 지역에 지역 간 협력 강화와 통치 단일화를 목적으로 마련한 바이조니아와 제 주의회를 여타 3개 지역에 확대 실시하려는 미국의 시도 역시 어려움을 가중하는 원인이었다. 그뿐 아니라 프랑스의 무관심과 자르 지역 할양 문제, 영국의 미온적 태도와 영국 군정의 반대, 동부 지역에서의 소련주도하 독일 통합 추진과 소련의 지나친 배상 요구, 이에 대한 서방 국가의 반발로 독일 통일국가 건설은 지연되고 어려워질 수밖에 없었다.

다음으로 살펴볼 것은 지방분권이 강화된 독일연방국가의 창설에 관한 문제이다. 비록 기본법 자체가 점령국의 압력에 의해 외부로부터 그 한계가 그어졌다는 주장도 있기는 하나[143] 신생 독일국가의 연방적 해결은 외부로부터의 압력이 있었던 것이 사실이나 이보다는 독일 헌정의 전통에 더 근거를 두고 있음이 강조되어야 한다고 본다. 여러 주장들 가운데 크게 대립한 견해를 보면 프랑스의 드골과 비도는 루스벨트의 중앙집권적 독일 통일국가의 수립 계획을 극력 반대했고 이와 같은 독일 국가가 소련의 지배하에 들어가면 유럽 전체가 소련 공산주의 치하에 들어간다고 위협했다. 이와 반대로 독일 내에서는 사민당의 슈마허가 중앙집권의 약화를 군정이 강요한다면 기본법 자체를 거부하겠다고 단호한 태도를 보이기도 했다. 그러나 70여 년의 중앙집권적 통일국가의 전통보다는 수백 년 동안 계속된 신성로마제국의 지방분권적·연방적 전통으로의 복구로 보아야 하며, 바이에른과 라인 지역이 전통적 독립성을 강력히 주장한 것과[144] 인접국과의 평화적 우호 관계를 고려한 데에서 나온 것이라고 봐야 할 것이다.

끝으로 독일 국가 재건 과정에서 독일의 노력과 점령국과의 협력 관계를 본다면 독일 패전 직후 점령국들은 독일을 농업화하고 가난한 농민 생활을 계

143 Alfred Grosser, *Geschichte Deutschlands seit 1945: eine Bilanz*, p.47.
144 Thilo Vogelsang, *Das geteilte Deutschland*, p.101.

획했으나 모겐소 플랜의 부결을 고비로 이후 긍정적인 방향으로 정책 전환이 이루어졌다. 점령 제국이 히틀러의 나치즘을 제거하고 자유민주주의 건설에 적극 협력함으로써 독일 국민의 민주적 정치발전을 가능케 했고, 화폐개혁을 통해 인플레와 생필품의 부족으로 궁지에서 허덕이는 독일 경제를 구해냈고, 통제경제체제로부터 자유경제체제로의 전환은 독일 경제의 부흥을 가져왔으며, 마셜플랜과 유럽 부흥 계획에 서방 3개 지역을 포함시킴으로써 민주 독일을 유럽 자유 국민 공동체에 참여시키게 되었다. 독일인들과 독일 정치인들의 입장에서 볼 때 독일인들을 격분시킨 루르 조항을 비롯해 기본법 제정 과정 중에 양측 관계가 극한 상황에 이르러 고통이 컸지만 상호의 이해와 양보로 국가 건설이 가능하게 되었고, 안정 속에서 재건이 이루어질 수 있어 다행한 일이 되었다.

독일의 통일
동독의 붕괴와 함께

1. 서언

이 장에서는 제2차 세계대전에서 독일이 패해 동독과 서독으로 분단된 뒤 독일이 다시 통일되는 과정에서 동독 공산주의의 이념, 실재, 모순, 구조적 결함 등이 동독의 몰락에 끼친 영향을 알아보며, 동독이 서독에 흡수통일 될 수밖에 없는 원인과 과정을 밝혀보고자 한다.

스탈린주의에 입각한 동독 공산주의는 지나친 중앙집권적 통치체제를 비롯한 구조적 결함과 제도의 민주화의 거부로 동독 국민의 불만을 누적시켜 왔고, 경제·사회·문화·환경 등의 제반 현실적 문제들을 해결하지 못함으로써 공산주의를 허구로 받아들이게 되었으며 급기야 심한 저항에 부딪히고 말았다.

1989년 여름과 초가을의 비참한 상황 속에서 신광장, 민주주의는 지금 등과 같은 단체들의 민주화운동이 뒤따랐다. 이 무렵 호네커 서기장이 동독이 잘 사는 나라라는 데에서 고르바초프가 추진해온 개혁 개방 정책을 받아들이지 않으려함으로써 실각되고 말았다. 비록 동독의 대부분의 지식인들이 정부를 적극 지원했고 정부 또한 허위 과장 선전을 일삼아왔지만 자국의 위기를 막을 수 없었으며 정부의 무능은 지방선거 부정, 천안문 사건의 왜곡 보도, 동독 수립 40주년 기념행사에서 여실히 드러났다. 그리고 이 사건들은 국민의 정부에 대한 분개심을 더욱 격화시켰다. 크렌츠가 서기장으로 새로이 등장했지만 당 수뇌만의 교체에 대한 국민의 불만과 개혁의 부진으로 지도부가 퇴진할 수밖에 없었으며 기시(G. Gysi) 서기장과 모드로우(H. Modrow) 수상이 등장해 제3의 노선을 주창했으나 역시 급속히 변화하는 사회에서 능동적으로 대처하지 못했다.

1989년 말경 동독의 자립성 확보 및 민주적 개혁 운동으로 동독 최초의 민주적 선거가 실시되기도 했으나 경제·사회의 극한적 상황에서 동독의 화폐가 폐지되었고 서독이 동독의 재정을 위임받는 통화 정책을 비롯해 경제·사회 조약이 체결되었으며, 곧이어 모든 정당의 즉각적인 통합 요구에 따라 실제적 통일을 이루는 제2의 국가 조약이 체결되었다.

끝으로 독일 통일에서 매우 중요한 외적 측면은 소련의 통일독일의 중립안, 나토 가입 반대, 인접 국가들의 공포감, 폴란드 국경 문제 등으로 어려움이 있었으나, 2+4안을 중심으로 한 콜(H. Kohl) 수상과 겐셔(H. D. Genscher) 외상의 노력으로 쉽게 극복될 수 있었으며, 제2차 세계대전의 전승국들이 모스크바에서 서명하고 뉴욕에서 선언함으로써 마침내 1990년 10월 3일 독일 통일은 이루어지게 되었다.

1949년 동·서독 국가의 수립으로 이루어진 동독은 민주적 법치국가의 구조를 가지고 있지 않았기 때문에 계속되는 국내의 저항을 제도적으로 조정해 나가기가 어려웠다. 따라서 이로부터 등장한 억압의 제도는 동독 정치제도의 핵심 문제가 되었다. 국민들 사이에서는 계속 광범한 저항 세력(특히 개신교인들의 인내심 어린 활동)이 자리하고 있었고 동독 공산당 내에서도 이렇다 할 성과가 없는 가운데 저항이 끊이지 않았다. 지도부의 탄압은 저항을 가져오고 다시 저항은 탄압을 불러와 이 순환은 마침내 위기 상황을 초래하게 되었으며 오직 소련의 보장을 통해 안정이 유지되었다. 그리고 급기야 동독의 붕괴는 이와 같은 위기의 체제와 위기로부터의 제 원인을 확인시켜주게 되었다. 그러면 처음부터 소련과 밀접한 관계하에 태어났고 유지되어온 동독 공산주의의 혁명적 성격은 어떠한 것이었는가?

19세기로부터 20세기에 걸쳐서 유럽 내에서의 독일 민족은 두 번이나 통일을 쟁취해야 하는 독특한 운명에 처해 있었다. 첫 번째의 통일은 국민의 민주적 의지를 통해 이루어진 것이 아니라 위로부터의 비스마르크의 외교적 수완과 철혈 정책을 통해 이루어졌다. 그 첫 통일은 나폴레옹이 실각하고 1815년 빈회의 이후 39개의 부분 주권국가들이 독일연방을 구성했으며, 이어 1948~1949년의 자유·민주 혁명의 가시밭길을 걸은 다음 보불전쟁의 승리로 프랑스 베르사유궁전에서 독일 통일을 상징하는 독일제국의 탄생을 선언함으로써 이루어졌다. 두 번째의 통일은 이 장에서 취급할 내용으로 1945년 독일의 완전한 패배 이후 거의 50년간의 분단의 과정을 거쳐 1990년 10월 3일 동독이 서독에 합병됨과 동시에 이루어졌다.[1]

독일의 통일은 예상 외로 빨리 이루어진 것이지만 그것은 결코 우연이 아니고 여기에는 깊은 원인이 있었다. 중동 유럽의 자유주의운동과 고르바초프 하의 개혁 정치가 새로운 가능성을 만들었고 이에 참여한 국가들의 정치적 능력이 새로운 해결책을 통해 실현시킬 수 있었다. 독일의 통일을 위해서는 우선 1985년 4월 고르바초프가 시작한 페레스트로이카(Perestroika)가 스탈린주의를 극복해야 했으며, 냉전의 정치적·이념적 뿌리를 제거하고 동서 대립의 상태를 종식시켜야만 했다. 스탈린주의의 지배와 폭력의 시대는 최종적으로 지났고, 새 시대의 특징인 협력이 소련의 안전을 보장하고 유럽과 선린 관계를 만들어갈 수 있게 되어 독일 통일의 길이 열리게 된 것이다.

독일의 통일을 연구함에 있어서 다루어야 할 문제들이 매우 많지만 이 장에서는 한국과 관련해 중요한 핵심 내용을 중심으로 고찰해보고자 한다. 먼저 공산주의를 중심으로 통치해온 동독의 이념적 오류와 동독의 붕괴를 가져

---

1   이규하, 「독일의 분단」, ≪서양사론≫, 21호(1981), 117~119쪽.

온 체제의 구조적 결함에 대해 살펴보고자 한다. 이어서 동독 공산당의 정치이념과 그것의 실제적 추구를 중심으로 동독의 몰락 과정을 연구하고자 한다. 끝으로 독일의 통일 과정에서 결정적인 역할을 한 동독 시민의 저항운동을 밝혀보고자 하며, 통일을 위해 중요한 부분을 차지하고 있는 대외 관계와 여타의 분야도 함께 다루고자 한다.

2. 독일민주공화국(동독)의 정치체제

1) 전후 동독 사회주의의 성격

레닌이 "20세기는 전쟁과 혁명이 결정한다"라고 말한 것와 같이 세계는 2개의 대전과 러시아혁명, 중국혁명 등을 겪었다. 그중에서도 20세기의 대혁명들, 즉 러시아혁명과 중국혁명은 결정적으로는 대전의 결과에서 나온 것이었다.[2] 다른 한편 중부·동부·남부 유럽의 사회주의의 건설은 유고슬라비아를 제외하고는 소련이 세계열강이 된 데에서 비롯되었다. 소련은 이 나라들에 경계선을 그었을 뿐 아니라 1953년 6월 17일의 민중 봉기가 있은 뒤 소련의 지도부는 독일의 분단 상태를 유지하고, 바르샤바조약기구를 공고히 하며, 나토의 서독 내 로케트 배치를 저항하기 위해 동·서독 국민의 통일 노력을 저지시키려고 했고, 이념적인 면에서 사회를 개조했다. 동독을 비롯해 동구 여러 나라의 사회주의체제가 공산당 혁명의 성공을 통해 이루어진 것은 아니었다. 그럼에도 이 변화를 혁명적 변혁이라고 말할 수 있다고 본다. 이 혁명적 변혁

---

2   전쟁과 혁명의 차이가 무엇인가? 전쟁은 불가피성에서, 혁명은 자유에서 기인하는 것이다. 세계의 사건들은 점차 전쟁에서 혁명으로 옮겨가고 있고, 역사적으로 이 양자는 밀접한 관계를 맺고 있으며, 이들은 폭력에 의해 연결되어 있다. Hannah Arendt, *Über die Revolution*(1974), p.19; Samuel Huntington, *Political Order in Changing Societies*(New Haven, CT: Yale University Press, 1968), p.17.

은 외부로부터는 소련과 그들의 지지자들 그리고 위로부터는 결코 민주적이지 못했던 전위대에 의해 이루어졌던 것이다.

혁명을 정치적·사회적 구조와 소유 형태의 근본적인 변화로 본다면 1945년 이후의 소련 점령 지역(SBZ)과 1949년 이후의 독일민주공화국(이하 동독)의 경우는 충분히 하나의 혁명으로 볼 수 있다. 구정치체제가 전혀 잔재하지 않았고, 비록 권위주의적 전통이 계속되었다 할지라도 구엘리트가 신엘리트에 의해 대체되었으며, 시민사회의 광범한 다양성은 인위적으로 정치적 힘에 의해 제거되었다. 이미 동독의 창립 당시 이렇다 할 사유 자본이 존재하지 않았고 대농지 소유가 없었을 뿐 아니라 인민 소유 재산과 조합 재산이 동독 공산당의 조정 아래 국가 관료 지배에 들어가게 되었다. 그리고 전통적 사회질서 중심 사고는 마르크스-레닌의 이데올로기로 대체되었다.

사회적 혁명이란 반란이나 폭동과는 달리 상황과 사회 계급 구조의 신속하고도 근본적인 변화를 말하는 것이다. 예를 들어 프랑스혁명과 러시아혁명의 경우 정치적·사회적 구조의 성공적인 변형이 한 계급의 대중 봉기에 의한 것이었으며 소수 엘리트에 의해 이루어진 것이 아니었다. 동독의 경우 사회적 변혁이 자체 사회 내의 대중적 기초가 중심이 된 것이 아니라 소수 엘리트에 의해 이루어진 것이지만 결과는 구사회의 혁명적 변혁이었다.[3]

이것은 20년대에 소련에 이미 존재했던 위로부터의 혁명의 연속으로서 새로운 형태의 혁명이었다. 그것은 다수의 혁명적 주민, 즉 노동계급의 위임하에 그들의 이익을 대변한다는 구실을 내세워 혁명세력이 임명한 전위대의 혁명이었다. 정치·사회·문화 측면에서의 큰 변화를 가져온 이 사회는 분명히 새로운 사회였으나 치명적인 결함과 함께 태어난 사회였다. 그것은 폭력에 근거를 두고 있었으며 그들의 피지배자들의 다수로부터 정당성을 인정받지

---

3   Hannah Arendt, *Wirtschaft und Gesellschaft*(1972), p.19; Sigmund Neumann, *The Internatio nal Civil War, in World Politics*, 3Jg(1949), Nr.1, p.333.

제3장 독일의 통일   **107**

못하게 되었다.

수많은 인적·사회적 희생과 역사상 유례없는 테러로 이루어졌던 스탈린의 발전 모델이 동독에 받아들여졌으며, 스탈린주의라고 하는 이 지배 형태는 베버(A. Weber)가 말한 대로 일종의 술탄(Sultan)주의였다.[4] 베버는 술탄주의가 통치 권력을 극대화하고 자의와 은총을 최대화하는 체제로서 모든 면에서 합리적 통치 체제와는 거리가 먼 가부장적 체제로 보았다. 이 체제에서는 결정적 관리지도권을 가지고 있는 당 간부들, 즉 관료들은 오직 카리스마적 통치자와 당의 지배 이념에만 봉사와 충성을 다할 의무를 지니고 있었다. 당 간부의 직무상의 의무는 객관적 직무상의 의무가 아닌 당에 대한 의무이며 당의 지도자에 대한 사적인 충성으로서 이를 위반하면 파문을 당하거나 신체 파멸의 형을 받게 된다. 그리고 당과 국가가 가지고 있는 유일한 목표는 새로운 공산주의 사회를 건설하는 것으로 이에 반대하는 사람은 '적' 또는 '해로운 자'라 하여 제거의 대상이 되었다.[5] 이리하여 마르크스의 인본주의 사상과

---

4 스탈린주의: 동독은 동독 공산당 체제하에서 다당제도 등 약간의 변형은 있었지만 1949~55년에 소련의 스탈린제도를 받아들였다. 동독 공산당 수뇌는 소련 점령 당국의 위임·감독하에서 독재적·관료적 방법으로 통치했으며, 따라서 1949년의 시민적 민주헌법은 실재에 있어서 하나의 공동(空洞) 현상을 표출시켰다. 당시 동독의 실재는, 국가 소유의 증대, 중앙지휘의 계획경제, 민주적 중앙집권의 원리에 따른 동독 공산당의 국가·경제·법률·문화·대중조직·대중매체의 지휘, 언론의 독점, 스탈린 형의 마르크스-레닌주의를 지배이념으로 하는 것 등이었다. 이 때문에 동독의 정치는 타 인민민주주의 국가들과 같이 대체적으로 스탈린 치하의 러시아의 정책과 일치했다. 냉전 기간에 인민민주주의 국가들은 위성국의 역할을 했으며, 소련의 제도와 방식의 답습은 종속 관계를 더욱 공고히 했을 뿐 아니라 양독 사이의 정치·경제·문화적 관계를 해체시켰고 모든 분야에서 분쟁은 더욱 증대되었다. Max Weber, Wirtschaft und Gesellschaft, *Grundrisse der Vers tehenden Soziologie*(1972), p.233f.
5 헤겔의 제자 마르크스는 세계와 과거를 이해하는 것만으로 그치지 않고 철학을 통해 세계를 바꿔 놓으려고 미래를 예언하고, 예언이 이루어지도록 물리적인 힘을 가하고자 했다. 이리하여 이제까지 위험스럽지 않게 보였던 역사철학이 혁명의 이념이 되었고, 역사철학자는 직업적 혁명가가 되었다. 그들은 역사 내에서 자신들의 사명을 확신했고, 역사법칙에 좇아 과오를 범하지 않는 행동을 한다고 생각했으며, 이 때문에 그들과 한 치라도 다른 생각을 하는 사람은 매우 위험스러운 배반자로 낙인찍었고, 마르크스 레닌과 같이 생각하지 않는 자는 불법행위와 적대 관계라는 이름 아래 테러의 보복을 받도록 했다. 이규하, "역사가 주는 의미", ≪전북대학교 신문≫, 1984년 4월 2일 자.

는 거리가 먼 이 체제는 전체주의적이라고 표현하게 되었으며 많은 변화에도 불구하고 내부로부터의 근본적인 개혁을 거부한 극단적 권위주의를 유지하고 있었다.

동독의 사회적·정치적 위기는 전후 소련의 사회적·경제적 체제와 정치적 체제가 강요되었던 나라들의 스탈린 이후의 사회주의체제 와해의 한 부분이었다. 이 같은 체제 붕괴의 원인으로서는 경제적·정치적·사회적·문화적 요인들을 들 수 있지만 그중에서도 가장 중요한 것은 저조한 경제적 능률, 점증하는 기술의 정체 이외에 공산당의 관리·지배 체제로부터의 사회의 해방 욕구를 들 수 있다. 동독 공산당이 바라는 것은 그들의 이념에 따른 새로운 사회주의 인간을 만드는 것이었으나 타사회주의 국가에서와 마찬가지로 동독에서도 통치 정당이 더 이상 조정할 수 없을 정도로 문화적·사회적 큰 변화가 이루어졌다.

2) 동독의 위기

공산주의제도의 붕괴와 파멸은 서구의 관찰자들에 의해 오래전부터 인식되어온 것이 사실이지만 그러나 이러한 별안간의 대변혁은 모두에게 뜻밖의 일이었다. 동서 진영의 장기간 접근 과정의 종국에 가서 이 일이 발생한 것은 상상하기 어려운 일이나 다음과 같이 설명할 수 있으리라고 본다.

1985년 이후 고르바초프에 의해 소련 내에서 시도된 '개방'과 '개혁'은 세계사적인 변혁을 예고하고 있었다.[6] 독재로부터 계몽적 권위주의와 민주화에 방향을 둔 개혁의 시도는 과거의 사회주의 진영에 크나큰 영향을 끼치게 되었다. 소련으로부터 시작된 신속하고도 돌연한 이념적·정치적 변화는 여타 사회주의 국가들의 내적 질서를 동요시켰을 뿐 아니라 사회주의 국가 간의 관계를 해체시켰다. 즉, 고르바초프가 부임한 후 소련의 민주화 및 개혁 시도에 대

---

6   Michail Gorbatschow, *Perestroica* (1989), p. 17ff.

한 호네커 정부의 불손한 태도는 마침내 소련에게서 동독 독재 정권의 보호의 손을 거두도록 했다.[7] 이미 위에서 암시된 바와 같이 소련 유형의 사회주의 몰락은 첫째로 고르바초프가 내부의 큰 반대에도 불구하고 시대에 뒤진 공산주의와 지탱할 수 없는 외관상의 제국을 포기하고 대신에 서구와의 관계를 개선하려 했고,[8] 소련이 중동 유럽에서 군사·정치·이념의 면에서 경계선을 풀 준비가 된 데에서 비롯되었다. 둘째로는 스탈린주의의 유산으로부터의 탈피가 불가능할 정도로 이 제도들이 내적인 취약점을 가지고 있었다는 데에서 기인하는 것이라고 볼 수 있다.

서독과 마찬가지로 점령 체제로부터 이루어진 동독은 그 사회적 변화가 두 가지 요소인 점령국인 소련과 공산주의의 전통 및 이념에 기초를 두고 있었다. 1949년 이전 단계에서는 동독은 반파시즘적이었고 사회주의로의 이행이 있었을 뿐 아니라 이어 제2의 독일 건설 이전에 국가와 당 내에서 스탈린주의로의 방향전환이 이루어졌다. 이에 1963년에 이르러서 동독은 레닌의 신경제정책(NEP)의 이름을 본떠 새로운 인민경제체제를 도입하려고 했으나 흐루시초프 실각 이후 중단되어야만 했다.

1960년대 중반 울브리히트(W. Ulbricht)체제는 소련의 입장으로부터 독립된, 폭력으로서만 이루어질 수 있는 유토피아적 미래의 역사 시대의 꿈 대신에 가까운 장래에 분쟁이 없는 사회주의적 인간 공동체를 건설하려고 했다. 그리고 동독 공산당은 체제 이론과 과학적 방법론의 지원으로 발전된 사회주의 제도를 실현할 수 있다고 확신했다. 사회주의 건설은 더 이상 직업적 혁명가나 이념의 창시자에 의해서가 아니라 기술인, 행정관과 전문가의 임무로 보

---

7   Karl Kaiser, *Deutschlands Vereinigung, Die internationale Aspekte*(Bastei Lübbe Verlag, 1991), p.23f.

8   Martin Broszat and Hermann Weber, *Staatliche Verwaltungen, Parteien, gesellschaftliche Organisationen und ihre Führungskräfte in der sowjetischen Besatzungszone Deutschlands 1945-1949*(München: Ifz, 1980), p.14ff.

왔다. 동독이 서구의 사회과학자들의 관심을 끌었던 이 이론을 받아들여, 마르크스-레닌당의 지도적 역할이 불필요하게 되는 사회주의 사회의 모델을 만들게 되었지만 마침내는 당 지도부가 스스로의 제안에 의해 나타난 유령 현상에 종지부를 찍었다.[9]

1960년대에 들어와 동독에는 여타 동구 제국과는 달리 이 같은 테크노크라시적 사고 이외에 별다른 움직임은 없었다. 이후 체코슬로바키아에서 1968년 민주적 공산주의의 배아, 즉 '프라하의 봄'의 타도와 1968~1969년에 흐루시초프가 시작했던 개혁의 중단은 이후 20년 동안 동독의 중앙집권적 지배 체제로의 복귀와 모든 개혁의 시도에 종지부를 찍는 것을 의미했다.[10]

1976~1981년까지 동독은 위기와 안정 속에서 동요하고 있었다. 1976년까지의 호네커 시대 제1단계에서는 제도의 안정화가 이루어졌으나 제9차 당 대회 이후에는 여러 위기를 맞게 되었다. 이후 1971년 호네커가 울브리히트를 대체해 당의장이 됨과 동시에 현실적 정책의 기초 위에 대 서구 정책의 구도로 전환함으로써 동독은 공산주의체제의 탈피 및 민주화의 가능성에 대해 생각하게 되었으며 이리하여 단독 노선을 포기하게 되었다. 70년대 초반에 경제·사회 정책 면에서 새로운 강조점을 부각시키고 가부장적 사회 정책으로 국민의 지지도가 상승되었지만, 70년대 중반의 세계 경제 위기로 인해 경제·사회 정책의 단일화 계획은 파괴되고 말았다.

비단 경제적 어려움 때문만이 아니라 자유 문화 정책의 종식과 더불어 지식인, 예술가, 청소년 등이 반발했고, 유로(Euro) 공산주의 영향 아래에 동독 공산당 내에서도 인권 존중과 여행의 자유, 모스크바로부터의 독립의 필요성이 대두되었으며 민주화운동이 일어났다. 이로부터 동독 공산당 지도부는 역사 법칙에 근거한 동독 공산주의를 주장함과 동시에 소련 공산주의의 절대적

---

9   Helmut Klages, *Deutschlands Vereinigung, Die internationale Aspekte*(1991), p.33ff.
10   같은 책.

추종을 강조하면서 자구(自救) 탄압 정책을 병행해왔다.[11] 그 후 브레즈네프 시대에 즈음해 동독 공산당 지도부가 독자적 외교 노선을 걸음으로써 동독 사회와 서방 국가들로부터 인정을 받게 되었을 뿐 아니라 1980년대 초의 새로운 냉전 시대에는 서독과의 관계가 이렇다 할 손상 없이 극복될 수 있었다.

문화 측면에서도 당위성을 인정받기 위한 동독 공산당의 노력은 자유와 억압이라는 두 가지 정책 속에서 확실한 방향을 잡지 못하는 입장에 있었으며, 모든 후퇴에도 불구하고 동독 문화는 분명한 변화를 맞고 있었다. 동독 공산당 지도부는 정치적 복안과 이해가 없는 가운데 다양한 새로운 정치 현상을 접하게 되고, 가치관의 변화와 환경과 평화 문제, 개인의 자유에 대한 논의 등 새로운 문제에 봉착하게 되었다. 울브리히트 시대라면 새로운 움직임의 초동 단계에서 저지가 가능했겠지만 방해와 위협에도 불구하고 마지막 몇 년 동안 비공식적 단체는 날로 그 수가 더해갔다.

그러나 이것만으로 동독 공산당 지배 체제가 붕괴될 수는 없었다. 중동 유럽의 권위주의적 사회주의의 붕괴는 과거와는 달리 무력 사용을 포기했기 때문에 가능했다. 그러면 어째서 소련이 이 같은 발전 과정을 종식시키지 않았는가 하는 것에 대한 명백한 답변은 아직은 시기상조라고 볼 수 있으며, 권위주의적 사회주의의 최종적 위기에 대내외적 요인들이 어떻게 작용했는지에 대해 별로 알려진 바가 없는 실정이다. 그럼에도 다음에서는 위기 형성과 밀접한 관계가 있다고 보이는 소련형 사회주의 체제가 가지고 있는 구조적 결함과 이 제도가 남겨놓은 정치·문화 유산에 대해 알아보고자 한다.

3) 동독 정치 구조의 결함

동독의 정치제도는 소련의 모델에 방향을 두고 있었다. 단일 당 제도가 아

---

11 Martin Broszat and Hermann Weber, *Staatliche Verwaltungen, Parteien, gesellschaftliche Organisationen und ihre Führungskräfte in der sowjetischen Besatzungszone Deutschlands 1945~1949*, p.529f.

니라 5개의 정당이 공존하는 제도였으나 공산당이 아닌 다른 4개 정당이 동독 공산당의 지도적 역할을 인정하고 실제적으로는 대중 조직과 마찬가지로 전동 장치의 역할을 함으로써 근본적으로는 소련과 다를 바 없는 단일 정당 제도였다.[12] 동독 공산당은 마르크스-레닌주의를 바탕으로 획일적 구성을 통해 지배계급의 목표와 의지를 전체 사회에 전달해왔다. 또한 당 지도부에서는 마르크스-레닌주의 이념이 동독 공산주의와 동독의 발전을 보장하게 되고, 이 이념에 의해 역사는 객관적 법칙과 함께 발전하며, 때문에 독일 노동운동은 전통에 따라 지속되어야 한다고 했다.[13]

동독 공산주의의 기틀이 된 마르크스-레닌의 정치 이론은 각개 정치 분야의 독자성이나 권력 분할의 필요성을 별로 인정하지 않는 것이 특징이었다. 그 이유는 생산수단 사유제의 폐지로 계급 분열이 사라짐으로써 인류 역사상 처음으로 국민주권이 실현되었으며, 이것은 권력 분할이 아닌 권력의 단일화를 의미하기 때문이라는 것이다. 따라서 권력의 단일화를 바탕으로 한 사회주의 혹은 공산주의가 이 같은 목표를 달성하기 위해서는 모든 사람의 단일화된 노력과 중앙집권적 통일화된 정책을 필요로 한다는 것이다.

사회주의 사회의 정치적 구조는 국가적·비국가적 조직과 기구들의 복합체로 되어 있으며 이들은 마르크스-레닌 정당, 정치적 법률적 기준, 노동계급의 정치적 전통의 지도하에 놓여 있다. 그리고 노동계급은 이들의 도움으로 정권을 행사하며 사회주의 사회의 일반적 요구에 따라 의식적이면서도 계획적으로 사회관계를 형성하는 것이다. 결사의 자유는 헌법에 근거를 두고 있으나 실제로는 동독 공산당이 그것에 관한 모든 권한을 단독으로 보유하고 있었다. 오직 교회만이 통일을 위한 역할을 예외적으로 인정받고 있었다. 교회의 목사와 협력자들이 정부 비판 그룹의 선두에 있었을 뿐 아니라 시위자들이 또

---

12   Ernst Richert, *Das zwiete Deutschland*(1964), p.104.
13   Hermann Weber, *SED und Stalinismus*(1989), p.4ff.

한 교회 건물 내에서 집회를 열었다. 소수인 그들은 비폭력의 정신으로 세계 역사상 최초로 무혈의 혁명을 달성했다. 교회 안에서는 평화와 탄원의 기도를 올렸고, 밖에서는 평화적 시위를 이어나갔다. 이러한 노력은 호네커 정부의 퇴각을 초래했는데, 이는 동독의 붕괴를 의미하는 것이었다.[14] 또한 인민 기업과 협동조합 내의 공동 작업단들이 정치제도의 일부로서 광범한 사회적 기초를 이루고 있고, 공동 경영체 내의 노동은 단순히 직업일 뿐 아니라 의무의 성격을 띠는 사회적 활동으로서 국가가 정한 경제적·사회적 임무를 함께 수행하도록 되어 있었다.

이 같은 구조는 모든 사회 영역을 포괄하는 광범위한 조직임에도 불구하고 기계적인 형태에 가까웠다. 마르크스-레닌의 조직 이론은 현대적 조직의 전형에 방향을 두려고 하는 시도임에도 불구하고 비밀결사라는 그들의 근원적 성격에 머무르게 되었다.[15] 또한 국가에 관해 보면 공산당 통치 이래 동독 공산당은 억압 수단으로서의 국가를 폐지하고 그 기능을 노조와 같은 사회 기구에 위임하고자 하는 마르크스-엥겔스의 혁명 이론을 무시했다. 그 대신 정치적·사회적 목적을 달성하기 위해 국가의 노력을 이용하기로 했으며, 모든 권력 수단으로 무장된 중앙집권 국가를 구축했다. 더불어, 사회주의는 공장의 원리로부터 성장한 것이라고 역설한 베버의 말처럼, 레닌형의 사회주의는 대기업 조직의 해결 방식, 공장식 규율, 군대의 복종, 결의의 집중화, 책임의 분담을 극찬했다.

스탈린식의 중앙집권제에서도 당은 국민에 대한 지도적인 힘이며, 사회 구성원은 당과 계서적 관계를 맺고 있는 것으로 보았다. 이는 전위대의 대안으로서 국가와 사회조직들을 단순히 도구로서 생각하는 것이었다. 이것이 바로 소련식 사회주의의 결정적인 구조적 결함인 것이다. 그 때문에 사회주의는

---

14   Konrad Löw, *Ursache und Verlauf der deutschen Revolution* (1989), p.65.
15   Christian P. Ludz, *Parteielite im Wandel* (1970), p.25ff.

당의 광범위한 요구와 고도로 복잡해지는 산업사회의 요구들 사이에서 구조의 다양화와 합리적·효율적 계획 관리, 최소한의 시민 참여 없이는 지탱할 수 없게 되었다. 그렇지만 공산당 식의 정치적 패러다임 내에서는 당과 당 기구로부터의 사회의 해방이란 불가능하기 때문에 체제·기능의 다양화와 협의·감독·정부의 다양화는 현존하는 체제의 틀 안에서만 이루어져야 했으며 그렇지 않을 경우 혁명적 붕괴를 초래할 수밖에 없었다.

사회주의 이론가들은 관료주의를 자본주의의 부수 현상으로 보아 프롤레타리아 혁명을 통해 제거해야 한다고 주장했다. 하지만 사회주의는 오히려 독재적 기능을 강화했다. 이로 인해 사회생활의 모든 분야는 전권을 장악하고 있는 중앙의 지시에 따라야만 했다. 또한 규정 제정 기구인 정치국과 그 결의를 하달받는 인민의회(Volkskammer), 국가평의회, 각료평의회가 법률과 지령의 홍수 상태를 만들어 냄으로써 중앙 국가기관들, 특히 경제운영기구와 기획 부처들이 제2선의 역할을 담당하게 되었다.[16]

그 밖에도 동독 사회에는 서구 사회에서는 통례인 감시 및 수정 기능이 주어져 있지 않았기 때문에 정책 노선의 변경은 오직 당에 의해 제기되었고 정책의 완성 또한 당에 의해 이루어질 수밖에 없었다. 그러나 이렇듯 당의 정책 활성화와 목표의 실현을 오직 목질화(木質化)된 당의 조직을 통해서만 하려 했다는 점과 함께, 당의 독점권이 위협받지 않을까 하는 생각으로 개방과 정책 변화의 시도를 무시함으로써 실패하고 말았다. 이리하여 소련과 여타 사회주의 국가 내의 활기찬 변화 과정에서 낡은 사고방식과 정치적 억압은 비참한 결과를 초래할 수밖에 없었다. 그 결과 1989년 혁명적 변혁을 경험한 타 사회주의 국가들과 마찬가지로 동독 역시 소련식 사회주의 개혁이 불가능하다는 것을 알게 되었다. 실제로 이러한 시도는 초기 단계에 머무르거나 폭력에 의해 분쇄되고 말았다.

---

16   Helmut Klages, *Deutschlands Vereinigung, Die internationale Aspekte*, p.38f.

4) 동독 정치문화의 특성

우리는 문화를 광범한 인간 생활 관계의 표현이요, 행동 양식이라고 생각하며 그 과정은 사회를 통해 이루어진다고 본다. 문화가 한 사회의 사회적 시스템과의 관계에서 이루어지는 것과 같이 정치문화 또한 정치제도에 따라 그 내용이 형성된다고 여겨진다.

동독의 문화와 전통에 관해서는 동·서독이 서로 다른 평가를 하고 있다. 동독에서는 그들의 권위적 정치체제는 이제까지 독일 역사 내에서 결코 실현되지 않았다고 말하면서, 16세기의 농민전쟁, 1848년의 시민의 민주화운동 및 시민혁명의 완성,[17] 노동운동의 연속으로서의 사회적·정치적 투쟁의 역사를 내세우며 자신들이 오히려 민주적 정치문화의 전통이 있음을 강조해왔다. 반면에 이에 대한 서독의 견해는 전혀 다르다. 그들은 동독 문화를 인본주의적 전통을 벗어난 이국적 문화로, 서구 및 기독교의 전통문화에 대한 세속적 도전으로 간주해왔다.[18]

1949년 독일의 분단으로 2개의 국가가 서로 다른 사회·경제·정치 질서의 관념과 함께 태어났을 때 양국은 모두 새로운 정치문화의 창출을 그들의 임무로 여겼다. 동독은 반파시즘적 혁신의 길을 택해 토지소유제, 대공장제도와 교육제도의 개혁 등을 단행했다.

독일의 전통적 정치문화에는 관치국(官治國)의 요소[19]가 강력한 형성의 힘으로 작용해왔다. 동독은 1945년 이후 잠시 민주주의로의 복귀가 가능했으나, 1946년에는 새로운 독재가 예상되었으며, 1948년에는 새로운 유형의 당이 형

---

17 Horst Duhnke, *Die KPD on 1983 bis 1945*(1972).

18 같은 책.

19 1948년까지 새로운 형태의 당을 형성했을 때 민주적 형태의 사회주의 노선은 단절되었으며, 동독 공산당은 국가의 지도적 세력이요, 국가는 중립이 아닌 당의 기구이며, 동독 공산당의 권력은 사회주의·공산주의를 건설하고자 하는 당의 역사적 임무로부터 나온 것이며, 관료는 중립이 아닌 당의 간부이며, 통치에 있어서 동독 공산당의 이익을 대변하는 입장이었다. Ernst Richert, *Das zwiete Deutschland*, p.110ff.

성됨으로써 동독 공산당은 민주적 형태를 갖춘 동시에 사회주의와 관련을 맺고 있는 전통적 노선을 최종적으로 단절시켰다. 다시 말해 관치국의 요소들은 여전히 남아 있었지만 마르크스-레닌을 따르는 당의 정치적 목적 달성을 위해 그 내용이 변형되어야만 했다. 동독에 국가가 형성되었지만 시민적 합의를 바탕으로 이루어진 것은 아니었으며 국가와 주민이 단일체를 구성하고 있었지만 국가와 사회의 목적과 임무의 결정에 시민 참여는 배제되었으며 나아가 사회와 정치 문제에 관여하는 대신에 당의 목표를 위해 동원되었을 뿐이다. 이로부터 마르크스-레닌주의를 바탕으로 한 동독의 사회주의는 곧 목적과 실재 간의 모순이 나타나게 되었는데, 그것은 최종 목표 달성의 사명을 부여받은 사람들이 자연과 사회의 법칙을 실현한다는 입장에서 인간의 자유와 존엄성을 짓밟았고 인간의 공동체 관계를 박탈해왔기 때문이다.[20]

동독과 여타 지역의 사회주의 문화는 정치적 목표를 중심으로 한 문화이기 때문에 본래의 목표를 크게 상실하고 말았다. 새로운 사회주의적 행동 양식과 정치적 입장은 유토피아적 사회주의 이상이나 공산주의 목표로부터가 아닌 일상생활로부터 나온 것이었다. 이리하여 다양한 영향을 통해 이루어진 시민의 의식, 감정, 정치적 입장은 마르크스-레닌주의에 입각한 정치문화, 형식적 규정, 행동 양식, 제 기관의 요구에 역행하는 것이 되었다.

동독 정치문화의 제2의 전통적 요인은 그 뿌리를 산업화 이전의 농민수공업자, 도시 무산계급의 문화에 둔다는 점이었다. 그것은 노동운동의 다양한 조직화 활동으로서 당과 노조 내에 있어서의 정치적·사회적 조직뿐 아니라 여가선용의 조직까지도 맡고 있었다. 그런데 동독 공산당은 이 노동운동의 전통적인 노선을 긍정적으로 받아들여 노동계급의 참여 없이 당이 일방적으로 정한 제반 목표들을 달성하는 데 이용하고자 했다. 그러나 노동자계급은 변화된 동독의 정치적·사회적 여건하에서도 그들의 사회적·정치적 권한을

---

20   Martin Greifhagen, *Vom Obrigkeitstaat zur Demokratie*(1984), p.52ff.

신장시키고 노동문화를 육성하기 위해 노동법상의 제 규정의 개선, 노동윤리의 강화, 노동전통의 중시 등을 주장해왔다.

그러나 20여 년 동안이나 노동계급의 지위향상을 위해 역설해왔던 일련의 약속들, 즉 더 많은 지식의 향유, 합리화·자동화를 통한 육체적 단순 노동으로부터의 해방, 노동시간의 단축, 휴가의 연장, 연금과 최저 임금의 증액 등이 실현되지 않음으로서 동독 공산당의 자격은 큰 손상을 입게 되었다.[21] 생활수준의 향상 대신에 생산성의 향상이란 이름하에 개인적·집단적 희망이 박탈되고, 교육과 자격 인정을 통한 사회적 신분 상승이 불가능해짐으로써 사회주의의 실현을 위한 동독 노동계급의 노력과 투쟁은 생활의 개선이 없는 가운데 이루 말할 수 없는 어려움에 부딪히게 되었다.

동독은 공산주의의 전통 속에서 문화 혁명 운동을 겪게 되었다. 이때의 혁명은 사회·경제체제의 변혁과 동시에 문화의 변혁까지도 의미하는 것이었다. 그런데 공산주의 혁명이란 소수 엘리트에 의해 이루어지기 때문에 사회주의 문화 건설을 위해서는 대중의 강제적 교육이 반드시 필요했다. 비록 지난 40년 동안 소련의 독일 점령 지역과 동독에서는 혁명적 엘리트와 시민과의 접근을 통해 미래 공산주의 사회에 대한 선전이 계속되어왔지만, 일상생활에서는 경제·사회·문화 분야의 다양한 문제들이 주를 이루고 있었다. 이에 대해 당은 어떤 해결 방안도 제시하지 못한 채 사회주의의 이상과 목표만을 선전하는 데 급급함으로써 국민은 날로 첨예화되어 가는 경제·생태계·사회·문화적 위기로부터 벗어날 수 없게 되었으며 공산주의를 하나의 허구로 인식하게 되었다.

동독의 정치문화는 여타의 사회주의 국가와는 다르게 매번 국가의 특수 상황에 의해 형성되었다. 동독 공산당은 이념적·정치적 측면에서 서독에 대해 경계선을 그으며 자신들의 다른 점을 강조함으로써 "서독과 비교해 우리는

---

21   Karl C. Thalheim, *Die DDR nach 25 Jahren*(DDR Museum Berlin, 1975), p.73.

어떠한가?"라는 질문과 함께 서독을 의식하며 그들 나름대로 평가기준을 만들었다. 이와 동시에 그들은 일상적으로 동독인들이 사회적으로 보장된 여건하에서 더 나은 생활을 하고 있음을 말해왔다. 즉, 그들은 노동자들이 실업과 빈곤을 모르고 있으며 자본주의 사회의 결함인 범죄행위·마약중독 등으로부터 안전하다는 것을 자랑삼아왔다. 이로부터 동독인의 다수는 서독인과 자신을 실제적 경험의 기준으로 비교할 수 없었고, 대중매체를 통해 짐작할 따름이었으나 1989년 11월 9일 이후 실제적인 비교가 가능하게 되었을 때 그들은 집단적 쇼크에 빠지게 되었다.

5) 시민 저항운동의 전개

동독의 정치·사회 발전을 조심스럽게 관찰하면 낡은 구호로 가득 찬 공적 정치문화와 국민의 일상생활의 문화 사이에 명백한 모순을 발견할 수 있다. 주민들은 체제의 무리한 요구로부터 벗어나 자유로운 사적 영역으로 물러나 있었다.[22] 그뿐만이 아니었다. 1980년대 초에 이르러 점차로 많은 사람이 교회의 보호구역 내에서 다양한 목표를 위해 모였다. 신변의 위험 때문에 조심스러울 수밖에 없었으며, 1989년 여름까지 동독 사회 내에서 늘 주변에 머무르게 되었음에도 그 수는 점점 커져갔다.

이러한 상황에서 동독 공산당은 비정치적인 사회를 정치화하고 나아가서는 생활을 정치화하려는 노력을 기울였지만 전체적으로는 오히려 권태 현상이 나타날 뿐이었다. 장기간에 걸쳐서 이루어진 이 같은 정치문화의 구조는 1989년 여름과 초가을 사이 불과 몇 주에서 몇 개월 내에 붕괴되었으며 대중의 저항이 뒤따랐다.

여름에 이르러서는 누적된 사회·정치 문제들에 대한 반응으로 국외로

---

22 Irma Hanke, *Alltag und Politik, Zur politischen Kultur einer unpolitischen Gesellschaft*(198
   8), p.23ff.

의 탈출 현상이 급증했고[23] 매주 일요일마다 라이프치히(Leipzig)·드레스덴 (Dresden), 그리고 다른 도시에서 수십 만 명(50만에서 100만으로 추산)이 참여한 대대적인 시위가 이루어졌으며, 동독 공산당 일반 당원들 안에서도 11월과 12월 초에 수천 명이 모여 중앙당사 앞에서 그들의 요구 사항을 외쳤다. 다시 말해 이것은 동독의 정치문화에 대한 시민의 반응이었으며 정치적·사회적 폭발로서 수개월 내에 동독의 운명을 결정지을 순간이었다.

전통적 혁명이 대개 무력에 의한 전복으로서 사망자를 내는 유혈혁명이었던 것에 반해 동독의 혁명은 1989년 11월 9일 베를린장벽이 무너질 때까지 한 사람의 목숨도 희생되지 않았다는 점에서 동구 제국에 있었던 혁명들과 큰 차이를 보여주고 있다. 동독이 다른 사회주의 국가들과 다른 점은 1970년대와 1980년대에 이루어진 체제 비판 그룹이 체코나 폴란드에서와 같이 조직된 저항 집단이 아니었다는 사실이다. 그런데 특이하게도 이 두 그룹 사이에는 인적·이념적인 면에서 공통점이 없다는 것이다. 비판 세력들은 금세기 초 이래 동독의 정치체제와 이념이 매우 억압적이라고 느껴왔다.

이 새로운 그룹의 정치적·문화적 사고는 당의 전면적인 규제를 거부하고, 당 중심의 정치적·사회적 관계를 사적인 권리로 대체하려는 것으로 친구·생활·신앙 중심의 공동체의 조직을 중심으로 하는 것이었다. 당 중심의 정치·사회 관계를 극복하려는 다양한 이 집단들은 동독 밖의 소련의 변혁과 여타 사회주의 국가의 변화에 의해 자신들을 저항세력으로 생각하고 조직체를 구성하도록 강요되었다고 볼 수 있다. 1989년 혁명적이었던 가을 공산당 정부가 더 강압적으로 나오자 시민들의 항의가 증대되었고, 이 비판적 소집단들은 갑자기 민주적 개혁을 위한 희망의 그룹이 되었다. 거리의 대중은 민주주의와 자유를 외쳤고 '신광장(Neues Forum)'의 허용을 요구했다. 그러면 과연 이

---

23 1949~1955년 사이에 동독에서 서독으로 탈출한 사람들의 수는 1400만이었다(*Statisches Jahrbuch*, 1959).

그룹은 누구였는가?[24]

1) 9월 초 뵐렌(Böhlen)의 모든 사회주의 단체의 모임(기독교도, 마르크스주의
   자, 동독 공산당원이 참여)에서는 동독의 정치·경제·사회·문화 혁신이 긴급
   하기 때문에 사회주의 단체는 공동으로 협력이 중요하다는 사실이 주지
   되었다. 이때 발표된 호소문이 바로 '동독에 있는 좌익연합을 위하여'라
   는 글이었으며 특히 여기서 채택된 것이 '독일 사회주의 야당의 최저 콘
   센스'로서 동독 사회혁신을 위한 구체적인 제안이었다.

2) 신광장은 1989년 9월 9일에 출발했으며 수적으로 가장 많은 이 단체는
   문예인으로 구성되어 있었다. 저항 세력의 총집합체로서 법치국가·경
   제·문화 등 의 문제의 해결을 위해 모든 시민의 민주적 활동을 요구했으
   며 10월의 그들의 성명에는 무려 20만 명이 서명하기도 했다.

3) 민주주의는 지금은 9월 12일 개혁 인사들이 중심이 되어 국내 정치 참여
   를 위한 호소문을 발표하고 민주적 개혁의 원칙과 방안에 대해 토의하
   고자 했다. 동독체제의 민주적 개혁을 위해서는 '첫째, 권위주의 국가에
   서 공화국으로', '둘째, 생산수단의 국유화에서 민영화로', '셋째, 환경의
   파괴와 오염으로부터 자연과의 영구적 조화로'라는 세 가지 목표를 분명
   히 했으며, 이렇게 함으로써 국가의 권력 독점의 종식과 평화적 민주개
   혁이 가능하다고 보았다.[25]

4) 사회민주당은 9월 26일에 발족되었으며 발기인은 이후 사민당 당수였던
   뵘(I. Böhm)과 당시의 동독 외상 메켈(M. Meckel)이었다. 국가와 사회 내
   에서의 동독 공산당의 독점권을 부정하고 스탈린주의를 비판하며 민주
   화의 필요성을 역설했다.

5) 베를린 앙상블(Berliner Ensemble)은 문예·문화인들의 민주화 및 혁신·

---

24   Georg Wagner, *Das gespaltene Land: Leben in Deutschland 1945~1990*(1993), p.410ff.
25   Gerhard Rein, *Die Opposition in der DDR*(1989), p.16.

성토의 모임으로, 동독의 연극 협회·문예인 협회·예술가 노조가 참여했다.

6) 민주 혁신(Demokratischer Aufbruch)은 신광장 발족 이후인 10월 2일 민주주의는 지금과 비슷한 성격의 저항단체로서 시작되었으며, 참가자는 개신 교회 목사, 문예인, 의사, 법률가, 학자들로 다양했다. 이들은 정치·사회 제도의 개혁을 통한 동독의 민주화에 목표를 두었다.[26]

운동이 점차 활성화되어 가는 중에 체제 유지를 위한 동독 공산당의 복고적 움직임이 더욱 확실해지자 개혁 세력의 합법적인 기구의 창설이 절실히 요청되었다. 질서의 와해와 경제적·사회적 붕괴를 막기 위해서는 무엇보다도 자유선거에 의한 의회, 즉 인민의회를 창설하는 것이 중요한 일로 부각되었다. 그러나 결과적으로 시민운동단체들은 당의 결성을 거부했는데, 노동운동과 신(新)사회운동의 경우 당의 결성과 함께 운동의 성격이 상실되기 때문이었다. 그렇다고 해서 이 단체들이 선거에 참여할 수 없는 것은 아니었으나 정치적 현장에서 그들의 영향력은 초기에 결정적으로 약화되고 말았다.

1989년 가을 동독에서는 혁명적 도취 속에 완전히 새로운 정치문화가 싹트는 것같이 보였다. 정의·자유·민주주의·평화·인간의 존엄성·자연의 보존에 대한 희망이 다가오는 사회 모든 분야의 개혁 속에서 실현되는 것으로 보였으나 이듬해 겨울 이 희망은 비현실적인 것으로 나타났다. 좀 더 나은 민주적·사회주의적 동독을 건설하고자 한 지식인들의 아름다운 꿈은 실천에 옮겨지지 못했으며, 그 책임이 국민에게 있는 것은 아니었다. 사회주의는 소련식 사회주의의 경험을 중심으로 보면, 결코 실제적 유토피아가 될 수 없다는 것이 동독의 발전 과정에서 잘 나타나고 있었다. 따라서 가까운 장래에 사회주의는 그 신뢰를 상실하게 되었고, 유토피아로서의 사회주의 또한 더 이상 존재할 수 없게 되었다.

---

26   같은 책, p.35.

3. 독일민주공화국의 이상, 실재, 그리고 몰락

1) 동독의 이념과 실재

호네커 서기장은 1988년 12월 동독 공산당 중앙위원회 회의에서 "모든 사회주의 국가에 통용되는 모델은 없다"[27]라는 이제까지 들어보지 못한 말을 했다. 이 표현은 1946년 동독 공산당 초기의 '사회주의로의 독일의 특수한 길'로 유명해진 한 연설문을 상기시키는 것이었다.

더 가까이 관찰해보면, 이것은 동독의 특수 조건을 들어 고르바초프하의 소련 공산주의자들의 개혁안에 한계선을 그으려는 것이었다. 또한 동독의 당원들과 국민들이 그 연설을 개혁에 대한 거부로 평가했으며 이 정책은 호네커의 당 운영의 최후까지 충실하게 지켜졌다. 호네커의 주장의 논거는 동독이 경제상호원조협의회(RGW) 내에서 공업이 가장 발달한 나라이고, 최고의 생활수준을 누리고 있으며, 소련의 페레스트로이카 정책이 이미 상당한 경제·사회 문제를 야기했다는 데에 있었다.

아마 호네커는 개방이 이념적인 면에서 가져온 의식의 변화를 매우 과소평가했을 뿐 아니라, 1960년대 초와 '프라하의 봄'의 몰락 이후에 처음으로 '개혁·개방'이 사회주의 개혁을 위해 막연한 희망을 준 것에 대해서도 모르고 있었다고 본다.[28] 그리고 이 같은 정확한 인식의 부재는 동독의 특징적인 현상으로 지식인들이 다른 사회주의 국가에서보다도 더 강력하고 오랫동안 당에 충실했기 때문이었다. 나아가 폴란드, 헝가리, 체코와는 다르게 당과 무관한 지식인이 극히 소수에 불과했으므로 사회의 모든 분쟁은 당을 통하게 되어 있었으며 이것이 바로 동독 공산당이 처한 현실이었다.

---

27 Aus dem Bericht des Politbüros an die 7. Tagung des Zentralkomitees der SED, Berichtstatter, Genosse Erich Honecker(동독 공산당의 제7차 회의에 관한 정치국의 보고서, DDR Museum Berlin, 1988), p.10, 91.

28 Günter Schabowski, *Das Politbüro, Ende eines Mythos*(1990), p.55.

실제로 동독 공산당 지도부는 동독의 사가들이 과거와 현재의 당의 정치 노선이 정당했음을 입증해줄 것을 요구했고, 역사의 법칙성을 근거로 사가들이 학문적 다원주의의 길을 포기하도록 했으며 부단한 자화자찬의 방법으로 다른 길을 허락하지 않았다. 동독 공산당과 유관한 여러 연구 기관들의 동독의 실재에 대한 분석은 당의 운영이 목가적 세계상과 그리 멀리 떨어져 있지 않음을 보여주고 있었다.

또한 저명한 사회과학자들의 변호적인 견해에서도, 1989년 10월 이전의 동독은 사회주의를 통해 경제가 안정되고 제반 개혁의 추진 동력이 마련되고 있으며 인민의 재산이 풍부해지고 있었음을 알 수 있다. 그뿐 아니라 법치국가로서 법률의 시행 역시 올바르게 이루어지고 있으며, 노동계급은 자본주의와 이념 투쟁을 하는 가운데 역사적 사명을 실현하고 있다는 지나치게 과장된 평가를 하기도 했다. 그러나 대부분의 당원들과 같이 시민들은 당의 유관기관과 대중매체들이 당에 예속된 속에서 사전에 규제되어 그 같은 미사여구를 나열할 뿐 실재와는 근본적으로 다르다는 사실을 잘 알고 있었다.[29]

한편 베를린장벽이 무너졌던 1989년 11월 8, 9일에 개최된 제10차 동독 공산당 중앙위원회 회의에서 크렌츠는 이와는 매우 대조적으로 당시 공공연히 토론되고 있었던 문제들과 문제의 제기가 하룻밤 사이에 또는 여름 동안에 이루어진 것이 아니라, 잘못된 경제적 가정, 국제 상황의 오인, 희망적 사고로부터 나온 것이라고 했다.[30] 특이하게도 1953년 6월의 위기로부터 1989년 12월 초까지 심각한 정치적 위기의 원인에 대한 당의 공식적인 표명은 언제나 근본적인 문제에 대한 언급 없이 피상적인 것에 머무르고 있었다. 마침내 크렌츠 집권하에서 이제까지 계획과 관리를 조정했을 뿐 정치적·사회적 기본구조를 바꾸지 않았던 스탈린주의의 구조[31]에 대한 토론이 전개되었다. 경제적 메커

---

29 Otto Reinhold, "Der Sozialismus als Leistungsgesellschaft," *Neues Deutschland*, 1989.8.8, p.3.
30 Egon Krenz, "In der DDR-gesellschaftlicher Aufbruch zu einem erneuerten Sozialismus," *Neues Deutschland*, 1989.11.9, p.3.

니즘에 대한 심층적 개혁의 필요성에 대한 토론에서는 항시 되풀이되는 권력 분산; 비독점화, 시장 기능 확대, 가격 개혁, 대외무역 자유화, 경제 계획의 당·국가행정으로부터의 독립 등이 주제가 되었다.

그러나 소련, 헝가리, 폴란드 내에서 변화가 진척되면 될수록 동독 공산당의 낡은 지도부는 더욱 불안에 빠지게 되었고, 자기만족의 늪에 빠졌으며, 변화를 위한 모든 노력을 계급 폐지론자에 대한 음모로 간주했다. 과연 그들의 정치지도부가 얼마나 무능에 빠져 있었는지는 지방선거 부정, 중국민주화운동의 유혈 진압, 이국인파(離國人波)에 대한 보도, 그리고 동독 수립 40주년 기념행사 등의 사건에서 여실히 나타났다.[32]

대대적인 동원 행위와 함께 이제까지의 선거 양식에 따라 치러진 1989년 5월에 있었던 지방선거의 결과에 대해 동독기민당 기관지 ≪노이에스 도이칠란트(Neues Deutschland)≫는 투표자의 98.85%가 국민전선 후보자들을 지지했다고 했다. 사상 처음으로 후보자 명단에 대한 산발적인 항의가 있었고, 특히 몇 개의 시민단체가 개표 상황을 감시함으로써 공적으로 발표한 선거 결과와 총 투표수 사이에 큰 차이가 있음을 발견할 수 있었다. 선거 결과의 위조는 결정적으로 공개적 불만의 기폭제가 되었을 뿐만 아니라 동독의 정치에 깊은 위기를 가져다주었고 동시에 지도층과 국민 간의 괴리 현상을 여실히 보여주게 되었다.

동독의 마지막 위기의 발전에서 두 번째 중요한 요인은 중국의 천안문 사

---

31 1949~1955년에 동독에도 소련에서와 같이 권력과 물질적 특권을 소유한 사람들의 상층이 형성되었다. 당·국가·경제 분야에서 임무를 맡고 있는 협력자들이 권력의 지위에 있었으며 사회적 특권을 누리고 있었다. 당내에서 임무를 맡고 있는 당 중앙간부가 약 2000명, 지방간부가 비슷한 인원이었고, 1955년 공식통계에 의하면 11만의 관료가 정치·사회·경제 분야의 기구 내에서 근무했다. 그리고 국가기관에는 31만 7000명의 정치적 간부로 새로운 엘리트를 구성했으며, 이 특권간부들의 대부분은 과거의 노동자 일반 직원 출신이었다(Statishces Jahrbuch, 1955.8.8).

32 Herman Axen, "Eines der bedeutsamsten Ereignisse des Jahrhunderts Deutschlands," Neues D eutschland, 1989.10.12, p.13.

건에 대한 반응이었다. ≪노이에스 도이칠란트≫가 몇 주에 걸쳐 중국공산당 기관지인 ≪인민일보≫의 논평만을 되풀이한 데 이어 전 독일통신사(ADN)가 중국인민군이 반혁명폭동을 진압했다고 보도했다. 또한 크렌츠가 기자회견에서 학생들의 평화적 시위는 분명히 반혁명적 전복의 시도였다고 주장하면서 서독은 경악적 보도 대신에 사실에 입각해야 하고 중국의 당과 정부의 설명을 따라야 한다고 했다.[33] 더불어 북경 사건에 대한 정당성을 주장하는 중국의 필름만을 되풀이 상연하는 동독 텔레비전에 대해 서구 대중매체의 보도는 증오일변도였으며 공산주의와 사회주의를 반대하는 목소리가 지배적이었다. 이는 당국이 북경의 민주화 운동의 유혈 진압을 공개적으로 정당화하는 것에 대한 반응이었다. 이렇듯 동독 지도부의 중국 사건에 대한 보도가 자국민에 대한 위협으로 나타나자 이에 대한 반응으로서 이 해 여름의 대량 탈출 사건으로 이어졌다.

호네커는 1989년 10월 6일 동독 창립 40주년 기념 연설에서, "인민을 위해 인민에 의해 위대한 성과가 이루어졌다"라는 말로 동독의 현상을 목가적인 그림으로 묘사했다. 비록 서독이 강력한 영향력으로 제2차 세계대전 뒤의 동독의 발전과 성과를 쿠데타를 통해 제거하려고 기회를 노리고 있지만, 동독의 미래는 사회주의에 속한다는 확신과 함께 2000년대의 문턱에 다가가고 있다고 역설했다.

한편에서는 수천 명이 동독을 탈출하며 다른 공화국을 외치는 동안, 호네커는 제12차 전당대회를 준비하며 도시와 농촌에서 신뢰에 찬 대화가 이루어지고 있다고 선전했고, 그의 후계자인 크렌츠는 연설에서 "동독은 하나의 행복한 섬"[34]이라고 말했다. 바로 이 무렵 경찰은 베를린의 거리에서 발생한 대

---

33 같은 글.

34 Egon Krenz, "Fernseh-und Rundfunkansprache von Egon Krenz und die Bürger der DDR," *Neues Deutschland*, 1989.11.4, p.2f; Günter Schabowski, *Das Politbüro, Ende eines Mythos*, p.75.

규모의 시위를 잔인하게 진압했다. 당 지도부의 초청 손님으로 온 거리 대중들의 우상인 고르바초프와 호네커 앞에서 청소년 10만 명은 '우리의 조국 DDR'와 '고르비'를 외쳤으며, 그곳으로부터 수천 킬로미터 떨어진 곳에서 비합법적 시위 군중이 또한 '고르비'를 외쳤다.

이로써 명실공히 국민은 완전히 분열되었다.[35] 고르바초프는 "뒤늦게 오는 자는 죽음의 벌을 받게 될 것이다"라는 말로 공개적으로 호네커를 공격했다.[36] 당시의 많은 진보세력들과 당원들은 동독의 사회주의 국가와 질서가 심각한 위기에 빠져 있다고 생각했다. 즉, 동독 내 정치·이념·경제의 관리체제가 경직되어 있고, 국내 문제가 첨예화해가고 있는 혼란 속에서 대량 탈출 현상은 동독이 당에 의해 심각한 위기에 처해 있음을 의미하는 것이었다. 동독이 이미 혁명적 상황에 처해 있는데도 당 지도부는 이러한 정보에 대해 분명히 알고 있지 못했으며 동독 창립기념일 즈음, 호네커의 과장선전은 위기를 더욱 부추겼을 뿐 아니라 동독 시민에게 반항의 촉매제가 되었다.

2) 노선 수정을 위한 노력

1989년 10월 11일 동독 공산당의 정치국은 국내의 어려운 사정에 직면해 처음으로 실제 상황을 파악한 가운데 성명서를 의결했다. 당 지도부는 호네커와 크렌츠가 불참한 가운데 '새로운 정책'에 대해 논의했으며 동독인들의 이주를 애석하게 생각하면서 객관적이고도 신뢰에 찬 대화를 제의했다. 공유를 보장할 것과 민주적 호혜 관계를 제시했으며 열성적인 참여를 부탁함과 동

---

35 Thomas Falkner, "Schritte zur Erneuerung: Aktionsprogram der SED," *Neues Deutschland*, 1989.11.2, p.2.
36 고르바초프가 동독 공산당 창당 40주년 기념행사에서 호네커에게 반대하는 발언을 한 이유는 소련에서 제19차 당 대회 이후 진정한 인민대의원 선거가 실시된 데 반해 1989년 동독선거는 40년 동안의 관례에 따른 부정선거였고, 그리고 이것은 소련의 개방개혁 정책에 대한 저항으로서 소련에 대한 도전으로 간주되었기 때문이었다. Armin Mitter, *Ich liebe euch: Lageberichte des Mfs* (Berlin: DDRO, 1960.1), p.75.

시에 수많은 희생자를 낸 제국주의의 도발에 대해 언급했다. 나아가서 동독의 사회 내에도 민주주의에 필요한 기구들이 존재하며, 이제까지 이용치 않은 포럼(Forum)을 좀 더 광범하게 이용할 필요가 있다고 함으로써 신광장과 대화의 준비가 되어 있음을 시사했지만, 이것은 곧 국가와 사회의 구조를 개혁하지 않겠다는 뜻이어서 개혁에 대한 희망은 사라질 수밖에 없었다.[37]

한편 이에 앞서 헝가리는 이미 5월에 오스트리아의 국경 폐쇄를 완화해 동독인의 탈출을 가능하게 했고, 8월 중순 부다페스트 범유럽연합 행사에 참석한 동독인 600명의 오스트리아 망명을 방조한 데 이어 9월 초에 동독 정부와 협의 없이 1961년 베를린장벽 구축 시점의 상황과 유사한 대량 탈출을 허락했다. 9월에 수천의 동독 주민이 헝가리, 체코, 폴란드를 거쳐 동독을 떠나려고 함으로써 체코 정부에서는 이것이 국내 정치에 미치는 영향을 고려해서 항의하기에 이르렀으며 최종적으로 동독 공산당은 이들이 동독을 통해 서독으로 가도록 했다. 이 조처는 바로 동독 공산당의 지도부가 최후의 순간에 키를 잡고 체제의 광범한 개혁을 허락할 준비가 되어 있음을 보여준 것이었으나 이 두 가지 결정은 너무나 늦은 시점에서 이루어졌으며 이를 위한 성의 또한 대단한 것은 못되었다.

동독 창립 40주년 기념식이 갓 지난 10월 16일, 12만의 라이프치히 시위가 있은 뒤에 동독의 파멸을 막고 개방·개혁과의 연대를 위해 크렌츠, 샤보브스키(G. Schabowski), 슈토프(W. Stoph), 티쉬(H. Tisch) 등이 반 고르바초프 스탈린주의자인 동독 공산당 서기장 호네커를 실각시켰는데 이것은 1971년 봄 울브리히트의 운명을 연상시키는 것이었다.

호네커의 실각 과정은 오늘의 정치 지도자들의 교체와는 거리가 먼 것으로서 마치 절대군주의 궁정의 계략을 상기시키는 것이었다. 호네커 자신은 이를 두고 당내의 음모에 의한 쿠데타라고 했으며 음모자들이 소련 고문의 지원

---

37 같은 책.

을 받았을 것이라고 믿고 있었다. 그는 당과 국가의 장으로서의 자신의 실각이 자체 내의 배반과 뒤에 숨어 있는 검은 세력에 의해 이루어진 것이라고 했다. 이 음모설이란 소련의 음모를 암시하는 것으로 1987년 이래 나타난 독일 분단을 극복하려는 추이에 반대해온 자신을 실각시키려 한 획책을 말하는 것으로, 이것은 특이하게도 자신이 당시 소련의 위탁과 지원으로 권력을 장악한 1971년의 정치 상황의 되풀이와 같은 인상을 주었다.

크렌츠가 동독 공산당의 서기장으로 피선된 이후 10월 24일에 다시 동독 국가원 및 국방위원회 위원장으로 선출되었다. 정치국 내에서 최소의 합의로 서기장에 피선, 1989년 봄 선거 부정의 책임, 서기장에게 집중된 권력 문제, 파면이 아닌 건강상의 이유에 의한 호네커의 사임 등으로 국민은 발표된 개혁안에 대해 믿지 않게 되었다.[38] 크렌츠는 10월 9일 동독 기계공장의 노동자, 기사, 관리인들과 정치 상황에 대해 공개 토론을 했고, 교회 대표들과 만나 조속한 신뢰 회복을 위해 노력할 것이라고 했으며, 비합법적 월경자들에 대한 사면을 결정했고, 정치범을 석방하기로 했으며 해외여행 규정을 제정할 것이라고 했다.[39] 크렌츠는 이 같은 새로운 조처에 이어 세부안에서 양보를 거듭해 시민의 불만을 해소하려 했으나 이것은 곧 불가능한 것으로 나타났다.

시민들은 당의 수뇌의 교체만으로는 개혁의 의미가 없다고 생각했고 당원들 또한 계속되는 당 간부들의 권력 남용, 부패, 비합법적 거래 등이 탄로가 나면서 흥분에 쌓이게 되었다. 이런 상황 속에서 공산당 정치국과 중앙위원회 전원이 사퇴했다. 이것은 공산당 70년사에서 단 한 번 있었던 일로, 국내의 전면적인 봉기의 분위기 속에서 동독 공산당 당원들이 새 지도부의 개혁 의지를 불신하는 가운데 12월 2일 대규모 시위를 벌였기 때문이었다.

---

38 당의 새로운 지도부가 발표한 일련의 결의들이 몇 주 혹은 몇 개월 전에 이루어졌더라면 결정적 조처로서 환영받을 수도 있었다.

39 Egon Krenz, "Fernseh-und Rundfunkansprache von Egon Krenz und die Bürger der DDR," *Neues Deutschland* , 1989.11.4, p.2f.

이미 1989년 10월 18일 호네커가 실각했을 때 구체제는 더 이상 지탱할 수 없는 상황에 처해 있었으며, 오직 심층에 이르는 개혁만이 동독의 붕괴를 막을 수 있다는 생각이 확산되어 갔다. 오래전부터 동독 공산당 내에는 근본적인 개혁을 시도한 여러 그룹들이 존재했었지만 전통적으로 당의 규율을 위반할 경우 당의 순수성을 보존한다는 차원에서 투옥하거나 당에서 제외시켰다. 지난 오랫동안의 억압 속에서 자신들의 의사와 실망을 공공연하게 표현할 수 없는 입장이었지만 이제 와서는 지식인들과 당원들이 잠재적인 위기 상황을 진단할 수 있게 되었고, 동독 공산당이 과거에 사용했던 전통적 정치 수단을 가지고서는 해결이 불가능함을 주장하게 되었다. 그 밖에도 훔볼트대학의 연구팀이 제시한 현대적 사회주의 안은 새로운 프로그램 작성에 막대한 영향을 끼치기도 했다.[40]

제10차 중앙위원회의 논의는 크렌츠의 연설의 핵심을 대부분 수용한 것으로 경직된 정치구조를 타파하고 전환의 첫걸음을 내딛기 위한 것이었다. 주요 내용은 주민의 평화적 시위, 모든 정치단체의 의사 표현의 자유, 교회의 건설적 참여, 점증하는 당원의 압력에 대한 배려, 경직된 정치구조를 타파하기 위한 교육 등에 관한 것이었다.

그러나 실제는 전혀 다른 양상을 보여주고 있었다. 대부분의 기구와 동독 공산당의 지도부는 11월 3일까지 그들의 위치를 강력히 방어하려고 했고, 진상의 적나라한 폭로를 저지하려고 했으며 1990년 봄으로 예정된 당 대회의 준비를 그들의 생각대로 이끌어나가려고 했다. 11월 13일의 제11차 중앙위원회에서는 '행동 강령'을 승인했고 임시 전당대회를 12월 15~17일로 정했다. 무대의 이면에서는 대중매체와 당의 다원화뿐만 아니라 회의 안건과 대의원 선출을 놓고 열렬한 토론을 벌인 데 이어 당 기구는 모든 수단을 강구해서 대의원의 다수가 동독 공산당을 해체하려고 하는 것을 저지해야 한다고 했다.

---

40   *Neues Deutschland*, 1989.11.20, p.3.

당 대회에 앞서 당 지도부의 지연 전술로 말미암아 구체적인 개혁을 쟁취해야 하는 당원들의 불만은 더욱 고조되었고, 정치국의 태도에 크게 실망한 나머지 당원들이 당 지도부를 일소해버렸다.[41] 12월 3일의 당 지도위원들의 사임에 이어 12월 6일 크렌츠의 사임은 마지막 두 번째의 단말마의 고통이었으며, 이에 앞서 당시의 막강한 인물이었던 호네커, 미크(E. Mieck), 스토프 등 12인의 중앙위원들이 당으로부터 제거되었다. 과도기의 지도부에는 개혁가 기시(G. Gysi) 등이 참여하는 특별위원회가 구성되었는데, 위원회는 당 대회를 앞당겨 12월 8일로 정했고, 현대적 사회주의 정당의 역할을 할 동독 공산당의 새로운 탄생을 위해 그 토론의 기초가 될 문서를 제시했다.

문서의 주요 내용은 스탈린식 사회주의의 기본 구조와의 과감한 단절만이 자유롭고 정의로우며 단합된 사회를 위해 헌신하려고 하는 사람들에게 새로운 정치적 고향을 제공하게 된다는 것이며, 스탈린식 사회주의는 긴급한 경제·사회·환경·문화·인류 문제에 대해 어떤 답변도 주지 못했을 뿐 아니라 오히려 그 자체가 문제라는 것 등이었다.[42] 구체적인 문제들을 다룬 문서의 내용들은 모두가 그간에 동독 공산당이 받아들였던 정치제도와 경제의 근본적인 개혁에 관한 요구들의 되풀이였다.

3) 동독 공산당의 몰락 과정

1989년 12월 7~8일 사이에 동베를린 디나모(Dynamo) 체육관에서 앞당겨 개최하는 임시 전당대회의 제1차 회의가 열리게 되었다. 이날 발표할 중대한 사항으로서는 호네커, 밀케(E. Mielke), 스토프, 악센(H. Axen) 등의 인물에 관한 수사 및 체포(호네커와 악센은 병중으로 제외)에 관한 것이었으며, 이러한 분위기 속에서 신임 수상 모드로우는 2750명의 대의원 앞의 감동적인 연설에서

---

41 *Neues Deutschland*, 1989.12.4.
42 *Neues Deutschland*, 1989.12.8, p.1f.

동독 공산당의 붕괴와 해체에 대해 경고했다.[43] 연설의 배경은 이전 지도층 전체의 부패와 권력 남용이 탄로된 상황과 거대한 권력으로 1700만 동독인의 생에 암영을 씌웠던 동독 비밀경찰(Stasi) 건물의 습격으로 상황이 고도로 긴장된 데 있었다.[44] 기시 또한 특별위원회 보고에서 동독 공산당의 해체에 대한 반대를 강력히 지지하고 나섰으며 실패한 스탈린주의적·중앙집권적 사회주의와 완전히 결별해야 한다고 주장했다. 여기서 논의된 당이 추구해야 할 제3의 노선이란 법치국가·휴머니즘·사회정의·환경보호·여성동등권의 실현 등을 중심으로 한 내용이었으며, 당의 노선은 스탈린식의 공산주의가 아닌 사회주의·반파시즘·평화주의에 입각한 정책이 되어야 한다고 했다.

그런데 새로운 노선을 추구하는 당 자체에는 3개의 서로 다른 주장이 대두되었다. ① 동독 공산당의 해체와 신사회주의 정당의 결성, ② 동독 공산당의 혁신 및 명칭 변경, ③ 동독 공산당의 명칭 존속 등이었다.[45] 결코 동독 공산당이 해체되어서는 안 된다고 모드로우와 기시가 주장하게 된 것은 해체될 경우 기능이 약화된 현 모드로우 정부가 마비되고 정치적 공백 상태가 발생하며 당의 국가에 대한 영향력을 포기하게 되고, 거대한 당의 재산과 당원들의 존재가 위협을 받게 되기 때문이라는 것이었다.[46] 회의의 지속을 위태롭게 할 정도의 격론 끝에 마침내 대의원들이 만장일치로 동독 공산당의 존속을 결의했고, 당의 명칭 개정에 관해서는 반대 647, 기권 7로 명칭을 바꾸지 않기로 했다.

1990년에 동독의 당 제도는 서독에 접근했고 메지에르(L. Lothar de Maizière) 하의 기민당(CDU)은 시장경제와 독일의 통일을 지향하는 입장을 밝혔다.[47] 이

---

43 Hans Modrow, *Souverane DDR muß ein solider Baustein für europäisches Haus sein* (DDR Museum Berlin, 1989), p.1; Wolfgang Kenntemich, *Das war die DDR* (1993), p.188f.

44 Konrad Löw, *Ursache und Verlauf der deutschen Revolution*, p.47.

45 Georg Gysi and Thomas Falkner, *Das Politbüro: Ende eines Mythos* (1990), p.36.

46 같은 책.

47 Eckhard Jesse, *DDR-Von der friedlichen Revolution zur deutschen Vereinigung* (Leske,

미 전당대회 전에 당이 살아남기 위해서는 낡은 당 구조가 폐지되어야 한다는 것이 더욱 분명해졌으며 따라서 정치국, 서기장, 중앙위원회, 중앙조정위원회. 당감사위원회를 폐지하는 대신 일반 민주제도에서 행하는 바와 같이 당의장, 의장단, 간부회, 조정위원회를 두자는 의견이 힘을 얻었다. 대회에서는 베를린의 변호사 기시를 비밀투표에 의해 의장으로 선출했고(95.32%), 모드로우를 비롯한 다수의 의장단이 선출되었으며(99.4%), 의장단의 한 사람이며 드레스덴(Dresden)의 시장인 호퍼(W. Hofer)가 정치제도위원회 위원장이 되었다. 이제까지의 관행과는 전혀 다르게 당 대회 기간 중에 3개의 당 정관 초안과 2개의 프로그램 문서가 공표되었다. 또한 이제까지의 기업체 중심의 당 조직을 벗어난 신당구조를 발표해, 당 기구를 과감히 축소하고 당과 국가를 분리하기로 함으로써 동독 공산당은 사실상 새로운 창설을 시작하고 나아가서는 민주적 사회주의를 위해 노력하게 되었다.

그러나 이러한 새로운 시작이 얼마나 어려운 것인가 하는 것은 일주일 후당 대회에서 분명하게 드러나게 되었다. 한편에서는 먼저 전체 구(舊)당 지도부의 청산을 주장했고 다른 한편에서는 우선적으로 많은 열성 당원의 업적의 인정과 당의 본래 목표를 재확인하자는 목소리가 있었다. 이 외에도 개혁파와 단순 대표들 사이에도 분명한 견해차가 있었다. 그뿐 아니었다. 어떤 전문가의 강연에서는 크렌츠가 정책 대안을 갖지 못했으며 과거와 결연히 단절할 위치에도 있지 못하고 있다는 이야기도 흘러나왔다. 비록 전략적 과오로 볼 수 있을지라도 그가 역사적으로 신뢰를 상실한 동독 공산당을 해체하고 완전히 새롭게 시작하지 못한 것이 근본적인 실수라는 입장이었다.

모드로우 정부 또한 신뢰를 잃은 것은 마찬가지였다. 경제위기의 극복, 민주적 개혁의 실현, 서독과의 조약 공동체의 구성 등의 성과로부터 얻은 초기

1990), p.47f; Hannes Bahrmann and Christoph Links, *Wir sind das Volk, eine Chronik*(1991), p.59ff.

의 인기에도 불구하고 낡은 사고와 낡은 당 구조로부터 쉽게 벗어날 수 없었고 급속히 변화하는 정치적 상황을 무력하게 대처했기 때문이었다.

4. 독일의 통일 과정

1) 모드로우 정부의 역할

상황은 오직 동독 공산당 내에서만 실패로 돌아간 것이 아니라 국가적 차원에서도 어중간한 상태에 머물러 있었다. 따라서 이제까지의 조심스러운 개혁시도들이 혁명적 사건들에 의해 추월당하게 되자 동독 공산당과 마찬가지로 구제도의 국가 유지 세력들이 저항하게 되었다. 이러한 여건에서 정부와 국가는 여전히 무능에 빠져 있었으며, 그 대표적 예는 여행 규정에 관한 것이었다. 1989년 여름 이후 여행의 문제는 앞으로의 발전에서 전환기가 될 수 있었다.

11월 6일에 ≪노이에스 도이칠란트≫가 해외여행 규정을 발표했으나, 국가의 안전·공공질서의 필요에 따라서는 허락이 취소될 수 있다고 제한함으로써, 이 제한 규정이 국가의 전횡으로 간주되어 그간에 쌓인 분노가 폭발했다. 이에 당 중앙회 개회 중에 동베를린공산당 제1서기장이 겸 대변인이었던 샤보브스키는 기자회견[48]을 통해 11월 9일부터 서독과 서베를린으로 여행이 허가된다고 발표했다. 이 결정적인 발표와 함께 수천 명이 국경으로 모여들었으며, 장벽이 무너지면서 독일 베를린의 분단이 극복되고 동독의 종말이라는 운명이 결정지어졌다.

---

48 1989년 11월 9일 당시 동독 공산당 정치국 대변인이었던 샤보브스키는 오후 7시 직전에 전달된 메모지를 기자회견에서 낭독했으며, 동독 시민은 이 시간 이후에 특별한 사유의 제시 없이 동독을 떠날 수 있고 재입국할 수 있다고 밝혔으며 곧이어 철의장막이 무너짐과 동시에 새로운 시대가 도래하게 된 것이다. Konrad Löw, *Ursache und Verlauf der deutschen Revolution*, p.47.

특이한 것은 이 같은 극적인 현상이 벌어지고 있는 동안에 동독 인민의회는 마치 존재하지 않는 것처럼 보였으며 심지어는 전체 의원 3분의 1 이상의 요구에도 불구하고 의회의 소집을 거부했다는 점이다. 의회가 행한 유일한 일은 10월 24일 크렌츠를 정무원 의장, 국방위원회 의장으로 선출한 것이었다. 그 후 의회는 11월 13일에 다시 소집되었는데 이때의 모임은 차기 회담에서 의장단의 지연 정책을 저지하기 위한 것이었다. 이후의 소집은 스토프 정부의 전체 동독 공산당 정치국원의 퇴진과 베를린장벽의 개방 뒤에 이루어졌으며 이 모임에서 마침내 잔여 수뇌들, 즉 인민의회 의장과 간부들의 교체가 이루어졌으며 드레스덴의 지방서기장 모드로우가 수상으로 피선되었다.

11월 17일 정부의 첫 성명에서 새로운 정부의 수상은 정책의 근본적인 변화에 대해 약속했다. 그의 광범한 개혁 계획에는 법치국가 완성, 국민의 권리보장, 자유선거, 형법 개정, 헌법재판소의 설치 등이 포함되어 있었고 이외에도 경제주체의 책임을 강화하고, 중앙의 관리와 계획을 축소하며, 능력주의를 도입하고, 문화생활의 국영화를 종식하고자 했다. 하지만 비록 새 정부가 상대적으로 개방적 태도를 취했음에도 대중의 요구에 비해서는 여전히 비타협적인 입장이었다.

거리의 대중이 구체제와의 단절을 강력히 요구했을 때 새 정부는 변혁기의 대부분의 정부들과 같이 과감한 정책을 수행하지 못했다. 11월 18, 19일에 라이프치히를 비롯한 제 도시에서 대규모 시위대가 독일의 통일을 외친 데 이어 11월 28일 콜 수상은 10개 조항의 독일 정책을 발표했다. 주요 내용은 동독이 자유선거를 통한 합법 정부를 구성한다면 모드로우 수상이 제안한 독일연방안을 받아들여 통일을 점진적으로 이루어나가겠다는 것이었다.[49]

49   Guido Knopp and Ekkehard Kuhn, *Traum und Wirklichkeit*(1991), p.234.

2) 원탁회의

부다페스트, 프라하, 바르샤바에서 2만 5000명에 이르는 사람들의 대량 탈출이 이루어졌고,[50] 1989년 11월 말경에 동독의 일각에서는 체제의 와해 및 동독의 붕괴 위기, 자유선거 실시, 점증하는 동·서독 간의 교류에 직면해서 동독의 자립성 확보 운동이 일어나기 시작했다. 이 운동의 이니셔티브는 과거 공산당 정권에 반대 투쟁을 해온 문예인, 교인, 목사들이었으며 이들의 첫 원탁회의는 개신 교회에 의해 이뤄졌다. 이들은 동독이 서독에 흡수되어 통일되는 것에 대해 반대했다. 통일은 그들에게 있어서 부차적인 문제였다.[51] 동독의 동질성 유지 운동이 동독 공산당 정권의 대표인 크렌츠와 모드로우의 지지를 받을 수 있었던 것은 상당한 정치적 의미를 지니고 있었다. 다시 말해 이 모임은 구엘리트 개혁파와 신엘리트의 제휴로 권력의 공백을 메우고 폭력에 의한 국내의 소요를 저지하며, 협상을 원하는 정치적 지도부와 협상에 무능한 대중 간 대립에서 생기는 내적 위험을 막아보자는 것이었다.[52]

12월 1일 동독 의회에서는 획기적인 사건이 발생했다. 그것은 동독 헌법이 보장했던 "독일 민주주의 공화국은 노동자와 농민의 사회주의 국가이며, 도시와 농촌에서의 노동자의 정치기관이다"라는 동독 공산당 정권 독점 조항을 삭제해버린 것이다. 이어 동독 공산당 당원들의 당 자체의 개혁을 요구하는 시위가 일어나면서 마침내 12월 2일에는 대규모 시위로 발전하게 되자 이튿날 공산당 정치국과 중앙위원 전원이 사퇴했다. 곧이어 호네커가 당으로부터 축출당하고 동독 공산당 혁신 운동이 일어나는 한편 지난날의 인물들이 당을 이용해 부정 축재를 일삼고, 사치 생활을 했으며 많은 외화를 외국 은행에 불법 유치한 사실들이 탄로났으며, 기민당이 동독 공산당과 협력했던 블록 정당(연합 정당)으로부터 탈퇴 후 독립했다. 이 같은 상황에서 자유선거를 요

---

50 Karl Kaiser, *Deutschlands Vereinigung, Die internationale Aspekte*, p.35.
51 Guido Knopp and Ekkehard Kuhn, *Traum und Wirklichkeit*, p.242.
52 같은 책.

구하던 시위의 구호는 동독 공산당 당원들의 뇌물, 권력 남용, 부정부패의 척결로 옮겨갔고 12월 4일에는 처음으로 조속한 독일 통일을 요구하는 구호가 나타났다.

이렇듯 동독 공산당의 권력 유지 시도가 일대 저항에 부딪히게 되자 12월 6일 크렌츠는 국무위원장과 국방위원회 의장직에서 사퇴했고 자민당의 게를라하(M. Gerlach)가 후임이 되었다. 이어 12월 7일 교회 기관의 제의에 의해 처음으로 동베를린에서 블록 정당과 야당 대표들로 구성된 원탁회의가 시작되었다. 중앙 원탁회의는 가장 중요한 의결기관으로서 의회와 각료 회의를 통제하는 역할을 했을 뿐 아니라 의안을 제안할 수 있었다. 그 첫 회의는 12월 7~8일에 열렸으며 이후 1990년 3월 18일 국회의원 선거 때까지는 매주 월요일에 개최되었다. 1990년 1월 15일 모드로우 수상은 원탁회의 대표들에게 입각하기를 권장해 원탁회의에 참가하는 모든 단체와 정당은 1월 28일까지 각 1명씩의 무임소 장관을 입각시키도록 하고 각료가 원탁회의에 참석하도록 했다.

원탁회의[53]는 원래 통제와 감시기관으로 설립되었으나 이후 입법기관으로 변형되어 선거법·매스컴법·노조법·사회헌장·신헌법 초안 등을 제정했다. 당의 정강이나 인물보다는 앞으로의 풍요로운 생활에 대한 관심 속에 치러지는 1990년 3월 18일의 선거에 즈음해서 동독의 여러 정당은 큰 압력을 받았는데, 그것은 인민의회가 원활히 활동할 수 있도록 다수를 확보하고 강력한 정부를 탄생시켜야 했기 때문이었다. 이런 상황에서 동독 기민당 메지에르의 대연정은 오직 몇 주 동안만 생산적으로 기능할 수 있었으며 그 이후로는 선

---

53 여러 방향으로 분열된 시민운동 단체들은 처음에는 동독의 개혁이 가능하다는 입장에서 출발했다. 12월 7일 중요한 저항단체들이 원탁회의를 창설함으로써 정부 정책에 영향을 끼칠 수 있게 되었다. 원탁회의 구성원은 블록 정당들·동독 공산당·자유독일노동조합 동맹·농가상호원조연맹·새로운 정당, 그룹으로서는 민주혁신·민주주의는 지금·녹색연맹·녹색당·평화인권운동·신광장·자민당·독일여성동맹·통합좌파 등이었다. 같은 책, p.246.

거전에 돌입했다. 마침내 4월 12일 대연정은 서독의 기본법 제23조의 규정을 기초로 대역사적인 사건으로서 동독을 서독에 통합시키기로 합의했다.

3) 제1차 국가 조약 및 독일의 통일

(1) 통일의 내적 측면

정치의 자율성은 자금 확보와 관련이 있는 것이다. 1990년 봄 동독의 경제·사회 상황은 극한의 경지에 이르러 서독이 동독의 재정 정책을 위임받아 동독의 주권을 사실상 종식시키는 것 이외의 다른 타개책이 없다는 판단이 힘을 얻었다. 인민의회는 이것을 실현하기 위해 서독과 동독 간의 국가 조약을 위한 헌법상의 기초를 만들어야 했으며, 같은 해 6월 1일 서독과 동독 간 통화·경제·사회 조약 체결을 이끌었다. 이에 앞서 2월 20일의 서독의 제의에 의해 이루어진 모드로우 정부와의 예비회담에서는 화폐 통합과 연방제가 논의되기도 했다.[54]

동독 화폐의 폐지와 독일 마르크의 도입은 이주를 중지하고, 동독 경제의 안정을 도모하기 위한 것이었으며 그리고 독일의 통일이 신속히 이루어져야 한다는 신호였다. 서독의 경제체제를 동독으로 확대하는 것이었고, 동독의 최후를 의미하는 것이었다. 경제 주권의 이양은 사실상 정치적 주권 상실을 초래하는 것이었기 때문이다. 이 조약은 시장경제제도를 양국의 공동 경제체제로 정한 것이었고 구체적으로는 사유재산, 경쟁의 원리, 자유로운 가격 형성을 인정하며, 노동·자본·재산·서비스 등의 자유로운 처리를 허용함을 말하는 것이었다. 당시 이 조약에 대한 평가는 다양했지만, 결과적으로 연정에 대해서는 긍정적인 반응이 대부분이었다. 동독의 수상은 "그 누구도 오늘보다는 잘 살 것이다"라고 했고 서독 수상 콜은 "어느 누구도 부당한 불이익을

---

54   같은 책; Wolfgang Schäuble, *Der Vertrag*(1993), p.284ff.

받지 않을 것이다"라는 말을 남겼다.

이와는 대조적으로 독일민주사회주의당(PDS), 사민당(SPD), 동맹 90 등은 앞으로 전개될 동독인에 대한 불평등한 대우와 대량 실업에 대해 경고했다. 서독 연방 은행의 경제 전문가들이 동독의 시장경제와의 갑작스러운 만남은 쇼크를 안겨주게 될 것이고 그 결과가 서독 경제에 미치는 영향은 지대할 것이라고 한 바와 같이, 이제까지 정부의 지원을 받던 동독의 기업들이 위태로워졌으며 경제상호원조협의회(RGW) 시장은 경화의 결여로 단시일 내에 붕괴되고 말았다. 이후 동독에 전개된 처참한 상황은 선거전의 과열 속에 가려지고 회피되었다. 이를 방치할 경우 동부 신 연방들이 경제적·사회적으로 심각한 위기에 빠질 수밖에 없는 상황이었다. 이에, 연방의회 의원 선거 이후 서독 수상 콜은 앞으로 남은 가장 중요한 임무는 단일 생활 조건을 만드는 일이라고 했다.[55]

1990년 여름 동독의 정치 상황이 매우 불안정한 상태에서, 1953년 동독 봉기의 기념일인 6월 17일에 독일사회연합(DSU)은 서독 연방 공화국과 지체 없이 병합할 것을 요구했다. 제1차 조약인 국가 조약은 사실상 동독의 주권을 폐지한 것과 다를 바 없었다. 서독으로의 흡수 합병을 막기 위해서는 서독과의 통합에 기초를 이룰 제2차 국가 조약[56]이 체결되어야 했다.

합병에 관한 장시간의 토의 끝에 8월 23일 동독 인민위원회는 1990년 10월 3일의 동독의 서독으로의 합병을 선언했다. 통일 조약의 전제조건은 2+4회담의 주체들이 통일의 시점에 독일의 대외, 안보 문제에 관해 합의해야 한다는 것이었다. 통합 조약은 8월 31일에 서독 쇼이블레(W. Schäuble) 내상과 동독의

---

55 Knopp and Kuhn, *Traum und Wirklichkeit*.

56 제1차 국가 조약은 특히 경제 시스템의 개혁을 주 내용으로 하고 있으며, 통합 조약은 여타의 법률에 관한 모든 분야로서 헌법·형법·EC법·국제법 등으로 약 900쪽에 이르고 있다. Der Vertrag über die Schaffung einer Währungs-Wirtschafts- und Sozial Union zw. BRD u. DDR[1990.5.18 (BGB I, II)], p.537.

차관 크라우제(G. Krause)에 의해 서명되었고, 9월 23일 서독 연방의회에서는 찬성 440과 반대 47, 기권 3으로, 동독 인민의회에서는 찬성 299, 반대 80, 기권 1로 각각 통과되었으며, 서독의 연방 참의원에서도 9월 21일에 만장일치로 통과되었다. 이로써 제2차 세계대전 후 분단된 독일은 서독의 기본법 제23조에 의해 동독이 서독에 합병됨으로써 독일 통일이 달성되었다.

(2) 통일의 외적 측면

동독에서 선거가 끝나고 메지에르의 대연정이 탄생한 뒤 양측에 민주적 합법 정부가 이루어짐으로써 동독의 비참한 상황을 더 이상 방치하지 않기 위해 통일을 위한 노력은 가속화되었다. 1990년 2월 9일 서독의 ≪빌트(Bild)신문≫은 "기도하라! 내일이면 콜과 고르바초프는 독일을 만들 것이다"라고 보도했다. 이제까지 소련은 제2차 대전의 전승국으로서 자국의 안보를 들어 독일의 통일을 저지해왔고, 심지어는 2년 전 고르바초프가 바이츠제커(R. Weizsäker) 서독 대통령에게 "현재는 2개의 독일 국가가 있지만 100년 내에 무엇이 이루어질지는 역사가 결정하게 될 것"이라고까지 했다.[57] 그러나 콜 수상은 동독 내의 급속한 변화에 직면해서 더 이상 기다릴 수 없었고 기다리려고도 하지 않았다. 2월 10일 콜과 고르바초프 서기장 사이의 합의 사항은 "독일 국민이 한 국가 내에서 살고자 하는 결정은 오직 독일 국민이 결정할 일이다"라는 내용으로 보도되었다.

앞서 1월 30일에는 동베를린의 모드로우가 고르바초프를 방문해 일정한 전제조건을 제시하면서 자신은 더 이상 독일의 통일을 반대하지 않겠다고 한 바 있었다.[58] 이 때문에 콜이 1989년 11월 27일에 밝힌 안(10개 조)은 휴지가 되고 말았다. 이로써 고르바초프는 독일 통일의 길을 열어놓은 장본인이 된

---

[57] Guido Knopp and Ekkehard Kuhn, *Traum und Wirklichkeit*, p.248.

[58] Karl Kaiser, *Deutschlands Vereinigung, Die internationale Aspekte,* p.43

셈이나 진정으로 통일의 문을 연 사람은 동독 국민이었으며 고르바초프는 더 이상 저지할 수 없는 독일 내의 변화를 그저 따랐을 뿐이었다. 통일을 달성하기 위한 가장 간편한 방법으로서는 서독의 기본법 23조나 기본법 146조를 실현하는 것이었다.[59][60] 23조의 경우는 동독이 별도의 조약을 체결함이 없이 일방적으로 서독 합병을 선언하고 서독이 이를 받아들이는 것이었고 146조의 경우는 독일 국민의 자유로운 의사에 의해 결정된 독일 헌법이 탄생함으로써 기존 기본법이 효력을 상실하게 되는 방법이었다.

기민당과 기사당은 기본법 23조를 가장 간편하고 신속한 통일 방안이라는 까닭으로 적극 지지했지만 녹색당은 이를 반대했다. 사민당은 초기에 146조를 지지함과 동시에 이 항목에 국민투표 와 사회적 보호권을 보장하려 했으나 약간의 주저 끝에 자민당과 함께 23조안에 대해 동의했다. 동독은 이 문제에 관한 한 꽤 이완된 입장에서 독일의 통일은 기본법이 중심이 되어야 한다는 데 대체적으로 동의하고 있었으며, 결코 헌법제정위원회가 아닌 기본법의 여러 분야를 개선하기 위한 통일위원회를 구성하기로 했다. 프랑스의 독일전문가 그로세르(A. Grosser)와 미테랑(F. Mitterrand) 대통령이 통일에 있어 서독의 민주주의를 모델로 함이 바람직하다고 하며 23조의 우위를 인정했고 독일의 통일을 지지했던 유럽공동체(EC)의 델로르(J. Delor) 위원장 역시 23조를 지지했다. 이를 따르게 되면 동독이 유럽공동체의 구성원이 되기 위해 별도의 조약체결이 불필요하게 된다는 이유였다.[61]

한편 전승국인 소련은 동독에 대해 일정한 권한과 재산권을 가지고 있는 입장에서 23조가 동독의 주권과 헌법을 부정하고 있다고 주장하면서 중립만

---

59 1938년 히틀러가 오스트리아를 합병한 것처럼 강제로 병합할 수는 없었다.
60 1989년까지는 모든 헌법학자와 정치가들은 미래의 독일의 통일이 기본법 146조에 의해 이루어져야 한다고 했고, 통일의 경우 당연히 새로운 헌법을 만들게 될 것이라고 했으며, 그리고 이 길은 기본법의 제정자들이 146조 내에서 예견한 길이었다[Simon, 1990: 8ff]. Guido Knopp and Ekkehard Kuhn, *Traum und Wirklichkeit*, p.254.
61 Karl Kaiser, *Deutschlands Vereinigung, Die internationale Aspekte*, p.98.

이 가장 이성적이고 올바른 길이라고 했다. 소련이 말하는 중립안은 독일 통일에 대한 고르바초프의 허락이 무조건적이 아니라는 것을 전제로 하는 것이었다. 실제로 고르바초프는 통일의 속도에 제동을 걸고자 했을 뿐 아니라 통일된 독일은 나토 대신에 바르샤바조약에 가입해야 한다고 했다.

이에 대해 미 국무장관 베이커(J. Baker), 영국 수상 대처, 프랑스 대통령 미테랑, 이탈리아 수상 안드레오티(G. Andreotti) 등은 통일 독일이 계속 나토의 구성원이 되어야 한다고 했고, 콜 수상은 또한 "전 독일은 나토의 일부가 되어야 한다"라고 했다. 그러나 모스크바로부터 '예스'라는 긍정적인 허락이 나오자 서방 제국의 말뿐인 호의는 유럽 중앙의 강력한 통일국가에 대한 공포감으로부터 저항으로 변해버렸다. 프랑스 미테랑 대통령은 이후 자신의 입장을 수정하긴 했지만 "앞으로 몇 주가 지나면 독일의 통일에 대해 말하는 사람은 없을 것이다"라고 말했으며, 영국의 대처 수상은 독일의 통일에 대한 부정적인 입장이었고 처음부터 간여하지 않은 처지에서 통일의 속도를 늦추어야 하고 국제적인 틀 속에서 이루어져야 한다고 했다.[62]

서독 외상 겐셔가 이 문제를 고심한 끝에 1990년 2월 캐나다 오타와에서 개최되는 군축회의에 참석하기 위해 캐나다행 비행기에서 생각해낸 것이 2+4 회담이었다. '2'는 통일에서 주역이 될 동·서독을 뜻하는 것이었으며 '4'는 제2차 세계대전의 전승국으로서 아직 평화조약이 체결되지 않은 상황에서 독일과 베를린에 특별한 권한을 가지고 있었던 미·영·프·소를 말하는 것이었다. 오타와에 모인 각국의 외상들은 독일의 외적 측면과 독일의 인접국과의 안보 문제를 협의하기 위해 계속 만나게 될 것에 대해 합의했다는 코뮈니케를 발표했다. 이 2+4는 1945년 포츠담에서 4개국 열강이 독일인의 참여 없이 독일의 분단을 결정한 4+2와는 다른 것으로서 먼저 동독과 서독의 합의가 이루어진 뒤 외부 합의를 이끌어낸다는 것이 특징이었다.

---

62 Guido Knopp and Ekkehard Kuhn, *Traum und Wirklichkeit*, p. 258ff.

전 독일의 동맹 귀속 문제에 관한 겐셔의 견해는 독일이 나토에 잔류해 있어야 한다는 것이었고 구동독 지역에는 나토군이 주둔할 수 없다는 것이었다. 겐셔 외상에게 가장 어려웠던 문제는 독일과 이웃 국가들의 관계 조정이었다. 독일의 인접국들은 자신들이 배제되었다는 느낌을 갖게 되었으며 이미 2+4의 해결책에 대해 별다른 관심을 갖지 못하게 되었다.

네덜란드의 브로에크(Broeck) 외상은 2+4회담에서 제외된 나토 국가들의 대변인 입장에서 불만을 표시함과 동시에 구체적 상황이 나토에서 이루어져야함을 주장했고, 이탈리아 외상 안드레오티 또한 이 문제들은 나토 국가들이 다루어야 한다고 했다. 이렇듯 독일의 당면한 중요한 문제가 제외된 나라들의 의구심을 풀어주는 일로 부각되자 겐셔는 2월 24일 외무성의 선언을 통해 "우리는 독일의 통일을 이룩하는 데 결코 아무것도 숨기지 않을 것이며 여하한 일도 친구, 동맹국, 이웃 나라들의 등 뒤에서 이루어지지 않을 것"이라고 했다.[63]

곧이어 겐셔는 이 같은 목적을 달성하기 위해 로마, 헤이그, 워싱턴을 방문한 데 이어 에르푸르트에 이르러서는 현재와 앞으로도 인근 국가에 영토 요구권을 내세우지 않을 것이고 국경을 변경하지도 않을 것이라고 했다. 이 밖에도 겐셔는 리사본에서 개최된 전체 유럽 외상회의 및 나토 외상회의에서 자신의 정책을 지지해줄 것을 호소했다. 이어 2월 28일 더블린 유럽공동체 외상회의에서 같은 노력을 기울인 결과 통일 독일은 유럽의 발전에 기여하게 될 것이라는 의견 일치가 이루어졌으며, 이탈리아 ≪일 메사게로(Il Messagero)≫는 "유럽을 위한 겐셔의 공세"라는 표제로 기사를 싣기도 했다.[64]

5월 5일 본에서 개최된 제1차 2+4회담은 매우 건설적인 분위기였으며 참가국들은 앞으로의 회담을 각국의 수도에서 교대로 개최하기로 합의했다. 이에

---

63 같은 책.
64 Karl Kaiser, *Deutschlands Vereinigung, Die internationale Aspekte*, p.98ff.

앞서 있었던 미 국무장관과 겐셔와의 사전회담에서는 앞으로 얼마 동안 고르바초프가 정권을 장악하게 될지 모른다는 생각에서 미국은 모든 분야에서 서두르는 입장이 되었고[65] 베이커가 "이것은 당신네들의 통일로서 언제, 어떤 형태로 원하든지 간에 우리는 여러분들을 도울 것이다"라고 전적인 지원을 약속했다. 그리고 소련은 저항한 유일한 나라로서 통일과 동맹귀속 문제 등 외적 측면이 꼭 동시에 이루어져야 할 필요는 없다는 신호를 보냈다.

이후 빈 군축회담에서 소련외상 쉐바르드나제(E. Schewardnase)가 "냉전은 종식되었고 군사적 대결은 극복될 것"이라고 언급했으나 독일 통일에서 외적인 문제가 완전히 해결된 것은 아니었다. 본의 2+4회담은 성공적으로 시작되었으나 최종적인 조약에 이르기까지에는 앞으로 많은 노력을 필요로 하고 여러 장애가 예상되었다. 우선적으로는 두 가지 중대한 문제가 대두되었다. ① 소련의 반대를 극복해 독일이 원하는 통일을 추진하는 과정에서 해결해야 할 동맹 귀속 문제 및 독일 군사력의 규모 문제와 ② 국제법상 효력을 지니는 국경 문제였다. 6월 21일 독일연방의회가 오데르-나이세(Oder-Neisse)는 폴란드의 침해할 수 없는 국경이라고 선언한 데 이어 동독의 인민의회에서도 이와 비슷한 의지를 밝힘으로써 폴란드는 만족하기에 이르렀다.[66] 그러나 이때에도 여전히 소련은 독일군을 25만으로 제한하고 통일된 독일은 앞으로 5년간 동시에 나토와 바르샤바조약에 가입되어야 한다고 주장했다. 반면, 이에 대해 다른 외상들은 완강히 반대하는 입장을 표명하고 있었다.

이처럼 통일을 위한 노력이 난항에 부딪히자 콜 수상은 재상 바이글(T. Waigl)과 외상 겐셔를 대동하고 코카서스의 요양지에 머물고 있는 고르바초프를 방문해 소련이 과거 45년 동안 거부해온 통일에 대한 허락을 얻어냈다. 이에 앞서 콜 수상은 소련이 필요한 개혁을 성취하기 위해서는 신뢰할 수 있는

---

65 같은 책, p.98f.
66 같은 책.

지원자가 필요하다는 것을 잘 알고 있는 입장에서 소련에 대해 확고한 경제적 지원을 약속했다.

그러나 나토 회원국 문제를 비롯한 제반 문제들에 대한 소련으로부터의 청신호는 서구 제국들에게는 좋은 소식이 되지 못했다. 프랑스의 국방상 피에르(J. Pierre)는 통일된 강력한 독일 국가와 독일의 우세한 경제력이 정치·경제적으로 프랑스의 입장을 곤란하게 할 것이라고 말했고, 미국의 해밀턴(L. Hamilton) 의원은 ≪뉴욕 타임스≫와의 기자회견에서 독일의 소련에 대한 영향이 커지게 되고 다극적 세계에서 미국의 영향력이 축소될 것이라고 우려했으며, 영국의 상공장관 리들리(Ridley)는 "히틀러에게 주권을 포기하는 것과 같은"이라는 망언을 함으로써 곧바로 실각되었다.

한편 영국 ≪선데이 텔레그라프(Sunday Telegraph)≫ 기자 워스손(Worsthorn)은 "우리는 과연 독일을 신뢰할 수 있을 것인가라고 묻는 것은 무익한 질문일 뿐이며 실제 어떠한 대안이 없을 뿐 아니라 문명의 요람 유럽이 통합, 강화되기 위해서는 독일이 소련과 동반자의 관계를 유지하면서 기적을 이루어야 한다"라고 하기도 했다.[67]

코카서스에서 결정적인 돌파구가 열린 데 이어 7월 파리 회담에서는 평화조약이 불필요하다고 확인했고, 폴란드 외상이 겐셔가 국제연합(UN)에서 밝힌 바 있는 독일의 국경보증을 받아들였다. 또한 동·서독 외상이 1994년까지 무력을 37만으로 감축시킨다고 한 데 이어 독일이 동독으로부터 소련군 38만 명과 민간인 22만 명의 철수 비용을 위해 130억 마르크(DM)를 지원하기로 약속했다. 이렇듯 일련의 중대한 문제들이 해결되자 9월 12일 서독과 미·영·프·소의 외상들이 모스크바에 모여 독일에 관한 최종적인 조약에 서명했다. 독일은 타국에 대해 영토요구권을 주장하지 않고 화생방 무기를 보유하지 않으며 군사력을 37만으로 제한한다는 것, 전승 4강국은 독일과 베를린에 대한

---

67   Guido Knopp and Ekkehard Kuhn, *Traum und Wirklichkeit*, p.267f.

자국의 권한과 책임을 종식시킨다는 것이 주요 내용이었다. 이로써 통일된 독일은 내외적으로 완전한 주권 회복을 얻게 되었다.

5. 결어

1945년 6월 5일 제2차 세계대전의 전승국들은 독일의 패망에 직면해서 독일의 주권을 정지시켰으나 45년이 지난 1990년 그들은 다시 독일의 완전한 주권 회복을 선언했다. 또한 독·소 양국 사이에는 모스크 바 상호협력조약이 체결되었으며 아울러 협력을 위한 의지의 천명이 있었다.

패전 당시 독일과 오늘날의 독일을 비교해보면 중요한 국내외 문제들이 많이 변모했음을 볼 수 있다. 1945년 당시에는 동·서독의 문제가 동서 분쟁의 쟁점이 되었지만 오늘에 이르러서는 해소되었다. 이제 독일은 더 이상 두 블록의 접촉 지점에 위치한 인질이 아니고, 공포의 자극점이 아니며, 미래 핵전쟁의 주전장으로 여겨지지 않게 되었다. 분단을 받아들이려는 사람들은 통일의 요구가 순수한 위선이요, 낡은 생각이며, 냉전의 쓰레기라고까지 여겼고, 통일을 위해 기본법을 보존하기에는 긴 인내심이 필요하다고 했지만 이 모두는 통일의 성취로 극복되었다.

분단은 히틀러가 일으킨 전쟁의 결과일 뿐 아니라 나치스 시대에 저지른 범죄에 대한 정당한 대가라는 독일인들의 생각에도 불구하고 분단의 가장 큰 원인은 강대국들이 냉전을 독일 내에 끌어들였기 때문이라는 시각이 힘을 얻었다. 서독인들의 여론조사에 의하면 5명 중 4명은 재통일이건, 또는 새로운 통일이건 통일에 대한 의지가 확고했기 때문이다.

돌이켜보면 독일의 정치적 통일은 무엇보다도 동독의 평화적 혁명을 통해 비교적 빠르게 별다른 어려움 없이 이뤄졌다고 볼 수 있다. 그리고 이 혁명은 사회·경제·문화의 유착이 초래한 비참한 경제적 상황과 40년간의 동·서독의 분단으로 더욱더 난경에 빠진 데에서 비롯되었다. 실제로 동독에 존재했던 공산주의는 교권적 체제의 독재로서 이론과 실천의 면에서 중대한 결함을 가지고 있었다. 스탈린주의의 사회 지배 체제는 누적된 문제들을 해결할 수 없었고, 과학·기술·경제 측면에서의 필요한 개혁을 억제시켰으며, 총체적 몰락의 원인이 되었다. 나아가서는 정치의 민주화, 법률상의 보호, 언론 자유의 침해 및 일반 국민에 대한 지나친 후견 등의 문제들은 요구와 실재 간의 부단한 모순을 불러일으켜 통치자와 피통치자 간의 의견 일치를 방해했으며, 심지어는 당 간부들까지 위태롭게 했다.

바꿔 말해 동독의 정치·경제 제도는 40년 동안의 역사를 통해 국민이 받아들이려고 하지 않음으로써 혼란에 빠지게 되었고 부패 속에서 붕괴되어 결과적으로 제도의 와해를 초래했다. 1989년 11월 9일의 국경의 개방을 통해 대부분의 동독인들은 마침내 서독의 동포와 같이 잘 살았으면 하는 희망을 갖게 되었다. 그러나 이러한 조건 속에서 이루어지는 통일은 동등한 입장에 있는 두 파트너가 통합하는 것이 아니었기 때문에 대부분의 동독 시민들은 서독을 그들의 전형으로 받아들였으며 자연스럽게 서독을 중심으로 통일의 기틀이 마련될 수 있었다. 동독은 사라졌지만 40년 동안 동독인들의 경험과 지리적 확장은 프로테스탄트의 개신교적 전통을 강화하게 하고 가톨릭의 영향을 축소하게 되었다. 그리고 새로이 편입된 주의 빈곤과 많은 시민들의 불이익은 신독일에 더 큰 관심을 갖도록 하고 있다.

독일의 통일은 원래 드골이 말한 대로 민주적 형태로 그리고 미래의 유럽의 통합을 염두에 둔 상황에서 완성되었다. 많은 동·서독의 시민들이 동독인들의 자유를 국가의 통일보다도 더 필요한 것으로 받아들인 입장에서 이 두 가지가 모두 이루어진 것은 매우 긍정적인 것으로 보아 마땅하다. 결과를 중심으로 보면 비록 동독이 지난 분단 기간에 진보적 이념을 내세우면서 시류에 따르는 체했지만 수십 년간의 독재는 오히려 그와는 정반대의 노선을 걸어왔고 더욱 상황의 악화만을 초래했음을 말해주고 있다.

또한 동독의 동독 공산당이 소련으로부터 받아들여 독일인의 철저성과 함께 실시해온 스탈린주의가 그들의 통치 기간에 더욱 악화되었음을 알려주고 있다. 다행히도 이 체제는 몰락했고 독일의 통일에 의해 극복되었으나 아무런 성과 없이 소멸된 것은 아니고 몰락한 동독의 양면성과 알력은 전 독일의 발전 과정에서 감지될 것으로 보인다. 따라서 동독은 사라졌지만 동독인의 입장은 부분적이나마 남아 있게 될 것이고 변덕스러운 역사의 운명은 한 민족에게 같은 일로 두번 이상 행운을 안겨주지 않을 것이므로 안티테제 속에서 이루어지는 새로운 독일은 더 이상적이고 풍요로운 인간세계를 건설해서 유럽과 전 세계에 기여했으면 한다.

끝으로 독일의 통일이 한국의 통일에 주는 핵심 교훈은 동독의 지도부가 자국의 체제가 와해에 이를 때까지 흡수 통일을 거부하는 입장을 지켜왔다는 사실이다. 또한 통일의 중요한 역학 관계를 이루었던 동·서독-소련과의 관계에서 소련이 동독을 놓아줄 준비가 되어 있음으로써 독일의 통일이 가능했던 것을 생각할 때, 현시점에서 한국은 남북한-중국 사이의 삼각관계, 나아가서는 한국과 러시아 관계가 가장 중요한 위치를 차지하고 있음을 인식하고 신중히 대처해나가야 할 것으로 보인다.

제2부

한국전쟁과 서독의 재무장 논쟁

제4장

한국전쟁으로 야기된 독일의 재무장 논쟁

1.서언

제2차 세계대전에서 패한 뒤 어려운 과정을 통해 건립된 독일연방공화국(서독)[1]은 머지않아 일련의 중대한 정치 문제에 부딪혔으며, 1949년 12월에 이르러서는 서독의 독일연방의회가 방위 정책 문제를 놓고 첫 토의를 벌였다. 이때 모든 정당은 한결같이 점령 조항의 조건하에서는 독일군을 상상할 수 없는 일이라 하여 적극 반대했다.

그러나 1년 뒤 한국전쟁의 발발은 한국과 독일이 다 같이 분단국이란 점에서 독일 국민에게 이루 말할 수 없는 충격을 안겨주었고 나아가서는 세계의 전 정치적 상황을 완전히 뒤바꾸어놓았다. 소련 점령 지역에 인민 경찰 6개 사단이 창설되어 중화기와 탱크로 무장됨에 따라 서독만이 긴장이 고조된 세계 정치의 조류 속에서 평화로운 고도로 남아 있을 수 없게 되었다. 이리하여 패전(1945) 이후 정치에 냉담했던 독일 국민은 다시금 국내 정치 문제를 중심으로 열띤 토의에 참여하게 되었다.

방위 참여 문제에 개입하지 않은 사회단체는 없었으며 방위 문제를 다루지

---

[1] 이규하, 「독일분단」, 한국서양사학회, ≪서양사론≫ 21~22호 합병호(1980~1981), 141f쪽.

않은 정치 문제도 거의 없었다. 개념이 가장 모호하다는 냉전[2]중에서도 획기적인 사건인 한국전쟁이 발발함으로써 이후 방위 참여 문제가 이제 그들이 가장 중대시하는 시급한 문제로 부각되었다. 소련은 한국전쟁을 통해 대리전쟁과 무력을 수단으로 두 정치 블록의 경계선을 넘을 준비가 되어 있음을 보여 주었고, 서독인들은 여타 문제를 등한시하는 대신에 그들의 모든 주의를 재무장 문제에 집중시켰다. 이로부터 서독은 잠정적인 국가로 아니면 단일 국가로 발전해야 하느냐 또는 재통합이 우선이냐 아니면 서구로의 전향이 먼저 이루어져야 하느냐 하는 핵심 문제를 놓고 어떠한 확신이 이루어지기도 전에 재무장을 추진하게 되었다.

서독의 안보와 서독의 방위 참여에 의한 서구의 군사력 강화는 한국전쟁 발발 이후에야 비로소 시급한 문제로 등장했으며, 그중에서도 유럽 방위 체제 (Europäische Verteidigungsgemeinschaft: EVG) 조약이 조인되는 시점까지의 약 2년 동안은 재무장 문제를 중심으로 한 논쟁이 절정에 이른 시기였다. 정치적 목적, 가치관, 장래 희망, 논거 등의 여러 문제가 다루어졌지만 안보가 모든 정책 중에서 기본 문제라는 것이 확실히 증명되었다.[3] 한때는 정치 문제의 우위로 배후에 놓여 있었던 안보 문제가 한국전쟁과 관련을 맺으면서 서독의 가장 중요한 정치 문제로 부상되어 활기를 되찾게 되었으며, 서독의 서구와의 관계, 서구의 통합, 중립 문제, 독일 통일 등이 토의의 주된 내용이 되었다. 따라서 무장해제·재교육·점령 조항이 재론되어야 할 문제로 등장했으며 이와 동시에 정부와 야당·정치인 그리고 언론인 사이에는 서로 다른 정치관, 세계관, 우선순위, 전략 등이 형성되어 가고 있었다.[4]

이와 같이 독일의 방위 참여 문제, 즉 재무장 문제가 서독 정치에서 중심을

---

2 제2차 세계대전 후 정치·역사에 관한 글에서 '냉전'이란 말과 같이 불확실하고 이론이 분분한 개념은 없었다. Ernst Nolte, *Deutschland und der Kalter Krieg* (1974), p.31f.

3 Cornides Wilhelm, *Die Weltgeschichte und Deutschland* (1957), p.38ff.

4 Raymond Aron, *Frieden und Krieg* (dt. Ausg. Ffm, 1963), p.92.

이루고 있었음에도 불구하고 이제까지의 연구가 주로 외교 정책을 주안점으로 해서 연구되어왔기 때문에[5] 이 장에서는 한국전쟁이 서독의 재무장에 어떠한 영향을 끼쳤는가에 초점을 맞추어 고찰해보고자 한다. 그리고 재무장 문제는 국제 관계 및 협상을 고려하겠지만 국내 정치 분야의 논쟁을 중심으로 고찰되어야 한다고 본다.

따라서 이번 장의 내용은 한국의 위기가 가장 고조되었고 서독 내의 주요 기관과 동맹체제가 재무장을 승인한 시점인 뉴욕 외상 회담(1950.9) 전후의 2년 동안을 배경으로 한다. 더 구체적으로는 위에 서술한 내용을 배경으로 아래의 사항에 중점을 두어 연구해보고자 한다. 즉, 한국전쟁 이전에 서독은 어떠한 재무장 정책을 추진해왔고 한국전쟁 발발 이후에 서독인들은 재무장과 관련해 어떠한 정치적 목적을 추구해왔으며 이로부터 당과 정치인 사이에 어떠한 분쟁이 야기되었는가, 재무장과 주권 회복 중에 어느 것이 먼저 이루어져야 하는가의 순위 문제, 점령 조항이 독일인의 정책 수행에 어떠한 제한을 하고 있었는가 그리고 아데나워와 기민당, 슈마허와 사민당의 대립에서 무엇이 아데나워를 승리로 이끌었는가 등의 문제를 중심으로 고찰하고자 한다.

2. 한국전쟁 이전의 서독의 재무장 문제

서방 점령 국가들이 독일연방국가를 창설할 당시는 앞으로 건립될 국가에 군사적인 권한을 부여하지 않는다는 것이 그들의 일반적인 견해였다.[6] 이리하여 1948년 7월 1일의 프랑크푸르트문서 문서 No.3에는 서독 정부의 재무장에 관한 권한이 유보되었고, 이후 의회평의회 내에서의 기본법에 관한 토의

---

5   Dieter Oberndörfer, *Politik als praktische Wissenschaft*(Freiburg/Br., 1962), p.29.

6   Gerhard Wettig, *Entmilitarisierung und Wiederbewaffnung in Deutschland, 1943~1955*(Seewald Verlag, 1967), p.234.

과정에서도 이에 대한 논의는 제외되었다.[7] 그러나 이러한 서구 열강의 결의에도 불구하고 장래를 예견하는 사람들은 점령 조항이란 문제가 최종적으로 해결되지 않은 것으로 보았다.[8] 서독의 재무장에 관한 토의가 독일에서 언제부터 시작되었느냐에 관해서는 이제까지 서로 상반되는 견해가 지배적이었다. 이 분야에서 세계적인 권위자인 미국의 크레이그(G. Craig) 교수는 독일의 재무장에 관한 기나긴 토의의 첫 단계가 1950년에 이르러서야 비롯되었다고 보았다.[9]

그뿐 아니다. 독일의 놀테와 같은 저명한 학자들 또한 서독의 재군비에 관한 토의가 서독이 국가 체제를 갖추고 일련의 질서가 이룩된 뒤에야 시작되었다고 보고 있다.[10] 이는 '동부로부터의 위험' 때문에 서독이 재무장되어야 했다는 생각이 서독 국가 창설 당시부터 등장했다는 견해는 모순된 것이라고 볼 수 있다. 그렇다고 해서 패전 직후의 독일 군수산업 분야와 독일 군장교들이 "서방 전승 국가들은 머지않은 소련과의 싸움에서 서독의 방위 참여 없이는 승리할 수 없다"라고 주장한 시점으로 볼 수도 없다. 그러나 자본가들의 대표와 여타의 그룹들이 결단을 내리지 못하고 방황했지만 이들의 활동이 재무장

---

7   기본법을 제정하는 과정에서 서독의 일반 사회는 구체적인 재무장 토론에 참여하지 않았다. 노르드라인-베스트팔렌(Nordrhein-Westfalen)의 대표는 헤렌킴제(Herrenchiemsee)에서 국제안보기구와 자력방위의 권한에 대해 말했고, 카를로 슈미트(SPD)는 초국가적 안보시스템에 대해 말했으며, 기사당의 클라인딘스트(J. Kleindienst)는 우리의 영토의 보호를 점령국에 위임한다는 것은 헌법에 성문화시킬 수 없는 것이며, 이것을 국가의 외교 정책의 임무로 보았다. 같은 책; 이규하, 「독일분단」, p.137f.

8   클레이 장군 정치고문인 그는 평화조약이 체결된 뒤 5년 내에 점령군에 대치될 독일군의 창설이 가능하다고 보았다. 같은 글.

9   Gordon A. Craig, "Germany and NATO; The rearmament debate(1950~1958)," in Klaus Knorr (ed.), *NATO and American Security*(Princeton: Princeton University Press, 1959), p.237.

10   영국 군정장관 로버트슨이 말하기를, "서구 열강이 비밀리에 독일의 재무장을 지원한다는 전제하에 독일(서독) 군사력의 재강화가 다시 등장하고 있다. 하지만 나는 이것이 근거 없는 소문이라고 보며, 1945년 우리가 여기에 왔을 때 우리의 임무는 독일 군사력을 해체하는 것이었고 따라서 독일군을 재건하는 것은 우리의 임무가 아니다". 같은 책; Nobert Tönnies, *Der Weg zu den Waffen*(1962), p.26.

과정에서 중대한 의미를 지니게 되었다는 것은 분명한 사실이다.

그럼에도 서독의 급속한 재무장이 이들의 힘이 주가 되어서 이루어졌다고 볼 수는 없는 것이다. 이렇게 볼 때 본격적으로 독일 재무장 토의가 시작된 1950년 이전에, 소련에 대한 대항 세력으로서의 재무장에 대한 생각이 맨 먼저 어느 시점에서 이루어졌느냐 하는 문제는 아직도 지속적인 학술적 토론의 과제로 남게 되는 것이라고 본다.[11]

그러나 독일의 재무장에 관한 논의의 시발점을 상세히 고찰해볼 때 이미 독일 패망 이전인 1945년에 이와 같은 징후가 있었음을 발견할 수 있다. 1954년 마티아스(L. L. Mathias)가 독일 사민당 중앙지인 ≪노이어 포르베르츠≫를 통해 "미 국무성 내의 한 그룹이 서독을 러시아에 대한 보루로 만들고자 했다"(1945.4.15)라고 한 사실을 주목해야 한다고 본다.[12]

또한 독일 현대사가 야콥센(Hans A. Jacobsen)은 "전쟁의 종말에 즈음해서 유럽 대륙에 소련만이 확실한 강대 세력으로 남게 될 것이며 힘의 균형을 유지시켜 줄 국가는 더 이상 존재하지 않는다"라고 말하는 워싱턴과 런던의 정치가, 전문가들의 말을 지적했는데, 이는 세력균형을 위해 독일의 참여가 절실하다는 주장이 대두되었음을 의미한다.[13]

이 밖에도 "환호성을 올리며 투항하는 수십 만 독일인들을 보고 몽고메리에게, 독일인들의 무기를 모아 독일 병사에게 나누어주어 소련의 계속적인 전진을 막기 위해 노력해야 한다"[14]라는 처칠의 언급 또한 전문가들 사이에서 토의의 주제가 되며, 재무장에 대한 논의가 일기 시작했음을 알 수 있다. 아직

---

11   Laurence W. Martin, "The American Decision to Rearm Germany," in Harold Stein(ed.), *American Civil-Military Decisions. A Book of Case Studies*(Birmingham·Alabama: University of Alabama Press, 1963), p.646.

12   L. L. Mathias, "Wie kam es zur Teilung Deutschlands?" *Neuer Vorwärts*, vol.3, no.12(1954).

13   Hans A. Jacobsen, Vorwort, in Arthur Smith, and Churchils Deutsche Armee, *Die Anfänge des Kalten Krieges, 1943~1947*(1978), p.9.

14   Winston Churchill, *The Unwritten Alliance: Speeches 1953 to 1959 by W. S. Churchil*(London: Cassell & Company, 1961), p.196f.

도 국가의 원전과 문서고가 공개되고 있지 않는 상황이지만 이상에서 밝힌 독일의 재무장에 관한 언급을 중심으로 볼 때, 군부와 독일 정치인들이 전후의 초창기에 동부에 대항하기 위한 방위 참여가 가능하다고 본 징후가 나타나 있음을 볼 수 있다.

그럼에도 이제까지의 공개된 미국 측의 문서, 즉 1948년 12월 21일의 영국 점령 지구 군정장관의 "우리는 독일군의 무장해제를 위해 왔지 독일을 재무장시키는 것이 우리의 의도하는 바가 아니다"[15]라는 말에서 1948년까지의 영국·미국 정책의 공식입장과 노력은 포츠담조약의 성실한 이행에 두고 있었음을 알 수 있다. 다음으로는 독일의 재무장 문제의 논의가 등장하게 된 국제적 배경과 재무장을 위한 주장의 내용을 중심으로 – 한국전쟁 발발까지 – 좀 더 구체적인 고찰에 들어가고자 한다.

포츠담조약(1945.8.2)에 따라 독일의 전면적인 무장해제 및 비군사화 그리고 전쟁 물자 생산에 이용될 수 있는 산업 시설의 해체가 4개 점령 국가의 목표가 되었고, 실제로 제2차 세계대전 뒤 전 세계 군의 절반 이상이 감축되었으며 평화 사업에만 전념할 수 있게 되었다.[16] 그러나 소련의 팽창주의는 곧 미국이 유럽 현장으로부터 미군의 철수가 불가능하다는 사실을 인식하도록 했다. 이리하여 포츠담에서 보여준 동맹국의 단합은 냉전으로 인한 세계 정치의 근본적인 구조적 변화 때문에 깨지고 말았다. 이로써 전후의 국제체제는 루스벨트 대통령이 바랐던 바와 같이 국제연합에 의한 하나의 세계가 이루어지는 대신에 동서 분쟁의 양극화로 나타났다.[17]

소련과의 평화적 우호 관계가 가능할 것이므로 미군의 유럽 주둔은 불필요

---

15 Gemeint sind die Aktenpublikationen Foreign Relations of the United States, ed. vom Department of State, Washington, D.C.(워싱턴의 미 국무성 외교문서).

16 Ernst Deuerlin, *Deutschland nach dem Zweiten Weltkrieg*(1945), p.354.

17 George Kenann, *The Sources of Soviet Conduct, Foreign Affairs*(1947.7), p.575f; Manfred Dormann, *Demokratische Militärpolitik*(1970), p.146.

할 것이라고 보았던 견해는 전쟁 직후 미국의 지도적 정치인들에 의해 곧바로 비판을 받고 있었다. 이미 1947년 봄의 모스크바 외상회담의 실패와 같은 해 12월의 런던 외상 회담의 실패 그리고 베를린 위기 중의 미·소의 대립 등은 연합국 공동의 대독 정책에 종지부를 찍게 되었다. 또한 동부와 서부 간의 긴장은 독일의 분열을 가져왔으며 독일 자체를 냉전의 목표물로 만들게 되었다. 나아가 루스벨트 대통령의 유화 정책은 트루먼 대통령 시대에 이르러 공산주의 확장에 대한 봉쇄 정책으로 전환되었다.[18] 따라서 모든 비공산국가들의 방위 노력은 스탈린의 계속적인 진출을 저지하는 데 적극적인 지원이 되도록 했다.[19]

이 같은 정책은 1947년 여름에 시작된 마셜플랜에 의한 유럽에 대한 원조뿐 아니라 서유럽의 군사적 방위의 강화를 그 목적으로 하고 있었다. 전후에 서구 열강은 신속하고도 철저하게 무장해제를 실시했으나 소련이 군을 계속 강화시켜 서유럽의 안정은 서구의 핵무기 독점 상태에서만 당분간 보장될 수 있었다. 국제연합 내에서의 군비 축소 협상 즉, 1946년에 시작된 원자력위원회와 1947년에 이루어진 재래식 무장위원회를 중심으로 한 활동이 실패로 돌아가 협상이 중지됨으로써 재무장에 대해 다시 논의하기 시작했다.[20]

그 첫 성과는 그리스와 같이 직접적으로 위협을 받고 있는 나라들이 즉각적인 군사적 지원을 받는 데서 나타났다.[21] 그리고 서방 유럽 국가들은 브뤼셀 조약, 즉 1848년의 서구연합(영·프·베네룩스제국)을 통해 상호 간에 접근되었고, 1947년에 영국과 프랑스 간에 덩케르크(Dunkirk)조약이 성립된 것에서 찾아볼 수 있다. 이들 조약은 독일을 적대시하는 분위기 속에서 이루어졌으나 서

---

18 Heinrich Siegler, *Dokumentation zur Abrüstung und Sicherheit*, Bd I 1943~1959(1966), p.37ff.

19 Boris Meissner, *Rußland, die Weltmächte und Deutschland*(1953), p.131ff.

20 같은 책.

21 Dean Acheson, *Present at the Creation, My Years in the State Department*(W. W. Norton & Company, 1987).

구연합은 독일을 억압하려는 입장에서 창설된 것은 아니었다. 미국은 자조와 협동을 원칙으로 내세우면서 북대서양조약기구(1949)에 가입했다. 이 모든 연합은 '유엔헌장' 51, 52조에서 볼 수 있는 바와 같이 이 지역에 안정이 필요하다는 데서 출발한 것이며 이후 집단적 방위의 성격으로 전환되었다. 좀 더 구체적으로 말해 이것은 유럽 정세를 안정시키고, 러시아의 군사적 우위에서 오는 위협으로부터 유럽인을 보호하며, 침입에 대한 공포감을 달래주기 위한 것이었다.[22]

동시에 소련 또한 모스크바의 인도 아래 동부 지역의 결속을 다지기 위해 노력하게 되었다. 모스크바 외상 회담이 실패로 돌아간 뒤에 크렘린에서는 강경파가 주도권을 장악했으며 러시아 영향권 내의 유럽 지역의 소련화를 가속화시켰다.[23] 그리고 미국의 봉쇄 정책에 대한 대응으로서 전쟁 중에 해체된 코민테른(Comintern)을 대신해서 1947년 코민포름(Cominform)을 창설했다. 그뿐 아니라 1948년 마셜플랜에 따라 창설된 유럽경제협력기구(OEEC)는 모스크바에게 경제를 중심으로 단합을 꾀한 동구상호원조회(COMECON)란 기구를 결성하도록 했다.[24]

이리하여 강대국 간의 분쟁의 심화 및 블록의 형성은 독일의 두 지역이 각기 적대 진영으로 빠져 들어가도록 했다. 1947년 이래 소련은 동부 지역을 그들의 세력권에 병합시켰으며, 소련 점령 지역 내에서 입영 생활을 하는 국경 수비경찰 즉, 후일(1948)의 인민경찰[25]을 창설하도록 했다. 이 소련 점령 지역

---

22 같은 책.
23 Boris Meissner, *Rußland, die Weltmächte und Deutschland*, p. 131ff.
24 같은 책.
25 동독(DDR) 내의 군부대의 창설은 1950년대 초에 본격적으로 추진되었다. 1950년 만추의 제2교육 기간 말에는 군의 계통이 형성되었고 동시에 복무 규정, 전술에 관한 규정, 무기의 종류 등은 완전히 소련군과 일치하도록 만들었으며 계급에 따라 장교와 하사관으로 구분되었다. Spode-Denkschrift Nr. 35, p. 25f; Bericht über den Aufbau der Volkspolizei in der SBZ, erstattet vom Bundesmin. f. gesamt dt. Fragen(소련 점령 지역 인민 경찰 창설에 관한 보고, 1951, Frühjahr), p. 10, 15.

에 존재하고 있는, 한국전쟁 이후 아데나워가 자신의 목적 달성을 위해 그 위험성을 지나치게 과장했던[26] 인민경찰이란 소련 군사력의 일부로서 특히 소련의 명령에 따라 서독 침략이라는 군사적 임무를 띤 대규모의 군부대였다.

이와 때를 같이해 3개의 서구 지역에서도 지방경찰(Gemeinde Polizei)이 허용되었다. 물론 서구 열강은 독일의 전면적 무장해제란 종전의 입장을 고수하고 있었지만 냉전이 점차 격화되면서 서독의 재무장이란 문제가 다시 등장하게 되었다. 뮌헨회의[27] 만 1년 만에 독일연방공화국의 창설이 시작되었고, 후일 서독이 된 이 지역은 베를린 봉쇄 이래 소련으로부터 심각한 위협을 받고 있는 상황에서 처음으로 방위에 대해 고려하기 시작했다. 그러나 동부 공산주의의 위협에 대한 지나친 상상은 오히려 그들에게 절실했던 대전 이전의 자신들의 과거에 대한 진지한 반성의 기회를 잃게 했으며 나아가서는 전체 독일의 발전과 유럽의 통합이란 면에서 크나큰 짐이 되었다.[28]

1948년 말, 토의는 처음으로 절정에 이르렀고 ≪라인 메르쿠르(Reinischer Merkur)≫ 신문은 앞으로 서구 지역에 국가가 재건될 경우 서구 열강이 서독을 충분히 방어할 수 없다는 것과 소련 지구에 강력한 군부대가 주둔하고 있다는 사실을 들어 서독을 포함한 서구인들은 스스로를 방어할 수 있어야 한다고 주장했다.[29]

재무장에 대한 또 다른 고무는 코곤(E. Kogon)이 같은 해 워싱턴과 로마에서 열린 유럽연방회의에서 서독의 방위에 관한 토의를 스스로 경험한 뒤에 기자회견을 통해 "서방측 점령 당국이 그들 지역의 재무장 안을 이미 수립했다"라고 말한 데에서 비롯되었다. 이에 관해 서구의 군 당국은 강경히 부인하고

---

26 아데나워는 이런 이유로 실제보다 위험성을 과장했다(Kanzlerdemokratie(아데나워 수상 문서집), p.81f.

27 이규하, 「독일분단」, p.135f.

28 Golomann, *Blätter für deutsche und internationale Politik* (H.3/1964), p.257.

29 *Reinischer Merkur*, 1948.2.6, p.245.

나섰으나 코곤의 2차 기자회견으로 말미암아 이제까지 산발적으로 진행되어 왔던 서독 내의 군사적 재건에 관한 토의가 크게 확대되었으며 심지어는 서독의 재군비에 대한 소련 측 언론의 맹렬한 비난을 불러일으키는 데까지 발전했다.[30]

이어 ≪라이니쉐 포스트(Rheinische Post)≫는 코곤의 발언에 대한 논평에서 "독일의 재무장은 평화의 보장을 위해 필요불가결하기 때문에 더 이상 피할 길이 없다"고 했다. 그간의 재무장 토의를 주의 깊게 지켜본 아데나워 또한 서독의 재군비는 옳은 길이 아니므로, 외부로부터의 서독의 안전은 무장을 해제시킨 연합국의 책임이며, 연합국의 방위는 라인이 아니라 엘베-베제르(Elbe-Weser)에서 이루어져야 한다고 했다. 이로써 아데나워는 최초로 서구에 의한 서독의 안전보장을 공적으로 요구한 셈이다.[31]

이 밖에도 전 슐레스비히-홀슈타인의 정부 수상 슈텔져(F. Stellzer)는 ≪노이에 차이퉁(Neue Zeitung: NZ)≫과의 회견에서 지금은 재군비를 요구하기에는 적당치 못한 시점이라고 밝히면서 독일 군부대가 육탄병이나 빨치산이 결코 될 수 없다고 비난했으며, 사민당 당수 슈마허는 독일에서의 민주주의의 방어는 오직 국제적 평등과 주권 회복만을 의미한다고 했다.[32] 그리고 튱겔(R. Tüngel)은 ≪차이트(Zeit)≫에서 "독일은 과연 재무장해야 하는가?"라는 명백한 질문을 하기도 했다.

이 같은 발언 뒤에는 곧이어 신문의 독자통신란을 중심으로 공개적인 논쟁이 따르게 되었다.[33] 그러나 이 토론 자체는 서구 여러 정부가 가지고 있는 실제적 사고를 바탕으로 하고 있지 않았기 때문에 일시적인 흥분 상태가 지나간

---

30 Gerhard Wettig, *Entmilitarisierung und Wiederbewaffnung in Deutschland, 1943~1955*, p. 246ff.

31 같은 책.

32 같은 책.

33 Richard Tüngel, "Soll Deutschland aufrüsten?" *Die Zeit*(1948. 12. 2).

뒤에 다시 사라지고 말았다. 1948년 이래 비공개적인 모임을 중심으로 서부 독일의 방위 문제가 재론되었는데 그 한 예가 뮐러(G. Müller), 호이스, 슈미트, 렌츠(O. Lenz)가 속해 있는 라우파이머(Laupheimer) 그룹이었다.

이 모임에서 전 군참모총장 슈파이델(H. Speidel)이 서독의 군사적 상황을 보고했고 이로 인해 그는 아데나워로부터 군의 현황 및 작전에 대한 연구 보고서를 부탁았다.[34] 그는 아데나워에게 제출한 2개의 각서에서 서독 방위를 위한 서구 제국의 실제적 준비를 회의적이라고 전제하고, 서구가 서독의 방위선을 라인(Rhein)으로 정한 것은 전쟁이 일어날 경우 서독을 완전히 포기한 것과 다를 바 없고, 소련의 힘에 밀려 서구군이 철수하게 되면 독일은 내란에 휩싸이게 되며 서독은 소련의 인민경찰에 대항할 수 없게 된다고 했다.[35]

이로부터 슈파이델은 서독의 안전을 위해서는 민병이나 경찰부대와 같은 서독의 군부대가 서구군에 편입되어야 한다는 결론을 내렸고, 이후 이 안보안은 아데나워의 기민당 정책에 결정적인 영향을 끼치게 되었으며, 후일의 아데나워의 연방경찰안이 또한 이와 밀접한 관계를 맺게 되었다.[36]

이 밖에도 바이조니아[37]의 지도급 인사들이 미군정의 대표들과 서독의 방위 참여에 관해 사적으로 의견을 교환한 바 있고, 바이에른 주의 정부 수상 에르하르트와 그의 다른 주 동료인 뮐러와 호이스 사이에서도 슈파이델 안을 중심으로 한 안보 문제의 논의가 이루어진 바 있었다.[38]

국방체제를 갖추어야 하느냐, 또는 그것을 어떠한 체제로 만들어야 하느냐 하는 문제를 중심으로 한 의회 내에서의 협상은 당 간 논쟁으로 확대되었으

---

34 General Anzeiger für Bonn und Umgebung(본과 함부르크를 위한 작은 홍보지), V. 26/27 (1952.1), Siehe Dokumentation, p. 77.
35 Gerhard Wettig, *Entmilitarisierung und Wiederbewaffnung in Deutschland, 1943~1955*, p. 78.
36 런던의 ≪뉴 크로니클(New Chronicle)≫신문 1952년 1월 25일 자 기사는 "아데나워 박사가 이미 1948년에 세계 정세를 고려해서 서독의 재무장을 준비했다"라고 밝혔다.
37 이규하, 「독일분단」, p. 126f.
38 Die Arbeitsunterlage von 1948, MS Privat Archiv Speidel(1948년 슈파이델 사문서집 자료).

며, 그 결과는 1948년 12월 11일의 사민당의 간부 회의에서 잘 나타나고 있다. 사민당의 간부들은 연합국 주지사들이 대외 안정 유지에 책임이 있다는 이유에서 재무장을 반대했으며 대신 지방경찰부대의 창설을 요구했다.[39] 그리고 후자는 기민당 정치인들에 의해 권장되기도 했다. 이 밖에도 기민당 내의 토의는 독일의 재무장 가능성에 대해 전면적으로 거부하는 입장을 취하지 않았을 뿐 아니라 지방의회 의원 포겔(R. Fogel)의 제안인 "서독의 방위군을 포함한 서유럽의 단합이 독일위협의 재등장을 막을 수 있다"라고 한 것에 대해서도 반대하는 태도를 보이지 않았다.[40] 서독 동부 경계선 건너편에서 계속 이루어지고 있는 무장에 직면해서, 1949년 이래 서부 지역의 안정을 도모하기 위해 서독을 나토의 보호권에 편입시키고 서독 정부 수립 이후에는 나토에 가입시킬 것을 주장해온 아데나워는 위의 안을 자신의 것으로 채택했으며, 그는 여기서 이웃나라들이 위협으로 받아들이지 않는 형태로서의 독일군이 창설되어야 한다고 강조했다.[41]

같은 해 11월 초 미국의 지도급 인사들이 서독의 조속한 재무장에 관해 토의했다는 소식이 본에 알려지자 아데나워는 이것을 안보에 대한 요구의 구실로 받아들였다. 곧이어 그는 프랑스 ≪낭시(Nancy)≫의 폴 바르(P. Baar)와의 기자회견에서 군사 문제에 관해, "독일군이 사라진 데에서 서구는 마비되었으며 …… 독일군은 서구연합의 이름 아래 재건될 수 있고 …… 서독은 유럽의 방위 시스템에 참여할 용의가 있다"라고 언급했다.[42] 또한, 이와 동시에 미 국무장관은 영국·프랑스 외상과 만난 자리에서 마셜플랜에 따라 재건되고 있

39 Gerhard Wettig, *Entmilitarisierung und Wiederbewaffnung in Deutschland, 1943~1955*, p. 250ff.

40 Rudolf Vogel, *Der Kampf um den Wehrbeitrag*, vol. II. p. 4543; *Schwäbische Post*, 1948. 11. 11.

41 Gerhard Wettig, Entmilitarisierung und Wiederbew*affnung* in Deutschland, 1943~1955, p. 281ff.

42 같은 책, p. 281ff.

는 서독이 시설의 해체를 통해 경제가 파괴되고 있음을 들어 그 중단을 요구한 바 있고 그 결과로 여러 면에서 완화조처가 뒤따르게 되었다.

재무장에 관한 일련의 움직임이 일기 시작한 후인 12월 초에 재무장 문제는 아데나워의 ≪클리블랜드 플래인 딜러(Cleaveland Plain Dealer)≫의 특파원과의 회견으로 또다시 대두되게 되었다. 아데나워는 세상의 이목을 주목시킨 이 미국의 신문과의 회견에서 자신의 본래의 목표가 과연 무엇이었는가를 여실히 보여주었다. 물론 이것은 아데나워가 재무장에 관한 기자의 질문에 답변해도 좋다는 미국과의 사전 조율을 통해 이루어진 것이다. ① 독일군이 포함되는 유럽군(Europa Armee)에 관한 제안, ② 유럽군 내에서의 서독군의 참여 형태, ③ 독일 병력이 유럽 합동최고사령부하의 한 부대가 되도록 하고 이것이 설립될 경우 독일에 대한 미국의 군사 원조의 확대할 것.[43]

독일 패망 이후 약 5년이 지난 뒤에 독일군이 재건되어야 한다는 이 같은 주장은 이후의 원자 무기, 비상 사태법의 제정에 관한 문제와 비슷하게 신생 독일 국가의 중대한 토의 주제가 되었다. 이제 재무장의 결정은 매우 중대한 의미를 갖게 되었으며 이와 함께 서독은 서구의 일부가 되고 전 독일적 계획은 더 이상 존재할 수 없게 되었다.[44]

이 문제는 1년 후 다시 전과 같이 고조를 띠게 되었으나 이번에도 역시 잠깐 주목을 받았을 뿐이었다. 대중에게는 안보 문제보다는 경제 문제가 더 시급한 것으로 받아들여졌다. 한편 연합국 고등판무관들은 모든 무기 소유를 금지하는 '군국주의타도'라는 법률을 통과시켰다. 그리고 독일 항복 5주년이 되는 1950년 5월에는 심한 범법의 경우 종신금고형이나 100만 마르크의 중벌로 다스리겠다는 등, 독일의 재무장을 철저히 저지시키고자 하는 법률이 완성

---

43 Paul Weymar, *Konrad Adenauer, eine autorisierte Biographie*(1955), p.494.

44 *Frankfurter Rundschau*, 1950.9.2; Klaus von Schwert, *Wiederbewaffnung und Westintegration, die innere Auseinandersetzung und die außenpolitische Orientierung der Bundesrepublik 1950~1952*(1970), p.819.

되었으며 한국전쟁 발발 약 일주일 전에 시행령이 공포되었다.[45] 이 법률은
당시 하나의 기이한 현상을 야기하고 있었는데, 1949~1950년에 페테르스베
르크 조약에서는 독일의 재무장을 금지했고, 나토 간부들은 '독일 군대'의 창
설에 대해 논의했기 때문이다.[46]

아데나워는 수상이 된 뒤 '루르 지역의 무장해제 및 독일군 재건의 저지 선
언'이란 이름으로 맺은 최초의 국제적 협정, 페테르스베르크(Petersberg) 문서
에 서명함(1949.11.12)과 동시에 인터뷰 정책을 통해 노골적인 서독의 재무장
정책을 추진하려는 의지를 천명했다.[47]

---

45 *Neue Zeitung*, 1950.5.9.

46 Nobert Tönnies, *Der Weg zu den Waffen, Die Geschichte der deutschen Wiederbewaffnung
    1949~1957, mit einem Vorwort von Bundesminister für Verteidigung Franz Josef Strauß*(Kö
    ln, 1957), p.59; 같은 책, p.120.

47 1950년 1월과 5월에 또다시 나토(NATO)협의회가 개최되었는데, 여기에서는 균형 있는 집단방
    위체제와 방위비의 분담에 관해 주된 토의가 이루어졌다. 서유럽 국가들은 라인 동부의 전진적
    방어라는 정책적 고려 때문에 군의 상당한 부족 현상을 예측하게 되었고, 이에 서독의 육군부대
    를 나토에 가입시키기로 했으며 철의 장막 내부와 서구 제국의 공포감을 불식시키기 위해 경찰부
    대로 위장하기로 했다.
    이 계획은 육·해·공군에서 허락했으나 미 외무성의 바이로우드(H. Byroad)가 군의 참여없는 서
    독의 나토 가입은 환영하나 서독의 재무장이란 외교적인 면에서 큰 모험이라 했고, 또한 애치슨
    이 미국의 핵우산이 대륙을 보호하기 때문에 서유럽의 방위는 시급한 문제가 아니라고 한 데에서
    재무장에 관한 열띤 토의는 다시 식어지게 되었다. 유럽제국에서 서독의 재무장에 관한 논의가
    다시 활기를 띠게 되었을 때(1950. 3) 프랑스의 드골과 빌로트(Billotte) 장군은 엘베를 방어선으
    로 한다면 독일인의 참여 없이는 불가능하다는 이유로 유럽군(Europa Armee) 내에서 제한된 무
    장이 필요하다고 했다. 이때 영국 야당 지도자 처칠은 서독인들의 안전을 보장시켜 줄 것을 강력
    히 주장하면서, 전쟁 초기에 서독이 노예화된다면 친서구 민주세력은 희생될 것이고, 희생은 서
    독만으로 끝나지 않을 것이며 서구가 최종적으로 승리할지라도 공산주의에 짓밟힌 땅은 이미 없
    어져버린 땅이 될 것이므로 독일의 무장해제는 중지되어야 하며 서구의 방어에 서독이 적극적인
    힘이 되어야 한다고 거듭 주장했다.
    그러나 영국 정부·여론은 보수계의 언론을 제하고는 처칠의 제안을 부정적으로 받아들였다.
    서독 정부 또한 이를 주의 깊게 바라보면서 서구방위체제에 참여할 뜻을 밝혔으며, 아데나워
    또한 이에 대해 완전히 동의하면서 미래의 유럽에서는 독일인이 대등한 동반자가 되어야 한다
    고 역설했다. 그리고 ≪도이칠란트 우니온스 딘스트(DUD)≫는 처칠이 독일인들에게 기회를
    주고 전체주의의 방위의 임무를 주려고 함을 긍정적으로 평가했다. 이와는 대조적으로 독일 사
    민당 당수 슈마허는 매우 부정적인 입장을 취했다(Wir haben im Moment genug Sorgen-man
    sollte uns mit solchen Dingen in Ruhe lassen). 네덜란드 하원의 대부분이 각서를 통해 서독의

이미 1949년 가을 이래 서구의 모든 수도에서는 독일의 재무장에 대한 결정의 길이 열리고 있었다.[48] 미국의 장교들은 여론을 알아보기 위해 공개적으로 재무장의 가능성에 대해 발언했으며, 서구연합의 기획위원들 마저도 대륙에서의 소련의 우세한 상황을 고려해서 서구의 방위에 서독이 참여하는 문제를 다루고 있었다. 또한 워싱턴의 연합참모총장 브래들리 장군도 클레이, 매클로이, 서구 연합군사령관 영국의 몽고메리 원수와 함께 독일의 군사적 참여에 대해 고려하고 있었다.[49]

그러나 워싱턴의 정치 지도자들은 독일의 재무장에 관한 최종적 결정을 서구 유럽 국가들의 일반 여론을 고려해서 또다시 미루게 되었다.[50] 냉전 가운데 극한적인 행동 양식이라고 볼 수 있는 베를린 봉쇄도 이 문제에서 어떠한 결론을 내리게 하지는 못했다. 그러나 한국에서 전쟁이 발발하게 되자 정치 풍토는 본격적으로 재무장에 유리한 길로 나아갔다.

3. 한국전쟁 이후의 서독의 재무장 논쟁

1) 서독 및 서독언론의 한국전쟁에 대한 반응

미국이 전 세계에서 일어나고 있는 분쟁을 그들의 전략의 대상으로 삼은 데에서 한반도를 방위의 최우선순위에 둘 수 없었으며 이로부터 "미국의 방위에 한국이 전혀 가치가 없다"라는 미 합동참모부의 강력한 주장이 나왔

방위 참여를 지지한 데 반해 미국의 민간지도자들은 서유럽의 반독일 감정을 고려해서 재무장이 시기상조라 했으며 미 국무장관이 또한 같은 내용으로 6월 5일 하원의 외교분과위원회에서 거부의 뜻을 말했다. Gerhard Wettig, *Entmilitarisierung und Wiederbewaffnung in Deutschland, 1943~1955*, p.273ff, 301ff.

48 *Schumachers Stuttgarter Rede*, 1950.9.17, p.6.
49 Gerhard Wettig, *Entmilitarisierung und Wiederbewaffnung in Deutschland, 1943~1955*, p.273ff und 301ff.
50 같은 책.

다.[51] 이에 따라 1948년 9월 미국은 철군을 시작했다. 한국 정부가 독자적으로 전투력을 강화시킬 수 있도록 하기 위해 철군의 속도를 지연시키긴 했으나 전쟁 발발 당시 한국에는 500명의 미 군사고문만이 남아 있었을 뿐이었다. 그뿐 아니었다. 1950년대 중반에 시작된 한국에 대한 지원에서도 탱크와 중무기, 비행기는 제외되어 있었다. 워싱턴이 이승만 박사가 주장한 바 있는 무력통일을 지지하지 않았기 때문이며 북으로부터의 남침이 예상된다는 미국 및 한국 정보부의 경고를 믿지 않았기 때문이었다.[52]

1950년 1월 12일 국내 기자단 앞에서 "한국이 미국의 방위의 범위에 속하지 않으며, 한국이 공격을 받을 경우 자동적인 지원을 받지 못한다"라고 한 한국인들에 큰 불행을 안겨준 미 국무장관 애치슨의 발언[53]은 북한에게 미국이 한국의 운명에 대해 전혀 관심이 없는 것으로 오판하게 하여 북한의 남침 야욕을 더욱 강화시켰다.

이리하여 1950년 한반도에는 각기 독자적인 대표권을 주장하는 그리고 자국의 기치하에 재통일을 다짐하는 두 국가가 전보다 더욱 적대적인 분위기로 마주보고 있었다. 전쟁은 오늘에 와서 돌이켜볼 때 바로 사전 계획하에 이루어진 것으로, 소련은 수적인 면에서 남한보다 우세한 17만 명의 군을 구축해 놓고 있었으며 이 밖에도 200대가 넘는 비행기, 수많은 탱크와 화포를 보유하고 있었다. 이에 비해 남한은 기껏해야 9만 8000명의 군으로 맞서고 있을 뿐이었다.

이같이 거의 무방비 상태에 있었던 한국을 침략하기 위해 북한군이 1950년 6월 25일 38°선을 넘으면서 한국전쟁이 발발했다.[54] 베를린 봉쇄 시에는 냉전

51 Gerhard Wettig, *Entmilitarisierung und Wiederbewaffnung in Deutschland, 1943~1955*, p.306.

52 Ernst Nolte, *Deutschland und der Kalter Krieg*, p.287f.

53 Lothar Gruchmann, *Das Koreaproblem*(1960), p.282f; Gerhard Wettig, *Entmilitarisierung und Wiederbewaffnung in Deutschland, 1943~1955*, p.306.

54 David Horowitz, *Kalter Krieg*, Bd I(1969), p.63.

의 불문율이 지켜졌으나 북한의 침략으로 극동에서는 냉전이 열전이 되고 말았다. 워싱턴은 북한의 침략을 소련이 세력권을 확대하고자 하는 모스크바의 시도로 그리고 미국의 안보 정책에 대한 직접적인 침해라고 여겼다. 1949년 8월 소련의 최초의 원자탄 발사 실험과 같은 해 10월 1일 중화인민공화국의 창설이란 두 가지 중대한 사건이 일어났다. 이러한 상황 아래서 서구인들을 상당 기간 안정 속에서 살아갈 수 있게 해주었던 미국의 핵우산에 대한 신뢰는 한국전쟁을 계기로 회의에 빠지게 되었고, 앞으로 소련과의 군사적 분쟁이 결코 존재하지 않을 것이라는 서구의 믿음 또한 하나의 가정으로 끝나고 말았다.

서구는 북한이 소련의 조정을 받는 괴뢰의 입장에서 공격을 감행한 것으로 여겼다. 즉, 북한의 남침을 소련의 조작으로 본 것이다.[55] 미국 정부는 북한의 공격을 서구 세계에 대한 소련 공산 진영의 사전 계획에 의한 범세계적 군사적 공격의 개시로 보면서 두려워하기 시작했다. 또한 미국의 지도자들은 공산주의의 남침이 오직 남한만을 정벌하는 데 있지 않고, 유럽 주둔 미군을 아시아의 부차적 지역으로 이동시켜 가장 중요한 서구 전선을 공백 상태로 만들려고 한 것이라고 보고 있었다.[56]

이러한 상황에서 과거에 이따금 나타났던 유럽 방위 체제에 대한 관심이 증대되었으며 동시에 나토의 강화 및 안정화가 추진되었다. 전략상 중요한 지역을 차지하고 있는 서독의 참여 없이는 유럽 방위 체제가 충분한 구실을 하지 못하게 된다는 인식에서 유럽의 여러 수도에서는 서독의 방위 참여의 필요성에 대한 주장이 또다시 대두하게 되었다.[57]

서구의 방위력은 서독의 참여로 강화가 확실시되지만 정치적인 면의 고려

---

55 같은 책, p.100ff.
56 Gerhard Wettig, *Entmilitarisierung und Wiederbewaffnung in Deutschland, 1943~1955*, p.306ff.
57 K. von Schubert, *Wiederbewaffnung*(DVA, 1970).

때문에 서두를 수 없다는 것이 미국의 입장이었다. 그러나 북한의 남침으로 서구의 방위력을 단시일 내에 강화시켜야 한다는 군사적인 관점이 더 큰 비중을 차지하게 되자 미국은 서독의 군부대를 서구의 점령군에 포함시키는 문제를 거론하게 되었다.[58] 그리고 1950년 3월 16일 영국 하원에서 야당 지도자 처칠이 내세운 "방위를 위해 독일이 참여해야 한다"[59]라는 주장이 당시 영국 정부에 의해, 동맹체 내에서의 강력한 독일 병력은 그 이웃을 위협하게 되고 소규모의 참여는 상황의 개선에 아무런 도움을 주지 못한다는 이유로 거부된 바 있으나, 이제 와서 그 현실성을 되찾게 되었다. 미국의 핵 보유에도 불구하고 한국에서 재래식 전쟁이 일어났다는 점에서 독일의 군사적 참여에 대한 프랑스의 우려를 사람들은 더 이상 염두에 두려하지 않았을 뿐 아니라 특히 미국은 유럽 자체의 노력을 전제로 하는 서유럽 방위를 좀 더 적극적으로 지원하기로 했다.

한편 아데나워는 한국전쟁이 발발하자 즉시 하나의 각서를 통해 연합국 고등판무관들에게 서독이 큰 위험에 직면해 있는 상황에서 동독에 있는 위장 인민경찰의 위협으로부터 안전을 도모할 수 있도록 연방경찰의 창설에 대해 허락해줄 것을 요청했다.[60] 한 걸음 더 나아가서 그는 서독에 대한 점령 국가들의 확고부동한 안전보장을 요구했고, 6월 29일 페테르스베르그에서 또다시 이 요구를 되풀이했으며 고등판무관들로부터 이 요구를 워싱턴, 파리·, 런던에 전달하겠다는 약속을 받아내기까지 했다. 이는 서방연합국의 보증으로 서독의 국민을 안정시키고 모스크바에게 한국 침략을 독일에서 재연시키지 못하게 하자는 의도였다.[61]

---

58 Gerhard Wettig, *Entmilitarisierung und Wiederbewaffnung in Deutschland, 1943~1955*, p.306ff.

59 같은 책.

60 Paul Weymar, *Konrad Adenauer, eine autorisierte Biographie*, p.247f.

61 Konrad Adenauer, *Erinnerungen 1945~1953*(1965), p.346ff; Paul Weymar, *Konrad Adenauer, eine autorisierte Biographie*, p.522.

사민당 내 정치인들 또한 인민경찰의 지원을 받는 공산주의가 서독에서 정권을 장악하게 될 위험이 있다고 보았고, 이 때문에 점령 열강에 대해 독일연방 지역의 안전보장을 요구했으며 독일로부터의 안전이 이제 독일을 위한 안전이 되어야 한다고 주장했다. 대체적으로 야당은 정부의 입장과는 반대로 한국의 전쟁으로부터 즉시 재무장을 추구한다는 것은 애매한 단정일 수밖에 없다고 주장했다.[62]

마찬가지로 사민당은 한국전쟁의 위험을 심각한 것으로 보지 않고 하나의 잠재적 위험으로 간주했다. 일찍이 서독의 친서구 정책을 주장했고 동독의 인민경찰을 소련의 가내노예로 혹평한 바 있는 사민당 당수 슈마허도 독일이 처한 실제 상황과 한국과를 비교하는 것은 러시아가 날조한 선전에 불과하며 공포감을 야기하기 위해 조작한 것이라는 입장을 취했다. 나아가 부분적인 독일 재무장으로는 강력한 인민경찰에 대항할 수 없다고 보았으며, 점령 국가들이 좀 더 적극적으로 참여한다면 결정적인 상황은 결코 만들어지지 않을 것이라고 말했다.[63] 사민당의 부수상 올렌하워(Ollenhauer) 또한 기자회견에서, 서독을 동등한 자격으로 유럽 국가 세계에 받아들일 때 한해서만 서구 방위 시스템에 서독이 참여할 수 있을 것이라고 설명했다.[64]

서독의 3대 정당 중에서 유일하게 자민당만이 6월 25일 이후 안전보장 문제에서 매우 신중한 태도를 보였다. 6월 27일 기민당 기관지 ≪도이칠란트 우니온스 딘스트≫는 한국에서 일어나고 있는 사실을 하나의 교육 영화에 비유했다. 즉, 북한이 소련 점령 지역의 인민경찰과 같은 군부대를 창설해 미군이 철수한 틈을 타 남반부로 진군해 들어갔다는 사실로 미루어보아 현재의 안보

---

62 Gerhard Wettig, *Entmilitarisierung und Wiederbewaffnung in Deutschland, 1943~1955*, p. 249f.

63 Kurt Schumacher, *Die Rolle der Volkspolizei*(1950), p. 5f.

64 Gerhard Wettig, *Entmilitarisierung und Wiederbewaffnung in Deutschland, 1943~1955*, p. 250.

가 대단한 위협을 받고 있지 않을지라도 동부 지역의 5~6만 중무장 인민군은 간과할 수 없는 일이라고 주장했다.[65] 7월 19일에는 오직 한국전쟁이 경제에 미치는 영향에 대해서만 고려했고, 7월 24일에는 현 시점에서 독일의 방어의 책임은 오직 서구가 져야 한다는 뜻에서 독일의 재무장은 가능성 밖의 일이며 또한 준비가 되어 있지 않다는 독일 수상의 말을 되풀이했다. 오직 자민당 대변인 오일러(M. Euler)만이 8월의 산업신문에서 연방경찰의 요구에 대해 지지를 보내고 있었다.[66]

다음으로 사민당지는 전체 서구 열강이 방위에 적극 참여함으로써만이 동부로부터의 침입을 막을 수 있다고 했는데 그 이유는 서독의 안전은 언제나 상대적이고 오직 전 서구에 위험이 따를 경우에 한해서만이 침입자를 방어할 수 있다고 보았기 때문이었다.[67] 6월 30일 사민당계의 ≪노이어 포르베르츠≫는 전 세계 특히 독일에서 평화적 발전에 대한 신뢰가 소련 제국주의의 세계 지배 계획으로 의문시되지 않도록 대처해야 하고, 소련의 고무로 인해 일어난 한국에서의 무력행사가 독일에서 되풀이되지 않도록 노력해야 한다고 주장했다.[68]

7월 7일 같은 신문은 철의 장막과 국경을 접하고 있는 우리로서도 극동의 전장에 매우 접근해 있다는 느낌을 갖게 되며 그리고 이 전쟁의 결과가 독일의 운명과 지대한 관계가 있을 것이라고 기술했다. 한국의 문제는 극동에서 소련의 팽창 정책이 제지될 수 있느냐 하는 문제가 아니라 모스크바의 침략 정책이 전적으로 종식될 수 있느냐 하는 문제라고 했다. 나아가서 같은 신문은 점령군의 즉각적인 철수를 요구하는 공산주의의 슬로건이 한국에서 보여준 바와 같이 이미 만들어놓은 그들의 침략 계획을 은폐하기 위한 기만적 작

---

65 같은 책, p.35ff.
66 같은 책, p.35ff.
67 같은 책.
68 *Neuer Vorwärts*, 1950.6.30, p.4.

전이며, 냉전이 냉전이기를 중지한 데에서 일어난 한국전쟁이 국제적인 발전 과정에서 하나의 새로운 단계를 만들게 되었다고 결론지었다.[69]

6월 26일 ≪하노버 프레세≫는 한국과 독일의 평행성을 강조했다. 양국은 다 같이 생존 능력이 없는 2개의 부분으로 갈라져 있다는 데에서 평행을 이루고 있고 크렘린은 분단된 독일 속에서 서구가 자유세계를 방어할 준비가 갖추어져 있는지에 대해 또다시 시험해보려고 한다고 주장했다. 나아가서는 모스크바가 전 세계에서 군사적 대결을 피하려 하는 반면에 독일의 히틀러와 같이 수시로 서구의 방위 의지를 테스트해서 인민전선을 통해 그들을 정벌하고자 하며, 그리고 그들의 목적 달성의 길이 전혀 막혀 있을 경우에 한해 대전쟁을 일으키려 한다고 했다.[70] 그리고 "한국은 본래 방어의 가치가 없으나 이것은 한국에 국한된 것이 아니라 말레이, 인도차이나, 인도, 이란, 터키, 그리고 서유럽의 방위에 관계된 것"으로 한국은 제2의 뮌헨이 되어서는 안 된다고 논술했다.[71]

7월 14일 이 일간지는 한국의 38°선을 독일의 엘베(Elbe)선이라 했고, 이어 7월 22일에는 독일에서의 한국 전쟁 재현 가능성에 대해 또다시 강조했으며 이 위협이 서독에 주는 심리적인 영향을 분명히 했다. 한국에서의 볼셰비키 침략 전쟁으로 인해 서독인들에게도 이와 유사한 운명이 가능하리라는 데에서 위협을 느끼게 되었다고 했고 − 이 같은 비교는 옳다고 볼 수 없는 것이지만 − 그럼에도 대부분의 사람들을 공포감 속에 빠뜨리게 되었다고 했으며, 3일 뒤 같은 신문은 위협에 대처하는 서구의 정책을 강력히 요구한다고 기술했다.[72] 따라서 유럽에서 재현될지도 모르는 침략의 가능성은 서구 열강에게 그들이 등한시해왔던 군비를 가속화시키고 군을 현대화하는 문제를 불가피하다고 여

---

69 *Neuer Vorwärts*, 1950.7.7, p.1f.

70 *Hanoversche Presse*, 1950.6.26, p.2.

71 *Hannover Presse*, 1950.7.1, p.2.

72 *Hannover Presse*, 1950.7.25, p.2.

기도록 만들었을 뿐 아니라 사회복지의 실현을 희생하면서라도 군사적 약세를 면하게 함으로써 한국에서와 같은 불행의 요인을 제거하는 길을 택하도록 했다.[73]

1950년 7월 하순의 제3차 독일사회주의통일당 대회에 관한 ≪하노버 프레세≫의 해설에서는 소련은 스스로 전쟁에 참여하는 대신 냉전적 시민전쟁과 인민경찰의 강화에 의한 대리전쟁을 통해 독일의 정벌을 준비하고 있고 이로부터 서독은 심각한 위험에 처하게 되었으므로 서구의 강력한 대응조처가 요구된다고 했다.[74] 그리고 이와 같은 대응조처는 7월 28일의 ≪프랑크푸르트 룬드샤우≫에 게재된 워싱턴, 파리, 런던 3정부로부터 지시된 만 명의 서독 입영무장경찰에서 분명히 알 수 있다.[75] 이 밖에도 처칠은 같은 해 8월 11일 구주회의에서 서독이 참여하는 유럽군의 창설에 대해 제안했고, 사민당의 카를로 슈미트는 서독의 방위 참여에 대해 원칙적으로 반대하지 않는다는 입장을 밝혔다.[76]

한국전쟁 발발 당시의 언론계의 반응을 종합해보면 그들이 다양한 가능성과 결과를 추구하고 있었다는 사실을 명백히 해주고 있다. 거의 모든 신문들은 논평을 통해 한국 문제를 다루고 있었다. "오늘 한국에서 일어나고 있는 일은 아마 내일 유럽에서 되풀이될지 모른다"라는 6월 27일의 ≪슈투트가르트(Stuttgart)≫의 기사는 여러 신문의 논평으로부터 받게 된 공포감을 기술한 것이었다. ≪크리스트 운트 벨트(Christ und Welt)≫는 북한 최고인민회의가 주장한 바 있는 한국의 통일 방안과 미 제국주의자들의 축출에 대한 요구를 기술한 바 있는데, 이 같은 주장은 독일 사회주의통일당(동독) 신문의 통일선전 내용을 그대로 받아들인 것이었다.[77]

---

73 같은 글.
74 Kurt Schumacher, *Die Rolle der Volkspolizei*, p.4f.
75 *Frankfurter Rundschau*, 1950.9.28.
76 *Frankfurter Rundschau*, 1950.7.28; Dokumente zur Frage der europäischen Einigung, p.806ff.

≪베스트도이치 룬드샤우≫는 이보다 한 걸음 더 나아가고 있었다. 전체 독일에 대한 가소로운 요구는 그 배경을 살펴보면 서구에 대한 무장침입의 준비에 불과하며 모든 점령군의 철수에 대한 요구가 침략의 제1장이라는 것이 그 내용이었다. 대부분의 신문 논설들은 엘베-베라(Elbe-Werra)선과 38°선과의 차이를 지적했고, 월간지 ≪아우쎈폴리틱(Außenploitik)≫은 독일에서는 세계 최고 열강이 상호대치하고 있기 때문에 한국에서와 같은 대리전쟁은 불가능하다고 보았다.[78] 그리고 ≪프랑크푸르트 알게마이네 차이퉁≫은 한국 주둔군의 완전 철수가 전쟁을 초래한 것이라면서 한국을 보고서 점령군의 철수가 곧 내전(Bürgerkrieg)의 시작이라는 사실을 독일인들에게 말할 수 있다고 했다.[79]

대부분의 신문들은 서방 점령군 특히 미군이 서독에 남아 있는 한 소련이 제3차 세계대전을 일으킬 모험을 하지 않으리라고 보았다. 이러한 이유 때문에 미국은 여하한 경우에라도 서독으로부터 군을 철수시키지 않을 것에 대해 나아가서는 그들의 강화를 요청받게 되었다. 또한 많은 신문들은 점령군의 강화와 함께 이루어지는 안전의 보장만이 가장 시급한 문제라고 했고, 같은 내용으로 ≪라인-차이퉁(Rhein-Zeitung)≫도 적시에 예방하는 것만이 가장 중요한 일이라고 했다. 또한 ≪라인 포스트≫는 미국인들에게 "어째서 남한을 완전무장하지 않았으며 미국의 탱크로 가득 채우지 않았느냐?"라는 질문을 내세우기까지 했다.[80]

다음으로는 서독이 스스로 취해야 할 안전보장 정책에 대해 여러 신문들의 논술을 살펴보고자 한다. 그 가운데 몇 개의 신문들은 아데나워와 같은 입장

---

77   *Frankfurter Allgemeine Zeitung*(FAZ), 1960.6.26.

78   Arnulf Baring, *Außenpolitik in der Kanzlerdemokratie*, H.3(1950), p.165.

79   같은 책.

80   파울 세테는 한국전쟁 발발 3주 후에 승전국들에게는 독일의 재무장에 관한 추측이 마치 기름이 번져나가듯 했다고 밝혔다. *Rheinische Zeitung*, 1950.7.7; Johanna Vogel, *Kirche und Wiederbewaffnung*(1978), p.117.

에서 연방경찰의 창설이 급선무라고 했고, 여타는 조속한 유럽의 단합이 안전보장을 위한 최상의 수단이라고 했다. 6월 25일 이후의 수 주 동안에는 독일의 정규군에 관한 특별한 언급은 없었으나 그중에서도 슈핀들러가 가장 과격한 안을 내세웠는데 연합국의 안전에 대한 보장을 의문시하면서 적어도 독일의 지휘하에 있는 20개의 중무장 탱크 부대의 창설이 필요하다는 내용이었다.[81]

독일의 안전보장 문제로부터 출발해 이후 서독의 방위 참여 논쟁에서 다루어진 여러 정치 문제들은 한국전쟁 발발에 즈음해 여러 신문들의 논평에서 다시 취급되었는데 모든 신문은 본의 정치인들과 같이 최우선적으로 동부의 침략으로부터 서독의 안전보장에 대해 생각하고 있었다. 정치적 안이나 전략보다는 앞으로도 있을지 모르는 침략에 대한 공포감을 해소시킬 수 있는 당면한 조처를 중요시하게 되었다.[82]

이때부터 서독의 안전보장 문제는 국내 정치논쟁에서 제1의 자리를 차지하게 되었다.[83] 이러한 관점에서 수상 아데나워를 중심으로 한 정부와 기민당과 전체 야당의 입장에서 중대한 역할을 한 당수 슈마허와 사민당 사이의 정치적 대결과 논쟁에 대해 다음 장에서 자세히 고찰해보는 것이 매우 의미 있는 일이라고 보아 마땅하다.

2) 서독의 재무장에 대한 아데나워와 여당의 입장

1948년 미국과 소련이 그들의 점령군을 철수했을 당시 38°선이 남북한의 경계가 되었으며 북한의 침략으로 남한은 무방비 상태에서 기습을 받게 되었다.[84] 1950년 6월 25일 북한의 군대가 38°선을 넘었을 때는 이에 앞서 미군이

---

81 *Rheinische Post*, 1950.7.19.

82 G. Spindler, *Der Fortschritt*, 1950.7.21

83 Kurt Schumacher, *Die Rolle der Volkspolizei* p.6f.

84 미국 트루먼 대통령은 6월 27일, 미국의 비행기와 군함으로 한국군을 지원할 것을 지시했다. 그

이미 한국을 떠났을 때였다. 당시의 서구가 남한이 북으로부터 침략을 당했을 때와 마찬가지로 동부로부터의 침입에 대해 전혀 준비가 되어 있지 않았고 한국전쟁에 개입하고 있었던 미국이 또한 재래식 무장 측면에서 심한 약세에 놓여 있었다.[85] 이에 서구는 무방비와 해이 상태에서 야기된 한국전쟁으로부터 다음의 두 가지를 인식하게 되었다.

우선 남침은 무장 수준과 지원의 측면에서 북한의 단독 행위가 아닌 소련의 조정으로[86] 이루어진 것으로 보게 되었다는 것과 미국 핵의 우세에도 불구하고 침략을 저지시키지 못했다는 사실이었다. 한국전쟁에 개입하고 있는 미국으로서 유럽의 분쟁에 대처해나갈 군사력을 소유하지 못하고 있다는 사실과 한국전쟁이 유럽에 주둔하고 있는 미군의 철수를 가져오지는 않을 것이나 나토 동맹국에 약속한 바 있는 군의 강화가 한국전쟁으로 인해 실현할 수 없게 되었다는 사실 또한 중요한 문제로 등장했다.[87] 원자탄으로 모든 전쟁을 저지시킬 수 있다는 신뢰가 헛되게 되자 서구 열강은 조속한 시일 내에 그들의 군을 증강해야 한다고 생각했고, 아데나워는 서독의 안전이란 문제를 독일의 지리적·정치적 상황을 고려해서 외교 정책에 역점을 두어 해결해나가려고 했다. 한국전쟁이 끼치는 경제적인 영향에 대해서는 그가 별로 중요시하지 않았기 때문에 국내외의 압력에도 불구하고 경제 문제는 에르하르트 재무상에게 위임했다.

하지만 재무장이나 연방경찰 창설 문제는 포츠담협정과 점령 조항이란 강력한 외교적 제한을 받게 되었다. 이리하여 아데나워는 서독이 받고 있는 정

리고 극동에서의 공산군의 공격에 대한 확고한 정책을 천명했다. David Horowitz, *Kalter Krieg*, Bd I, p.108f; *Frankgurter Rundschau*, 1950.6.28; Washington(AP), 1950.6.27.

85 UN 안전보장이사회는 수요일 아침에 모든 UN 가입 국가에게 북한의 침입을 저지하기 위해 군사적으로 미국군에 합류할 것을 요청했다. Gerhard Wettig, *Entmilitarisierung und Wiederbewaffnung in Deutschland, 1943~1955*, p.306f; *Frankfurter Rundschau*, 1950.6.29; Lake Success(AP), 1950.6.28.

86 Johanna Vogel, *Kirche und Wiederbewaffnung*, p.117.

87 Lothar Gruchmann, *Das Koreaproblem*, p.17f.

치적·법적 제한을 수정하는 데에 재무장을 수단으로 이용하려고 했고, 유럽의 통합이란 넓은 범위에서 이를 실현하는 방법을 고려하고 있었으며 냉전 속의 국제적 상황을 이용해서 그 해결책을 모색하고자 하기도 했다.[88]

아데나워가 재무장 정책을 추구해가는 데 국내 정치 내에서 합법성을 인정받으려 하지 않고 대외 정책을 지나치게 강조한 것은 한편으로는 1950년 5월 서방 3국이 런던에서 결의한 독일 무장해제 규정과 독일에 관한 국제협정으로 인해 재군비를 공적으로 강행할 경우 정치적인 문제를 야기하게 되기 때문이었다.[89] 다른 한편으로는 재무장 문제가 이미 잘 알려진 바대로 독일 일반인들에게 별로 인기가 없었기 때문이기도 했다.

서구의 안전보장 문제를 다룬 1950년 9월의 뉴욕회담으로부터 12월에 이르기까지 서구 열강은 아데나워의 방위안보 각서(1950.8.29) 내의 요구를 점차로 들어주는 입장을 취하긴 했으나 서독 정부와 아데나워는 대외 정책을 거쳐서 다시 국내에서 투쟁해야 하는 처지에 있었기 때문에 앞으로의 어려움이 클 수밖에 없었다. 이로써 재무장을 반대하는 사람들은 유리한 고지를 점유할 수 있게 되었고 아데나워는 자신에게 불리한 이 문제를 가지고 다시금 자신에게 유리한 입장이 되도록 대처해야만 했다.[90]

이리하여 1950년 9월의 뉴욕회담에 이르기까지의 재무장에 관한 아데나워의 공적 언급은 외교적 목표를 우선에 둔 그의 정책을 토대로 해서 이해·고찰해야 한다고 본다. 아데나워의 안전보장에 대한 요구가 뉴욕 외상 회담에서 미국의 애치슨의 찬성과 영국 외상 베빈의 주저 중의 찬의 표시, 그리고 프랑

---

88 같은 책.

89 *Neue Zeitung*, 1950.8.11. 스트라스부르 유럽의회(Conceil del'Europe)의 연설에서, 처칠은 타민족과 위험을 나누고 힘을 강화하기 위해 스트라스부르에 온 독일인들을 환영한다고 했고 2일 뒤의 연설에서는 서독군이 참여하는 단일체제하의 유럽군의 창설을 주장했다. 이에 대한 본 정부의 반응은 처칠의 안에 대해 쉽게 받아들일 수 없는 일이라며 부정적인 입장을 취했으며 정부는 군사적인 조처에 대해 거부한다고 했다.

90 *Frankfurter Rundschau*, 1950.9.19; Kurt Schumacher, *Die deutsche Sicherheit, Die Sozial-demokratie zur Verteidigung Deutschlands, Hannover 1950*, p.6f.

스 외상 슈만의 원칙적인 반대로 대체적인 승인이[91] 이루어지게 되자 아데나워는 비로소 대외 정책을 중심으로 해왔던 이제까지의 그의 정책을 더 강력히 국내로 전향시킬 수 있게 되었다.

아데나워가 각서를 통해 서구의 방위를 위한 독일의 참여를 제안한 뒤 트루먼 대통령과의 대담에서 독일의 연방의회만이 재무장의 참여에 대한 결정을 내릴 수 있다고 함으로써 재군비 문제는 다시 독일의 국내 문제가 되었다. 그리고 국내 지향적 정책의 강화를 위해 또 하나의 창구가 열리게 된 것은 아데나워가 슈베린 장군을 자신의 안보 고문으로 임명한 것으로부터였다.[92] 이 같은 상황에도 불구하고 아데나워의 서구에 대한 안전보장의 요구와 동독의 인민경찰에 대한 대응 세력으로서의 연방경찰(Bundespolizei)의 요구는 주로 대외 정책의 관점에서 연구되어야 한다고 본다.[93]

이 요구와 관련해서 끊임없이 나타나는 동부로부터의 위협에 대한 강조는 한·독 사이의 가정적 평행성이란 면에서 일반 대중의 불안감을 더욱더 가중시켰을 뿐이었다.[94]

당시의 상황에서는 독일 국민의 전투 의지를 전혀 강화시킬 수 없었으며 "오히려 나 없이"라는 냉담한 태도를 보이고 있었다. 위험에 대한 불안은 독일이 서구 열강의 보호와 지원 약속을 얻는 데 도움이 되었을 뿐이었다.

물론 이것은 아데나워가 서구 열강에 대해 한국전쟁을 오직 선전을 위해서

---

91 뉴욕에 모인 외상들은 유럽·아시아 자유세계의 방위를 가장 시급한 문제로 보며, 이 목적 달성을 위해 다음과 같은 즉각적인 조처를 취한다. ① 서유럽 방위를 위한 단일 전투 병력의 구성한다. ② 서유럽 전투 병력을 강화한다. ③ 방어에 필요한 생산·군비·보급물자 등을 위한 재정적 지원의 촉진 및 확대한다. ④ 상기의 노력에 서독을 참여시킨다. ⑤ 베를린의 국제적 안전보장을 위해 필요한 조처를 취한다. ⑥ 서독과의 전쟁 상태의 종식, 점령규정의 완화, 자유국가 대열의 일원으로서의 서독의 지위회복에 필요한 조처를 신속히 취한다. *Frankfurter Rundschau*, 1950.9.19; Nobert Tönnies, *Der Weg zu den Waffen*, p.79ff.

92 Arnulf Baring, *Außenpolitik in der Kanzlerdemokratie*(1969), p.24.

93 Kurt Schumacher, *Die deutsche Sicherheit, Die Sozialdemokratie zur Verteidigung Deutschlands, Hannover 1950*, p.1f.

94 Nobert Tönnies, *Der Weg zu den Waffen*, p.118.

만 이용했다는 것을 의미하지는 않는다. 전장에서 보는 바와 같이 이보다는 오히려 대부분의 초 지역적 일간지와 주간지와 마찬가지로 국민 대부분이 한국의 사건과 독일의 상황이 유사성과 평행성을 가지고 있고, 그리고 스탈린이 한국에서 보여준 것과 똑같은 행위를 서독에 대해서도 계획하고 있었다고 믿은 것으로 보아야 한다.[95] 한국전쟁의 발발은 극동에서는 별안간의 낙뢰와 같았고 서독에서는 그 근본을 뒤흔들어놓았다.[96] 전쟁이 계속되는 동안 아데나워가 갖게 된 공포감은 소련의 군사적·이념적 위협 자체보다는 서방측 점령군이 동부로부터의 군사적 침입을 방어하게 될 것인지 혹은 인민경찰과의 분쟁에 개입하려고 할 것인지, 혹은 소련에 대해 원자탄을 투입할 준비가 되어있는지에 관한 문제가 더 중요했다.[97]

만약 그렇지 않을 경우라면 서독은 전혀 무방비한 가운데 인민경찰의 수중에 들어가게 된다는 것이었다. 따라서 한국전쟁은 여타의 문제나 이해관계를 떠나서 서독에게 무엇보다 안보 문제를 제시하게 되었다. 그리고 서독의 안전은 동독의 인민경찰과 소련에서 교육을 받은 뒤 서독의 평화와 질서를 교란시키고 서독의 산업 시설을 파괴할 목적으로 서독에 잠입해 들어온 공산 진영의 제오열[98]의 대응 세력인 서독연방경찰의 창설이 이루어져야만 가능하다는 인식이 힘을 얻었다.

아데나워는 한국전쟁을 통해 활기를 되찾게 된 서구 안전보장 문제가 서독의 정치적 지위를 개선하고 자신의 정치적 목적의 달성을 위해 유리한 기회를 제공하고 있다고 생각했으며,[99] 이를 위해 악화일로에 있는 국제 분위기 속에서 동구의 일반 상황과 군사력을 과장해서 선전하기 시작했다. 그는 "30개 사

---

95 같은 책. p.6f.

96 *Frankfurter Rundschau*, 1950.9.2, p.1f.

97 Gerhard Wettig, *Entmilitarisierung und Wiederbewaffnung in Deutschland, 1943~1955*, p.331.

98 Nobert Tönnies, *Der Weg zu den Waffen*, p.73.

99 Arnulf Baring, *Außenpolitik in der Kanzlerdemokratie*, p.73f.

단 병력(실제보다 3분의 1이 더 많은 수)과 15만 인민경찰(연합국이 밝힌 5만 명보다 훨씬 많은 수)이 소련 점령 지역에 주둔하고 있다"라고 경고했다. 아데나워가 이 같이 동구의 군사력을 러시아인에 대한 공포감으로 승화시킨 배경에는 그의 과격한 반공사상이 자리를 하고 있는 것이지만 회고록에서는 재무장의 동기에 관해 다음의 세 가지를 들고 있다.[100]

① 재무장의 결과로서 얻게 되는 주권 회복, ② 소련 지역의 군비 강화에 대한 안전보장, ③ 유럽동맹체의 구성. 이리하여 한국전쟁의 효과는 과거 아데나워가 가지고 있었던 정책과 구상에 어떠한 구조적, 내용적 변화를 가져다준 것이 아니라 이미 존재하고 있었던 요인들을 강화하는 데 이용되었다고 볼 수 있다.[101] 그러므로 아데나워가 가지고 있는 위협에 대한 상상을 과소평가하거나 그의 장기적 목표의 변경에 대해 생각하는 것은 옳지 못할 것이다. 다시 말해, 한반도의 위험을 전후로 아데나워 정책은 연속성을 띠어왔다고 보는 것이 타당할 것이다.

아데나워 자신에게 유리하게 내외의 정치적 구조에서 재무장이 정치적 평등이란 관점에서 다만 수단적인 성격을 지니고 있다는 생각은 그에게서 한순간도 떠날 수 없었을 뿐 아니라[102] 이 정책이 목표하는 바를 점차 더 강화시키게 되었다. 베버(A. Weber)는 이제 놓쳐서는 안 될 새로운 역사의 흐름이 시작되었다고 말했으며, 우리가 진정 자유와 평화를 누리기를 원한다면 우리가 재군비를 통해 서구와 결합하는 이외의 다른 길이 없다고 주장했다.[103] 이로써 한국전쟁은 이론적으로 가정해내지 않은 실제적인 위협이란 점에서 결여된 당위성을 부여해주었다.

---

100 Konrad Adenauer, *Erinnerungen 1945~1953*, p.345.

101 Arnulf Baring, *Außenpolitik in der Kanzlerdemokratie*, p.73f.

102 Kurt Schumacher, *Die deutsche Sicherheit, Die Sozialdemokratie zur Verteidigung Deutschlands, Hannover 1950*, p.8f.

103 Die Rede Adenauers auf dem Bundesparteitag der CDU in Goslar(고슬라르 기민당 전당대회에서의 아데나워의 연설, 1950.10.20~22).

아데나워는 또한 "한국전쟁이 그의 정책을 위해 갖게 되는 의미를 자신의 정책을 부인하는 국내외 사람들에게 한국의 위험을 강조함으로써만이 그의 정책이 순수한 책략이며 원칙이 없는 상황의 이용이란 비판을 막을 수 있다"라고 강조하기도 했다.[104]

안전보장 정책과 정치적 평등, 즉 주권 회복 정책이 동일한 방향을 설정하고 있는 과정에서 1950년 여름과 가을에 아데나워의 재무장 정책은 성과를 거두게 되었다. 독일의 국내 정세가 한국과 유사해지며 또한 군사적 상황이 한국과 전(全) 지상에서 서구에 불리하게 되자 이에 비례해서 서구 열강에 대한 그의 지위가 향상한 것이다. 이로부터 아데나워에게는 안보와 연방경찰[105]에 관한 문제 그리고 내외 안보의 상호 관계 및 그 문제점에 대해 재론할 가능성과 필연성이 주어지게 되었다. 이러한 상황에서 6월 27일 서독 수상은 서독의 안정에 대한 서구 열강의 보증을 서방측 고등판무관들에게 요구했다.[106] 물론 이 안전보장 문제는 한국전쟁과의 관련 속에서 비롯된 것이 아니라 1949년 가을에 서독의 재무장 문제와 밀접한 관계를 가지고 있는 것이었다.

한국전쟁이 일어났을 때 독일의 여론은 재무장을 반대하고 있었다. 하지만 시간이 경과하고 동부와의 분쟁 위험이 확대됨에 따라 여론의 향방은 완전히 뒤바뀌었다. 그러나 아데나워의 안보 각서가 매클로이를 통해 뉴욕 외상 회담에 제출되는 시점에서도 무장의 반대는 여전히 존재하고 있었다. 아데나워는 8월 23일 기자 회견에서, 포츠담협정과 서독·서구 열강 사이의 합의 내용에 따른 서독의 안보 문제는 한국전쟁 이후의 상황에서는 내외 안정의 입장에서 생각되어야 한다고 주장했다. 다시 말해 그는 외적 안정은 서구 열강에 관

---

104 같은 글.

105 연합국 고등판무관들이 1950년 7월 28일에 1만 명에 해당하는 여러 주의 단일화된 연방입영경찰대를 승인한 뒤 연방 내무부는 여러 주와 더불어 그 유형에 대해 논의해야만 했다. Gerhard Wettig, *Entmilitarisierung und Wiederbewaffnung in Deutschland, 1943~1955*, p.353ff.

106 Konrad Adenauer, *Erinnerungen 1945~1953*, p.387ff.

한 사항이요, 대신에 국내의 안정은 독일의 안보경찰에 의해 이루어져야 한다는 사실을 다시금 강조한 것이다.[107]

나아가 아데나워는 안보경찰을 모든 주에 존치해야 한다고 말하면서 모든 주의 지방경찰은 동부의 인민경찰의 대응 세력으로서 좀 더 강화되어야 한다고 주장했다. 이후 아데나워가 8월 27일의 각서에 대한 구체적인 답변에서 고등판무관들에게 외적 안정에 관해서는 소련에 대한 안보를 생각하고 있고, 내적 안정에 관해서는 소련 점령 지역에 대한 안보를 생각한다고 말함으로써 앞으로 창설하고자 하는 연방경찰의 임무는 군대와 유사한 기능을 갖게 되었다.[108]

한국전쟁과 1950년 7월의 동독 공산당 제3차 당 대회로 인해 공산주의의 위협이 날로 심각해지는 상황에서 아데나워는 서독이 제2의 한국이 되지 않도록 하기 위해 그리고 연합국이 참여할 수 없거나 참여하지 않으려 할 경우를 감안해서 전투에 참여할 국방력을 갖추어야 한다고 했다.[109]

얼핏 보기에는 자발적이 되겠으나 내용적으로는 소련의 지령을 받은 괴뢰에 불과한 동부의 인민경찰이 한국전쟁에서와 같이 진격해 올 경우 이 침입은 외형상 독일 문제이나 실제 두 진영 사이의 분쟁이란 점에서 아데나워는 서구 열강이 안전보장이 아니면 연방경찰 가운데 하나를 택할 것을 주장했다.[110] 안전에 대한 보장은 단기적으로는 인민경찰과 소련이 서독으로 침입해 들어오지 못하도록 위협할 수 있으나 장기적으로는 그와 같은 공격에 대비하는 서구의 방위 능력을 높일 수 없다는 이유 때문에 아데나워는 서독의 한국화 또는 이로부터 생기는 제3차 세계대전의 위험이 있는 것으로 보았으며 이와 같

---

107 Kurt Schumacher, *Die deutsche Sicherheit, Die Sozialdemokratie zur Verteidigung Deutschlands, Hannover 1950*, p.5f.
108 같은 책.
109 같은 책.
110 같은 책.

은 위험이 단순한 안전보장을 통해 방지될 수 없는 것으로 보았다.[111]

군사적 측면에 관한 그의 견해는 우선은 미국의 원자탄의 위협으로 소련의 공격이 예상되지 않지만 그러나 원자무기 측면에서 소련의 후진성이 극복되는 시점에서는 위험의 요소가 탈락되어 동부의 인민경찰의 침입이 가능한 것으로 보았다. 그는 이러한 동서 대립에서 서독의 생산 잠재력은 매우 중요한 것이며 때문에 서독의 보호는 서독뿐 아니라 전 서구의 관심사가 되어야 하며 따라서 연방경찰의 창설이 시급하다고 했다.[112] 그는 연방경찰의 창설이 단기적으로는 인민경찰에 대해 방위의 역할을 하게 될 것이고 장기적으로는 유럽 내의 서부 군사력을 강화시키는 역할을 하게 될 것으로 보았으며, 두 진영 사이의 완충지의 역할을 하게 될 연방경찰의 창설만이 독일이 그 전장이 될 새로운 세계대전을 방지할 수 있는 것으로 생각했다.[113]

그는 동독의 인민경찰에 대한 대응 세력으로서의 연방경찰안을 가지고 의식적으로 경찰과 군대의 한계선을 지웠고 또한 내적, 외적 안정에 관한 경계선도 없애버렸다. 그가 요구한 연방경찰이란 인민경찰에 대한 대응 세력으로서만이 필요한 것이고 약세의 독일공산당(KPD)에 대항하기 위해서는 지방경찰로서 족한 것으로 보았다. 또한 그는 인민경찰을 위장된 군부대라고 칭했으며, 동시에 소련 지역 내의 상황의 발전에 따라 군비를 갖추게 될 연방경찰을 요구했다.[114]

한국전쟁이 발발한 뒤에 미국과 영국의 허락을 얻어 향토군 본부에서 군사 분야를 담당했던 퇴역 장군 슈베린 백작이 방위 의무규정의 누설[115]로 말미암아 해임된 사실에서도 그 중심점이 군사적인 영역으로 옮겨지고 있었음을 볼

111 Konrad Adenauer, *Erinnerungen 1945~1953*, vol.I, p.252f.
112 Gerhard Wettig, *Entmilitarisierung und Wiederbewaffnung in Deutschland, 1943~1955*, p.332f.
113 같은 책, p.353.
114 같은 책.
115 Arnulf Baring, *Außenpolitik in der Kanzlerdemokratie*, p.24f.

수 있다.[116] 슈베린이 서독의 안보에 관여하게 된 것은 영국의 고등판무관 로버트슨 장군이 런던 서방측 외상 회담의 결과에 따라 1950년 5월 16일 슈베린에게 서독의 안보를 위해 어떠한 계획을 수립할 수 있다는 데에 동의한 때부터였다. 이후 서독의 방위 참여를 중심으로 서독의 군사 문제와 긴밀한 관계를 맺게 된 슈베린 장군은 영국의 추천으로 아데나워의 안보담당고문으로 임명되었다. 슈베린의 임무는 국내의 안정을 도모하는 제반 업무 외에 전복 기도, 소요, 무장봉기에 대처할 수 있는 계획을 수립하는 일이었다.[117]

이 밖에도 슈베린 사무국은 우선 1만 명에 해당하는 연방경찰을 창설하는 계획에 참여했다. 연방경찰의 창설은 연방내상의 지도하에 이루어지도록 되어 있으며 슈베린은 협력을 위해 특수사절만을 파견하기로 되어 있었다. 내상 하이네만이 연방경찰의 임무는 국경수비대와 같은 순수한 경찰의 성격을 가져야 한다고 강조한 데 반해 슈베린과 아데나워는 연합국과 소련 사이의 긴장의 악화를 내세워 경찰이란 이름 아래 최초의 독일 군부대의 간부를 양성하려고 했다.[118] 이와 관련해 언론인 슈핀들러는 서독에 대한 미국의 안전보장 약속은 한국전쟁에서 볼 수 있는 바대로 한 장의 종이에 불과한 것이며,[119] 이 때문에 모든 분쟁에 대비해서 독일군의 창설이 필요하다고 주장했다. 따라서 아데나워에게는 한국전쟁이 서구연합국에 대해 결정적인 논거가 될 수 있었고 그는 한국의 사건과 독일이 처한 상황의 평행성을 강조해 서독의 안정에 유리하면서도 즉각적인 보호조처가 이루어지도록 하려 했다.[120]

---

116 한국전쟁이 일어난 뒤 아데나워는 슈베린이 [뒤에는 슈파이델(H. Speidel) 장군에게] 연방경찰 강화의 안보다 한 걸음 더 나아가는 독일안보에 관한 안을 제시하도록 했고, 1950년 8월 중순에는 수상에게 슈파이델의 재무장안이 제시되었다[슈베린(Graf Schwerin)은 부여받은 임무 이상의 업무수행과 비밀누설의 책임 때문에 해임되고 말았다]. Nobert Tönnies, *Der Weg zu den Waffen*, p.95; Johanna Vogel, *Kirche und Wiederbewaffnung*, p.119.

117 같은 책.

118 같은 책.

119 G. Spindler, *Der Fortschritt*, 1950.7.21.

120 Gerhard Wettig, *Entmilitarisierung und Wiederbewaffnung in Deutschland, 1943~1955*,

여기서 그는 유럽의 안보에 대한 서독의 참여를 가능한 한 유사 군부대를 벗어난 일반군의 차원으로 높이고자 했다. 그 유리한 시점으로서 아데나워는 자신이 스위스로부터 귀국한 후인 8월 중순으로 보았으며, 본에 돌아온 뒤 즉시 이 분야에서 활발한 활동을 전개시켰다. 연방 수상은 먼저 그의 ≪뉴욕 타임스≫와의 회견에서 서독이 처하고 있는 상황을 중공과 소련의 지원을 받은 북한군이 불과 몇 주 안에 부산까지 진격해 내려갔다는 사실과 비교하면서 방위군의 규모와 병력은 소련 지구의 인민경찰의 것과 대등해야 한다고 주장했다.

그의 회고록에 의하면 아데나워는 8월 17일 고등판무관들에게 2개의 요구 사항을 제시했다. 하나는 서독인들을 공산주의 위협으로부터 그대로 방치해 두지 않겠다는 서구군의 일대 시위를 통해 서독인을 안심시킬 것과 다른 하나는 1951년 봄까지 소련 점령 지역의 군의 대응 세력으로서 서독의 방위 부대 또는는 국방군의 창설을 제시한 것이다.[121] 독일의 저명한 학자 에른스트 놀테 교수는 독일의 재무장 문제에 관한 서술에서 아데나워가 8월 18일의 ≪뉴욕 타임스≫와의 기자회견에서는 경찰 안을 제시했으나 뉴욕 외상 회담에 제출할 8월 29일의 안보 각서에서는 군의 안으로 쉽사리 자신의 입장을 바꾸었다고 했다. 놀테 교수는 또한 아데나워가 군을 통해서만이 서독이 여타 국가와 동등하게 될 수 있다고 보았고, 봉쇄 정책 뒤의 제2의 자리에 독일 통일을 생각하고 있었다고 했다.[122]

그러나 당시 아데나워의 정책 노선에 두 개의 노선이 있었다기보다는 최소·최대의 요구로 보아야 하고 경찰 안이 독일군의 유럽군 참여와 후일의 연방국경수비대로 명백한 구분이 이루어지게 된 것이다. 아데나워의 관심이 경

---

p.322.

121 같은 책, p.33ff. 아데나워는 이에 필요한 군사력으로서 최대한 15만 의용군을 제시했는데 소련 점령 지역의 재군비와 동베를린으로부터의 서독의 해방선언을 근거로 제시했고 1만 명의 지방경찰은 완전히 불충분한 것이라고 했다.

122 Ernst Nolte, *Deutschland und der Kalter Krieg*, p.289.

찰보다는 유럽의 방위를 위한 유사 군부대[123]에 더 관심이 많았다는 사실은 수상이 서방 열강과의 협상·논쟁의 과정에서 한국이란 개념을 도입한 자세에서 찾아볼 수 있다.

아데나워는 서독의 안전이 연합국에 의해 보장되지 않는 한 이를 보장하기 위해 독일의 군부대를 이용할 것을 고려하고 있었다.[124] 또한 그는 도처에서 비참한 상황이 전개될 뿐인 불행한 한국의 운명이 우리의 운명이 될 것이기 때문에 동부로부터의 위협에 대한 효과적인 보증만이 독일 국민들에게 공산주의에 대항할 수 있는 사기를 북돋아주게 될 것이며 다른 모든 조처의 전제 조건이 될 수 있을 것이라고 말하기도 했다.

독일의 우려에 대한 이해라는 배려에서 그리고 서독 국민의 심리적 안정을 도모한다는 입장에서 워싱턴은 안전을 보장한다는 말로 반응을 보였고 독일에서 인기가 높은 클레이 장군에게 독일을 친선 방문하도록 했으며 아시아의 전쟁이 장기화됨으로써 독일인의 불안이 더욱 커지게 되자 아이젠하워를 나토 군사령관으로 임명했다.[125] 나아가서 아이젠하워는 나토 군사령관으로 임명된 뒤 독일군을 히틀러 폭력 정권과 동일시한다고 했던 자신의 과거의 발언을 취소하고 독일군의 명예를 회복시켜주는 문서에 조인하기까지에 이르

---

123 전술한 바와 같이 연합국 고등판무관들이 1950년 7월 28일에 여러 주의 연방경찰안을 허락했으나 이후 서독 제 정당과 서독·서구 열강 사이의 협의 과정에서 연방경찰의 성격이 점차적으로 연방군의 개념으로 탈바꿈했다. 이리하여 1950년 10월에 이르러서는 뉴욕회담의 결의에 따라 서독연방국의 협상안으로 이용할 안을 만들고자 군부대안을 고려하고 있었고, 자신의 안보담당관 슈베린에게 독일 군부대의 창설을 위한 군전문가들의 제안을 받아들이도록 했으며, 10월 5~9일까지 히메로드(Himmerod Eifel)수도원에서 슈파이델·호이징거(A. Heusinger) 장군이 참여한 가운데 독일군 비밀회의를 개최한 바 있다. 히메로드(Himmerod)안은 과거 슈파이델안을 기초로 했으며, 토의의 결과는 '서구의 방위를 담당할 국제 전투력에 포함될 서독 군부대의 창설에 관한 각서'로서, 이 문서의 저자는 슈파이델·호이시만(Heusimann)·포레르치(Forertsch) 등이 있다. Gerhard Wettig, *Entmilitarisierung und Wiederbewaffnung in Deutschland, 1943~1955*, p.362.

124 같은 책, p.322.

125 Harry S. Truman, *Memoirs*(Garden City, 1956), p.282ff.

렀다.[126]

그러나 아데나워는 서독의 방위군이 보호의 임무를 스스로 위임받지 못하는 한 한국의 운명을 피할 수 없다고 말하며 보장에 대한 표시로서 점령군의 추가배치를 요구했다. 이로써 한국은 서구 열강의 독일에 강력한 방위군의 파견 및 군의 강화가 미국이 한국, 말레이, 베트남에 개입해야 하는 문제로 곧바로 이루어질 수 없다는 사실에 대해 자인하도록 했다. 이리하여 그는 이 문제는 오직 군사적인 성격을 띤 것으로서 서유럽의 내에서 해결되어야 한다고 보았고 서독은 이로부터 제외될 수 없는 일이라고 했다.[127]

더불어 아데나워는 스탈린이 서독에서도 한국에서와 똑같은 계획을 세우고 있고 다음 몇 개월 동안에 소련 점령 지역 정부로부터 물러서게 될 것이라고 말하기도 했다. 이것은 이 정부가 행위의 자유를 가지고 있다는 점을 과시하기 위한 것이며 머지않아 스탈린이 소련 지역 인민경찰을 이용해 무방비 상태인 서독을 침입할지도 모른다는 것을 경고한 내용이다.

또한 그는 인민경찰이 국경선을 넘어설 경우 한국에서와 마찬가지로 독일만의 문제로 해석되어 미국은 원자무기를 사용하지 못하게 될 것이며 이러한 상황에서 서구 열강은 싸워보지도 못한 채 서독을 인민경찰에 넘겨주게 되거나 자신의 군사개입으로 제3차 대전의 위험을 불러일으키게 될 것으로 보고 있었다.[128] 열강의 필사적인 대립을 가져오게 될 이 문제의 해결을 위해 아데나워는 인민경찰을 저지하기에 충분한 힘을 갖게 될 서독 연방경찰의 창설안을 제시했다.

연방경찰안은 한국 때문에 그리고 한국에도 불구하고 당시의 상황에서는 유럽의 방위에 서독이 참여할 수 있는 유일한 형태였다. 그럼에도 물론 확대는 가능한 것이었다. 이러한 가능성으로부터 아데나워는 경찰의 생각으로부

---

126 *Neue Ruhr-Zeitung*, 1951.1.25.
127 *Frankfurter Rundschau*, 1950.8.23.
128 같은 책.

터 군의 생각으로 전환하기가 매우 쉬운 일이라고 보았다.[129] 이 추이는 책략적인 성격을 띠고 있었으며 위협을 당하고 있는 상태에서 나온 것이었다. 1950년의 여름과 가을에 아데나워는 구체적인 안이나 여타의 견해를 내세우지 않았으나 한국에서 받은 인상으로 서구에 일기 시작한 방위군 중심의 서구의 재무장 계획을 좀 더 구체화했다.

또한 아데나워는 야당이 내세운 방위군에 대한 지나친 요구가 자신의 지위를 약화시키는 데 영향을 미치지 않도록 했을 뿐 아니라 오히려 서구 열강과의 협상에 이를 이용해서 더 많은 것을 얻을 수 있었다. 그는 자주 페테르스베르그에서의 고등판무관들과의 대화 중에 사민당의 태도에 대해 언급했으며 아데나워가 아닌 슈마허가 그들을 얼마나 놀라게 하는 것인지 알도록 했다.[130] 그는 여기서 서독의 방위 참여에 지나친 요구 조건을 내세우는 것은 연합국의 분노를 사게 될 것이라 하여 그리고 슈마허의 주장대로 독일이 재무장한 뒤 독립적 정책을 추구해나아갈 것이라는 인상을 주지 않도록 하기 위해 회피적인 입장을 취했다.

그의 한국 선전은 당시의 상황에서 자신이 제출할 수 없었던 공적이고 구체적인 안을 서구 열강으로부터 내놓게 하겠다는 기대 속에서 서방 국가들에게 착상과 논거를 제시하는 것일 뿐이었다. 특히 한·독 사이의 평행적 관계라든가, 인민경찰의 심각한 위협이란 면에서 서구가 아데나워의 논거에 찬동하는 한 유럽방위에 참여해야 한다는 그의 사고가 큰 비중을 차지하게 되었다. 이리하여 이 문제에 관여하고 있는 정치가와 정부들이 서구의 방위에 서독이 참여한다는 데 찬성하는 쪽으로 접근할수록 이와 비례해 서구 열강 측에 한·독 사이의 평행성과 인민경찰의 위협이 더욱 강조된 사실이 뚜렷이 나타났다.[131]

---

129 Ernst Nolte, *Deutschland und der Kalter Krieg*, p.289.
130 Konrad Adenauer, *Erinnerungen 1945~1953*, p.373f.
131 Gerhard Wettig, *Entmilitarisierung und Wiederbewaffnung in Deutschland, 1943~1955*,

그리고 이 같은 뚜렷한 강조는 부수상인 빌더무트(Wildermut)의 "만약에 유럽의 물적 자원과 2억의 인적 자원과 거대한 산업 시설이 러시아의 세력권에 들어간다면 미국의 자유와 독립이 수년 내에 크게 위협을 받게 된다"라는 주장에서도 분명히 드러나고 있다.[132]

아데나워의 논거가 뉴욕회담에서 공적으로 승인되었고 최종의 코뮈니케에서 받아들여짐으로써 결정적인 발전을 위해 진일보하게 된 것이다. 뉴욕에서 서구 방위의 서독 참여 및 연방경찰에 관한 구체적인 결의가 이루어지지는 않았으나 그의 각서의 요구가 대부분 인정되었다는 점에서 서독이 점령국에서 자유국가로 넘어가는 과정에서 기꺼운 일보를 내디뎠다고 평하게 되었다.

이러한 상황에서 연방 수상은 수동적 태도 대신에 정치적인 기회가 주어진다면 이를 유익하게 이용할 줄 알아야 한다는 적극적 입장을 취했다. 동시에 아데나워는 사민당의 반대론자들에 비해 신중한 태도로 임했다. 즉, 그는 슈마허가 주장한 바 있는 서독의 정치적인 평등권에 대해서도 일거에 달성시킬 수 있는 것이 아니라 점진적으로 얻어질 수 있는 것으로 보았고, 연합국으로부터 재빨리 승인을 얻어내는 것보다 서독이 여타 국가들의 신뢰를 회복하는 것이 더 중요한 것으로 보았으며 이러한 기초 위에서만이 동등권의 회복이 가능하다고 보았다. 그리고 슈마허가 전제조건이 이행되지 않은 한에서는 서구의 방위에 서독이 참여할 수 없다는 입장을 취한 데 대해 아데나워는 사민당과 무관하게 단독으로 대처하기로 했다.[133]

이러한 성공으로 아데나워는 국내 정치 측면에서도 그의 재무장 정책의 심각한 필연성을 새삼 강조할 수 있게 되었다. 뉴욕회담 후인 9월 24일에 아데나워는 매클로이에게 군부대의 창설을 위해서는 독일의 여론과 분위기의 조성이 필요하다고 했다.[134] 그때까지 아데나워는 그의 재무장 정책이 국민의

---

p.320ff.
132 같은 책.
133 같은 책, p.325f.

지지를 얻을 수 있도록 국내 정치 측면에서의 계몽 활동에는 별다른 노력을 기울이지 않고 있었다.

그뿐 아니었다. 아데나워는 당과 내각의 지지를 얻기 위해서도 별다른 노력을 하지 않았다. 그 대신에 외부로부터의 압력 즉, 서구의 방위에 서독이 참여해야 한다는 연합국 측의 요구를 통해 그들을 자기편으로 끌어들이려고 했다.[135] 그러나 1949년 말 독일연방의회에서 모든 정당이 한결같이 점령 조항의 조건하에서는 독일군을 상상할 수 없는 일이라 하여 적극 반대하는 입장을 취했기 때문에 당과의 관계에서 크나큰 장벽에 부딪히게 될 것은 자명한 일이었다.

먼저 연방의회의 각 당이 내세운 입장을 보면, 중앙당 의원단은 재무장이 과거의 군 지배를 재연할 가능성이 있고 민주주의에 대한 위험 세력이 될 수 있기 때문에 분명히 반대한다고 했다[136]. 바이에른당은 정치적 평등, 독일군의 명예 회복 등의 전제조건 아래 원칙적으로 방위 참여에 찬성한다는 입장을 밝혔으며 전독난민동맹은 볼셰비즘에 대항하기 위한 방위력의 강화를 목적으로 하는 서독의 재무장은 꼭 필요한 것이지만 평화조약과 난민을 중심으로 한 사회 안정이 먼저 이루어져야 한다고 했다.[137]

나아가 여당인 자민당 의원단은 독일의 방위 참여의 필요성을 인정할 뿐 아니라 3당(CDU, FDP, DP)연합의 대표가 스트라스부르에서 찬성한 독일의 방위 참여를 재확인해야 한다고 했다. 그러나 의원단은 무조건 항복 정신의 추방, 정치적 평등의 재건, 점령 조항의 폐기, 경제 정책 제한 완화 등을 전제 조건으로 내세웠다.[138] 그리고 메르카츠(Merkatz)는 독일당을 대신해 방위의 의

---

134 Konrad Adenauer, *Erinnerungen 1945~1953*, p.373f.
135 같은 책.
136 Nobert Tönnies, *Der Weg zu den Waffen*, p.105.
137 같은 책.
138 같은 책, p.108.

무가 정당방위라는 입장에서 기본법과 일치하느냐가 문제임을 주장하며 이에 대해 긍정적인 입장을 취했다.[139]

아데나워는 의회에서와 마찬가지로 내각과의 관계에서도 큰 어려움에 봉착하게 되었다. 연방 내상 하이네만(기민당)은 신문 ≪스팀메 데어 게마인데(Stimme der Gemeinde)≫에서 "독일인들은 세계열강이 무장하도록 유인해서는 안 되며 만약 그렇게 하지 않을 경우에 다음의 세계대전을 짊어지는 결과를 초래할 것이다. 독일의 평화 정책은 동부와 서부의 희망을 고려해야 한다. 동부와 서부는 세계열강의 진군을 저지시켜야 하는 가운데 독일인들이 서로 적대시하는 가운데 무장하도록 하고 있다"[140]라고 함으로써 서구 진영 내에서의 서독의 재무장을 반대한다는 입장을 확실시했다.

물론 아데나워가 서독의 방위 참여 문제를 가지고 내각 내에서 여당의 완전한 지지를 받고 있지 못하는 입장에서 야당 측이 재무장을 반대하는 것은 너무나 당연했다. 사민당의 에를러(F. Erler)는 독일 국민의 신경을 괴롭히는 것은 러시아의 위협적인 선전뿐 아니라 서구로부터의 압력과 공포이기 때문에 독일인들은 동부와 서부의 압력에 대해 다 같이 저항해야 하며 냉정한 두뇌가 필요하다고 역설했다.[141] 연립내각 내에서는 슈트라우스(F. J. Strauß)의 지휘하에 심지어는 하나의 반대당까지 성립되기까지 했다. 한국의 사건에 관해 내각의 입장에 관한 상세한 정보가 결여되어 있으나 남아 있는 몇 가지 증거에 의하면 아데나워의 견해와 대부분의 내각의 견해 사이에는 상당한 불일치가 존재하고 있었다.

그러나 이것은 전체적으로 보아 근본적인 것이라기보다는 정략적인 성격을 띠고 있었던 것으로 볼 수 있다. 이 밖에도 7월 4일 수상 관저 신문 대변인

---

139 같은 책, p.107f.
140 *Frankfurter Rundschau*, 1950.11.3, p.1f; W. G. Heinemann, *Denkschrift für deutsche Sicherheit*, 1950.10.13.
141 같은 책.

뷔스(Böx) 박사는 한국전쟁 발발 직후 내각 내에서는 한국이란 이름이 전혀 등장한 바 없다고 말했으나 이것이 한국에 전혀 관심이 없다는 것을 의미하지는 않았다. 이 같은 설명은 당시의 경제장관 에르하르트의 언급, "내각의 입장은 한국전쟁 발발 직후까지 적용된다"라는 말에서 다시 입증되고 있다. 마찬가지로 다수의 지도적 정치인들과 자민당 의원들 또한 한국전쟁에 대한 평가를 섣불리 하지 않겠다는 입장을 밝혔다.[142] 내각과 자신의 견해 차이를 믿고 있었던 아데나워는 그의 재무장 안을 의회 내에서 서구 열강의 헤게모니적 명령으로서 달성하고자 했다.

이리하여 아데나워는 7월 중순에 서구 열강이 독일 재무장에 관해 어떠한 결정을 내리도록 하겠다는 결의를 표했다. 7월 21일 그는 연방 대통령 호이스와 함께 독일의 안전보장을 요구하는 수상의 친서를 휴대한 사절을 트루먼 대통령에게 보낼 계획을 세웠을 뿐 아니라 재무장이 허락될 경우 이에 요구되는 사항을 연구하도록 빌더무트 장관을 통해 슈파이델(H. Speidel) 장군에 지시한 바가 있었다.[143]

이와 함께 연방 수상은 각료들이 방향을 전환해 자신의 입장을 지원하도록 하는 데 사용하기 위해 서독이 어느 정도의 위험에 처해 있는가를 조사 연구하도록 했다. 슈베린 사무국이 맡은 첫 임무 중의 하나는 동독의 적군과 인민경찰에 대한 정보를 수집하는 일이었다. 상세한 정보가 담겨 있는 8월 29일의 안보 각서에 직면해서 각료들은 경악과 당혹을 금치 못한다는 반응을 보였다. 군사적인 면에서 서독이 처하고 있는 상황을 독일 역사상 가장 위험한 경지에 이르고 있다고 했으며 서독이 친서구 노선을 택했음에도 불구하고 서구 열강은 서독을 대등한 동반자로 받아들일 준비가 전혀 되어 있지 않다고 했다. 끝으로 그는 서방 측 열강이 점령 조항을 포기할 것과 동시에 완전한 군사적 평

---

142 *Kölnische Rundschau*, 1950.8.25, p.1.
143 Johanna Vogel, *Kirche und Wiederbewaffnung*, p.120. 아데나워는 빌더무트 장관에게 슈베린 (퇴역 장군) 각서의 내용을 밝힐 것을 명했다.

등의 실현에 대해 주장했다.[144]

이 보고서로부터 깊은 인상을 받은 내각의 대부분의 각료는 비록 그들이 한국전쟁에 대해 달리 해석하고 재무장 문제에서 아데나워의 추진 방식을 전적으로 지지하지 않을지라도 아데나워를 지원하기로 결의했다.[145] 같은 해 8월 안전보장 문제와 한국전쟁의 반향이란 문제에 대해 의회에서 집중적인 토의가 시작되었을 때 또다시 서로 다른 여러 개의 관점이 등장했다. 전체 각료 가운데에서 무장에 대해 전적으로 찬성하는 사람은 하나도 없었다. 안보 각서의 작성과 전달 양식에서 수상의 지나친 전제적 행위는 각료들이 차후에 승인하도록 했으며, 찬성하지 않을 경우 내각으로부터 제외시키겠다고 했다. 재무장 문제에서 근본적인 견해 차이는 내상 하이네만과 아데나워 사이에만 있었기 때문에 여타의 각료들은 8월 31일 추가로 안보 각서에 담겨 있는 내용을 승인하게 되었다.[146]

하이네만은 서구와 동구의 어떤 나라도 통일되고 재무장된 독일을 바라고 있지 않으며 소련의 지나친 약세로 소련으로부터 공격의 위험은 존재치 않을 뿐 아니라 독일의 안전은 서구 열강에 의해 충분히 보장될 수 있다고 했다. 비록 하이네만이 분명히 친서구적·반공산주의적 입장을 취하고 있었으나 서독의 재무장은 독일 문제 해결을 위해 오히려 불필요한 장애 요인이 된다고 보았으며 서독의 서구와의 정치적 통합은 독일의 평화적 통일을 환상에 빠뜨리고 말 것이라고 경고했다.[147] 오직 기민당 소속 하이네만[148] 내상만이 장관 사임으로 위협할 뿐이었고 대부분이 아데나워의 정책 노선에 찬성함으로써 연방 수상은 대외 정책에서 자유로워졌다. 이와 동시에 이것은 아데나워의 친

---

144 *Frankfurter Rundschau*, 1950.10.30; Gerhard Wettig, *Entmilitarisierung und Wiederbewaffnung in Deutschland, 1943~1955*, p.321f.

145 *Kölnische Rundschau*, 1950.8.25, p.1.

146 *Frankfurter Rundschau*, 1950.11.3, p.1f.

147 Johanna Vogel, *Kirche und Wiederbewaffnung*(1978), p.128.

148 퇴임 후 전 독일국민당을 창설하고 1957년 사민당으로 당을 옮겼다. 1969년에 대통령이 되었다.

서구 정책에 반대해온 그리고 그의 당내 지도권을 회의의 경지까지 몰고 간 당내의 모든 세력에 대해 하나의 승리를 의미하는 것이었으며 또한 이것은 기민당의 고슬라르(Goslar) 창당기념대회에서 여실히 증명되었다.[149]

이후에도 아데나워는 동독과 서독 사이의 불신을 더욱 심화시키게 된다는 이유에서 서독의 유럽의회 가입을 반대한 바 있고 나아가서는 서독의 유럽군 참여를 반대하는 하이네만이 내각에 머물도록 계속적인 노력을 기울여왔다.[150] 이것은 하이네만이 독일 개신 교회의 대표적 인물이라서가 아니라 정부가 재무장 문제에서 유리한 위치를 확보하지 않은 한에서는 하이네만의 사임이 재무장 반대자들에게 미리 좋은 기회를 만들어주는 결과를 초래할 것이라는 이유 때문이었다.[151]

마침내 아데나워가 10월 10일 하이네만의 사표를 수리할 때에 매우 신중한 태도를 보였는데, 그것은 하이네만과 그의 친구이며 개신 교회 회장인 니묄러(M. Niemöler)가 평화의 옹호자라는 인식과 아네나워 자신과 정부가 전쟁을 해결의 수단으로 삼고 있다는 인상을 주지 않으려 했기 때문이다.

이 밖에도 재무장 안은 국민의 뜻을 반영한 것이 아닌 당국과 연합국 사이의 협상으로 이루어진 것으로 국민의 군에 대한 불신만을 더욱 증대시킬 뿐이라는 하이네만의 각서는 아데나워에게 여러 차례의 연설을 통해 자신의 입장을 밝히게 하는 좋은 기회를 제공했다.[152] 아데나워는 하이네만의 신학적 주장[153]이 평화적인 내용에 근거를 두고 있지 않다고 신랄히 비판했다.[154]

---

149 Die Rede Adenauers auf dem Bundesparteitag der CDU Goslar(고슬라르 기민당 전당대회에서의 아데나워의 연설, 1950.10.20~22).

150 *Frankfurter Rundschau*, 1950.9.5; Johanna Vogel, *Kirche und Wiederbewaffnung*, p.121.

151 W. G. Heinemann, *Deutsche Friedenspolitik*(im Stimme der Gemeinde, 1951.1.9).

152 *Frankfurter Rundschau*, 1950.10.13, p.1.

153 신에 의해 두 차례에 걸쳐서 무기를 놓게 된 독일인들은 세 번째로 무기를 들어서는 안 된다. 세상을 다스리는 신의 뜻이 아직은 분명하지 않으니 세상의 상황이 좀 더 분명해질 때가지 조용히 인내심을 가지고 신의 가르침을 기다려야 한다는 내용이다.

154 Johanna Vogel, *Kirche und Wiederbewaffnung*, p.128.

평화는 오직 이를 지킬 수 있는 군사력이 있을 때만이 가능하다는 하이네만의 확신에 아데나워 또한 전적으로 동의하는 바였지만 결과적으로는 그와 정반대의 결론을 내세웠다. 즉, "우리는 우리의 조국과 서유럽을 아무런 대책 없이 반기독교적 볼셰비즘의 지배하에 넘겨주는 것이 신의 뜻이라는 것을 결코 믿을 수 없다. 방위는 모든 개인과 국가의 자연권이며, 중부 유럽 특히 독일의 힘의 공백 상태는 한국에서와 같이 필연적으로 전쟁을 가져오게 될 것이다. 냉전이 아닌 전쟁이 일어날 경우 전쟁에 참여하고 있는 양측이 비무장·무방비 상태의 독일의 국경을 존중하리라고는 누구도 진지하게 믿지 않을 것이다. 독일이 주전장이 될 것이 분명하며 불행한 한국의 운명이 우리의 운명이 될 것이다."[155] 이로써 아데나워에게는 대외 정책 측면에서 선택의 가능성이 전혀 주어져 있지 않았다. 즉, 그에게는 정치·군사 측면에서 무인지경이 되거나 자유롭고 동등한 권한을 가진 국가로서 소련의 침략에 대항하고자 하는 유럽과 나토의 동반자가 되는 길뿐이었다. 이것은 아데나워가 서구에 밀착하거나 불행한 한국의 운명을 택하는 길 외에 아무 것도 없음을 깨닫는 것을 그리고 가까운 장래에 독일 통일을 달성하고자 하는 꿈을 포기하는 것을 의미했다.[156]

'재무장이냐, 아니면 한국의 운명을 받아들이느냐'라는 양자택일의 전략으로 아데나워는 자신의 정책에 반대하는 자들을 소련 정책의 지원자들이라는 낙인을 찍는 데 성공했다. 이에 대해 베를린 연방 참의원 틸만(Tillmann)은 아데나워와 기민당이 취하고 있는 태도를 "서구의 공동방위체제에 반대하는 자는 누구나 그 동기의 여하를 막론하고 소련 정책의 지지자"로 여기겠다며 공개적으로 비난했으며,[157] 슈트라우스 또한 공산주의를 지지하는 자가 아니라

155 *Frankfurter Rundschau*, 1950.10.30; Gerhard Wettig, *Entmilitarisierung und Wiederbewaffnung in Deutschland, 1943~1955*, p.321f.

156 Gerhard Wettig, *Entmilitarisierung und Wiederbewaffnung in Deutschland, 1943~1955*.

157 Protokoll der Pressekonferenz(기자회견 기록 문서, 1950.12.1), MS, Archiv BPA. p.12f.

면 군인이 될 길밖에 없다는 말로 신랄한 비방을 주저치 않았다.

한편 아데나워는 중화인민공화국의 한국전 개입에 대해서는 언급을 회피했는데 그 이유는 그가 한국을 냉전의 제2의 지역으로 보았기 때문이었다. 그는 미국이 유럽과 아시아에서 방위에 임해야 하므로 아시아 내에서 덫에 걸려 피를 다 흘려서는 안 된다고 보고 있었다. 정부 대변인 트바르도브스키(Twardowsky)는 1950년 12월 1일 기자회견에서 자신과 정부의 견해로는 미국의 압록강 월경이 끝없는 전쟁과 무한한 진격을 의미하는 것이라고 했다. 그리고 이것은 아마도 미국을 중국에 묶어놓고 그들의 피와 자산을 소모시키려는 소련의 계획이라고 했다. 동아시아에 파견된 모든 군은 유럽으로 되돌아갈 수 없으며, 이것은 서독이 맞게 될 일대 위험이라 여겼다.[158] 나아가서 킬(Kiel)대학 바데(Baade) 교수는 동아시아와 유럽의 안전을 연결지어, 평화조약을 통해 일본을 재무장시켜 극동의 경비를 담당하도록 하고 미군이 타 지역(유럽)에서 활약할 수 있도록 하자는 세계적 방위 전략을 제시하기도 했다.[159]

아데나워는 스탈린이 가능한 한 서독을 다치게 하지 않은 채 수중에 넣으려고 한다고 생각했다. 이 때문에 아데나워는 서독이 세계전쟁을 통해서가 아닌 인민경찰과 독일 공산당이 중심이 된 내란을 통해 정벌될 수 있다고 내다보았다. 아데나워는 이 같은 상황 분석으로부터 스탈린이 서독에 대해 한국에서와 똑같은 계획을 가지고 있다고 확신하고 있었으며, 독일의 한국화를 저지시키는 것은 서유럽과 미국의 안전을 도모한 결과로 보았다.[160]

결과적으로 한국은 서구에 러시아의 압력을 분명히 느끼도록 했으며 나아가서는 모든 도의적 규범을 무시하는 소련 제국주의 정책의 수법을 분명히 감지하도록 한 것이다. 다시 말해, 한국은 서방측 점령국들에게 독일을 억압하

---

158 같은 글, p.15f.
159 같은 글.
160 Gerhard Wettig, *Entmilitarisierung und Wiederbewaffnung in Deutschland, 1943~1955*, p.322f

는 러시아를 관심 밖에 두는 것이 근본적인 위험이란 것을 인식하도록 하는 데에 큰 역할을 했다. 이와 동시에 한국의 예는 유럽이 싸워 지켜야 할 가치를 분명히 알게 함으로써 국방에 대한 무관심과 반감을 제거하고 서독 국민들에게 도의적인 원동력을 가져다주는 데에 매우 적합한 것이기도 했다.[161] 물론 여기에는 유럽군에 의해 유럽공동체 내의 기독교 문화가 보호되어야 한다는 이념이 내재해 있었다. 즉, 서방 유럽군에는 그들이 공유하는 서구 문화의 유지와 보존이란 공동의 책임이 부여되어 있었던 것이다.

대부분의 세계가 기독교의 윤리적·정신적 이념으로부터 이탈해 있고 정의와 평화 대신에 무력이 지배하는 세계라는 것을 분명히 보여주고 있는 현실에서 평화주의자들은 힘을 모아 그들의 삶의 자산을 보호하기 위해 그들에 대한 공격을 저지할 마음의 준비를 갖추어야 한다고 생각했다.[162] 또한 그들은 만일 서독이 이 권한을 수호하지 않는다면 이것은 무책임한 처사라고 볼 수밖에 없다고 했다. 자기 방위를 위한 자연권을 포기할 수 없다는 점에서 서독 정부는 국민으로부터 확실한 위임을 받지 않았을지라도, 스스로 재무장과 친서구 정책을 하나의 권리요, 의무로 생각했다.[163]

아데나워는 1950년 10월 20일 기민당의 연방대회에서 그들에게는 선과 악, 생존과 멸망이라는 두 가지 길 가운데 하나를 선택하는 일만이 남아 있을 뿐이라고 했다. 다시 말해 한 가지 길은, 소련이 그의 위성국과 제오열[164] 그리고 그에게 무조건 복종하는 공산당들과 함께 고도의 무기로 세계 도처에서 전쟁을 선동하며, 유럽의 관습과 문화, 인간의 자유와 존엄성을 파괴하게 될 가능성이며, 다른 하나는 서방 연합국들과 나토 조약 국가들이 미국의 지도 아

161 Gerhard Wettig, *Entmilitarisierung und Wiederbewaffnung in Deutschland, 1943~1955*, p.315.
162 각주 155를 참고.
163 같은 책.
164 Nobert Tönnies, *Der Weg zu den Waffen*, p.63.

래 인간의 자유와 존엄성을 수호하기 위해 전력을 기울일 것을 결의하고 러시아의 공격을 저지하기 위해 그들의 무장을 강화하는 일이라고 말했다.[165] 아데나워는 이 같은 흑백논리에 입각한 상황 설명에 이어 러시아가 침입해 올 경우 수백만 독일인들은 러시아로 축출되어 러시아군에 편입되거나 노예노동자로 전락하게 된다고 덧붙였다. 또한 그는 이 같은 논의를 서구 방위에 대한 그의 견해와 연결해 서독의 안전 보장과 방위 참여를 내용으로 한 뉴욕회담의 결의 내용을 환영한다고 했다.[166]

이렇게 볼 때 독일의 임무는 소련 이념의 침투에 대비하는 제방을 구축하는 일이었다. 이러한 사고로부터 여당의 대표가 8월에 스트라스부르에서 그리고 아데나워 자신이 안보 각서에서 유럽군의 참여에 대해 언급했다. 오직 강자의 입장에 선 정책만이[167] 소련에 평화를 가져올 수 있으며 장기적인 안목에서 볼 때 통일의 달성이 가능하다고 보았다. 이 밖에도 그는 세계 4강국 회담에서 소련에 의해 제안된 독일의 중립화 안[168]이 양차 대전에서 가공할 만한 것을 경험했고 3차 대전을 피하고자 하는 독일 국민들에게는 매우 유혹적인 내용이 될 수도 있지만 이것은 마침내 독일을 비무장·무방비 상태로 만들어 독일을 전장화시키고 불행한 한국의 운명을 되풀이하게 만들 뿐이라고 했다.[169] 결론적으로 아데나워는 독일의 평화를 유지하기 위한 최선의 방법은 동부, 즉 소련의 침입에 대항하기 위해 서독이 참여하는 단합된 서구의 방위

---

165 W. G. Heinemann, *Deutsche Friedenspolitik* (im Stimme der Gemeinde, 1951.1.9).

166 같은 책.

167 Gerhard Wettig, *Entmilitarisierung und Wiederbewaffnung in Deutschland, 1943~1955*, p.319f.

168 소련의 요구는 미래의 전체 독일을 대외적인 면에서는 비무장화·중립화시키고 대내적인 면에서는 독일의 사회질서와 정치기구를 동베를린과 모스크바의 지배를 받도록 해, 영·미가 철수한 뒤 러시아가 유럽 최대의 군사국이 되고 그들의 지배의 범위를 좀 더 확장하고자 한 것이었다. Konrad Adenauer, *Erinnerungen 1945~1953*, vol.I, p.457; Arnulf Baring, *Außenpolitik Adenauers Kanzlerdemokratie* (2015) p.106f.

169 같은 책.

전선을 구축하는 길이라고 생각했다.

3) 서독의 재무장에 대한 슈마허와 사민당의 주장

한국전쟁[170]의 결과로서 일어난 서독의 재무장 문제에 관한 토의는 한국전쟁 이후 곧이어 그 첫 절정에 이르렀으며, 그 뒤 재군비에 대한 생각은 서구 열강들 사이에 마치 기름이 번지듯이 확대되어 갔다.[171] 의심할 여지 없이 독일의 군사력을 서구의 방위에 동원하고자 한 미국의 적극적 활동이 한국전쟁 이후의 사민당의 안보 정책에도 어떠한 영향을 끼쳤음은 분명하다. 70만 당원으로 구성된 당시 독일 최대의 정당인 사민당은 이미 한국전쟁 발발 이전에 서독의 재무장에 대해 명백히 반대하는 입장을 취했으며, 1950년 5월의 함부르크 당대회에서도 그 절대다수가 아데나워의 독일군에 관한 첫 발언에 대해 반대의 결의를 보인 바 있다.[172]

한국전쟁 발발 당시 사민당은 낙뢰와 같이 갑작스럽게 일어난 한국전쟁이 서구와 서독의 안보에 심각한 위협이라기보다는 잠정적인 위험으로 받아들였다.[173] 사민당의 당수 슈마허는 자신이 이미 밝힌 대로 공산주의자들이 인민경찰의 지원으로 서독 내에서 세력을 장악하게 될 잠정적 위험이 뒤따르고 있다는 사실을 지적하면서 다음과 같이 서구 열강에 대해 서독의 안전보장을 요구했다. 그는 인민경찰의 서독 침입은 북한의 인민군이 남한을 침략한 것

---

170 Herbert von Borch, *Friede trotz Krieg* (1966), p.19.

171 *Frankfurter Allgemeine Zeitung* (FAZ), 1950.7.14.

172 또한 당시 최대의 당인 사민당은 600만 회원을 가진 노조(DGB)에 결정적인 영향을 끼치고 있었고 연방의회 내에서는 제2의 당이었으며 11개 주에서 8개의 정부에 참여하고 있었다. 또한 여당이 재군비를 위해 기본법의 개정을 필요로 할 경우 사민당의 도움 없이는 결코 불가능한 일이었다. Kurt Schumacher, *Die deutsche Sicherheit, Die Sozialdemokratie zur Verteidigung Deutschlands, Hannover 1950*, p.5f; Protokoll der Verhandlungen des Parteitages der SPD in Hamburg(함부르크 사민당 전당대회의 협상 문서, 1950.5.21~25), p.268.

173 Lawrance W. Martin, "The American Decision to Rearm Germany," Harold Stein(ed.), *American Civil-Military Decisions* (University of Alabama Press, 1963), p.646.

과는 다르고 독일의 부분적인 재무장이 동부의 인민경찰에 대항할 수 있다고 하는 주장은 난센스일 뿐이며, 동부로부터의 위험을 재무장을 위한 선전 목표로 삼아서는 안 된다는 부정적인 입장을 밝혔다.[174] 즉, 인민경찰은 한국과 같이 점령 상태에 있지 않은 국가를 침략하는 것이 아니라 서구의 3대 군사국가가 그들의 무력을 과시하면서 지원하고 있는 나라를 공격하는 것이라고 했다.[175]

서구 열강의 독일 점령이란 보호의 임무를 말하는 것이기도 했다. 인민경찰의 공격은 한국과는 달리 점령 국가들과의 충돌을 가져오게 될 것이므로 한국과의 비교는 처음부터 성립될 수 없는 것이다. 이 같은 비교에는 객관적 전제가 결여되어 있음으로써 이것을 전제로 독일의 재무장을 고려해서는 안 되었다. 인민경찰은 강력한 서구 점령국과 전쟁을 할 수 없기 때문에 오직 러시아가 3차 대전을 일으켜 스스로 전쟁을 주도하려고 할 경우에 한해 그 뒤를 따르게 될 것이다.[176]

"슈마허 안의 진정한 목표와 동기가 무엇이냐"라는 물음의 답변에서 에딩거(Edinger)는 슈마허가 1951년 9월까지의 자신의 안이 국내외 상황의 변화에 따라 그 강조하는 바가 달랐다고 시인한 대로 슈마허는 그간 서로 상이한 내용의 발언을 이어왔기 때문에 재무장에 관한 그의 기본 입장을 이해하는 것은 불가능하다고 평했다.[177] 그런데 슈마허는 6월 27일의 사민당 신문에서 한국과 독일 사이의 평행성에 대해 강조했고, 한국전쟁에 즈음해서 서구 세계의 방위를 위한 신속하고도 확고한 조치가 필요하다고 했다. 6월 30일 같은 신문은 논평을 통해 한국에서의 전쟁 발발은 유럽의 단합 필요성을 요청하는 것이

---

174 같은 책.
175 Nobert Tönnies, *Der Weg zu den Waffen*, p.68f.
176 Kurt Schumacher, *Die deutsche Sicherheit, Die Sozialdemokratie zur Verteidigung Deutschlands, Hannover 1950*, p.5ff.
177 Lewis J. Edinger, *Kurt Schumacher: A Study in Personality and Political Behavior*(Stanford University Press, 1965), p.87f.

며 독일에 대한 안전장치라는 지난날의 구호는 점령 조항의 개정으로 새로운 상황에 적응해야 한다고 했다. 또한 점령군은 그의 임무를 달리해서 안전보장의 약속과 함께 독일 안전의 기초가 될 방위군이 되어야 한다고 했다.

이 같은 태도의 변화는 한국전쟁 발발 전까지는 유럽 지역에 대한 소련의 침입이 이루어지지 않으리라고 보았으나 한국전쟁이 일어난 뒤 급격히 변화한 사민당의 상황 분석에서 나온 것이었다.[178] 한국전쟁 이전의 사민당의 입장은 전체 독일이 무장을 해제하고 군사적으로 중립을 지키면 독일의 분단을 막을 수 있다고 보았으나 한국전쟁을 지켜보면서는 군사적 중립과 비무장을 유지하는 일은 비현실적임을 알게 되었다. 이로부터 사민당은 독일의 재무장에 대해 전반적으로 부정하지 않는 대신 무기를 들 용의가 있다고 했으나 여기에는 일정한 전제가 뒤따르고 있었다.[179] 또한 이것은 1950년 9월 16일의 슈마허의 슈투트가르트 당 간부회의에서의 동등한 대우를 요구하는 연설 내용에서 잘 입증되고 있다. 슈마허는 이전과 마찬가지로 서독의 부분적인 재무장이 동부로부터의 적군의 침입을 저지할 수 없다는 입장을 고수했다. 또한 가까운 장래에는 소련이 전쟁을 일으키지 않을 것이라고 보았지만 소련이 경제적·군사적 후진성을 극복한 연후에는 결정적인 동서 분쟁이 야기될 것으로 간주하고 있었다.[180]

슈마허와 사민당이 추구해온 중요한 정책 중의 또 다른 하나는 서독 내에서 사회민주주의를 실현하는 일이었다. 동부로부터의 공격을 저지할 수 있는 유일한 방법은 안정을 바탕으로 한 사회적 기초, 즉 민주주의의 사회적 기초를 튼튼히 하는 데 있다고 보았고 안정을 바탕으로 한 강력한 사회적 기초만이 소련 스스로 침입이 불가능하다는 것을 인식하도록 할 수 있다고 했다. 서

---

178 같은 책.

179 Urlich Buczylowsky, *Kurt Schumacher und die deutsche Frage*(1973), p.8f.

180 같은 책; Gerhard Wettig, *Entmilitarisierung und Wiederbewaffnung in Deutschland, 1943~1955*, p.448~449.

독의 안정을 위협하는 것은 인민경찰과 적군 외에도 서독에 내재하고 있는 사회적 불평등이라고 보고 사회적 평등 실현이 방위 측면에서의 열세를 보안해 준다고 생각했다.[181] ≪하노버 프레세≫는 한국전쟁 발발 전날인 6월 24일 세계 볼셰비즘권의 경계 지역이자, 적대시하면서 마주보고 있는 공백 지역에 사회적 불평등이 확대될수록 독일인들은 더 큰 위험을 받게 된다고 했다. 이리하여 사민당은 전쟁 발발을 생각하기 이전에 외부의 군사적 위협과 적의 침입에 구실을 주게 되는 내부로부터의 위협에 대해 다양한 토론을 전개하기 시작했다. 다시 말해 재무장의 전제조건인 독일 동부에서의 전쟁이란 실현 가능성이 전혀 희박하기 때문에 현재의 여건에서는 사회적 기초를 공고히 하는 것만이 독일의 안보 정책에 기여하는 것이라고 했다.[182]

당의 공식 견해에 따르면 외부로부터의 공산주의의 침입에 대한 서독의 군사적 방위는 점령 국가들이 자신들의 이익을 보호하기 위해서라도 관여해야 할 사항이며 정의로운 사회 건설을 통한 내적 안정의 유지는 독일인 스스로의 임무였다. 1950년 8월 20일 프랑크푸르트에서 개최된 국제 사회주의자들 모임의 연설에서 올렌하워는 안티테제의 형식을 인용해 "재무장 대신 사회 정책"이란 구호를 내세웠다. 그는 방위의 필요성과 함께 자유의 전제로서 사회의 안전을 특별히 강조했다. 또한 그는 볼셰비즘에 대한 투쟁은 순수한 군사적 해결로서 이루어지는 것이 아니고 독일의 재무장을 통해 자유를 보장하는 것이 급선무가 아니며 사회민주주의의 실현이 가장 중요하고도 시급한 문제라고 했다.[183]

1950년 5월 슈마허는 함부르크 당 대회에서 중화인민공화국의 탄생이 사회 개혁의 중지에서 비롯되었다는 지난날의 교훈을 우리 시민들이 배우지 못

---

181 Ulrich Buczylowski, *Kurt Schumacher und die deutsche Frage*, p.80f.

182 같은 책, p.79ff.

183 1950년 8월 25일의 연설에서 사민당 당수 슈마허 박사는 독일의 민주주의는 큰 재산이 사유화되지 않을 경우 장기적으로 안전하고 위기에 강할 것이라고 했다. *Neuer Vorwärts*, 1950.8.25.

하고 있다고 했고, 7월 31일 하노버에서 열린 한국 사건에 관한 토론회에서는 절대적으로 필요불가결한 사회 개혁이 이루어지지 않은 데에서 그 같은 분쟁이 발생했다고 말했다. 그 후 8월 23일 본에서 가졌던 기자회견에서도 슈마허는 또다시 중국과 남한이 생활에 필요한 사회 개혁이 단행되지 않을 때 무엇이 이루어지는가를 보여주는 경종이라고, 그리고 중국과 한국이 주는 위협적인 큰 교훈[184]을 독일 시민들에게 이해시키지 않는 것이야말로 정치적인 기만이라고 했다. 나아가서 그는 사회 안정 및 사회복지가 모든 사람에게 자기 나라에서 무엇인가를 방위해야 한다는 느낌을 갖도록 하는 기본을 이루게 한다고 했고, 인간은 인간답게 살기 위해[185] 노동하는 것이기 때문에 아무리 위대한 이상주의도 복지를 멀리할 수는 없는 것이라고 주장했다.

이후에 이 논거는 이 분야와 관련한 과거의 언급과 비교해볼 때 강조되는 부분이 달라진 것을 알 수 있다. 초기에는 사회 개혁을 통해 전체주의자들의 공격의 대상을 제거하려는 것이 주가 되어 있었으나 그 후에는 노동자들이 사회적·경제적 분배 없이는 시민의 국가와 재산을 보호하지 않으려 한다는 것이 주된 입장이었다. 이리하여 슈마허에게는 한국이 사회적·경제적 분배 문제를 중심으로 한 국내 정치 문제의 해결을 위해 하나의 좋은 논거가 되고 말았다. 이것은 9월 17일의 그의 당 간부 연설에서 더욱 분명히 나타나고 있는데, 그는 연설에서 중국과 한국에서 보는 바와 같이 재산에 대한 집착은 적극적인 개혁 대신에 볼셰비즘에 수동적인 인간상만을 낳았다는 점에서 책임이 있다고 했다.[186]

그러나 국방이 안정된 사회질서를 통해 가능하다고 본 과거의 슈마허의 주장은 이후 안전보장을 위해서는 군인을 필요로 한다는 방향으로 바뀌게 되었

---

184 Kurt Schumacher, *Die deutsche Sicherheit, Die Sozialdemokratie zur Verteidigung Deutschlands, Hannover 1950*, p.15.
185 Nobert Tönnies, *Der Weg zu den Waffen*, p.107.
186 같은 책, p.107ff.

다. 그리고 이것은 그의 "가장 훌륭한 사회 정책도 코사크족이 오게 된다면 무슨 소용이 있겠느냐"라는 언급에서 잘 입증되고 있다.[187]

다음으로는 슈마허와 사민당의 군사 정책을 살펴보고자 한다. 재무장 문제로 수상 대변인, 슈베린, 미고등판무관 등과 많은 대화를 나누었던 야당 지도자 슈마허는 재무장이 대외적인 면에서 서독의 이익을 반영하고 있다는 인상을 주지 않도록 자제하는 것이 필요하다고 주장하는 한편, 정치적인 면에서의 동등권과 동맹체 내에서의 동반 관계가 필요불가결하다고 역설했다.[188] 또한 그는 "나토 안에서도 여타국가와 마찬가지로 동등한 모험과 기회가 주어져야 한다"라고 말했으며, 아데나워가 연방의회에서 언급한 대로 중부 유럽에 60~70개 사단이 필요불가결하다고 주장했다.[189]

슈마허의 군 정책은 인민경찰에 의해 독일이 한국과 같은 운명에 처하게 되지는 않으리라고 판단한 데에서 나온 것으로[190] 인민경찰이 진격해 온다면 적군이 따라오게 될 것이므로 아데나워가 주장한 바와 같은 인민경찰에 대한 대응 세력으로서의 독일의 부분적 재무장은 아무런 의미가 없는 것이라고 했다. 사민당은 비록 그것이 앞으로 있을지도 모르는 소요에 대비한 연방정부를 강화시키는 경찰의 성격을 띤 연방경찰일지라도 인민경찰을 모방해서 만든 군사화한 연방경찰이라면 그에 대해서는 거부하는 입장을 취하겠다고 했다. 그리고 슈마허는 국내 안정을 도모하는 인민경찰을 군사적 분쟁과 내란까지를 연결시켜 생각하는 것은 아데나워가 요구받지 않은 부분적 재무장을 스스로 실현하고자 하는 것이라고 보았다.

---

187 Kurt Schumacher, *Die deutsche Sicherheit, Die Sozialdemokratie zur Verteidigung Deutschlands*, Hannover 1950, p.15.

188 Gerhard Wettig, *Entmilitarisierung und Wiederbewaffnung in Deutschland, 1943~1955*, p.322f.

189 같은 책, p.323.

190 Kurt Schumacher, *Die deutsche Sicherheit, Die Sozialdemokratie zur Verteidigung Deutschlands*, Hannover 1950, p.2f.

그는 분명히 부분적 재무장에 의한 서독의 방위 참여에 대해 반대한다는 입장을 취했다. 이것은 서구 열강이 독일인으로부터 얻고자 하는 것을 독일인들 스스로 주는[191] 것이 되기 때문이며 연합국으로부터 결정적인 정치적 양보를 얻어낼 수 있는 유리한 지위를 포기하는 것이 된다는 이유에서였다.[192] 그는 방위는 오직 세계민주주의의 힘, 특히 미국의 힘으로서만이 가능하다고 보았다. 이로부터 아데나워와 슈마허의 정책에 어떤 공통점이 있는 것을 발견할 수 있다. 다시 말해 방위 참여 문제에서 아데나워와 슈마허 사이의 차이는 근본적인 차이라기보다는 성격의 차에서 오는 것이 많았다.[193] 전략적인 차이를 제외하고는 독일 정책에서 두 정치가의 장기적인 목표는 동일한 것이었다.[194]

주권 회복, 재통합, 재무장은 아데나워와 슈마허의 정책에 공통적으로 들어 있는 것이었으며 이는 두 사람 모두 동부로부터 강력한 위협을 느끼고 있었음을 방증한다.[195] 아데나워는 한국전쟁을 계기로 서독의 한국화를 방지하기 위한 단기적·과도적 정책을 수립해 군과 유사한 연방경찰을 창설하려 했고 이를 지원하려 주권 회복을 달성하려 했으며 통일은 당분간 연기하고자 했다. 이에 반해 슈마허 정책의 배경은 서독에는 한국과 같은 위험이 존재하지 않는다고 보는 것으로 오직 장기적인 목표를 중심으로 하고 있었다. 즉, 그가 추구하는 것은 강자의 지위를 구축하고자 하는 정책으로서 서구의 군사력을 독일 땅에 집결시키고 이 압력을 통해 소련이 그의 점령 지역을 포기하도록 하여 동구를 해방하려는 계획을 가지고 있었다.[196]

---

191 Ulrich Buczylowski, *Kurt Schumacher und die deutsche Frage*, p.81.
192 같은 책.
193 Protokoll der Pressekonferenz Adenauers(아데나워 기자회견 문서록), MS, Archiv, BPA, p.8.
194 Nobert Tönnies, *Der Weg zu den Waffen*, p.101.
195 같은 책.
196 Udo F. Löwre, *Für den Fall*, p.72f; Ulrich Buczylowski, *Kurt Schumacher und die deutsche Frage*, p.81.

슈마허는 공산주의로부터 오는 일반적 위협에 대해 부인하려 하지 않았으나 동부로부터의 위협에도 불구하고 점령군의 현존만으로도 안정이 충분히 유지될 수 있다고 보았는데 이것은 소련의 공격을 계산에 넣지 않은 데에서 그리고 인민경찰의 단독적인 행위는 있을 수 없다고 보았기 때문이었다.[197]

그러나 2년 뒤인 1950년 8월의 국제 사회주의자의 모임에서 올렌하워는 여러 가지 사실을 미루어 판단했을 때 소련이 무력 분쟁이란 수단에 의존하기보다는 민주주의의 파괴와 해체가 자체 내부에서 이루어지기를 바라고 있다고 말했다. 그렇기 때문에 만약 동부로부터의 압도적이고도 심각한 위협이 존재한다면 서독의 단독적 재무장이나 유럽 중심의 해결책으로는 결정적인 개선을 가져오지는 못하리라고 보았다.[198]

또한 사민당은 서구 열강 점령군의 강화가 현시점에서 불가능하리라고 보는 데에서 그 대응책으로서 생각해낸 독일 재무장 제의는 독일 내의 미군의 증강을 어렵게 만들 것이고 따라서 이것은 서구의 방위 능력을 결정적으로 개선시키지 못할 것이며, 결과적으로 독일의 재무장 제의는 독일의 방위나 민족의 본질을 보존시키는 데 아무런 도움도 주지 못할 뿐 아니라 파멸의 위험만을 집적하는 결과를 초래할 것이라고 했다.[199] 대신에 전 세계의 민주주의자들이 유럽의 민주주의를 보존하고자 준비가 되어 있을 때만이 방위가 가능하다고 보았다. 그리고 이것은 1950년 9월 17일 '슈투트가르트 코뮈니케'에서 사민당의 주장인 "독일의 운명과 서구의 민주주의가 불가분의 유대 관계를 맺는다는 것은 서구민주주의가 독일 내에서 그들의 힘을 과시함으로써만이 확신할 수 있는 것이고 이로써 연합국은 전쟁 방지에 적극적인 기여를 하게 되는 것이다"라는 말에서 더욱 확실해지고 있다.[200]

---

197 Udo F. Löwre, *Für den Fall*.

198 Kurt Schumacher, *Die deutsche Sicherheit, Die Sozialdemokratie zur Verteidigung Deutschlands, Hannover 1950*, p.8.

199 같은 책, p.7.

1950년 9월의 뉴욕회담에서 아데나워의 노력으로 이루어진 외교적 성과에 대해서도 슈마허는 환영하는 바이나 이것이 결정적인 것은 못된다고 평했다. 그는 서구 열강의 참다운 보장이란 서구가 명예를 걸고 전력을 다해 독일의 안전을 보장할 때만이, 그리고 앵글로-색슨의 국가적·군사적 운명이 독일의 운명과 확고한 결합이 이루어질 때만이 실현될 수 있는 것이라고 생각했다.[201] 이로부터 슈마허는 서독의 방위는 '공격적 수비전법'[202]이 되어야 한다고 주장했다. 이 전략은 1950년 12월 나토 방위위원회에서 결의된 군의 보급 내지는 유격대의 임무를 맡는다든가 또는 아데나워가 생각한 부분적인 해결책[203]이 아니라 서독의 방위를 위해 세계민주주의가 동부에서 공격적인 방어를 하는 것을 말하는 것이었다. 다시 말해 독일의 상황을 개선시키기보다는 더욱 악화시킬 뿐인 어중간한 보충적 해결책이 아니라 전쟁과 결전은 독일 국민 거주 밖의 동부 지역인 바이크셀(Weichsel)과 네만(Njemen) 사이에서 이루어져야 한다는 것이다.[204]

이것은 독일이 세계열강에 의해 이루어지는 대전쟁의 전지가 되어 또다시 심한 파괴를 당하게 되고 유격전장이 될 가능성을 피해보자는 데에서 나온 전략이었다. 이를 위해서는 미국과 다른 민주주의 국가들이 그들의 능력과 의지를 분명히 보여주어야 한다고 요구했고 이것은 한두 개의 탱크 사단으로 가능한 것이 아니라 철의 장막 앞에 모든 전투력의 집중이 이루어져야 한다고 했다. 즉, 슈마허는 이제까지의 방위 전략 내지는 라인·피레네 방위 전략[205]으

---

200 Ulrich Buczylowski, *Kurt Schumacher und die deutsche Frage*, p.81.

201 같은 책, p.169; Kurt Schumacher, *Die deutsche Sicherheit, Die Sozialdemokratie zur Verteidigung Deutschlands, Hannover 1950*, p.8.

202 *Neuer Vorwärts*, 1962.8.22.

203 슈마허의 1950년 12월 19일의 코뮈니케의 내용: 브뤼셀 회의에 대한 독일 내의 반향은 양분되어 있었다. 슈마허는 12월 20일에 브뤼셀 결의에 대해 신랄한 비판을 가한 데 반해 아데나워는 12월 21일에 이 결의에 대해 환영의 뜻을 표했다.

204 Kurt Schumacher, *Die deutsche Sicherheit, Die Sozialdemokratie zur Verteidigung Deutschlands, Hannover 1950*, p.11; Ulrich Buczylowski, *Kurt Schumacher und die deutsche Frage*, p.81f.

로부터 벗어나 공격적인 의미에서 전략을 재구성하고 이에 필요한 군사력을 투입해야 한다고 주장했다.[206] 그리고 이 같은 수비 전법이 이루어지기 위해서는 서독 군이 무기와 지휘권이란 면에서 서방측의 다른 군대와 동등한 권한을 가지고 동등한 대우를 받을 수 있어야 한다고 보았다.

전쟁이 일어나면 36시간 이내에 본을 점령하게 되고, 루르 지역은 서구인에 의해 사전에 파괴된다는 데에서 슈마허는 러시아인이 라인에 도착할 수 있는 속도로 서구 군대가 베를린에 도착할 수 있도록 하고 그래서 결정전이 독일 영역 밖에서 이루어질 수 있도록 미국이 엘베에 60개 사단을 배치해줄 것을 요구했다.[207] 다시 말해 그 시점에서 슈마허가 독일군의 새로운 창설을 지지하고 나온 것은 다음과 같은 이유에서였다. 첫째로 강력한 서구 군과 힘을 합해서 전쟁이 일어날 경우 독일의 황폐화를 막아보자는 것이었고, 다음으로는 강력한 독일군을 하나의 정치적 도구로 이용해 소련에게 독일 영역을 포기하도록 하고 동독이 서독에 병합됨으로써 재통일이 이루어진다고 보는 데에서였다.[208]

다음으로 중요시해야 할 점으로서는 슈마허와 사민당이 국제적인 면에서

205 Gerhard Wettig, *Entmilitarisierung und Wiederbewaffnung in Deutschland, 1943~1955*, p.267.

206 서구 측에서 생각할 수 있는 전략안은 두 가지가 있었다. 첫째는, 당면하고 있는 군사적 상황에서 적이 대서양·피레네 혹은 지브롤터까지 진격해 오도록 하고 그런 연후에 영국과 아프리카를 거점으로 해서 반격을 가하자는 안이다. 이 같은 방법으로 서구 열강은 초기의 결정전을 피하고 난 뒤 군과 장비를 재조직한 제2단계에서 군을 동원한다는 것이었다. 그러나 이 전략은 정치적인 면에서 나토 국가와의 관계가 소원해지기 때문에 실현될 수 없는 것으로 평가되었다. 둘째의 경우는, 소련의 군사력에 대치할 서구의 군을 라인에 배치시키는 것으로, 이를 위해서는 서방 국가들이 경제·사회 분야의 지출을 대폭 삭감해 군사비를 대대적으로 확대해야 하는 데에서 어려움에 봉착하게 되었으며 군은 딜레마에 빠지게 되었다. 그러나 이후 미국과 캐나다가 참여하는 브뤼셀 조약에서 서유럽을 대륙에서 방어한다는 원칙을 결의했다. Kurt Schumacher, *Die deutsche Sicherheit, Die Sozialdemokratie zur Verteidigung Deutschlands, Hannover 1950*, p.15; Gerhard Wettig, *Entmilitarisierung und Wiederbewaffnung in Deutschland, 1943~1955*, p.266ff.

207 Kurt Schumacher, *Die deutsche Sicherheit, Die Sozialdemokratie zur Verteidigung Deutschlands, Hannover 1950*, p.13.

208 Ulrich Buczylowski, *Kurt Schumacher und die deutsche Frage*, p.79f.

의 동등한 권리, 즉 서독의 주권 회복에 대해 어떠한 입장을 취했느냐 하는 문제이다. 친서구 정책과 재무장을 근본적으로 반대하지 않는 서독인은 모두 독일의 방위 참여를 국내 정치에서 자유의 확대와 국제 정치 측면에서 동등권이라는 요구와 연결시켰다.[209] 서독인들은 대체적으로 점령 조항에 의한 제한을 장기적으로는 견디어낼 수 없는 것으로 받아들였으며 서독의 방위 참여를 점령 조항의 감축과 주권 회복이라는 문제와 관련시키는 것을 독일 정책의 가장 시급한 목표라고 보았다.

그러나 독일연방 수상 아데나워는 국내의 비판자들이 내세운 주권 회복의 전제조건이라든가 서구 열강이 가능한 한 점령 조항을 변경시키지 않으려는 입장과는 달리 중도의 길을 택했으며 방위 참여와 점령 조항 해제를 동시에 추진하고자 하는 동시적 전략을 택했다.[210] 슈마허는 서구 열강이 서독과 똑같이 소련으로부터 위협을 받고 있다는 데서 자신이 내세운 전제 조건의 충족이 가능하리라고 보았다. 이러한 확신 속에서 슈마허는 1950년 9월 17일 슈투트가르트 연설에서 서구의 방위를 위한 독일군의 창설이 이루어지기 전에 그 전제로서 추구되어야 할 것이 정치적 동등권이라고 했다.

전술한 바를 종합해서 재무장에 대해 사민당이 취해온 정책 노선을 당 지도부 및 연방의회의 활동을 중심으로 파악해볼 때 통일성이 결여되어 있어 매우 복잡함을 알 수 있다. 그러나 사민당의 정치 분석가들은 본(Bonn) 정치 초기의 당 지도부의 재군비에 관한 입장을 기본 노선으로 보아야 한다고 했다. 비록 사민당의 기본 태도가 다양한 평가를 받고 있고 전문가들까지도 이 당의 정확한 정책에 관해 의문을 제시하고 있었으나 초기의 노선을 기본 노선으로 보아야 한다는 것에는 별다른 이의가 없었다. 그리고 이것은 리처드슨(Richardson)의 말에서도 잘 나타나고 있는 바와 같이 사민당이 아데나워의

---

209 Manfred Dormann, *Demokratische Militärpolitik*, p.107ff.
210 Konrad Adenauer, *Erinnerungen 1945~1953*, p.358ff.

외교 노선을 반대해왔다는 것을 말한다.[211]

그러나 다른 한편에서는 이에 대해 부인하는 입장을 취하고 있으며 또 다른 제3의 입장은 심지어 사민당이 중립 외교 노선을[212] 펴왔다는 주장을 내세우기도 했다. 이 중립 노선이라는 말은 야당의 반대가 맹목적이고 심지어는 중립적이며 정치적 혼선을 야기하기 위해 지그재그 노선을 취한다고 비난하고자 한 의도에서 나온 것이었다.[213]

그러나 동·서구 시민 계층의 공산주의자들의 재무장 지지에 대한 공격과 공산주의 영향의 당내 잠입이라는 혐의 때문에 사민당은 미묘하고도 모순된 상황에 빠지고 말았다. 더욱이 한국전쟁 중에는 당시 유행한 반공 사상으로 말미암아 사민당의 사회·군사 정책이 수세에 몰려 영향력을 행사할 수 없게 되었다.[214] 이 시점, 사민당의 군사 정책은 독일 통일의 실현을 우위에 두고 있었으나 당 정책 측면에서는 전후의 사회주의와 자본주의 사이의 분쟁이 민주주의와 전체주의 사이의 논쟁으로 변모해가고 있었다. 즉, 서구에는 자유가 실현되고 있는데 동구에는 부자유만이 있을 뿐이라고 하며 민주주의를 서구 의회 제도와 동일시하게 되었다.[215]

이상의 사민당 정책은 다른 각도에서 보면 3단계로 구분해 생각해볼 수 있다. 초기인 첫 단계(1848~1951)는 이 장에서 가장 중시하는 기간으로, 사민당이 독일군의 방위 참여를 전혀 생각하지 않던 때이다. 소련의 물리적 공격을 먼저 우려했던 정부와는 달리 사민당은 동부로부터의 이념적인 공격을 더욱 위험하게 생각했다. 서구의 경제적 우위와 매력을 바탕으로 한 정치적·사회

---

211 James L. Richardson, *Deutschland und die NATO. Strategie und Politik im Spannungsfeld zwischen Ost und West*(1967), p.60.
212 Gerhard Wettig, *Entmilitarisierung und Wiederbewaffnung in Deutschland, 1943~1955*, p.495.
213 *Frankfurter Rundschau*, 1951.1.3.
214 같은 글.
215 같은 글.

적 반격으로 소련 지역의 완화 정책을 유도하고 이어 동서 협상을 통해 통일의 방향을 모색하려는 사민당의 정책은 이러한 토대 위에 구상된 것이었다.

그러나 한국전쟁이 일어난 다음 단계에서 슈마허는 이 안에 군사적 안을 보충하려 했고 미국의 군사적 참여에 대한 갑작스러운 관심과 함께 일정한 조건하의 독일의 무장을 인정하는 입장을 취했다.[216] 그러나 그때까지 사민당은 정부가 재무장을 통해 국가의 안정과 주권의 회복을 달성하려 한 것에 반해 다른 곳에 목표를 두고 있었다. 이는 군사적 참여 이전에 주권 회복을 먼저 이룩하여 분쟁의 원인이 될 수 있는 사회 구성원 간 불평등 관계를 청산하고 안정적인 재통일 과정에 돌입하기 위한 것이었다.[217]

돌이켜보면 이제까지 보아온 슈마허의 초기의 주장과 사민당의 입장은 1950년 봄의 국제적 토의의 수준과 일치하는 것이었지만 이미 오래전에 미국과 서유럽, 나토에서는 시대에 뒤처진 '소련과의 전쟁'을 의식하는 내용이었다. 다시 말해 한국전쟁이 지난날의 토의와 계획을 완전히 낡은 것으로 만들고 말았다는 것이다.[218] 슈마허가 근본적으로는 냉전의 전체적 상황을 똑같이 평가하고 있으나 한국전쟁만은 전혀 다르게 해석함으로써 그의 안은 아데나워의 것에 비교해서 실재성이란 면에서 뒤처지게 되었고 국내에서뿐 아니라 국외에서도 매력을 잃고 말았다. 그리고 이것은 슈마허의 안을 두고 "철저한 해결책을 위한 강인한 주장이긴 하나 군사적 현실성이란 면에서 개관성이 없다"라고 말한 도르만(Manfred Dormann)의 기술과 "슈마허의 입장은 너무나 이론적이다"[219]라고 한 아데나워의 논평에서도 잘 입증되고 있다.

---

216 같은 책.
217 슈마허는 서독에 대한 차별대우의 핵심을 서독이 나토의 중앙부서로부터 제외되었다는 사실과 전략상의 계획과 군투입에 관한 중대한 사항에 참여할 수 없으며, 이로 인해 전쟁의 경우에 서독이 방어되어야 할지 아니면 전장으로 취급되어야 할지 모르기 때문이라는 것이다. Gerhard Wettig, *Entmilitarisierung und Wiederbewaffnung in Deutschland, 1943~1955*, p.448.
218 Manfred Dormann, *Demokratische Militärpolitik*, p.169.
219 같은 책, p.169f.

마침내 슈마허 안은 그 안이 가지고 있는 내적 모순 때문에 실패로 이어졌다. 당내 재무장 반대자들이 조건부 재무장을 주장하는 슈마허를 따르려고 하지 않았을 뿐 아니라 그들이 1950년 가을 지방의회 선거에서 재무장을 반대하는 평화적 선전으로 대성공을 거두게 된 것은 당내의 재무장 지지자들이 슈마허를 이해할 수 없게 만들었다. 또한 재무장 지지자들이 오래전부터 정부가 추진해온 정책을 원칙적으로 인정하는 입장을 취하게 됨으로써 그들에게 있어서 슈마허는 양자택일의 위치에 있는 것이 아니라 당 정책의 반대자로 보이게 되었다.[220]

이 밖에도 당(SPD)내의 광범한 견해는 한국과 서독 내지는 서구에 대한 위협이라고 하는 정부 측의 성명과 유사한 것이었다. 그 예로써 사민당의 한 각서는 한국전쟁이 주는 경고에 대해 말했고, 아이흘러(Eichler)는 구주의회(Europarat) 평의회에서 한국의 사건이 일반을 크게 경악시켰다고 했으며, 9월 30일의 《하노버》는 인천상륙작전으로 한국의 전화가 꺼지게 된 시점에서 소련이 오스트리아와 서독에서 또다시 소요를 일으키게 되지 않을까 두려워하는 바라고 했다.[221] 이 견해 모두는 한국과는 무관하다는 슈마허의 발언과는 반대로 한국과 독일 사이의 평행선적 상황과 그리고 이러한 상황을 바탕으로 서독이 직면하게 된 심각한 위험에 대해 강조했다. 당시 슈미트는 재무장이란 러시아에 대항할 힘을 갖춘 연후에야 비로소 허락될 수 있다고 강조했는데, 이는 전쟁에서 승리할 전망이 보이지 않을 때 전쟁을 일으켜서는 안 되나 서구 열강의 참여로 효과적인 방어가 가능할 경우 전쟁은 가능하다고 보는 그의 입장을 대변하는 내용이었다.[222] 여기서 슈미트가 한국의 사건에 직면해서 기초적 안보의 필요성을 강조했음을 알 수 있다.[223]

---

220 Konrad Adenauer, *Erinnerungen 1945~1953*, p.422.

221 *Hannover Presse*, 1950.9.30, p.2.

222 Europa Archiv, 1950/II. p.3595.

223 같은 글, p.3583.

이에 비해 이미 초기 단계에서 독일의 재무장과 관련을 맺게 된 슈마허의 독일 문제는 한국과는 아무런 관계가 없거나 또는 기껏해야 간접적 관계만을 가지고 있었을 뿐이었다. 슈마허는 방위를 위한 전쟁이나 독일 통일을 배제하는 방위는 독일인들에게 아무런 의미가 없다고 했다. 서독 참여하에 전 서구의 정치적·군사적 강화, 즉 서구의 운명과 독일의 운명의 결합만이 독일의 제반 목표를 달성할 수 있는 길이라고 보았다.[224]

이 같은 사민당 당수 슈마허의 정책이 여당인 기민당과 연방 수상 아데나워가 펴가고 있는 정책 뒤에서 국민으로부터 어느 정도의 호응을 받게 되었는가 하는 것은 여론조사에서 잘 반영되고 있다. 서독 국민의 대부분은 서구에 속한다는 느낌을 가지고 있었으며 이것은 동서 분쟁에서도 같은 비율로 갈라진다는 것을 의미하는 것이었다. 한국전쟁이 발발한 다음 달의 여론조사에서 국민의 62%가 서구 측에, 26%가 중립을 그리고 나머지 2%가 동부를 택했다.[225] 그러나 이것은 결코 국민의 대부분이 방위 참여를 긍정적으로 받아들인다는 의미는 아니었다. 오히려 그 반대였다. 일반 여론조사에서 나타난 결과를 보면 1950년 가을까지 응답자 가운데 45%가 그리고 1951년 초까지의 50%가 재무장에 대해 반대의 입장을 취했고, 오직 22~26%가 재무장에 대해 찬성했다. 1951년 점령 당국의 조사에 따르면 응답자 가운데 46%가 동독과는 통합을, 그리고 모든 동서 분쟁으로부터 중립을 지킬 것을 희망했다. 부유층의 대부분이 재무장에 찬성한 반면에 빈자와 프로테스탄트 교도들은 반대편에 속했다.[226]

당시 여러 여론조사에 의하면 아데나워의 정책과 기민당에 대한 지지는 하락세였고, 반면 사민당은 36~38%(1951)의 높은 지지율을 얻고 있었다. 사민

224 Manfred Dormann, *Demokratische Militärpolitik*, p.168.

225 Neumann Elisabeth and Erich Peter Noell, *Jahrbuch Der Öffentlichen Meinung 1947-1955*(Verlag für Demoskopie, 1956), p.332.

226 Lewis J. Edinger, *Kurt Schumacher: A Study in Personality and Political Behavior*, p.325.

당의 인기는 1951년 11월 지방의회 선거에서도 증명되었으며, 기민당의 아성인 바이에른 주에서도 사상 처음으로 사민당이 다수를 차지하기도 했다.[227]

그러나 사민당의 주장보다는 아데나워의 정책이 더 인정을 받게 된 까닭으로는 먼저 사민당 지도부의 복잡하고도 난해한 태도를 꼽을 수 있다. 이를테면 방위 참여에 근본적으로 찬성하면서 정부가 내세운 방법과 시기에 관해서는 이의를 제시하거나, 당수의 재무장에 대한 긍정적인 입장을 당내에서는 극비에 부쳐야 한다고 함으로써 당내의 토의를 곤경에 빠뜨리는 상황이 반복된 것이다.[228] 재무장에 반대하는 당내 평화주의자들의 활동으로 당 운영이 수세에 몰리게 된 것, 당 지도층의 일관적이지 못한 태도로 사민당의 입장에 대한 대중의 오해가 생긴 것 또한 작지 않은 이유였다.[229]

나아가 국내의 광범한 지지와 독일공산당의 지원으로 일어난 재무장에 관한 국민투표 운동에 관해서도 사민당은 과거 자신들의 주장인 기본법의 개정을[230] 통해서만이 재군비를 실시할 수 있다는 입장을 버리고 반대 입장을 취했다. 서독공산당과 소련 정부의 외교적 제안을 멀리하기 위함이었다. 베너(H. Wehner)를 비롯한 사민당 수뇌들이 서독 시민층의 입장에 동조를 표한 것도 사민당에게는 중요한 고려 사항이었다.[231]

이리하여 이후의 서독 정치는 지극히 이론적이고 비현실적인 슈마허와 사민당의 노선으로부터 멀어진 반면에 정부와 당내에서 반대파를 물리치고 자신의 정책 노선과 당내에서의 지위를 확고하게 굳힌 아데나워에게 유리하게 전개되었다.

227 같은 책, p.225f.
228 Verhandlungen des deutschen Bundestages, stenografisches Protokoll(독일연방 의회 협상 속 기록 문서), 1949.12.16.
229 같은 글.
230 *Frankfurter Rundschau*, 1950.10.5.
231 *Neuer Vorwärts*, 1951.1.25.

4. 결어

1950년 6월 25일 북한군이 전혀 무방비 상태에 있었던 남한을 침략하기 위해 38˚선을 넘음으로 해서 베를린 봉쇄 이후 지켜졌던 냉전의 불문율은 깨지고 극동에서는 열전이 시작되고 말았다. 별안간의 사건 앞에서 서구인들은 불안과 경악을 금치 못했으며 서독의 수도 본과 서독 정치 지도자들 또한 큰 두려움에 휩싸였다. 동독군이 서독을 침략할 가능성과 국내 공산주의자들의 폭동 가능성이 염려되었기 때문이었다.[232]

이러한 상황 아래 그들은 독일 땅에서 전쟁이 다시는 되풀이되지 않도록 하기 위해 안보 문제가 조속히 다루어져야 한다는 데 합의했다. 그러나 상황이 급박해지고 정치적 위기가 극도에 이르게 되자 상황 판단에 대한 견해의 차이가 더욱 현저하게 대두되었다. 그들 모두가 독일이 심각한 위험에 처해 있는 것을 알고 있었지만 동서 분쟁에 어느 정도까지 참여해야 하며 냉전하에서 서독이 과연 서구의 방위에 참여할 수 있는지가 문제였다.

논쟁과 혼란 속에서 아데나워는 한국전쟁으로부터 야기된 호기(好機)를 재빨리 자신의 정치적 목적에 이용하려 했는데 이것은 재무장을 통해 소련의 위협을 저지하고 국내외의 질서를 바로잡기 위함이었고 또한 서독을 서구에 결합시키고자 하는 자신의 의도를 실현시키기 위함이었다. 이에 대해 사민당 당수 슈마허는 점령군이 주둔하고 있는 서독의 상황은 한국과 달라서 동부의 인민경찰이 침입해 들어오지 못할 것이므로 심사숙고가 결여된 성급한 결단으로 새로운 출발을 방해해서는 안 된다고 주장했다.

한국전쟁이 발발하기 전까지 서독 내에서는 중대한 정치 문제들, 즉 서독의 서구로의 전향, 주권 회복, 독일의 재결합, 유럽의 통합 등에 관해 대체적

---

232 Nobert Tönnies, *Der Weg zu den Waffen*, p.9; Gerhard Wettig, *Entmilitarisierung und Wiederbewaffnung in Deutschland, 1943~1955*, p.310·328.

으로 합의가 이루어졌다. 그러나 한국전쟁의 발발에 즈음해서 소련의 괴뢰라고 불리는 인민경찰의 위협이 가중됨으로써 외적인 안보, 즉 군사적인 문제가 가장 시급한 문제로 되어 자연히 정치적 목표 설정에 많은 이견이 대두하게 되었다.

1950년 9월의 뉴욕회담 개최 직전에 서구 열강이 서독의 서구 방위 참여를 위해 노력하게 되자 정부와 야당은 이를 서구 열강으로부터의 서독의 안전에 대한 보장은 물론이고 정치적 평등, 즉 주권의 회복을 약속받기 위한 기회로 삼고자 했다. 이리하여 1947년 열강 4개국의 외상 회담이 실패한 뒤 영·미가 중심이 되어 논의해온 재무장 문제가 1950년 가을에 다시 대두되었고, 곧이어 서독의 방위 참여의 필요성과 합목적성을 중심으로 한 토의가 절정에 이르게 되었으며 이제까지 사민당에 의해 특별히 강조되어왔던 국가 통일 문제가 뒤로 미루어지는 결과를 초래했다.

이 같은 서독의 관심에 비해 서구 열강의 주된 관심은 서독의 방위 참여를 통한(슈만 계획, 플레방 계획) 서구의 군사력을 강화시키는 일이었으며, 프랑스와 미국의 특별한 노력은 거대한 방위비 분담[233]에 서독을 참여시키고자 하는 것이었다.

한편 점령국인 소련은 서독의 방위 참여 논쟁에 참가해서 독일의 재통합이란 열쇠를 손에 쥐고 서독의 재무장을 저지시키려 했고 동독의 각료회의 의장 그로테볼도 전체 독일안을 가지고 서독의 방위 참여를 막아보려고 했다.

슈마허와 사민당 그리고 야당은 방위 참여가 독일의 통합을 어렵게 만들지도 모른다고 생각했을 뿐 아니라 한편으로는 서독의 주권이 증대됨으로써 임시방편이 영구적으로 발전하지 않을까 두려워했고, 다른 한편으로는 방위 참여의 전제로서 대외 정책의 자유를 요구했다.[234] 그러나 아데나워는 자신의

---

233 Konrad Adenauer, *Erinnerungen 1945~1953*, p.354f.
234 Gerhard Wettig, *Entmilitarisierung und Wiederbewaffnung in Deutschland, 1943~1955*, p.492.

정치적 목표인 서독의 방위 참여를 통한 서구와의 결합과 서유럽의 통합 정책이 단시일 내에 쉽게 달성될 수 있도록 소련 점령 지역 내의 인민경찰과 군사력을 과대 선전하게 되었으며 정치적 목표를 중심으로 한 국내외의 분쟁을 가급적 피하려 했다. 다시 말해 아데나워는 서독의 재무장 정책을 우선으로 하는 친서구 정책을 기초로 서구의 공동방위체제에 가입하고, 대외적으로는 정치·군사 측면에서 동등한 지위의 획득으로 주권을 회복하며, 기독교를 바탕으로 해온 전통 서구 문화를 보존하는 데 참여하고자 했다.

이에 대해 슈마허와 사민당은 독일의 통일에 장애가 된다는 이유에서 방위 참여를 적극 반대했던 한국전쟁 이전의 입장으로부터 벗어나 서독의 방위 참여는 서독이 국내외의 정치·군사·외교 측면에서 서구 열강과의 동등한 지위를 획득한 뒤에야 가능하다고 주장했다. 특히 전략 측면에서의 그들의 주장은 독일 국민과 영토의 보호라는 측면에서 세계민주주의의 합세를 내세웠고, 전쟁은 라인이 아닌 서독인 거주 지역 동부인 바이크셀과 네만에서 이루어져야 한다고 했으며 이를 위해서는 강력한 영·미군의 참여가 절대로 필요하다고 했다. 그리고 아데나워는 소련과 동독이 중심이 되어 이따금 대두된 독일의 비군사화·중립화 안[235]에 대해서도 이것이 바로 유럽 대륙에서 패권을 차지하고 서구를 공산화시키기 위한 소련의 기만적 책략이라며 반대했다.

결과적으로 볼 때 방위 참여의 목표는 달성되었다. 동부로부터의 침입에 대한 안전보장과 서구와의 결합은 이루어졌다. 그러나 힘을 바탕으로 한 독일 통일의 목표는 소련의 강력한 군사력 앞에서 실현될 수 없었다. 슈마허와 사민당은 상술한 아데나워의 정책이 성과를 거두지 못하게 되리라는 대신에 자당의 승리에 기대를 걸고 있었지만, 슈마허와 사민당 지도층의 주장이 지나치게 이론적이어서 현실성이 희박하고, 그들의 주장과 활동이 모순에 빠져 일반 국민에게 설득력을 잃게 되고 말았다.

---

235 같은 책, p.493f.

이 밖에도 기독교 문화권 내 서독 국민의 공산주의에 대한 전통적 공포감·혐오감[236] 때문에 대안 제시가 없는 사민당의 재무장 반대는 이렇다 할 실효를 거두지 못했다. 이리하여 국민들은 아데나워가 내세운 정치 노선을 택하게 되었으며, 이것은 곧 통일보다는 서구와의 결합을 택하는 것으로서 서독의 한국화를 방지하는 것을 최우선으로 둔 선택이었다.

지금까지 본 바와 같이 한국전쟁은 일차적으로 아데나워 정권의 장기적 안정화와 정책 목표 달성에 커다란 영향을 끼치게 되었다. 나아가서는 독일이 참여하는 서구의 통합이 이루어졌고 공산주의 확산 대신에 자유민주주의의 승리를 가져왔으며 이를 기초로 냉전이 종식되고 화해와 협력의 국면을 맞게 되었다. 서구와 세계열강이 복잡한 국제적 이해관계를 초월해 한국의 통일이 자유민주주의를 중심으로 이상적 통일을 이루도록 협력을 아끼지 않았으면 하는 마음이다.

---

236 Manfred Dormann, *Demokratische Militärpolitik*, p. 168ff.

제5장

중국 산둥반도에서 독일·일본 제국주의의 충돌

1. 서언

제2차 세계대전 중 추축국의 구성 국가로 앙탕트(Entente)제국과 전쟁을 감행한 일본은 제1차 세계대전 직후 중국의 산둥반도에서 전쟁에 몰입된 사실이 있었는데(1914.11.14), 이것은 독일의 제국주의적 식민주의 정책의 결과로 얻어진 산둥반도를 또 하나의 제국주의 국가인 일본이 탈취하고자 한 데에서 비롯된 것이다.

프로이센의 막강한 군사력을 바탕으로 유럽 본토에서 세 번의 전쟁(슐레스비히-홀슈타인 전쟁, 보오 전쟁, 보불 전쟁)을 승리로 장식한 뒤 지난날 신성로마제국 시절 종주국이었던 오스트리아를 물리치고 당당히 독일제국을 창설한 비스마르크는 제국의 기초를 튼튼히 하고 수호해야 하는 상황에서 식민지의 획득을 위한 과감한 제국주의 정책 대신에 전통적인 자유무역주의를 지원했다. 그러나 비스마르크 치하의 독일은 신속한 성장으로 고도의 산업국가로 변모했고, 급속한 성장은 사회·정치의 안정보다는 경기의 침체와 계층 간의 불평등을 야기해 전통적 기본 질서를 크게 위협하게 되었다.

산업화 과정에서 나타난 불규칙적인 경제성장과 경기 침체 및 농업의 위기에서 혼란과 불황을 극복하고 안정을 추구하기 위해서는 홉슨(J. A. Hobson)의 제국주의 이론대로 여타의 제국주의 국가와 같이 정부의 적극적인 간섭이 필요했고, 강력한 대외무역 정책과 해외시장 개척에 전력을 기울여야만 했다.[1]

다시 말해 지배계층의 권위에 대한 위협을 약화시키고 소득의 분배 및 권력으로의 진입을 둘러싼 분쟁을 해소하며 특권층의 계속된 국가운영을 위해 비스마르크는 대내적으로 보나파르트적 독재권을 행사하고 대외적으로는 적극적인 식민 정책을 추진했다.[2] 바로 이 정책은 국내 문제를 해결하려는 수단으로 적절히 이용될 수 있었는데, 내적 문제를 외적인 성과로 대체하고 국내의 요구 사항을 적극적으로 수용하는 정책이 바로 그러한 것이었다. 이리하여 산업화에 따른 개혁, 정치의 의회화, 민주화운동의 억제와 보수연합으로 내적 해방의 움직임을 외적 성과로 대체하고자 하는 사회적 제국주의의 실현을 위해서는 해외의 기지와 식민지의 획득이 당면한 중요한 과제로 등장했다.

그리고 독일이 안고 있는 이 같은 여러 난제의 해결과 비스마르크의 제국주의 정책의 실현을 위해 필요한 해군기지와 식민지로는 대만, 아모이, 주산, 보르네오(Borneo) 등이 부각되었고 마침내는 1897년 산둥반도의 자오저우만을 99년간 조차하기에 이르렀다.[3]

다음으로 산둥반도에서 독일의 제국주의와 충돌하게 된 일본 제국주의를 살펴보면 불평등조약으로부터 탈피하고 영일동맹을 체결한 일본은 신속한 성장으로 일찍이 서구화가 이루어졌고 조선과 대만을 획득해 동아시아에 식민지제국을 건설하게 되었다.

경제적인 면에서 볼 때 일본은 1900년 이후에 눈부신 성장을 했다. 독일이

---

1   Harrison M. Wright, *The new Imperialism, Analysis of Late Nineteenth-Century Expansion* (1966), Introduction, p.10.

2   W. Gerloff, *Die Finanz-und Zollpolitik des deutschen Reiches*(Jena: Gustav Fischer Verlag, 1913), p.18.

3   E. Friedel, *Die Gründung Preussisch-deutscher Kolonien in Indischen und großen Ozean mit besonderer Rücksicht auf das östliche Asien*(1867), p.57, 84ff.

보불전쟁 이후 산업화가 급속도로 이루어졌다면 일본의 경우는 노일 전쟁의 승리로 남만주를 차지한 이후 공업 성장이 지속적으로 도약하는 단계였다. 1900년에서 1930년 사이에 제조 상품의 생산이 그 이전에 비해 12배를 능가함으로써 세계 평균의 4배가 되었고 특히 중공업 분야에서는 20배로 성장했으며 게다가 수출 무역의 약 60%가 완제품이었다.[4]

일본의 현대 경제사는 여러 단계로 구분되지만 대전과 관계가 깊은 제1단계는 1905년에서 1913년까지 지속된 전면 성장의 시기로 정부의 막대한 투자에서 나온 결과였다. 그러나 이 같은 급속한 고도성장으로부터 상이한 계급 사이에 상대적 불평등이 증가되어 갔고 광업 자원이 없는 데에서 공업의 발전은 원료 수입을 증대시켰으며 1900년에서 1940년 사이에 약 2배에 가까운 인구 증가(4380만 명에서 7310만 명으로)가 이루어졌다. 그뿐 아니라 새로운 식민지로의 투자 및 세계열강의 위치에서 오는 군비 증가 등으로 인해 발생하는 제반 문제는 강력한 제국주의적 식민지 착취 없이는 극복하기 어려운 상황이었다. 한마디로 1905년 이후 일본의 정부 지출과 공업 투자 비용은 일본이 감당하기에는 너무나 큰 것이었으며, 1911년에는 심각한 재정적 위기를 맞게 되었다.[5] 그리고 이것은 홉슨의 말대로 과잉투자·과잉생산이 식민지 개척으로 이어지는 결과를 낳게 했다.

일본에서도 독일과 비슷하게 계급 간 내지는 하층계급 내에서 복잡한 불만의 움직임이 일어났다. 토지 소유 및 세제의 근대화로 농촌에는 소작이 계속적으로 증가일로에 있었고 농촌 출신 공업 노동자로 구성된 도시 프로레타리아층은 불황의 파동에 매우 약했다. 속박으로부터 해방되고 의무교육이 실시되는 사회가 갖게되는 경제적 기대는 현실보다 월등히 큰 것이었으며, 특히 사회의 하층인들, 즉 소작농과 산업노동자의 불행한 상태는 더욱 그러했다.

---

4   J. K. Fairbank and E. O. Reischauer, *A History of East Asian Civilization*(Boston: Haughton Mifflin Company, 1965), p.493f.

5   같은 책, p.496f.

이러한 상황에서 협소한 전공만 공부한 직업군인들은 일본의 장래는 좀 더 광범한 식민지 획득을 위한 군비 증강에 달려 있다고 주장했으며, 1911년에 심각한 재정적 위기를 만난 일본이 영일동맹을 빙자해 이제까지의 우방 독일의 자오저우만을 공격함과 동시에 제1차 세계대전에 참여한 것은 더 강력히 제국주의와 식민 정책을 펴나가기 위한 것이었다.[6]

이에 필자는 세계 역사상 중대한 의미를 지니고 있으며 우리의 생활권인 동아시아에서 전개된 열강의 제국주의의 원인·양상·결과를 좀 더 자세하고 정확하게 이해 할 수 있도록 러일전쟁[7]과 그 후 양국 간의 관계, 영일동맹과 그것이 끼친 영향 등에 대해 연구하고자 한다. 특히 그중에서도 전쟁당사자 국가들의 식민지 쟁취를 위한 본격적인 노력이 이루어지기 전에 양국의 정치·경제·사회 상황이 어느 정도 유사성을 가지고 있었는지에 대해서도 고찰하고자 한다. 그리고 오늘날 중국이 군사 강국으로 성장할 수밖에 없었던 원인 중의 하나로 당시 세계열강에 의해 가차 없이 희생되는, 한마디로 웃음거리가 된 중국의 비참한 국력의 약세와 중국·만주·한국을 중심으로 벌어지는 외교 무대의 여러 흥미로운 모습도 함께 서술하고자 한다.

2. 비스마르크의 제국주의 정책과 대(對)중국 정책

보불전쟁에서의 프로이센의 승리로 프로이센의 빌헬름(Wilhelm) 1세가 1871년 1월 18일 루이 14세의 베르사유궁전 대경전(Hall of Mirrors)에서 독일 황제가 됨을 선포함으로써 프로이센이 주축이 된 독일제국이 탄생했으며 비스마르크(O. Bismarck)는 1871년부터 1890년까지 유럽 전체의 지도적 정치가

---

6   같은 책, p.498.
7   G. K. Kindermann, *Der ferne Osten in der Weltpolitik des industriellen Zeitalters*(1970), p.30ff.

가 되었다.

비스마르크가 재상(宰相)으로 있던 시기는 둘로 나눌 수 있는데, 첫째는 자유무역·자유주의자와의 협력 및 구교도에 대한 반대의 시기이고, 둘째는 보호관세, 구교도와의 협력 및 사회주의자에 대한 반대의 시기였다. 그런데 비스마르크 시대의 독일의 제국주의는 오늘에 이르러서도 논의의 여지가 남아 있는 문제로 아직도 그 제도의 동인·형태·영향 등에 대해 의견의 일치를 보지 못하고 있다. 따라서 1850~60년대의 독일의 자유무역 정책과 히틀러의 제국주의(동부로의 확장) 사이에 어떠한 관계가 있는지에 관해서도 충분한 토의가 이루어져 있지 않은 실정이다.[8]

이와 같은 전제하에서 비스마르크가 중심이 된 프로이센·독일의 제국주의는 그 원인이 어디에 있었고 그 과정에서 어떠한 제도를 만들어냈으며 대 중국 식민지 정책의 구체적인 양상은 어떠했는가에 관해 알아보는 것은 앞의 논쟁의 정확한 해답을 위해서도 중요하리라 본다.

신속한 성장이 사회를 안정시키기보다는 복잡한 문제들을 야기시키듯이 1896년까지의 독일 산업의 고도성장 또한 성장장애, 농업의 위기, 사회의 변화 등의 문제를 일으켰다. 따라서 레닌의 제국주의 이론의 기초가 된 불규칙적인 성장이 해외 확장 정책의 원인이라는 해석 또한 비스마르크 시대의 독일에 큰 의미를 갖게 되었다.[9] 비스마르크는 새로 등장한 국내의 제 문제 해결을 위해 적극적인 국가의 간섭 정책을 취했고, 경제적·사회적 혼란의 극복을 위한 강력한 대외무역 정책을 추진해 해외시장을 개척하게 되었다.[10] 따라서 제국의 식민지 건설은 경제적 번영과 국내 사회 안정에 크게 기여하는 법칙과

---

8   W. Sauer, *Bismarck und der Imperialismus*(1976), p.12ff.

9   B. Semmel, "On the Economics of Imperialism," in B. Hoselitz(ed.), *Economics and the Idea of Mankind*(N.Y.: Columbia University Press, 1965), p.192ff.

10   J. A. Schumpeter, *Theorie der wirtschaftlichen Entwicklung: eine Untersuchung über Unternehmergewinn, Kapital, Kredit, Zins und den Konjunkturzyklus*(Berlin: Duncker & Humblot, 1952), p.102.

도 같이 되었으며 국가의 복지도 확장이라는 것과 밀접한 관계를 맺게 된 것이다. 또한 이것은 산업화의 결과에서 나타난 사회 개혁의 요구로부터 전통적 사회구조를 존속시키는 데에도 크게 기여하게 되었다.

비스마르크가 강력한 군사력으로 3차의 대외전쟁 끝에 창설한 대프로이센 제국은 위로부터의 혁명으로 이루어진 것으로 그 구조가 매우 불안정했으며, 이 같은 현상은 1873년의 경제적 위기에 더욱 두드러지게 나타났다.[11] 이 때문에 비스마르크는 신제국의 정치적·사회적 긴장을 해결하기 위해 대립 관계에 있는 두 정당을 교묘히 이용해 다수를 차지해야만 했다. 국내의 불안정요인들이 전통적 사회체제를 위협하고 있는 상황에서 비스마르크는 헌정(憲政)에 대한 관심을 경제와 외적 성과로 돌렸으며, 내적 요구 사항에 적응하고 노골적인 억압 정책을 취함으로써 안정을 유지시킬 수 있었다. 이리하여 새로운 절대적·의사(擬似)헌정적 통치체제가 이루어지게 되었고 정치를 포기하는 시민을 노동계급의 압력으로부터 보호할 수 있었다.

구통치체제를 계속 유지하기 위해서는 이미 신용이 떨어진 자본주의적 자유시장제도의 이념 대신에 대체 계획이 필요했고, 기능·성장 장애 등을 시정해야 했으며 임금노동자들의 충성을 유도하기 위해서는, 분쟁을 피하는 보상 및 안정화 정책을 취해야만 했다. 따라서 경제·정치 문제를 해결하고 불황에서 오는 전 체제의 위협을 방지하기 위해 비스마르크에게는 보나파르트적 권한이 부여되었으며 독재정치가 가능하게 되었다.[12] 즉, 카리스마적·전통적 권위의 큰 위협에 직면해서 경제·사회 측면에서 안정적 기초를 마련해주고 동시에 전 국민 소득의 분배와 권력에 대한 요구를 약화하기 위해서는 특권층의 권위적 국가운영이 필요하게 되었다. 따라서 독일의 제국주의 근원은 비스마르크까지 소급해 올라가게 되었다.

---

11 같은 책.
12 W. Sauer, *Bismarck und der Imperialismus*, p.65f.

이로써 독일의 제국주의가 일차적으로 내생적(內生的) 사회·경제·정치적 역학 관계에서 온 결과로 보아야 마땅하고 외적 강요로부터 나온 결과가 아니란 것이며 또한 이것은 전통적 대외정치의 산물이 아니란 것을 의미한다. 그리고 이것은 최근 필드하우스(Fieldhouse)·로빈슨(L. Robinson)의 견해에 분명히 대립하는 입장인 것이다.

그러면 다음에서는 비스마르크의 초기의 자유무역 정책이 그 후 어떻게 식민지 획득을 위한 제국주의 정책으로 변했는지를 그 원인과 연대를 고려하면서 고찰해보고자 한다. 비스마르크의 원래의 해외 정책은 재정적 부담, 정치적 책임, 군사적 모험 등의 인식으로부터 나온 것으로 자유무역주의의 규칙을 중시하는 상업의 확대주의였다고 보는 것이 타당하다.[13] 1884~1886년에도 그의 가치관이나 견해에 어떠한 변화가 없었으며 식민지를 위한 갑작스러운 열광도 없었다. 1889년에 이르러서도 여전히 경제적 이익을 우선으로 했고 식민지주의적 영토의 지배를 목적으로 하지 않았다. 그리고 함부르크의 대기업인 오스발트(Oswald)의 "독일의 해외 정책은 해외에서의 영토 획득의 목적을 멀리하고 오직 상업의 목적이란 엄격한 제한 속에서 이루어졌다"라는 언급에서 이 같은 내용을 확인할 수 있다.[14]

좀 더 구체적으로 살펴보면, 1860년대 초 이래 비스마르크는 적극적인 해외 정책을 추진했지만 이는 생산경제 측면에서 대외무역을 장려하기 위한 것이었고, 그가 수상이 되어 독일의 산업혁명이 본격화되었을 때도 그 전임자의 자유무역 정책을 그대로 답습했다. 1870년까지도 그는 극동에서 프로이센의 문호개방 정책을 계속 유지시켰으며 극동에서뿐 아니라 지상의 여하한 곳에서도 국가경영 식민지를 반대하는 입장을 취했다. 비스마르크가 1873년 황제에게 유럽 이외의 지역에서 영토의 확장이란 오히려 독일 국가의 약화를 의미

---

13 같은 책.

14 R. L. Ballhausen, *Bismarck-Erinnerungen*(1921), p.334f.

한다고 했다. 또한 그가 중국에서의 국가가 직접 경영하는 식민지를 반대하는 것은 ① 국가의 식민지 경영이 이익을 가져다준다는 것이 환상이라는 것과 ② 국회의 승인을 필요로 하는 식민 정책은 입법기관의 영향력 증대만을 가져다 줄 뿐이라는 데에서였다.[15]

비스마르크는 제국이 경제적으로 안정되어 있지 않는 한 식민지를 직접 경영할 수 없고, 회사를 지원할 수 없는 형편이지만 특히 대식민지 경영을 위해서는 국민으로부터의 요구나 동의가 필요하다고 했다.[16] 이것은 실용적 대외 정책이라고 볼 수 있는 것으로 비스마르크의 현실 정치의 기본 입장과 일치되는 것이었다. 그러나 1873년에 불황이 시작된 데 이어 1876년의 농업의 위기에 직면해서는 비스마르크는 보호 정책을 강구하고자 독일의 전통적 복지 정책으로 되돌아가야 했고, 대기업·대토지 소유자의 결합으로 안정적 보호 제도를 구축해야 했으며 자유무역의 확대 대신에 식민지 지배 정책을 받아들여야만 했다.[17] 따라서 1882년 이래의 독일의 새로운 불황 현상이 어떻게 독일 제국주의로 전환되었는지에 대해 알아보는 것은 매우 중요하리라 본다.

한 국가의 경제적 발전은 고립 속에서 이루어질 수 없고 타 산업국가와 세계경제 무대에서 심각한 경쟁을 벌여야 했기 때문에 자유무역의 시기는 종말을 앞두게 되었고 국가의 직접적인 간섭이 필요하게 되었다. 나아가 폭발적인 산업화 및 불규칙적인 경제성장으로 지배층의 사회 혁명에 대한 공포감이 점증되어 감에 따라 체제 유지를 위해서는 하나의 출구가 마련되어야만 했다. 이에 비스마르크는 자유무역 대신에 보호무역주의의 도입, 국가의 지원 및 직접적인 간섭, 불황기의 페시미즘의 극복에 의한 기업의 활성화 및 판매시장의 확대 등으로 새로이 대두한 사회·정치 문제를 해결하고자 했다.

따라서 구정치 전통이 파괴되고 수상의 권위가 공격을 받는 상황에서 원대

---

15 F. V. Holstein, *Die geheimen Papiere II*(1957), p.174f.

16 H. F. von Pöschinger, *Fürst Bismarck und die Parlamentarier*(1896), p.106.

17 같은 책.

한 목표의 설정은 제국 간의 심각한 사회적·정치적 긴장을 은폐하고 보나파르트적 독재권을 강화시키며 제국 정부의 무너진 위신과 인기를 회복시키는 데 큰 도움이 되는 것이었다.[18]

비스마르크의 해외 정책은 광의에서 보면, 독일의 산업이 통상과 수출의 장려로 공적 식민지 지배로 이어졌고 또한 이것은 당시의 지배적 경제체제를 중심으로 볼 때 이미 예정된 것이었다. 그리고 이와 밀접한 관계가 있는 독일 제국주의의 한 양상으로, 전통적 지배계급의 우위를 유지하고 이제까지 지켜온 프로이센·독일의 세력 구조를 견지하고자 한 것이다. 이 때문에 독일의 제국주의는 전통적 협력의 끈기와 함께 독일의 정치적 구조에 대한 불만과 당과 국가 사이의 대립 관계를 은폐하고 속박 속의 정치 활동에 대체영역을 제공해 계급 간의 긴장과 투쟁을 중립화시키고자 한 것이라고 볼 수 있다. 이러한 여건하에서 비스마르크의 극동을 향한 제국주의적 식민주의 정책이 본격화되었으며, 다음 장에서 보는 바와 같은 과정을 거쳐 중국 산둥반도의 자오저우만을 차지하게 되었다.

3. 독일의 산둥반도 점령의 배후와 과정

독일제국 탄생 이전 프로이센이 세 차례의 전쟁을 치르는 동안에 비스마르크 정부는 극동 정책에 관해 무관심한 상태였다. 이것은 1865년의 독일 정부가 재외 공간에 내린 "가급적이면 열강의 입장과 상이하지 않은 노선을 택하라"는 지령에서 찾아볼 수 있고, 빈번한 영사들의 부재와 중국 문제에서 열강의 노선에 서명하는 정도에 그친 것에서 알 수 있다. 그리고 이러한 상황은 1870년의 톈진의 소요(중국인들의 반기독교운동)시에도 마찬가지였다.[19]

---

18 H. Böhme, *Deutschlands Weg zur Großmacht*(1966), p.477.

그러나 독일 자본주의 이익을 대변하는 입장에서의 일대 전진이라고 볼 수 있었던 것은 중국의 세관에 상당수의 독일인을 근무하도록 한 일이었다. 당시에 열강이 같은 입장에 처해 있었지만, 특히 독일은 세관에 많은 자국인을 근무시켜 중국과의 무역에서 유리한 지위를 확보하고자 했다.[20] 1861년 프리드리히 빌헬름(Friedrich Wilhelm) 4세를 계승한 빌헬름 1세는 무엇보다도 군인이었으며 군의 개편과 해군력을 확장하는 데에 큰 힘을 기울였다. 이 정책의 하나로 동아시아 원정대의 파견이 이루어졌고 이로부터 분함대의 파견은 독일의 국익을 보호할 뿐 아니라 무역의 증대를 꾀할 수 있다는 주장이 나오게 되었다.[21]

그리고 마침내는 중국 내의 독일의 영사관들과 독일 무역 대표부가 중국에서의 독일 해군의 역할을 강조했고 오스트리아와 프로이센이 중국 해안에 수척의 선박을 정박하도록 해야 한다는 주장을 내세웠다.[22] 당시의 상황을 일별해보면, 영국과 미국은 동아시아 지역에 강력한 해군을 보유하고 있었는데 이것은 중국과 일본 정부에 압력을 가하고 나아가서는 중국 연해주민들의 외국인에 대한 저항에 대해 보복의 수단으로 삼고자 한 것이었다. 실제로 1860년 대에는 연안주민의 약탈 행위가 빈발했고, 1871년 이후에는 이 같은 행위가 열강의 군사력의 상주를 불러왔으며 이것은 오히려 정치적인 성격을 띠게 되었다.[23]

1860년대와 70년대 초에 이르러 중국 개발을 희망했던 독일인들이 중국 연

---

19 H. Cordier, *Histoire des relations de la Chine avec les puissances Occidentales 1860~1890 I*, p.362f.

20 Rehufs an Hart(레후페스가 하르트에게 보내는 문서), 1869.10.25, GA 2017. 53.

21 F. Freiherr von Richthofen, *China*, vol.I(1971), p. X XIII.

22 Rehufs an Hart(레후페스가 하르트에게 보내는 문서), 1869.10.25, GA 2017. 53.

23 HHStA(Haus-Hof-Staatsarchiv, 오스트리아의 전신 국가인 신성로마제국·오스트리아-헝가리제국·오스트리아 국가문서고), "Pekingbericht, Nr2 Vertraulich 1898(북경으로부터의 보고서)," *Über den Anschluß der Verhandlungen Zwischen Dutschland und China betreffs der Kiautschau Bucht*, p.9f.

안에 독일의 기지 창설을 주장함에 따라 비스마르크의 후속 조치가 따르게 되었고, 해군 제독 알베르트(Albert)와 왕자, 황태자 등도 군 기지 없는 조약은 무용지물이라면서 식민지 건설에 의견을 같이하기에 이르렀다. 이와 때를 같이해 당시 프로이센 원정대의 일원이었던 리히트호펜 남작은 대만의 점령에 관해 역설했다.[24] 나아가서는 공적 토론이 신문 ≪슈테른≫을 통해 이루어졌고 몇 년에 걸쳐 지상 토론이 계속되었으며 특히 대만에 관한 논설은 30여 종에 이르렀다. 그 내용으로는 독일이 대만에 근거지를 건설해야 한다는 것과 구체적으로는 네덜란드의 자바 착취 방법에 따라 일정한 작물을 강제로 경작시켜 본국에 보내도록 해야 한다는 것이었다.

이 밖에도 대만 식민지 계획이 여의치 못할 경우에 아모이를 독일의 홍콩으로 만들어야 한다고 하는 주장이 대두되었고, 일부 상인들은 독일 정부에 중국에 거주하는 독일인의 각서를 보내 해외에 거주하고 있는 독일인은 하나의 중심 거점을 가져야 한다고 주장했다. 더불어 대만과 해남은 중국에 속하기 때문에 많은 자원이 있는 보르네오(Borneo)가 그 대상으로 적절하며, 아시아에 전 세계가 감지할 수 있는 독일세력의 구축이 필요하다고 역설했다.[25]

실제로 프로이센은 우선 대만에 한두 개의 해군기지를 구축할 것을 고려해 가젤레(Gazelle)에게 섬 일부를 탐색하도록 했으며, 상해 주재 총영사 라도비츠(Radowitz)가 대만 병합을 고려해 러시아 공사에게 그 같은 뜻을 밝히기도 했으나 마침내는 중국과의 전쟁이란 공포에 빠지게 되었다. 이후 프로이센이 대만에 대한 계획을 진척시키지 못했던 주요 이유는 외교적인 배려 외에 리히트호펜의 친구였던 주일 독일 영사 브란트가 "독일은 통상과 해군을 위한 동아시아의 해군기지가 필요하지만 정치·군사·위생적인 문제를 고려할 때 대만은 부적합하다"라고 말했기 때문이었다.[26]

---

24   H. O. Meisner(ed.), *Kaiser Friedrich III, Tagebücher von 1848~1866*(1929), p.126.

25   J. M. Radowitz, *Aufzeichnungen und Erinnerungen*, I(1925), p.67f.

26   Brand GA II, p.141~145.

물론 독일의 대만 계획 포기는 동아시아에서의 독일의 기지 창설 계획에 대한 완전한 포기를 의미하는 것은 아니었다. 1866년 6월의 연방개혁안에서는 식민과 이민에 관한 법률을 통과시켰으며 북독일연방헌법에서는 함대의 건조와 기지의 창설을 고려하고 있었다. 이에 따라 지질학자 리히트호펜은 다시 중국으로 귀환했고 곧이어 그는 상해 근처의 주산이 북독연방의 해군기지와 항구 식민지로 적합하다는 것과 아울러 동아시아에서 기지의 획득이 필요불가결하다는 각서를 본국 정부에 전달했다.[27]

그럼에도 비스마르크가 지시했던 협상을 통한 중국 영지의 조차는 불가능하게 보였다. 태평천국의 난[28]을 진압한 만주 정부는 확고한 기반 위에 있었고 중국 지배계급의 대부분이 외국 자본의 침입을 자신들의 정권에 대한 위협으로 보았으며, 정부 또한 강경책을 강구하고 있었기 때문이었다. 그뿐 아니라 톈진조약의 개정에 관해서도 치외법권적 외국인 거주가 왕조로부터 국민을 멀어지게 하고 영토의 분열을 초래한다는 이유에서 적극 반대하는 입장이었다. 따라서 당시로서는 독일이 중국 정부와 평화적인 방법에 의해 조차에 관한 어떠한 조약을 체결한다는 것은 불가능한 일이었다. 이 때문에 독일 영사 레후페스(Rehufes)는 지방 관서와 하등의 상의 없이 아모이 근처의 구랑위(鼓浪嶼)에 병원과 해군기지를 건설한 뒤 북경 주재 영사관에게 업무에 임하도록 해야 한다고 제안하기에 이르렀다.[29] 이제까지 협상에 의한 중국과의 조약

---

27 Richthofen an Bismarck(리히트호펜이 비스마르크에게 보내는 문서), 1877.5.31, GA 963, 14.
28 19세기에 일어난 중국의 근대혁명으로 세계 석학이 동아시아 근대 역사에서 많은 관심과 함께 연구한 것은 한반도의 동학농민혁명과 중국에서 일어난 홍수전(洪秀全)의 태평천국 운동이었다. 청나라가 영국과의 아편전쟁에서 패한 후 청 조정의 권위는 추락했고 사회 불안이 극심해지자 곳곳에서 민란이 일어났고 태평천국군은 청조 타도를 목적으로 한 반란 세력이었다. 1851년 태평천국을 건국한 홍수전은 가난한 농촌 출신으로 여러 차례 과거시험에 낙방하고 남경에 가서 서양의 기독교 선교사를 만나 기독교를 알게 되었다. 스스로를 예수의 동생이라 칭하며 꿈에 야훼가 악마를 멸하라는 검(劍)을 주었다고 했다. 이때부터 그는 유교·불교·도교의 사당·사원을 파괴하고 14년간 청군과 싸워 대승을 거두기도 했으나 마침내 패했다. 명·청 이래 최대의 전쟁으로 사망자만 2000만 명 이상이다.
29 Rehufes Nr.582, 1870.6.6, GA 963, 45.

을 반대해온 미국의 공사도 이 안에 대해서는 적극 지원하겠다는 약속을 함으로써 식민지 건설을 위한 좋은 여건이 형성되어 가고 있었다. 하지만 유럽 본토에서 독일과 프랑스 사이에 전쟁(보불전쟁)이 시작되면서 중국 기지 문제는 뒷전으로 물러서게 되었다.

그러나 독일의 중국에 대한 노력이 완전히 끝을 맺은 것은 아니었다. 리히트호펜 박사에 의해 이후 독일이 제국주의 정책을 수행하는 데 기초가 될 많은 탐사와 연구가 이루어졌다. 그는 독일 자본을 중국에 들여올 목적으로 7차에 걸쳐 중국의 전체 18성 가운데 13성을 탐사했다. 탐사는 주로 탄전을 찾는 일이었는데 탄전을 발견함으로써 독일 자본으로 중국에 철도·전신 시설·공장 등을 건설할 수 있다고 생각했기 때문이었다.

마침내 리히트호펜은 위현의 탄전을 발견하게 되었고 이로써 그는 유럽인으로서는 처음으로 호남과 남산서에서 탄광·철광을 발견하게 된 것이며, 철도를 부설해서 위현 탄광을 산동반도의 자오저우만과 연결하고자 했다.[30] 그러나 그는 일의 본격적인 추진을 앞두고 보불전쟁을 맞게 되어 수개월간 일본에 머무르게 되었고 이후 중국에 들어가 12년 만에 중국탐사를 마쳤으며 본국에 들어간(1872.12.) 뒤에는 베를린 지학회장(地學會長)직을 맡게 되었다.[31]

이어 그는 유럽과 중국 사이의 철도 부설에 관해 관심을 갖게 되었고, 1873년에는 독일의 강철 재벌인 크루프(A. Krupp)와 만나 군비 산업·동·주석과 여타의 금속에 관해 논의했으며, 크루프는 그중에서도 레일 공장에 관해 관심을 표명했고, 리히트호펜이 전체 기업의 총책임자의 직을 맡게 되었다. 점차 이 일의 중요성이 인정받게 됨으로써 재계와 기사, 상인의 대표들을 상대로 한 중개자의 임무를 맡게 된 리히트호펜이 중국 최초의 철도 장관이 된 이홍장과 이 계획을 추진하도록 되었으나 크루프는 그 이상 계획을 실현할 위치에 있지

---

30   F. Freiherr von Richthofen, *Tagebücher aus china*, I. p.570ff.
31   F. Freiherr von Richthofen, *China*, vol.I, p. XLII.

못했다.[32]

리히트호펜이 산둥반도의 탄전과 자오저우만을 연결시키고자 한 노력은 그 후에 다시 계속 되었다. 그는 1882년 프로이센의 문화·통상성의 기금으로 발간된 자신의 서책에서 자오저우만의 미래의 중요성에 대해 상세히 밝혔다. 이 책에서 그는 자오저우만을 해군기지로 삼을 경우 북중국의 철도망과 연결될 수 있다고 보았으며 북중국의 면·철, 여타의 생산품이 용이하게 출구를 찾게 되고 중국이 더 저렴한 가격으로 외국 상품을 수입할 수 있다고 생각했다. 이리하여 세계시장으로의 진출을 위해 개발을 기다리고 있는 많은 중국 자원은 개발 가능성을 확인받았다. 하지만 무엇보다 중요한 것은 인내심과 재능을 겸비한 저렴한 중국인의 노동력과 독일 자본이 세계시장을 겨냥한 생산 시설을 건설하게 되었다는 점이다.[33]

이어 1894년 조선조 고종 31년에 일어난 동학란과 그 여파로 발생한 청일전쟁(1894~1895)과의 관련하에 독일의 중국에 대한 자오저우만의 요구에 대해 알아보고자 한다. 청일전쟁에서 승리한 일본은 시모노세키조약[34]에서 랴오둥반도의 취득을 비롯하여 일본에 유리한 조약을 체결하게 되었다. 이에 대해 독일을 비롯한 프랑스와 러시아는 일본의 대폭적인 세력 확장이 중국의 수도와 조선의 독립 그리고 극동의 평화를 위태롭게 하기 때문에 중국이 배상금을 더 지불(3000테일)하는 조건으로 일본에 랴오둥반도를 중국에 반환하도록 요구했다.

랴오둥반도를 되찾는 데 공을 세운 3국 가운데 프랑스와 러시아 양국은 중국 정부로부터 상당한 대가를 받았으나 독일만이 여기에서 제외되고 있었다.[35] 기회를 기다리고 있던 독일은 1895년 랴오둥반도 반환에 세운 공의 대

32 W. Berdrow, *Alfred Krupp, Briefe*(Berlin: Verlag Reimar Hobbing Berdrow, 1928), p.294.

33 같은 책.

34 H. Rönnefarth, *Konferenzen und Verträge,* vol.III(1963), p.381f.

35 HHStA, "Pekingbericht, Nr2 Vertraulich 1898," *Über den Anschluß der Verhandlungen*

가로 톈진과 한커우를 조차해줄 것을 중국 정부에 요청했으나 다른 열강이 유사한 요구를 내세울지도 모른다는 공포에서 거절되고 말았다.[36]

식민지 시대에 재치 있는 일본인들은 유럽 제국의 기독교 포교단 파견을 식민 정책의 제1단계로 알고 외교적 수완으로 어려운 국면을 잘 극복했으나 이와는 반대로 중국에서는 포교 사절의 살해, 교회의 파괴, 기독교 박해가 언제나 조차 및 영토 분할에 영향을 미쳤다.[37] 1879년 중국에 첫발을 디뎌놓은 독일의 선교사 안체르(Anzer)와 프라이다나메츠(Freidanametz)하에서 포교 활동을 하고 있던 두 선교사가 산둥반도에서 폭도에 의해 살해되자(1897), 독일 외무성은 이를 기다렸던 사건처럼 환영했다.[38]

나아가서는 이 사건이 자오저우만의 점령 및 합병을 위한 리히트호펜의 계획에 구실로 이용될 수 있었다.[39] 이리하여 영사 하이킹(B. Baron Heyking)은 중국 정부에 이에 대한 보상으로 6개 항의 요구 조건을 내세웠으며, 베를린으로부터 하달된 명령에 따라 동시에 독일제국 해군에게 자오저우만 작전(膠州灣作戰)을 개시하도록 했다.[40] 11월 14일 부제독 디트리히(von Ditrich)의 지휘하에 프린츠 빌헬름(Prinz Wilhelm), 아르콘 코모란(Arcon Cormoran)이 카이저 전함을 이끌고 자오저우만 안으로 진입했으며 해군의 일부가 비밀리에 요새의 일부를 점령했고 중국 부대장에게 칭다오로부터 즉시 철수할 것을 요구했다.[41]

    Zwischen Dutschland und China betreffs der Kiautschau Bucht, p.8f.

36   K. S. Latourette, *The Chinese, Their History and Culture*(1966), p.309.

37   Fan Wön Lan, *Neue Geschichte Chinas*(1959), p.187f.

38   HHStA, "Pekingbericht, Nr2 Vertraulich 1898," *Über den Anschluß der Verhandlungen Zwischen Dutschland und China betreffs der Kiautschau Bucht*, p.10; K. S. Latourette, *The Chinese*, p.309.

39   Helmuth Stocker, *Deutschland und China im 19. Jht des Deutschen Reiches*, p.243.

40   HHStA, "Pekingbericht, Nr2 Vertraulich 1898," *Über den Anschluß der Verhandlungen Zwischen Dutschland und China betreffs der Kiautschau Bucht*, p.11.

41   같은 글.

이때 독일의 제독은 중국군 지휘관에게 칭다오를 철수하는 데 3시간이란 짧은 시간을 주었고 중국군의 철수는 이 시간이 채 지나기도 전에 완전히 이 행되었으며, 중국군 지휘관은 철수와 더불어 제독 디트리히에게 북경에서 하 달된 "무력 충돌을 피한다"[42]라는 소식을 전했다. 곧이어 독일이 오랫동안 기 다리고 바랐던 자오저우만이 600명의 중무장한 독일군에 의해 아무런 저항 없이 점령되었다.[43]

독일군에 의한 자오저우만의 점령이 순조롭게 이루어진 것과 같이 중국 본토에 많은 관심이 있던 열강들도 독일에 비교적 호의적인 태도로 나왔다. 독일이 제출한 항의문이 중국 정부에 이르자 이홍장은 프랑스와 러시아의 대리공사에게 독일의 두 선교사가 피살된 사실을 통고했고 조언과 협조를 구했다.[44]

이 사실을 알게 된 독일공사 하이킹이 강경히 항의하자 당황한 이홍장은 정부 요원 두 명을 보내 정식으로 사과함과 동시에 이와 같은 무례를 다시는 범하지 않겠다는 약속을 하기에 이르렀다.[45] 한편 독일의 자오저우만 침공에 대해 식민열강의 반응은 각기 다른 모습을 보여주고 있었다. 프랑스의 대리 공사 뒤바일(Dubail)은 프랑스 정부의 훈령에 따라 독일군에 의해 취해진 행위 를 기정사실로 인정했으며 유럽의 내각이 중대한 문제에 직면해 있고 평화의 지속이 긴박히 요구되고 있는 시점에서 독일의 항구 점령은 현존하고 있는 조 화와 평화를 전혀 해치지 않는다는 본국 정부의 뜻을 표명했다.[46]

하지만 러시아 대리공사 파블로프의 입장은 평화적이지 않았다. 파블로프

42　북경에서 하달된 명령인 "무력 충돌을 피하라"는 명령을 부제독 디트리히에게 전했다. 같은 글, p.12.

43　같은 글, p.12.

44　같은 글, p.17.

45　Helmuth Stocker, *Deutschland und China im 19. Jht des Deutschen Reiches*, p.249.

46　HHStA, "Pekingbericht, Nr2 Vertraulich 1898," *Über den Anschluß der Verhandlungen Zwischen Dutschland und China betreffs der Kiautschau Bucht*, p.17.

는 중국에 독일에 저항할 것을 고무했으며, 중국 정부와의 약속에 따라 전보를 통해 블라디보스토크에 있는 러시아 함대를 파견하도록 하는 강경한 태도를 보여주었다.[47] 중국과 러시아 양국 정부가 그 존재를 단호히 부정했던 카시니협정(Cassini Convention)이라고 하는 러·중 비밀조약에 의해 자오저우만을 러시아가 5년간 조차하기로 되어 있었기 때문이었다.[48] 그러나 곧이어 파블로프는 프랑스의 선례를 따라 중국 정부에게 자오저우만을 양보할 것을 요청하는 것으로 태도를 바꾸었다.

반면 러시아의 초기의 완강한 태도에 대조가 되는 반응을 보여준 나라는 영국이었다. 당시의 영국 공사 맥도널드(C. Macdonald)는 자오저우만 사건이 일어나자 영·독의 적대 관계와는 관계없이 처음부터 환영했고 심지어 이를 위해 지원을 아끼지 않았다. 독일에 대한 영국의 갑작스러운 우호적 태도는 당시 영국이 독일의 상해은행과 함께 중국에 차관을 계획하고 있어 독일의 협조가 필요했기 때문이었다.[49]

이와 같은 상황에서 중국은 독일의 자오저우만 점령을 기정사실로 인정해 독일이 오랫동안 열망하고 있었던 산둥반도의 자오저우만을 99년간 조차하는 것을 허락하게 되었다.[50]

이어서 독일은 산둥반도를 도약의 발판으로 삼아 계속 세력을 확장할 계획으로 칭다오항의 조차조약을 체결했고 이 밖에도 같은 반도 내에서의 철로·선박에 관한 이권과 투자의 우선권을 취득하게 되었다.[51]

---

47 같은 글.
48 Hans Miller, *Die beiden Weltkriege* (1967), p. 249.
49 HHStA, "Pekingbericht, Nr2 Vertraulich 1898," *Über den Anschluß der Verhandlungen Zwischen Dutschland und China betreffs der Kiautschau Bucht*, p. 14.
50 독일은 이 같은 방법으로 그들이 선정한 중국 영토를 점령할 수 있었고, 중국은 기정사실 앞에서 자오저우만을 99년간 조차해주었다. 같은 책, p. 17; K. S. Latourette, *The Chinese, Their History and Culture*, p. 30ff.
51 같은 책.

4. 독일 외교의 과오와 영일동맹이 일본에 끼친 영향

일본의 메이지 정부는 1877년 국가안전의 위기를 극복한 뒤 서구의 영향 아래 사회·경제 측면에서 일대 개혁을 단행해 근대화 과정을 가속화시켜 왔다.[52] 서구화 과정에서 일본은 오랜 전통을 버리고 서양 문화를 아무 저항 없이 받아들이지는 않았다. 당시 일본 내에서는 외국인을 일본에서 축출해야 한다는 보수적 세력과 중국의 전철을 밟지 않고 일본의 신속한 발전을 위해 서구식 근대화가 필요불가결하다는 주장이 대립되고 있었다.[53] 그러나 일단 문호를 개방하게 되자 서양 문물을 배우러 떠난 이와쿠라 사절(Iwakura Mission)을 비롯한 많은 사절단을 구미(歐美)에 파견했고 1890년에는 정부의 초청으로 약 3000명의 외국인 고문(顧問)이 일본에서 활약하게 되었다.

이와 같은 일본의 근대화 과정에서 독일이 일본에 끼친 영향은 지대한 것으로 독일의 지원에 의한 일본의 신대륙건설(新大陸建設)·의학교(醫學校)설립·헌법 제정·도쿄대학 역사학부 설립 등이 이에 해당된다.[54] 일본과 독일이 비록 다른 종족에 속하고 있었지만 일본은 서구식 근대화 과정에서 독일과 밀접한 관계를 맺게 되었고 양국 정부와 국민 사이에는 돈후한 우의가 이루어지게 되었으며 이 같은 우호 관계는 1차 대전 발발 직전까지 지속되고 있었다.

이러한 상황에서 1914년 8월 세계대전이 발발했을 때 대부분의 독일 국민은 일본이 독일편에서 러시아를 공격하리라고, 그렇지 않으면 적어도 중립적 태도를 취할 것이라고 믿고 있었다.[55] 1차 대전에서 독일이 영국을 공격한 것

---

52 John Whitney Hall, *Das Japanische Kaiserreich* (1968), p. 218.
53 같은 책, p. 279.
  1860년: 1차 바쿠후(Bakufu)사절을 미국에 파견.
  1862~1863년: 2차 바쿠후 사절을 영국·프랑스·네덜란드에 파견.
  1872~1873년: 이와쿠라 메이지(Iwakura Meiji) 정부 요원 사절을 미국과 유럽에 파견.
54 같은 책.
55 Hans Miller, *Die beiden Weltkriege*, p. 123.

도 아니거니와 영국이 동맹국인 일본으로 인해 공격을 받지 않았기 때문에 일본이 영일동맹을 빙자해서 독일에 대항해 전쟁에 참여할 아무런 근거가 없었기 때문이다. 더불어 인권 문제, 조약 협상 문제, 경제적인 이해관계 등으로 전쟁 발발 전 수년간 일본 국민의 영국인에 대한 증오는 점차 강해졌고 일본 정부 또한 영국을 경계할 것을 경고하고 있었기 때문이다.[56]

당시 일본과 중국에 거주하고 있었던 독일인들 또한 같은 생각을 하고 있었다. 일본 국민 대부분이 전초(戰初) 독일의 대승에 대해 일대 환성을 올렸기 때문이었다.[57] 그러나 이러한 생각은 곧 과오로 판명되고 말았다. 독일 국민의 착각은 베를린과 도쿄에서의 독일 외교가 아시아의 정세와 1914년 봄의 일본 국내 정책의 변화에 대한 무지에서 비롯되었으며, 특히 "일본의 정책은 국민의 여론으로부터가 아니라 실제적인 목적과 실리에 의해 이루어진다는 사실"을 고려하지 않았기 때문이었다.[58]

제1차 세계대전이 시작되기 전 수년간 영국에 의해 추진되었던 교사(敎唆)로 말미암아 도쿄 정부는 단시일 내에 일본 국민의 독일에 대한 호의를 무난히 적대 감정으로 바꾸어놓을 수 있었다.[59] 이처럼 영국이 1차 대전 직전에 일본 정부에 강력한 영향력을 발휘할 수 있게 되기까지는 앵글로-색슨족인 영국 국민과 황인종인 일본 국민 사이의 긴 노력이 뒤따르고 있었다. 1898년 영국의 정치가들에게는 극동과 세계 도처에서의 영국의 고립에 대한 불만이 일기 시작했고, 드디어 영국 내각은 전통적인 국시인 '영광의 고립(splendid isolation)' 대신 동맹을 체결하기 위한 정책을 수립하게 되었다.[60]

극동 지역에서 영국 동맹의 대상으로는 독일과 일본이 해당되었는데, 만약

---

56 Wilhelm Treue, *Deutsche Geschichte*(1965), p.125.

57 Hans Miller, *Die beiden Weltkriege*, p.125.

58 Wilhelm Treue, *Deutsche Geschichte*, p.125.

59 같은 책.

60 K. Kluxen, *Geschichte Englands*(1968), p.719.

제5장 중국 산둥반도에서 독일·일본제국주의의 충돌   237

영국이 일본과 동맹 관계를 맺는다면 영국은 러시아 및 그의 동맹국과 세계 도처에서 끝없이 전쟁에 휘말릴 위협이 있었다. 더욱이 일본의 관심은 전 세계적인 것이 되지 못한 데다 영국의 고위층은 비기독교적인 황인종에 대한 차별 의식을 가지고 있었기 때문에 매우 난처한 입장에 처해 있었다.[61]

이러한 상황에서 1898년 영국은 러시아에 사절을 파견해 평화를 위한 양국 간의 협력 관계를 위해 노력했으나 영국 대사가 러시아 우세를 포기할 주장함으로써 실패했다.[62] 이에 영국의 식민상 체임벌린은 영독동맹을 위해 런던에 있는 독일 영사와 협상을 개시했지만 다음해 말 완전히 교착 상태에 빠지고 말았다.

마지막 동맹 대상이었던 미국은 동아시아에 지대한 경제적 관심을 가지고 있었던 것이 사실이지만 유럽 정책 불간섭주의 때문에 대상에서 제외되었다.[63] 이리하여 영국이 고립에서 벗어나기 위한 방법은 오직 일본과 동맹을 체결하는 길뿐이라는 것이 확인되었다. 1902년 영국은 마침내 일본과 동맹을 체결하게 되었다.

제1차 영일동맹[64]은 주로 러시아를 견제하기 위한 목적 아래 이루어진 것이었지만 한편으로는 영국은 중국, 일본은 한국에서 자국의 이권을 확보하려는 목적이 있었다. 이 목적에 따라 제2차 영일동맹(1905)[65]은 조약의 갱신이라기보다는 대부분 새로운 내용이었으며, 제3차 영일동맹(1911)[66]은 일본인에 의해 영국의 시장이 위협받고 있어 영국, 영국 의회, 영국자치령에서까지 일본과 일본인에 대한 감정이 매우 악화되었던 상태에서 영국이 제1차 세계대

---

61 G. K. Kindermann, *Der Ferne Osten in der Weltpolitik des industriellen Zeitalters*, p.10.

62 같은 책.

63 E. Angermann, *Die Vereinigten Staaten*(1966), p.19f.

64 BAD. vol.Ⅱ, 1, Dok. 125, p.184ff. 중국과 한국에 관한 양국 간의 조약 전문 6조, 5년간 시효.

65 BAD. vol.Ⅳ, Dok. 155, p.267ff(1905.8). 영일동맹 조약(12 Englisch-Japanisches Bündnis) 전문 8조, 10년간 시효.

66 BAD. vol.Ⅷ, 2. Dok. 636, p.896ff(1911). 그레이·가토 조약(Juli 13 Grey-Nakaahi Kato-Vertrag) 전문 6조, 10년간 시효.

전을 예상하고 성립시켰던 것이다.[67]

제3차 영일동맹은 영국이 제1차 세계대전을 계산에 넣은 조약이었던 만큼 조약 체결 이후 영국은 일본이 자국에 유리한 입장에 서도록 모든 노력을 기울이게 되었다. 하지만 이때 독일은 일본에 대한 영국의 외교적 노력이 일본의 정책을 어떻게 변화하고 있는지 모르고 있었다. 이것은 각국이 세계정세의 변화에 따른 국내 정책의 결정에 여론에 상당히 의존하던 것과 달리 독일은 이에 무관심했기 때문이다. 여기서 독일 외교의 과오를 엿볼 수 있는 부분이다.[68]

한편 전쟁 발발 직전 해에 일본 내 독일의 유일한 신문인 ≪재팬 포스트≫가 요코하마에서 본국 정부의 아무런 도움 없이 발간되고 있었다.[69] ≪재팬 포스트≫가 많은 일본인의 주의를 끌고 있었던 것이 사실이었지만 영국에 대응해서 일본 여론을 독일 측에 유리하게 이끌어나가기에는 너무나 늦은 출발이었다고 볼 수밖에 없었다.

독일은 서부전선에만 몰두하느라 자신들의 외교가 얼마나 아시아 사정과 일본 국내 정세에 에 둔감했는가에 관한 정황은 영국의 대독 선전포고 4일 후인 8월 9일, 주일 독일대사 렉스 백작(Graf Rex)이 칭다오에 전화로 "일본의 공격이 예기되지 않는다"라고 말한 것에서 잘 알 수 있다.[70] 이처럼 독일제국의 국사 담당자들이 무분별 속에 빠져 있었던 것을 볼 때 독일 국민들이 자국의 관료 이상으로 일본의 사정에 대해 모르고 있었을 뿐 아니라 심지어 낙관하고 있었던 상황은 너무나 당연했다.

그러나 이보다 독일에 더 모욕적이었던 사건은 1914년 8월 초 수일 동안

---

67 Hans Herzfeld, *Der Erste Weltkrieg*(1968), p.13f.
68 Hans Miller, *Die beiden Weltkriege*, p.681f.
69 같은 책, p.688.
70 영국의 대독 선전포고 4일 후인 8월 1일에 도쿄 주재 독일 대사 렉스(Rex) 백작은 일본의 칭다오 침략이 예상되지 않는다고 알렸다. 같은 책, p.97.

독일 내 곳곳에서 독일 국민이 자국에 거주하고 있는 일본인들에게 환영식을 마련하고 있었다는 사실이다. 특히 수도 베를린에서는 시민들이 일본대사관에 모여 일본 만세의 환호성을 올리고 있었다.[71] 우습게도 이러한 일이 벌어지고 있는 동안 일본은 우방인 독일과의 우의를 저버린 채 대독 전쟁 참가를 위해 무장에 열중하고 있었다.

이와 같이 현대 전쟁에서 있을 수 없는 일련의 사건들은 대전 발발 전후 수일 동안 독일이 동아시아에 칭다오라는 조차지를 가지고 있음에도 동아시아 문제에 관해 냉담과 무관심으로 대해왔기 때문이다.[72] 이로 인해 독일 국민은 올바른 상황 판단을 하지 못했고 실제로 일본이 영국·러시아의 관계에 대해 잘 모르고 있었다.

독일 정부 요원들이 극동 문제를 가벼이 여겼기 때문에 국제 정세에 따른 일본 외교 정책의 수립과 국내 정책 변화에 대해 정확히 인식할 수 없었을 것으로 생각된다. 그러나 베를린 정부가 러시아의 반독 정책에 대해 잘 알고 있었기 때문에 독일은 당시 러시아와 일본의 접근에 대해서만은 주의 깊게 관찰했어야 했다. 왜냐하면 베를린 정부가 러시아의 반독 정책에 대해 잘 알고 있었기 때문이다.[73]

5. 러·일 우호 관계가 러시아의 서구 정책과 일본의 극동 정책에 끼친 영향

프랑스 혁명사상을 전파한 나폴레옹전쟁은 지상 곳곳에서 여러 민족에게 민족주의와 자유주의 이상을 고취했다. 그중에서도 전쟁의 영향으로 와해 과

---

71 같은 책, p.98.
72 같은 책, p.681.
73 같은 책.

정 중에 있었던 터키제국 영내 여러 민족의 독립운동은 매우 강렬했다. 오스트리아-헝가리제국의 보스니아·헤르체코비나의 병합(1907) 및 독일의 근동 지방 진출과, 그리스정교의 옹호자로 범슬라브주의를 표방하면서 발칸지방에 진출하고자 하는 러시아의 발칸 정책 사이에는 장차 큰 분쟁이 예기되고 있었다. 동시에 러시아는 서양의 위험 때문에 동아시아 내 안전을 희망하고 있었으며, 일본에 접근 정책을 써야만 하는 입장에 놓여 있었다.[74]

이리하여 1905년 러일전쟁 패배 후 러시아의 동아시아 정책은 매우 적극적이었다고 볼 수 있다. 이미 1907년 프랑스의 주선으로 러시아는 일본과 조약을 체결했으며 일본과의 관계 개선을 통해 그들의 아시아 식민 정책은 계속되고 있었다.[75]

이러한 상황에서 러시아와 일본 간의 협력 관계는 1910년 7월 비밀조약[76]에 의해 긴밀해졌고 1912년 7월 또 하나의 비밀조약으로 양국 관계는 더욱 끈끈해졌으며 장차 양국의 발전에 지대한 영향을 끼치게 될 협정이 이루어지는 데까지 발전했다.[77] 일본은 한국, 남만주, 내몽골에서, 러시아는 북만주와 외몽골에서 아무런 방해를 받지 않는 가운데 세력 확장을 보장받는 것이 협정의 내용이었다.

이 같은 긴밀한 유대 관계는 러시아의 사스노프(Sasnov) 장관이 한편으로는 여의치 못한 러·독 관계를 강조하고 다른 한편으로는 일본에 대한 우호적인 발언을 함으로써 그들의 목적 달성을 위한 구체적인 작업이 무난히 진행되고 있음을 보여주었다.[78] 시베리아, 만주, 몽골에서 이 지역의 개발과 세력 부식

---

74 J. R. Salis, *Weltgeschichte der neuesten Zeit,* vol. II (1968), p.386f.
75 극동에서 가장 중요한 것은 세력균형이었고, 일본과 러시아의 외교적 접근이었다. G. K. Kindermann, *Der Ferne Osten in der Weltpolitik des industriellen Zeitalters*, p.133f.
76 G. Karl, *Russische Geschichte* (1965), p.611f.
77 Hans Miller, *Die beiden Weltkriege*, p.125; G. K. Kindermann, *Der Ferne Osten in der Weltpolitik des industriellen Zeitalters*, p.132f.
78 G. Stöckl, *Russische Geschichte* (1965), p.611f.

에 큰 뜻을 두고 있었던 것이 사실이지만 성급한 행위로 일본의 반감을 사지 않도록 러시아는 늘 신중한 태도를 취했다.

1914년 8월 세계정세를 잘 파악하고 있었던 전문가들은 러시아가 일본을 공격하리라고 믿고 있었다. 그러나 러시아는 이와는 반대되는 입장이었다. 즉, 러시아는 일본과 일체의 대립 관계를 야기하게 될 일을 회피하고 일본과 일련의 약속을 맺음으로써 시베리아 주둔의 러시아군을 철수해 서부전선으로 이동시킬 가능성을 만들게 되었다.[79] 또한 러시아는 비록 많은 어려운 절차를 겪긴 했지만 후일 일본을 비롯한 연합국의 군대를 시베리아에 파견하도록 해서 독일의 군사력을 동쪽으로 분산하는 데 성공했다.[80] 이러한 러시아의 대일 우호 관계는 훗날 러시아의 1차 대전 수행에 큰 도움을 주었다. 동프로이센전쟁에서 시베리아군을 확인할 수 있었던 사실에서도 러시아와 일본의 우호적 관계가 잘 입증된다.[81]

6. 제1차 세계대전 발발 직전 일본 내각과 영국 정부와의 관계

일본과 러시아가 적대 관계였음에도 쌍방 간의 이해관계 때문에 극동에서 일련의 우호조약을 성립하게 되고 러시아가 동부의 시베리아군을 서부전선으로 이동하게 하면서 독일의 슐리펜(Schliefen) 계획[82]을 교란할 수 있었다. 여기에는 영국 정책의 영향이 컸다. 1914년 봄, 영국의 영향 아래 구성된 일본

---

79 같은 책.
80 J. R. Salis, *Weltgeschichte der neuesten Zeit,* vol. II, p.528f.
81 같은 책.
82 동·서에 적이 있는 상황에서 먼저 프랑스를 공격해 패배시키고 이후 러시아를 공격하는 전략이다. 슐리펜 장군이 1900년 이래 만들기 시작했고 몰트케(Helmuth Karl Barnhard Moltke) 장군에 의해서 완성된 전쟁계획으로, 러시아의 군 동원이 느린 것을 감안해 서부에서의 신속한 승전을 위해 전격전을 계획했다. E. von Tunk, *Das 20. Jahrhundert*(Augsburg: Stauffacher Verlag, 1965), p.11.

내각이 영국의 대일 정책에 순응하고 있었을 뿐만 아니라 일본 정부에 대한 영국의 영향이 또한 일본의 정책 결정에 크게 작용했기 때문이다.

새로 구성된 내각에는 오쿠마 시게노부가 수상과 내무상에, 가토 다카아키(加藤 高明)가 외무의 직에 오르게 되었다. 이들은 주로 영국에서 교육을 받은 사람으로 일본의 외교 방향 결정에서 새로운 주역으로 영국과 긴밀한 유대를 통해 일본이 대륙으로 진출하도록 하는 정책을 수립했다. 그런데 영국 정부에 협조를 아끼지 않았던 전쟁 전 일본의 새로운 내각 구성에 영국의 힘이 크게 작용했다는 사실은 오직 당시 영국외교의 노련함에 대해 잘 알고 있었던 전문가들만이 알고 있었다.[83]

만약 1913년 말 야마모토 내각·해양파, 그리고 이들을 지원해주고 있던 의회의 다수당이 정권에 머물러 있었다고 가정한다면 그들의 정책은 분명히 태평양 방면으로 향했을 것이며, 이는 같은 지역으로 진출하고 있는 영국에 커다란 자극을 주는 결과를 초래하게 될 것이었다. 영국은 이미 일본의 이와 같은 정책이 자국의 태평양 진출에 큰 장애가 된다는 것을 알고 이에 개입해 본국에 유리한 정책을 이끌어나아가게 될 일본의 신내각 구성을 획책했고 그 결과 일본은 태평양 대신 대륙 방향으로 진출하게 되었다.[84] 그런데 극동에서뿐만 아니라 유럽에서 영국의 입장을 유리하게 만들게 될 영국의 영향 아래 오쿠마 내각이 구성되기 전에 독·러·일 3국 간에는 당시 열강 간의 세력 관계를 급변시킬 수 있었던 모종의 중대한 외교적 움직임이 작용하고 있었다.[85]

영국이 일본에 접근하고 있을 당시 독일은 반(反)영국 정책을 취했다. 이와 같은 외교 방식에 따라 독일은 일본, 러시아와 함께 앵글로-색슨의 거대한 세력에 대항할 수 있는 유라시아대륙 블록 형성을 시도하게 되었다.[86]

---

83   Hans Miller, *Die beiden Weltkriege*, p.87.
84   같은 책, p.87f.
85   Hans Miller, *Die beiden Weltkriege*, p.88.
86   같은 책.

일본 또한 동아시아에서 영·미의 세력 확장이 자국에 미치게 될 영향을 고려한 나머지 위의 3국 동맹을 성립시키고자 베를린 외교계에 참여했다.[87] 그런데 독일 외교의 실권자들인 수상 홀베크와 관방장관 야코프는 러시아에 이같은 해결책을 원하고 있는 보수 세력이 존재한다는 사실을 과소평가했다. 또한 러시아가 일본과 공동전선을 폈을 경우 계획한 러시아의 대독 공격이 강력히 그리고 아무런 방해 없이 수행될 것이라는 의혹으로 인해 3국 간의 동맹 대신 영국과 실세 유지의 길을 택했다.[88] 이리하여 독일이 러시아 차르 정부의 세밀한 면을 알았더라면 독일의 외교적 지위를 향상시키고 극동 요지인 산둥반도의 상실은 물론, 제1차 세계대전의 발발을 막을 수 있는 기회를 포착할 수 있었지만 역사의 흐름은 가혹했다.

1914년 일본은 국내의 친영 세력이 정권을 장악해 오던 중 대전을 맞게 되었는데 이때 일본 정부는 매우 어려운 국면에 처해 있었다. 이에 영국은 방향 결정 문제로 곤경에 처해 있는 일본을 도와서 일본 정부가 자국에 유리한 입장을 택하도록 하는 외교 정책을 취했고 그 결과 수상 오쿠마와 외상 가토는 영국의 기대에 부합하는 국내외 정책을 수립하게 되었다.[89]

그런데 당시 독일은 현존하고 있는 동맹에 의해 이루어진 외교적 결정에 대해 묵과하고 있었고 런던 정부가 일본의 내각과 의회에 끼친 비밀리의 작용에 대해 모르고 있었다.[90] 제1차 세계대전이 발발하자 비로소 영국의 압도적인 영향이 도쿄 정부에 작용하고 있었음이 여실히 드러났다.

여기서 주일 독일 외교관들이 사태의 전진과 변화에 대해 좀 더 관심을 가지고 성실하게 살펴보아야 했다는 것과, 바로 그때가 그들이 낙관주의를 버려야 했을 시점이었다는 것을 재확인할 수 있다.[91] 왜냐하면 영국의 대독 선전

87 같은 책.
88 K. Kluxen, *Geschichte Englands*, p.725f.
89 Hans Miller, *Die beiden Weltkriege*, p.89.
90 같은 책.

포고 전인 8월 3일과 4일의 일본 신문에서 일본이 어디를 향하고 있는가를 분명히 읽을 수 있었기 때문이다. 일본의 ≪아사히 신문≫은 "전쟁이 발발하면 일본은 동맹국으로서 공격에 가담해야 할 의무를 지고 있다"[92]라고 기술하고 있었다.

한편 독일 관련 기사에서는 독일에 대한 일본의 우호적인 입장을 발견할 수 없었다. 영국의 대독 선전포고가 선언되자마자 일본의 모든 신문에는 독일에 대한 분노와 복수의 포효가 시작되었고, 독일은 일순간에 극동의 음모가로 낙인찍히게 되었다.[93]

이어서 일본의 언론은 런던 정부가 만족할 수 있을 정도로 영국을 위해 봉사하고 있었으며 오쿠마와 가토 또한 영국의 언론 정책에 도움이 되는 조수 역할을 기꺼이 맡아 이행했다.

7. 일본의 중국에서의 야욕과 대독 선전포고

미·일의 경쟁이 계속되는 동안 미 국무장관 랜싱(R. Lansing)은 일본의 세계대전 참여에 관해 "유럽에서의 전쟁 발발은 중국 내 일본의 정치적 영향력과 경제적 지배력을 강화할 수 있는 좋은 기회를 예기치 않게 부여하게 되었다"[94]고 했다. 이와 같이 일본은 전쟁 발발 직후 산둥반도 내의 독일의 조차지(칭다오, 자오저우만 등)를 침공해 1차 대전에 참여할 수 있는 기회를 만들게 되었고 이후 중국 내 일본의 지위 향상과 경제적 이익 추구 계획을 실천에 옮기게 되

---

91 같은 책.
92 일본 ≪아사히 신문≫은 기사에서, 영국이 참전하는 즉시 일본 역시 동맹 관계로 전쟁에 참여할 의무가 있다고 썼다. 같은 책.
93 같은 책.
94 랜싱(R. Lansing)은 "유럽에서의 전쟁이 일본에게 예기치 않은 가운데 좋은 기회를 맞도록 했다"라고 평했다. E. Angermann, *Die Vereinigten Staaten*, p.110f.

었다.

일본은 영일동맹 관계로 독일에 선전포고할 하등의 의무를 지고 있지 않았으나[95] 마침내는 동맹 관계를 좋은 핑계로 삼아 독일에 대항해서 전쟁에 참여했다. 당시 일본의 전략은 유럽전쟁을 통해 서방 국가들을 유럽 본토에 묶어놓고 전쟁 중 미국의 자제를 이용해 산둥반도를 점령하고 혁명으로 약화되고 고립된 중국을 장악하며, 나아가서는 마셜제도와 태평양 내의 독일 식민지를 점령하고자 한 것이었다.[96] 일본은 이와 같은 목적과 계획 속에서 1898년 이래 독일이 조차조약에 의해 함대의 기지와 무역항으로 이용하고 있는 산둥반도의 칭다오를 일본에 즉각 양도하라고 하는 다음과 같은 내용의 최후의 통첩을 독일에 보냈다.

첫째, 독일은 즉시 일본과 중국 해역에서 독일의 전 함대와 모든 종류의 무장선을 철수할 것이며 이것이 불가능할 경우 무장선의 무장을 즉시 해제할 것. 둘째, 늦어도 9월 15일까지는 무조건 그리고 아무런 보상 없이 자오저우만 조차지 전체를, 경우에 따라서는 일본이 중국에 반환한다는 조건하에 일본에 양도할 것.[97]

물론, 영국의 선전포고 이후의 일본의 대외 정책과 영·일 양국의 협력 관계를 주의 깊게 관찰해온 사람들에게는 8월 15일 독일에 대한 일본의 메모랜덤이 전혀 의외의 일은 아니었다. 다만 그 내용과 전달 양식이 당황스러울 뿐이었다. 왜냐하면 최후통첩 이전에는 양국에 아무런 협상이 없었고, 독일이 일본의 이권을 침해한 적이 없었으며, 일본의 요구의 내용이 너무나 과격하고 위협적이었기 때문이었다.[98]

---

95 Hans Herzfeld, *Der Erste Weltkrieg*, p.47f.
96 Hans Miller, *Die beiden Weltkriege*, p.53.
97 같은 책, p.54.

일본은 전쟁을 희망하고 있었으며 그들은 목적 달성을 위해 우선 영국에 협조를 구해야 했고 이어 전쟁 참여 의사를 표시했다. 그러나 이 제의는 런던 정부에 의해 정중하게 즉각 일축되었다.[99] 이에 일본은 영일동맹의 조약 내용을 들어 극동에서 양국의 이권 보호와 평화 유지를 위해 저해 요소의 제거가 필요하다는 새로운 근거를 내세워 독일에 최후통첩을 보냈다.

독일 정부는 독일과 일본 사이에 전쟁이 일어날 경우 독일의 저항이 어렵다는 것을 고려해서 자오저우만 지역을 중국에 즉각 반환할 수 있는가에 대해 중국과 협의했다.[100] 그러나 이 제안은 일본과 영국이 이를 수락하지 못하도록 중국 정부에 경고함으로써 실패에 돌아갔다.[101]

영국 정부는 일본 정부에 신중할 것을 권했으나 이러한 설득이 실패하자 일본이 중국의 중립과 영토 보존이라는 두 조항을 존중한다는 약속에 협의하게 되었다. 그런데 당시 영국이 중국의 영토 보존과 유럽전쟁에 큰 관심을 가졌던 데에서, 영·일 두 정부는 영일동맹 조약 내용의 취지에 따라 극동에서의 양국의 이권 보호를 위해 일본의 요구가 필요불가결한 것이라고 공동 선언하게 되었다.[102] 나아가서는 일본의 행위는 태평양을 넘어서는 안되고 − 단, 일본 선로 보호를 위해 필요불가결의 경우는 제외 − 중국해의 서아시아 해역과 동아시아 대륙에서 독일의 소유지 외에 여타의 외국 소유지의 침범을 금한다는 조항을 첨부했다.[103] 그러나 사건의 진행 과정 중 일본은 자기들의 약속을 하나도 지키지 않았으며, 온건적 태도로 영국의 주장에 적응해가면서 대독전쟁을 위한 군사행동을 준비하게 되었다.

독일과 세계를 당황하게 한 일본의 요구는 영국의 영향을 많이 받았다. 그

98 같은 책, p.54f.
99 이 청탁은 런던 정부에 의해서 정중히 거절당했다. 같은 책, p.70.
100 같은 책.
101 같은 책.
102 G. K. Kindermann, *Der Ferne Osten in der Weltpolitik des industriellen Zeitalters*, p.135f.
103 같은 책.

러나 일본이 오랫동안 우호 관계를 맺고 있는 독일에 지나친 요구 조건을 내세운 일본 정부의 무자비한 행위에 대해 일본 국민의 각계각층이 이에 동의하지는 않았다. 그리고 이와 같은 사실은 8월 17일 자 ≪니폰(Nippon) 신문≫에 개재된 내용 "최후의 통첩은 우리의 기대와 일치하지 않는다. 우리는 일본의 영일동맹과 아무런 관계가 없는 요구 조건을 우리의 우방인 독일 국가에 내세우고 있다"에서 잘 입증되고 있다.[104]

또한 일본의 ≪요미우리 신문≫은 8월 19일 자의 기사에 "전쟁 중에 있는 독일을 도와주는 대신 당황하게 해서 미안하다. 그러나 1895년 독일이 일본에 준 고통과 그간 독일이 저지른 죄악에 대해 깊이 반성해볼 때 스스로 위안을 찾게 될 것이다"[105]라는 내용을 실었다. 독일이 일본의 메모랜덤 요구를 신속히 이행하도록 최선을 다하는 데에 뜻을 둔 기사였다.

그렇다고 해서 만약 독일이 일본의 요구에 그대로 굴복했더라면 미래에 일본의 도덕성에 심각한 충격을 줄 수 없는 결과를 초래할 뻔했다. 독일은 일본의 최후통첩에 대해 아무런 응답을 하지 않았으며, 독일의 칭다오 주지사 마이어 발덱스(Meyer Waldecks)는 "최후까지 우리의 임무를 완수하겠다"[106]라는 전보를 보내며 극동에 파견된 독일 소군의 정신을 보여주고 있었다.

그러나 사건은 예상대로 진행되었다. 칭다오의 요새를 점령하고 있던 4000명의 독일군은 6만 3000이 되는 우세한 일본군에 저항할 수 없었으며 칭다오는 용감한 방어 후 1914년 11월 7일 함락되었다.[107] 이리하여 20년간 독일인의 열성과 노력으로 자오저우만에 건설된 모든 것이 일시에 모두 일본의 수중으로 이양되고 말았다.

---

104 Hans Miller, *Die beiden Weltkriege*.
105 같은 책.
106 책임을 지고 최선을 다하겠다는 말은 작은 독일군 부대의 정신을 보여주었다. Wilhelm Treue, *Deutsche Geschichte*(1914.11), p.90.
107 칭다오는 용감히 방어한 후 1914년 11월 7일 일본군에게 함락되었다. 같은 책.

8. 결어

산둥반도의 자오저우만은 장기간에 걸친 독일의 제국주의적 노력의 결과로 독일군에 의해 점령되고(1898) 99년간 조차하게 되었다. 이는 다시 제1차 세계대전 발발 직후 일본이 제국주의적 식민지 확대 야욕을 충족시키고자 대전에 참여해 재점령함으로써 일본의 수중에 들어갔다.

동아시아에 대한 독일의 최초의 관심은 제국주의적 식민주의가 아니라 자유무역의 확대였다. 그러나 당시 유럽의 3대 전쟁이 독일의 승리로 끝남과 동시에 독일제국이 탄생된 연후에는 본격적인 비스마르크체제 시대가 등장했으며 전쟁이 없는 대내외의 유리한 여건 속에서 고도의 산업화가 이루어졌다. 그러나 이 같은 급속한 성장은 사회·정치 측면에서의 안정보다는 경제·사회 등의 다양한 문제들을 야기하게 되었다. 전통적 지배 체제에 대한 공격, 내적 해방에 대한 요구, 정치의 의회화와 사회의 민주화에 대한 요구, 경기 침체 및 주기적 불황 해소의 요구 등이 새로운 불만의 내용이었다.

하버마스(J. Habermas)의 언급, 즉 "초기자본주의에서 기능·성장 장애가 발생했을 때 정치적 권력은 이를 조절·시정하는 능력을 발휘할 때만이 그 통치권을 인정받게 된다"[108]에서와 같이 제국 건설의 당위성 결여를 인식한 비스마르크는 산업화에서 빚어진 국내의 제반 문제의 해결을 위해 실용주의적 사회적 제국주의 정책을 취하게 되었다. 비스마르크는 국내의 어려운 문제들의 타결을 위해 소극적인 자유무역 정책을 적극적인 제국주의 정책으로 전환시켰고 내적인 문제를 외적인 성과로 해결하고자 하는 방법을 택했으며 국민의 관심과 희망을 내부에서 외부로 돌리려고 했다. 따라서 비스마르크의 해외 정책은 통상과 수출의 장려로부터 독일 산업의 확장 및 식민지 지배로 이어졌으며 이것은 1890년 이전의 독일 제국주의의 한 양상을 이루게 되었다. 또한

---

108 J. Habermas, *Technik und Wissenschaft als Ideologie*(1969), pp.48~103.

그는 이 같은 정책으로 전통적 지배계급의 우위를 견지하고 이제까지 지켜내려 온 프로이센·독일제국의 권력 구조를 지탱하고자 했다.[109] 그는 불균형적인 발전에서 나타난 긴장 해소를 위해 프로이센의 전통에 따른 '위로부터의 혁명'을 시대에 부합시켜 보나파르트식으로 행했고, 고도 산업 사회의 경기 불안과 사회 동요 속에서 제국주의적 식민지 지배의 방향으로 나아가게 되었다. 그리고 이 같은 비스마르크의 정책은 중국 내에서의 식민지 자오저우만의 획득으로 이어지게 되었다.

일본에서는 1867년 초에 과격한 천황주의자들의 적시의 대상이었던 코오메이 텐노오가 죽고 존왕(尊王) 이념과 양이(攘夷) 정신 및 서양 기술의 습득을 중시하는 신혁명 세력이 막부 세력을 타도함으로써 무츠히토(睦仁, 1912년까지 재위)가 14세의 나이로 계위해 왕정복고가 이루어졌고 이어 메이지(明治) 시대가 열렸다.

메이지 정부는 기존의 봉건제도에 대한 과감한 개혁 정책으로, 중앙집권화, 재정 문제의 극복, 조세제도의 전면 개혁, 신군의 창설, 봉건적 특권의 폐지 등을 내세우며 근대 산업국가의 기초를 견고히 했으며 50년 이내에 봉건제로 분립되고 기술이 낙후된 나라를 강력한 근대국가로 바꾸어놓았다.[110] 그러나 비스마르크 치하의 독일이 그러한 것처럼 일본 지도자들의 국력과 군사력에 관한 지나친 강조는 후손들에게 심각한 문제를 안겨주게 되었다.

러일전쟁이 끝난 1905년부터 제1차 세계대전 시작까지의 일본의 전면 성장은 그 유례를 찾아볼 수 없을 정도였다. 독일에서와 마찬가지로 일본 역시 전후의 풍요로운 조건 아래 계속된 과잉투자 및 과잉생산은 계층 간의 불평등을 증대했다. 그뿐 아니라 저렴한 가격으로 많은 원료를 지속적으로 들여와야 했으며, 식민지 관련 새로운 투자와 급속한 군비 증가, 생활환경의 향상으

---

109 E. Fabri, *Fünf Jahre deutscher Kolonialpolitik* (1889), p. 26.

110 J. K. Fairbank and E. O. Reischauer, *A History of East Asian Civilization*, p. 232ff.

로 인한 인구 격증 등에서 야기된 많은 문제들을 떠맡게 되었다. 당시 지도자들은 이러한 국가의 기초를 흔드는 문제들의 해결은 식민지로부터 착취를 강화하고 새로운 영토를 획득함으로써만이 가능하다고 보았다.

아마도 이와 같은 사실은 독일제국이 탄생된 해에 이와쿠라 사절이 떠난 뒤 무사 출신 정부 요인들이 자신들의 문제를 해결하기 위해 한국 원정을 계획한 일이라거나 류큐(琉球)인 살해 사건으로 대만에 군을 파견하고 류큐의 지배권을 중국으로부터 탈취한 사건에서 쉽게 이해할 수 있다고 본다.

평소에 일본의 정치 지도자들이 군사력의 강화를 강조해왔고, 일본의 고위 직업군인들이 일본의 장래는 더 넓은 식민지의 획득을 위한 군사력의 강화에 있다고 한 주장에서[111] 미루어 볼 수 있듯이, 일본은 동맹국인 영국의 만류에도 불구하고 대중국 정책의 요지요, 산둥반도의 양항인 자오저우만을 우방인 독일로부터 탈취했고 장래 중국에서 더 강력히 식민 정책을 펴나가기 위해 1차 대전에 참여했다. 이러하여 일본은 1915년 초부터 커다란 경제적 발전을 이룩할 수 있었다.

이상에서 보는 바와 같이 독일과 일본은 속해 있는 지역이 다르고 종족이 다르지만 산업화 과정에서 비슷한 문제를 안고 있었으며 자신들의 국내 문제 해결을 위해 중국과 한국에서 강력한 식민지 정책을 수행하게 되었고 두 제국주의 세력의 충돌은 독일이 애써 만들어놓은 조차지 자오저우만을 또 하나의 제국주의 국가인 일본의 수중으로 넘겨주는 결과를 낳게 되었다.

---

111 같은 책, p.490f.

부록

독일 전통사상(역사주의)의 한 주류

독일 전통사상(역사주의)의 한 주류

1. 서언

서양의 현대사, 그중에서도 특히 독일 정치 사상사를 읽을 때면 1879년에 베르너(K. Werner)가 처음으로 사용했다고 하는 꽤 생소한 역사주의라는 용어를 접하게 된다.[1]

역사학자이면서 베를린자유대학의 초대 총장이었던 마이네케(F. Meinecke)는 한때 이 역사주의를 일컬어 서구 문화가 이룩한 최고의 정신 혁명 중의 하나라고 언급했다. 그런데 최근의 독일의 사회사가들은 구조적 연속성이라는 관점에서 제1차 세계대전에서 독일의 패배와 바이마르(Weimar)공화국의 탄

---

[1] 역사주의란 말이 처음으로 누구에 의해 언제 구두 또는 학술적으로 사용되었는지에 관한 역사주의 개념 유래 문제는 자주 논의 검토되었으나 확실한 답을 제시하지는 못했다. 호이스(K. Heuss)는 볼프강(A. Wolfgang)이 1892년에 그의 저서 *National Ökonomie*에서 처음으로 사용했다고 보고, 마이네케(F. Meinecke)는 베르너(K. Werner)가 비코(G. Vico)의 『철학적 역사주의』란 책에서 맨 먼저 사용했다고 했다. Walther Hofer, *Geschichtsschreibung und Weltanschaung*(München, 1950), p.327f; Gunter Scholtz, *Historismus als Spekulative Geshichtsphilosophie*(1937), p.125. 바르니스는 19세기에 역사주의란 말을 자주 사용했을 뿐 아니라 학술 용어로서 철학에 도 입하려고 했다. 물론 이것은 오늘날 일반적으로 사용하는 의미로서가 아니라 다른 뜻을 지니고 있었다. bes. Zur Geschichte und Klärung des Begriffes, K. Heuss, *Die Krisis des Historismus* (1932), pp.1~12; F. Meinecke, *Die Entstehung des Historismus*(1936), B.I, p.1ff.

생, 나치즘의 등장과 제2차 세계대전에서의 독일의 거듭된 패망이 역사주의로 인한 오도(誤導) 때문이라고까지 말하고 있다. 이 밖에도 독일의 저명한 역사가 트뢸치(E. Troeltsch)·호이스(K. Heuss) 등이 독일 역사주의의 오류에 대해 지적했을 뿐 아니라 국내외의 역사가들을 비롯한 학자들이 또한 역사주의가 범한 과오에 대해 비판해왔다.

그런데 국내에서는 물론이고 국외에서도 역사주의에 관한 근본 개념만을 대상으로 한 집약적 연구가 결여되어 있는 실정이고, 주로 부정적인 측면에 대한 일방적인 비판이 주를 이루고 있으며, 각자의 입장에서 역사주의의 필요한 내용을 들어 논의하고 있다. 이리하여 원래 삶과 밀접한 관련을 가지고 있으면서 다의적이고 다층적인 이 역사주의라는 말은 우리에게는 여전히 불분명한 개념으로 남아 있는 실정이다. 거기에다 극히 최근에 이르러서는 과거와 현재로부터 벗어나 무관심할 수 없다는 입장에서, 변형·왜곡된 역사주의가 아닌, 본래의 역사주의를 긍정적인 면을 중심으로 재정립해야 한다는 주장이 나오고 있다. 따라서 역사주의에 대한 진지한 논의를 시작하기 위해서는 극단적 입장에서 벗어나 역사주의를 위기라든가 역사를 오도한 개념으로 보는 대신에 비판적·학술적 입장에서 고찰하는 것이 바람직하리라고 본다.[2]

그러면 먼저 개념이 복잡하고 내용이 다양해 명확한 파악이 어려운 역사주의의 이해를 돕기 위해 역사주의 개념을 아이슬러(R. Eisler)와 바르텔(H. Bartel)·베르치(H. Bertsch)의 권위 있는 철학·역사 사전의 정의와 함께 살펴보고자 한다.

먼저 아이슬러는 역사주의의 정의에서 자연과 세계사를 역사적 발전 과정의 관점으로부터 고찰해 정신적 형상과 가치는 역사를 전제로 한다고 했으며, 그 가치 또한 변하게 되어 상대주의적이라고 했다. 그리고 바르텔과 베르치

---

2   Thomas Nipperdey, *Gesellschaft, Kultur, Theorie*(Göttingen: Vandenhoeck + Ruprecht Gm, 1976), p.59ff.

도 역사주의가 모든 사회적 현상과 과정을 역사적 전제하에서 이해하려고 하기 때문에 역사의 인식·서술·내용·방법론이 또한 달라지기 마련이라고 했다.[3] 즉, 초기에는 이성 중심의 계몽사상과 밀접한 관계를 맺어 반봉건적 교회의 입장에서 진보 사상을 대변했으나 19세기 초에는 복고주의 사상으로 기울어져 진보적인 면은 약화되었고 보수적인 성향이 오히려 능가하게 된 것이다. 이어 19세기 후반에는 실제적인 방향으로 바뀌었으며, 19세기 전환기에는 시민적 역사관으로 바뀌어 지배적 역사철학적 기초가 오늘에 이르렀는데, 여기에서는 객관적 역사법칙, 자연사적 발전을 부정하고 반복적이지 않은 것을 절대시했다는 것이다.[4] 이로부터 역사학이란 역사적 발전의 일면성과 특수성만을 보는 학문으로 생각하게 되어 개별적 서술에 기초를 두게 되었으며 객관적 척도의 결여로 주관주의에 빠지는 결과를 초래하게 되었다고 말하고 있다.

이 밖에도 역사주의가 실제적으로 추구했고 간여해왔던 핵심적 사상들이 무엇이었는가에 관해 알아보는 것은 역사주의 사상가들의 본래의 주장들을 이해하는 데 큰 도움이 되리라고 본다.

역사주의는 '진리와 가치는 현재의 딸(veritas et virtus filiae temporis)'[5]로 표현되는 일종의 상대주의로서 진리·법률·관습 그리고 일반적으로 모든 이념과 가치를 주어진 역사적 시기와 일정한 문화 나아가서는 제한된 국가·지역을 중심으로 파악하고자 했다. 따라서 역사주의는 실증적·과학적 연구 방법에서의 역사적 인식 가치를 부정하고, 역사적 생의 세계를 주관적으로 보아 오직 자신으로부터만 이해될 수 있는 것으로 보았으며,[6] 영혼과 신(하느님)이 인간의 삶에 긴밀히 관련되어 있다고 여겼다. 이에 따라 모든 시대는 그들의 독자

---

3   Rudolf Eisler, *Wörterbuch der philosophischen Begriffe*(1927), Bd I, A-K.

4   Hans Bartel and Herbert Bertsch, *Sachwörterbuch der Geschichte Deutschlands*(Berlin, 1969), Bd I A-K.

5   존재의 현존(現存)은 그것이 시간과 연관되어 있기 때문에 근본적으로 역사성을 지니고 있다. M. Heidegger, *Sein und Zeit*(Tübingen: Neomarius Verlag, 1949), p.53.

6   Georg G. Iggers, *Deutsche Geschichtswissenschaft*(1971), p.13.

적 가치와 척도로 인식하기 때문에 외부로부터 들어온 척도나 평가 방식, 기성의 설명 도식은 하나의 보조 수단으로서 역사적 연관의 해명, 특수 현상의 개별화에 도움이 될 수 있으나 역사적 인식에는 큰 보탬이 되지 못한다고 생각한 것이다. 즉, 어떤 이념과 가치도 이 역사적 조건으로부터 자유로울 수 없기 때문에 역사의 과정 중에 이루어진 진리와 가치에 대해 우리가 심판을 허용할 만한 보편적 진리와 가치는 없다는 것이다.

역사주의는 착상·풍조·사조가 아니라 하나의 기초요, 유기체의 기반으로서, 그로부터 사회적·문화적 실재를 관찰하게 되고 세계관이 형성된다는 의미를 내포한다. 이것은 자연법과 스토아주의에 대한 반대의 입장에서 보편적 인간성 및 이성이 영원한 불변성이 아니라 시대의 변화와 종족·문화·계급에 따라 달라짐을 의미하는 것이다. 계몽사상의 이성주의가 인간은 시대에 따라 변하지 않고, 민족은 동등하며, 이성적 법률 또한 사물의 자연성에서 나온 불변적인 것이라고 했으나,[7] 역사주의는 인간이 개체성을 중심으로 상호 간에 구분이 이루어진다는 점을 강조했다.

역사주의는 인간의 보편성 개념 대신 각 민족마다 특이한 비이성적 활력과 전통의 바탕 위에서 이루어진 역사적·점진적 유기체적 발전의 성과에 주목한다. 또한 역사주의는 낭만주의 입장에서 각 국가의 민족정신의 무의식적 작용을 높이 평가했으며 본능적인 지혜가 이성보다 더 나은 지도자가 된다고 여겼다. 인간은 타고난 본성을 가지고 있는 것이 아니라 개별적 역사를 가지고 있다는 전제에서 존재의 형태가 무수하고 다양하다고 보았으며 역사가의 임무는 다양한 모습의 독자성을 서술해야 한다는 입장이었다.

나아가 역사주의가 마르크시즘과 어떠한 관계 속에 있는지 살펴보자. 변증법적 유물론은 한편으로는 역사주의의 역사적·사회적 상대주의를 강력히 반대하는 입장에 있으며, 다른 한편으로는 자연법사상을 거부하고 시대와 역사

---

7   Oeuvres de Montesquieu, *Esprit des Lois*, Tome 1, Livre ler(1819). pp.1~3. Chap.1

를 초월한 인간 이성과 영원불변의 카테고리를 부인한다는 점에서 역사주의와 관련을 맺고 있다. 실존주의(Existentialism) 또한 모든 진리가 실존재와 상대적인 관계에 있을 뿐 아니라 추상적인 인간은 본래 존재하지 않으며 존재하는 것은 시대와 환경 속 구체적 인간이라는 입장이기 때문에 역사주의의 일면을 가지고 있다고 보아야 할 것이다.

이번에는 역사주의와 관련이 있는 신학자, 역사가, 사상가, 철학자들의 사상을 살피고자 한다. 먼저 논의될 가장 중요한 테제들 중 하나는 이성의 문제로, 역사주의가 이미 결정된 일을 더 이상 이성의 승리로 보지 않고 신의 뜻, 정서, 활력이라고 보는 것에 대해 그 이유는 어디에 있는지, 역사주의자와 낭만주의자들이 어느 정도로 이성을 배격하고 비이성·역동성을 강조했는지에 대해 알아보려 한다. 다음으로는 전통적 가치와 문화를 중요시하는 역사주의자들이 철학적·과학적 진리와 나아가서는 도덕과 미의 초역사적 가치에 대해 어떻게 생각했는지에 관한 문제이다. 더불어 절대이성의 실현으로서의 역사는 무엇이고, 과격한 변화를 거부하고 역사를 점진적·식물적 성장과 유기체적 발전으로 본 이유는 어디에 있으며 그 내용이 무엇인가에 대한 고찰도 필요하다고 본다. 역사의 발전에 관해서는 계몽사상이 말하는 직선적 발전 대신, 역사주의는 비이성적 우연·숙명을 강조했는데, 이 이론의 사상적 근거는 어디에 있으며, 나아가서 역사주의 안에서는 개체성, 성공, 발전, 우연, 위인 등이 어떻게 해석되었으며 당시의 세계관과 역사관에 어떻게 작용했는지 또한 알아보고자 한다.

나아가 어째서 역사적 사건을 인과관계로 설명하려고 하지 않는지, 또한 이 같은 방법론이 역사 연구와 여타 분야에 어떠한 영향을 끼쳤는지에 대해 밝히는 것이 필요하리라 본다. 더불어 역사주의의 후기에 이르면 더 강력히 개인으로서의 개체성보다 국가를 개체성으로 인정하고 국가 속에서 창조자의 뜻이 실현되는 것이며 개인의 이익은 국가권력 속에 예속되어야 한다고 했는데, 이것이 역사주의가 중시하는 감정·비합리성·변화·독자성·역동성 등과 결부되어 어떻게 자국 중심주의·배타적 국수주의·구조적 모순 등으로 변형되었는지에 관해 비판적 시각으로 고찰되어야 할 것이다. 역사주의가 평가의 절대적 척도가 사라진 뒤 이루어진 사실을 신격화하고 성공을 숭배한다면 이로부터 나타나는 비도덕성·상대주의·회의주의는 어떻게 받아들여야 하는지에 대해 알아보아야 한다. 그 밖에 낭만주의 사상의 발생·성장 과정은 어떠했으며 역사주의와 밀접한 관계가 있는 낭만주의의 핵심 사상이란 과연 무엇이었는가에 대해 고찰하고자 한다.

역사주의에 대한 비판은 결론 부분에서 살펴보겠다. 랑케 이후의 왜곡된 역사주의에 대한 비판은 '역사주의 비판'이란 주제를 통해 다룰 예정이다. 시대적으로 먼 계몽사상 후기에 활성화되기 시작한 역사주의는 제1·2차 세계대전으로 커다란 타격을 받았을지라도 당장 다음의 두 가지 점에서 중요한 의미가 있다. 하나는 역사주의가 중시하는 민족의 전통과 특성이 바로 세계화 시대에 강조되는 여러 민족의 다양성과 일치한다는 것이고, 다른 하나는 1998년 4·13선거를 앞두고 정치인들이 하루가 멀다 하고 당을 바꾸는 현실에서 정치는 모름지기 개인의 이익보다는 당의 이념 실현에 그 목표를 두어야 한다는 당위성을 인식시킬 수 있다는 것이다.

2. 훔볼트 이전의 전통 중심 사상(역사주의)

18세기는 새로운 정신, 즉 계몽사상이 일정한 기간에 절대적 승리를 거두었던 시대였다. 그러나 이 같은 개선 행렬에는 반작용의 경향들이 있었으며 후일에 이들을 대체시키기까지 했다. 계몽주의와 이성주의는 결코 이들만이 홀로 존재한 것이 아니라 그들의 무릎 위에는 이미 처음부터 다른 사상들의 배아가 내포되어 있었으며, 19세기에 이르러 낭만주의·비이성주의·역사주의로 출현했다. 그리고 이러한 현상은 거의 모든 유럽 대민족들에게 확인될 수

있었다.[8]

18세기 말 유럽 사회에 등장한 이성을 중시하는 자연법사상 대신에 정서·감정·환상·개인 생활을 중요시했던 초기 역사주의 사상은 섀프츠베리(A. Shaftesbury)를 중심으로 한 영국의 초기 낭만주의와 계몽사상이 지배적이었지만 낭만주의 사상이 완전히 사라지지 않은 프랑스에서의 에브르몽(Evremond)·마리보(Marivaux)의 '참신한 생활' 등이 바탕이 되어 일깨워지기 시작했다. 이들의 사상은 독일에 크게 영향을 끼쳤고 이성적 문명 대신에 자연적 인간생활을 동경했던 루소(J. Rousseau) 등의 영향과 함께 뫼저(J. Möser)의 역사주의 사상을 발아하도록 했으며, 나아가서는 다양성과 개성을 중시하는 라이프니츠(G. W. Leibniz) 철학을 중심으로 심화되었다.[9]

일반적으로 계몽사상이 현재를 찬양한 데 반해서, 역사주의는 현재를 경멸하고 현재로부터 도피하려는 데에서 나온 사상이었으며 그리고 이것은 뫼저와 헤르더(J. G. Herder)의 사고와 일치하는 것이었다.[10] 뫼저는 계몽사상가들이 역사를 연구할 때 사용했던 도덕적 규범에 관해 오스나브뤼크(Osnabrück) 역사에서 강력히 반대하는 입장을 취한 반면 구체적 역사 속에서 살았던 인간에 대해 크나큰 관심을 보였다.[11]

또한 그는 프랑스 국민회의의 입법자들과 철학자들이 만드는 높은 궤도, 영주 고문(領主顧問)들의 보편적 계획에 대해 반대하는 입장을 취한 대신에 역사의 과정 속에 국가와 사회 내에서 이루어진 개별적 권리를 옹호했다.[12] 이렇게 볼 때 그는 한 민족의 역사를 유기적인 것으로 파악해 한 지방의 특성과

---

8   F. Meinecke, *Die englische Präromantik des 18 Jahrhunderts als Vorstufe des Historismus*(1935), p.254.

9   Eberhard Kessel, *Zur Theorie und Philosophie der Geschichte*(1959), p.224.

10 F. Meinecke, *Die englische Präromantik des 18 Jahrhunderts als Vorstufe des Historismus*, p.326f.

11 같은 책, p.332.

12 같은 책, p.345f.

제도를 이해하려고 했고 모든 제도들이 역사적 형성체라고 생각했다. 뫼저는 당시의 모든 지적 활동이 기성 질서를 공격하고 있을 때 새로운 이상에 적극 반대하며 비타협적으로 고대 사회체제를 옹호했다. 당시 그는 절대주의가 휴머니티의 이름 아래 공격받을 때 과거로 되돌아가 역사의 과정 중에 형성된 이념·관습·제도를 구함으로써 현재의 어려움이 극복될 수 있다고 주장했다. 그는 개혁자가 아니요, 그렇다고 대단한 반동주의자도 아니라는 점에서, 그의 보수주의는 프랑스혁명에 대해 반항하고 강력한 국민국가를 형성하려 했던 19세기의 보수주의와는 다른 것이었다.[13]

뫼저의 사상을 다시 여타의 역사주의 경향과 비교해보면 괴테에게는 이 같은 사고를 더 찾아볼 수 없었으며, 낭만주의자들은 혁명의 영향으로 사상이 후퇴했다. 그러나 랑케에게서는 이러한 르상티망이 극복되어 과거와 현재 사이에 정당한 관계가 수립됨으로써 각 시대의 개체성이라는 역사주의의 핵심 사상이 큰 발전을 보게 되었다.[14]

한편 위에서 본 뫼저의 현재로부터의 도피적인 입장이란 자신이 생각하는 새로운 역사적 의미를 근세 및 현대사에서가 아닌 고대나 중세에 둔 데에서 비롯되었다고 볼 수 있다. 그리고 이것은 계몽사상과 근세의 정신 및 국가 발전과 관련을 가지고 있는 합리적이고 추상적인 정신 대신에 비합리적·민속적·토착적인 정신을 대변하는 것이었다. 또한 뫼저는 원천적 자연이 가지고 있는 내적 우월성에 대해 신뢰하게 되었고, 그리고 이것이 자신을 치유하는 조정력을 가지고 있다고 보았으며, 이 힘을 마음속 깊이 기쁨으로 받아들였다.[15]

뫼저의 연구 방법을 고찰해보면, 그의 특별한 재능은 사라진 과거의 기록

---

13 Reinhold Aris, *History of Political Thought in Germany* (1936), p.222f.
14 F. Meinecke, *Die englische Präromantik des 18 Jahrhunderts als Vorstufe des Historismus*, p.327f.
15 Eberhard Kessel, *Zur Theorie und Philosophie der Geschichte*, p.245.

을 인식하고 해독함으로써 현재를 이해하는 데 있었다. 이 같은 방법으로 과거의 잔재가 담겨 있는 현재의 것을 후기 시대를 중심으로 연구해 과거로 역행할 수 있었고, 따라서 이렇다 할 증거가 없는 민족 발전의 초기에 관한 인식이 가능해졌다.[16] 그의 '민족' 개념은 루소의 추상적인 인류라는 개념으로부터 벗어나 하나의 자연적·역사적 개체성과 통일성으로 파악해 몽테스키외(Montesquieu)의 견해인 기후, 입법 관계 등의 산물이 아니라 민족의 언어·법·풍습의 생성 근거였다. 그리고 이로부터 독일적인 '민족' 개념이 세워진 것이다. 나아가서 그는 역사주의와 관련이 있는 이러한 방법을 통해 정치제도·경제 제도·사회제도의 구조와 교호작용에 대해 더욱 예리하게 관찰할 수 있었다. 이로부터 그는 과학적 제도사의 창시자가 되었을 뿐 아니라 제도 속에 살아 있는 역사주의적 정신을 대변함으로써, 역사 흐름의 법칙을 찾는 속에서 프랑스혁명의 원인과 그 영향을 발견했던 토크빌(A. Tocquevilles)의 선구자가 되기도 했다.[17]

다음으로 뫼저의 국가관을 중심으로 살펴보면, 그는 시대 내에서 여러 국가의 단일성을 찾아보려고도 했으나 역사주의적이라고 볼 수 있는 근원·지속·질서에 특별한 관심을 보였으며, 질서와 성숙을 향해 발전하는 많은 변화에서 서로 다른 국가의 성격을 발견하려고 노력했다.[18] 그리하여 그는 고향의 역사를 해명해 각 지역의 역사적 특수성을 부각함으로써 이에 맞는 개혁 방향과 방법을 제시하고자 했던 것이다. 따라서 그는 독일인들이 민족적으로 자유와 재산을 향유했던 원시 게르만 시대로 소급해 17세기 농민 공동체 생활에 이르기까지를 취급했으며, 여기에서는 토지 소유, 농업경제, 자유의 세 가지 요소를 중요시했다.[19]

---

16 같은 책.
17 같은 책.
18 Justus Möser, *Volk und Geschichte über die deutsche Volksgeschichte* (1937), pp.22~23.
19 이상신, 『西洋史學史』(신서원, 1984), p.388.

또한 그는 한 시대의 연구란 전체 국가의 변화 속에서 인식되어야 한다고 보았으며, 시대의 초기에는 일반적으로 군주국, 민주국가, 공화국이 등장해 처음에는 어느 정도까지 완전에 이르게 되나 점차 약화되고 하락하다가 마침 내는 몰락하게 된다고 생각했다. 그리고 이것은 모든 나라에서 비슷한 양상으로 나타난다고 했다.[20] 이 밖에도 그의 사상은 오스나브뤼크의 역사에 뚜렷이 나타나 있는 바와 같이 비록 혁명적인 것은 아니었지만 변질되고 우매한 근대국가 정신에 대해 일관된 비방을 함으로써 태고 시대의 순수성과 우월성에 대해 강조하게 된 것이다. 이렇게 볼 때 뫼저는 실제로 깨어 있는 이성, 내밀의 생활 이상을 추구했고 아름답지 못한 현재에 대해 탄식을 하면서도 과거의 금실이 통해 있는 현재라는 데 순응적 입장을 취했다.[21]

그뿐 아니라 촌락이 공동체를 거쳐 국가로 변하는 과정을 고찰해 조직·제도·법률 측면에서 일련의 연속성을 발견하기도 했다. 이로써 그는 비록 정치 이론가나 정치 사상가가 아니었으나 훌륭한 사회사가로서 역사적 사고의 기틀을 세웠을뿐더러 결국 19세기의 역사주의의 선구자가 되었다. 그의 역사적 사고는 근세 인간이 자신을 이해하는 태도에서 18세기적인 자세를 수정하는 데 결정적으로 기여하게 되었다.[22]

이어서 뫼저와 함께 초기 역사주의의 선구적 역할을 담당했던 빙켈만(J. J. Winckelmann)과 역사주의 사상의 기초를 크게 다졌다고 볼 수 있는 헤르더의 사상을 중심으로 고찰해보고자 한다. 빙켈만은 자신의 저서 『고대예술사 (Geschchte der Kunst des Altertums)』에서 예술가들의 역사 대신에 예술의 역사를 쓰면서 계몽사상들이 역사의 변화를 의식적인 의지 행위라고 한 데 반해 역사는 무의식적·자체적으로 전개된다고 주장했다. 각 시대의 근저에는 이전의 일방적인 방향을 거부하는 반동이 있으며, 이러한 움직임이 전통을 무너뜨

---

20   Justus Möser, *Volk und Geschichte über die deutsche Volksgeschichte*, p. 26f.

21   같은 책, pp. 22~24.

22   같은 책.

릴 수도 있지만 옛 양식으로 돌아가는 계기가 될 수도 있다고 보았다. 각 시대의 예술을 그 시대의 총체적 문화 산물이라고 인식했으며, 민족 전체의 정신에 관해서는 모든 분야들을 유기체적인 관련 속에 있는 것으로 보았다. 그리고 예술은 인간의 주관적·객관적 상태의 통일체로서 이상적 미는 자연적 미보다 우월하며, 위대한 예술가의 표현은 자연적인 것을 능가한다고 했다.

1764년에 발간된 빙켈만의 『고대예술사』는 그리스 예술을 여타 예술의 표준과 척도로 보았다는 점에서 역사주의와 다른 면을 보이기도 하지만 전성기의 예술이 그 이전의 시기로부터 점진적으로 발전해서 완성의 경지에 이른다고 본 점에서 개체성의 개념을 내포하게 되어 역사주의의 모습을 나타내고 있다.[23] 그런데 빙켈만의 개체성 개념은 특수한 경우를 설명하고 있어 불완전한 반면에 제자인 헤르더는 이를 역사적 개체성(Historische Individualität)이라는 이름 아래 하나의 원리로 종합하여 역사주의의 틀을 잡았다. 다시 말해 빙켈만이 섬세하고 극히 개별적인 고대의 조각에 대해 서술한 반면에 헤르더는 역사주의의 입장이 더 분명해지는 공동체나 민족에서 개체성을 발견했다.[24]

헤르더에게는 인류의 역사가 신의 무한성의 계시와 함께 형성되는 것으로 보였기 때문에 인간의 역사 또한 자연사와 마찬가지로 지속적으로 더 높은 단계로 올라간다고 생각했다. 이것은 다윈(C. Darwin)의 자연도태 사상이나 헤겔(F. Hegel)의 완전화 개념의 선취로 볼 수 있으며, 계몽사상의 이성적 구조에 반대하는 생리학적 신학의 입장에서 나온 것이었다.[25] 나아가서 이 같은 인간의 본질로서의 생리학적 결정론은 칼라일(T. Carlyle), 고비노(J. A. Gobineau), 그릴파르처(F. Grillparzer) 등의 국수주의적 인류학적 사고에 근거를 제시하게

23 F. Meinecke, *Die englische Präromantik des 18 Jahrhunderts als Vorstufe des Historismus*, p.356.
24 같은 책.
25 Kurt Rossmann, *Deutsche Geschichtsphilosophie, Ausgewählte Texte von Lessing bis Jaspers*(1969), p.192.

되었다.[26]

헤르더는 그의 저서에서 세계사에 영향을 끼친 개인적 개체성에 대해 언급하고 있는데, 쾨니히스베르크(Königsberg)의 철인 하만(J. G. Hamann)의 기독교적 경건주의 사상의 영향이 컸으며, 개인의 개체성에 대해 새로운 통찰을 함으로써 영혼의 개념을 도입하게 되었고, 이것은 동시에 그의 역사 연구의 중심 테마가 되었다. 괴테 사상의 점진적 성장과는 달리 갑작스럽게 나타나는 사고를 중심으로 한 그의 새로운 사상은 전통적인 기독교적 구제의 이념에 의존한 것이면서도 목적론적 사관과는 무관하게 영혼으로부터 성장한 것이었다.[27] 그리고 이 영혼을 중심으로 한 새로운 경향은 이성과 자연법사상이 중심이 된 것이 아니라 빙켈만의 시와 예술에 대한 태도와 같이 격정적인 감동이 바탕이 된 것이었다.

그런데 여기서 헤르더를 이해하면서 염두에 두어야 할 것은, 이 새로운 역사 기술의 초기 단계가 개인의 변화·발전 및 성장을 미적으로 평가하는 새로운 미학적 감각에서 나온 것이었으며, 그리고 19세기 전반에 걸쳐서 유럽 역사에 큰 영향을 끼친 '발전의 이념(Idee der Entwicklung)'이 중요한 역할을 한 것이라고 볼 수 있다. 그리고 이때의 발전이란 개념 속에는 인간 생활의 특징적인 면을 중요시한다는 내용이 포함되어 있어 개체성이란 이것과 밀접한 관련이 있는 것이었다. 다시 말해 젊은 헤르더의 꿈의 대상이었고 그리고 그가 이해하고자 노력을 기울였던 영혼과 영혼의 본질은 시간과 공간을 초월하는 것이었으며, 개체성보다 이성을 그리고 독자성보다는 지속적 발전을 중요시하는 계몽사상에 대립하는 개념이었다.[28]

헤르더는 이 새로운 대상의 연구를 위해서는 새로운 연구 방법이 요구된다

---

26 같은 책, p.192f.

27 Eberhard Kessel, *Zur Theorie und Philosophie der Geschichte*, p.247f.

28 F. Meinecke, *Die englische Präromantik des 18 Jahrhunderts als Vorstufe des Historismus*, p.356f.

고 보았고, 이성과 인과관계가 중심이 된 자연과학적 연구 방법은 불충분하다고 생각했다. 즉, 헤르더의 새로운 역사 기술의 대상이 된, 역사에 활력과 생명력을 불어넣는 운명적 사건들은 인간이 생각지도, 바라지도, 노력하지도 않은 상황에서 이루어진 것이기 때문에 인과관계를 밝히는 이성적인 방법이 아닌 정서나 감정 등의 비이성적인 방법에 의해 연구되어야 한다고 보았다.[29]

이후 그가 주로 관심을 가졌던 것은 개인의 영혼이나 성취 자체보다는 보편적 인간관으로서의 민족 생활(das Leben des Volkes)이었다. 다시 말해 모든 국가는 자신의 뿌리 위에 성장하는 나무와 같으며 세계사의 휴머니티 이념은 민족에 구현되어 있다고 본 역사관이었다.[30] 이렇게 볼 때 그의 연구의 주요 대상은 개인과 국가가 아닌 민족 공동체였다고 볼 수 있고, 민족이 자기실현의 능력을 소유한다고 보았으며, 개인은 자신과 민족 내에서 무엇이 가장 가치 있는 것인가에 대해 생각해야 한다고 했다. 이로부터 헤르더의 저술에서는 정치가 중요시되지 못했으며 문명 개념의 영역에서도 빠지게 되었다.[31]

이제 발전의 개념을 고찰해보기로 한다. 그는 역사에서 어느 정도의 발전을 찾아볼 수 있기는 하나 이것은 결코 계몽사상에서 말하는 '역사의 완성'이란 관점 의 발전을 의미하는 것은 아니라고 했다. 역사는 무의식적이고 비이성적으로 진행되어 어디를 향해 가는지 분명치 않다고 보았다.[32]

또한 그에게 있어서 발전이란 변화와 지속의 대립 개념이 아닌 상호 보완의 개념이었다. 즉, 이것은 서로 다른 시기의 인간이란 동일하지 않으며 다르게 느끼기 때문에 다르게 생각한다는 것과, 첫 인간 영혼 내의 첫 생각은 마지막 인간의 마지막 생각과 관련이 있다는 사고를 대변하는 것이었다.[33] 여기서

29 Kurt Rossmann, *Deutsche Geschichtsphilosophie, Ausgewählte Texte von Lessing bis Jaspers*, p.102f.

30 Wilhelm Dobbek, and J. G. Herders Weltbild, *Versuch einer Deutung*(1969), p.151.

31 같은 책, p.85.

32 Pardon E. Tillinghast, *Approaches to history*(New Jersey, 1963), p.151f.

33 D. Hume, *An Inquiry Concerning the Human Understanding*(Oxford University Press, 2000),

한 개인에 관한 이야기는 전체 민족에 해당하는 것이고 동시에 인간 역사의 다양한 사건들은 서로 관련이 있으며 우주와 개인의 관련성을 강조한 것으로 이는 후대의 역사 기술에도 큰 역할을 한 것이다. 환언하면 서로 다른 장면은 잇달아 일어나고 갈라져 성장하며 서로 뒤섞이는 속에서 자신을 잃게 되지만 개별적인 것은 오직 순간이요, 지속을 통해서만이 목적의 수단이 된다는 것이다.

예를 들면 서로 다른 종족이지만 오리엔트인 위에 이집트인이 있었고 그 위에 그리스인이 있었으며 그 위에 로마인이 등장했다는 것이다. 이것은 헤겔의 변증법적 발전을 말하는 것으로 한 민족이 타민족을 증오함으로써 외관상으로는 발전이 정지되는 것처럼 보이나 실제로는 발전이 지속된다는 것을 의미했다.[34] 또한 이것은 콩도르세(M. Condorcet)와 튀르고(A. R. J. Turgot)에 의해 대표되는 연결과 발전의 사고와 일치되는 것이기도 하며, 빙켈만의 독립된 여러 민족의 정신과 대립되는 것으로, 실제로는 여타의 헤르더의 표현과 부분적으로 모순이 되기도 한 것이다. 여기서 이후 괴테에서 더욱 분명해지는 헤르더의 역사주의적 분위기를 느낄 수 있는데 모든 것은 시간과 공간을 조건으로 하고 역사적 배경 속에서 상대적으로 정당하다는 그의 주장 때문인 것이다.

헤겔이 도덕으로 역사를 평가할 수 없고 역사 스스로가 유일한 심판관이라고 한 바와 같이 헤르더 또한 모든 문화적·사회적 현상이 시대와 환경에 의해 영향을 받는다고 함으로써 역사주의적 입장을 더욱 정당화시켰다. 또한 이것이 헤겔 형이상학의 기초를 이루게 됨으로써 "이성적인 것이 실재적이고 실재적인 것이 이성적이다"라는 헤겔의 유명한 테제가 되었다. 그리고 이것은 역사가 산출한 모든 것을 정당화하고 신성시하는 태도를 의미하며 신과 역사

pp.94~95, Section III, Part I.

34 Wilhelm Dobbek, and J. G. Herders Weltbild, *Versuch einer Deutung*, p.423f.

가 통치자를 통해 이룩한 것을 바꾸려고 해서는 안 된다는 경고인 것이다.[35]

다음으로는 역사주의 내에서 그의 발전관이 어떠했는지 좀 더 구체적으로 알아보고자 한다. 한마디로 헤르더의 역사 발전관은 명확하게 답변하기 어려운 것이었다. 역사주의 초기에서는 계몽적 역사철학의 영향과 낭만주의에 근거한 유기체적 관점에서 발전의 개념을 높이 평가했다. 그는 역사를 생물학적 입장에서, 인간의 본능과 힘에 의해 이루어지는 순수한 자연사로 보아 보편적 숙명론을 대변했으나, 다음에서는 이와는 모순되는 입장에서 발전을 목표로 하는 모든 것에 의미를 부여했다.[36]

사람들은 인간의 역사에 대한 그의 견해를 "신(하느님)에 의한 인간의 교육"이라고 보았지만 어떠한 형태의 신의 인도인지는 분명치 않았다. 때로는 신에 대한 예정된 길이 있다고 생각한 반면에 다음에는 이를 버리기도 했으며 이후에는 더욱 완벽하게 신에 대해 신뢰했다. 신의 예정에 의한 사업이 일반 원칙에 의해 이루어지며 영원하다고 본 데 반해, 로마의 융성을 우연에서 찾는가 하면, 휴머니티로의 역사의 발전에 대한 신뢰를 피력하기도 했다.[37] 헤르더는 볼테르, 실러(F. von Schiller), 다수의 계몽철학자들과 함께 인간의 이성적인 성격이 진정한 본성이며, 인간 열정의 자유로운 활동이 역사를 야만에서 점진적으로 극복해 휴머니즘을 유도한다고 하는 비코(G. Vico)의 생각을 발전시켜 나갔다.

그러나 그의 초기 사상이 계몽사상가들이 흔히 내세운 바 있는 이미 계획된 목표가 아니었던 것처럼 그의 발전의 개념은 라이프니츠가 주장한 일정한 지점을 향해 움직인다는 뜻은 아니었다.[38] 그는 계몽사상이 가르치는, 종국에 가서는 이성이 승리하는 직선적 발전을 부인했으며 따라서 발전은 역사 과정

35 G. W. F. Hegel, *Sämtliche Werke*(in Ausg.), Glockner(ed.), Bd XI, p.67.
36 Wilhelm Dobbek, and J. G. Herders Weltbild, *Versuch einer Deutung*, p.150f.
37 J. Michelet, *Principes de la philosophie de L'histoire de J.B. Vico*(1827), p.1.
38 Wilhelm Dobbek, and J. G. Herders Weltbild, *Versuch einer Deutung*, p.150f.

의 모순으로 나타나게 되었다. 즉, 문화가 퇴보로 인해 더 나은 완성이 이루어지지 않으며 새로운 곳에 새로운 능력이 개발되면 옛 곳의 능력은 몰락하게 되어 지속은 단선이 아닌 복선 위에서 경쟁하는 가운데 이루어진다는 것이다.[39] 따라서 그의 사고는 변화하는 가운데 조화를 강조했으며, 역사는 "이성이 지배하는 가운데 생에 부여된 신의 뜻이 실현되는 것"이라고 보았다. 이것은 헤겔의 절대정신을 연상시키는 것으로 도처에서 이성이 원리로 등장해 무질서 속에서 질서를, 다양성 내에서 전체를, 그리고 조화와 지속의 미를 실현시키게 된다는 것이다.[40]

다시 말해 그의 '발전' 개념 중심에는 "역사적 현상이 목적을 향한 수단 이상의 것"이라는 의미와, 스스로 독자의 목표를 가질 수 있으며 자신을 통해 스스로 정당화될 수 있다는 것이었다. 즉, 신의 나라에서는 오직 수단만인 것은 아니고 모든 것이 수단임과 동시에 목적이며 모든 사건은 자체가 목적이며 좀 더 높은 목적을 추구하는 과정에서 수단이라는 것이다.[41] 그리고 이것은 독자성을 미의 관점에서 인식하는 미학과 피조물에는 창조자의 뜻이 담겨 있다는 그의 체험에서 나온 것이기도 하다.[42]

또한 헤르더는 국가 발전의 여러 단계 중에 특히 초기 단계를 선호했다. 그의 초기 선호의 이유는 초기 단계에서 좀 더 순수한 민족정신을 찾아볼 수 있다는 점 때문이었다. 이 밖에 그는 민족예술에서도 원시적인 형태를 높이 평가하고 민족정신 또한 고전작품에서가 아닌 초기의 무명의 시작에서 찾았다. 이것은 초기에 소량의 의식만이 내재해 있을 뿐 아니라 외부로부터의 영향이 적어 더 많은 순수성이 보존되어 있다는 것이 이유였다. 따라서 한 민족의 역사 후기에서는 계획·설계 또는 외교적 활동이 우선으로 되어 있어 고유한 민

---

39 같은 책, p.147.
40 같은 책, p.149.
41 같은 책, p.150f.
42 같은 책.

족의 정신을 발견할 수 없다는 것이다.[43]

헤르더의 사고에 따르면 역사적 발전이란 민족 예술과 비슷하게 점진적인 발전을 의미하는 것이었다. 더욱 정확히 말해 역사적인 발전을 점진적인 식물의 성장과 동일시했다. 이로부터 그는 발전을 역사적 개체성에 부과된 중요한 임무로 보게 되었으며, 그리스 역사가 당시 가능했던 모든 것을 유감없이 발전시킬 수 있었다는 데 대해 매우 높이 평가하게 되었다.

끝으로 헤르더의 성취 내지는 성공의 개념에 대해 고찰해보면, 성공이란 외형적 목표의 달성과는 무관한 내용으로 힘의 완전한 전개였다고 볼 수 있다. 즉, 이것은 개인이나 민족의 정신적 가능성을 극한적으로 달성했거나 자신의 모든 가능성을 실현한 것을 말하는 것이었다. 좀 더 구체적으로 보면 헤르더는 그의 저서 『인류의 역사철학에 대한 이념(Ideen zur Philosophie der Geschichte der Menschheit)』 15장에서 역사 발전의 목표로 휴머니티를 들었는데, 이 휴머니티는 개인이 아닌 공동의 전진을 의미하는 것이었으며 식물이 폭풍우 속에서 싱싱하게 자라듯이 인간의 역사에도 혁명이 폭풍과 같은 역할을 함으로써 인간을 늪에서 해방해 좀 더 젊게 하고 휴머니티를 꽃피우게 한다는 것이었다.[44]

다음으로는 헤르더에 이어 역사주의를 중심으로 한 베를린대학 창설자 훔볼트(W. Humboldt)의 사상을 알아보고자 한다. 훔볼트의 사상은 일면적이면서도 다층적이었으며, 역사주의를 중심으로 한 사관이면서도 헤르더와는 전혀 달랐다.[45] 헤르더와 훔볼트는 모두 개인의 역할을 강조했다. 다만 다양한 개체성을 뛰어나게 묘사한 헤르더가 역사적 개체성의 파악을 역사가의 고귀한 임무로 본 것에 비해 훔볼트는 역사가들이 개체성 속에서 비록 불완전하기는 하지만 초감각적인 것의 실현을 찾아볼 수 있다고 했다.[46]

---

43 Emil Adler, *Herder und die deutsche Aufklärung*(1968), p.317f.

44 같은 책, p.208f.

45 S. A. Kähler, *Wilhelm von Humboldt und der Staat*(1927), p.1.

즉, 역사의 목적과 임무는 인간이 정신력을 통해 모든 면에서 인간의 이념을 실현하는 것으로 보았다. 따라서 역사가의 임무는 여러 사건들의 연관을 설명해 인류의 운명을 주어진 세계 속에서 찾는 것이 아니며, 인간 문화의 역사에서 목적들의 내적 관계를 최종적으로 규명하는 것이 아니라 마치 물리학에서와 같이 역사를 움직이는 힘을 발견하는 것이라고 했다. 그리고 이를 위해서는 세계사의 조직을 해부하는 것이 필요하다고 했다.[47]

또한, 훔볼트는 역사주의적 사고 아래 1791년 『국가의 간섭에 한계를 정하기 위한 시도(Ideen zu einem Versuch die Grezen der Wirklichkeit des Staates zu bestimmen)』에서 독일 고전의 휴머니즘 이상과 관련지어 개체성의 발전에 대해 강조하기도 했다. 즉, 각인은 자신의 독특한 개체성을 완전에 이르도록 발전시켜야 하는데, 그 실현은 국가의 간섭으로부터 해방과 각 개체의 내재적 특성으로부터 자발적으로 이루어져야 한다는 것이다. 개인은 살아 있는 유기체지만 국가는 기계적 도구이기 때문이다.[48]

이어서 훔볼트는 모든 인간적 개체성을 현상에 근거를 둔 이념이라고 보고, 그중 어떤 것은 개인의 형태를 취하는 속에서 뚜렷한 빛을 발함으로써 이념을 분명히 나타낸다고 생각했다. 따라서 위대하고 비범한 인물들이 이 같은 이념을 구현하고 있다고 믿었으며 그리고 이념은 이성 자체를 생생하게 묘사할 때만이 나타날 수 있다고 보았다. "오직 역사적 개체성 속에서 이념이 실현되는 것"이라고 보았기 때문에 그는 사건의 이해가 이념에 의해 인도되어야 한다고 했다. 그리고 그의 저서 『사가의 임무에 관해(Über die Aufgabe des Geschichtsschreibers)』에서 나온 이 말은 그 후 3년 뒤에 나와 자주 인용된 바 있는 랑케의 "사실은 과연 어떠했나?(How it really was?)"와 하나의 좋은 대립

---

46 같은 책, p. 1f.
47 Kurt Rossmann, *Deutsche Geschichtsphilosophie, Ausgewählte Texte von Lessing bis Jaspers*, p. 191.
48 같은 책, p. 189f; Georg G. Iggers, *Deutsche Geschichtswissenschaft*, p. 63.

을 이루고 있기도 하는 것이다.[49]

　이 밖에도 훔볼트는 이념이 개체성의 본질과 특성을 위해 영원히 존재하는 것으로 파악했다. 인간의 역사와 생활이 원리적인 면에서 비합리적인 성격을 띠고 있어 역사를 유동적이고 혼란스러운 것으로 보았으나 그는 허무주의나 상대주의에 빠지지는 않았으며, 대신에 역사가 신의 무한성을 반영한다고 보았다.[50] 즉, 역사 세계 속에는 신적인 것이 실현되고 있으며, 이것이 세계사의 각 부분을 지배하고 있는 역사 이념이라는 것이다. 이로부터 그는 인간사에서 세심한 관찰에도 불구하고 설명할 수 없는 현상들을 접하게 되는데, 이것이 바로 어떤 내적인 힘에 의해 인도되는 것으로 접근할 수는 있으나 밝힐 수 없는 이념이란 것이며 사건의 참된 모습이라고 했다. 그리고 이 참된 모습이란 역사가 인간의 이념을 실현함으로써 자연과 일치하는 것 외에 더 진실을 포함하게 되어 시대의 특성을 말해주기도 한다는 것이었다.[51]

　다시 말해 역사가가 각개의 힘과 그것의 결합, 지각의 형태와 변화, 기후의 변화, 국민의 정신 능력 및 사고방식, 시민의 제도에 깊은 영향을 끼친 과학·예술의 영향 등에 대해 연구했음에도 직접적으로 바라볼 수는 없고 다만 자극과 방향을 제시해주는 원리가 나타나는데 그는 이것을 이념으로 보았다.[52] 또한 훔볼트의 개인과 개체성에 관한 견해는 그의 역사관에 옮겨져 전체적 인간의 이해를 대상으로 함으로써 보편적 인간성, 이성에 바탕을 둔 인간성, 이성적 윤리관, 지식의 객관적 기준을 단호히 부정하게 되었으며 역사만을 지식의 원천으로 보게 되었다. 즉, 인간이란 비합리성으로 가득하며 역사는 바로 이러한 인간이 활동하는 무대이므로 그것은 결코 합리적으로 해석되고 분석될

49　E. H. 카, 『역사란 무엇인가』(시사영어사, 1999), 8쪽.

50　Wilhelm von Humbolt, *Ideen zu einem Versuch, die Grenzen der Wirksamkeit des Staates zu bestimmen*(1903), p.180.

51　Kurt Rossmann, *Deutsche Geschichtsphilosophie, Ausgewählte Texte von Lessing bis Jaspers*, p.189.

52　같은 책.

수 있는 것이 아니라는 것이다. 훔볼트에 따르면 이념의 탐구에서 그 대상이 개체 또는 공동체이건 간에 역사가에 주어진 오직 하나의 길이란 그 중심이 되는 힘을 연구하는 것이라고 했다. 즉, 역사가는 시인, 예술가가 상상력과 직관력을 동원하는 것처럼 자신의 상상력을 동원해서 물질의 핵을 간파해야 한다고 보았다. 이 같은 맥락에서 그는 역사가와 예술가의 평행성에 관해 되풀이해서 언급했는데 양자에서 중요한 것은 헤르더의 말과 같이 자신을 대상 가운데 옮겨 놓아 직접 그 속에서 느껴보아야 한다는 것이었다. 왜냐하면, 역사가는 단순히 경험을 통해서가 아니라 현상의 근저에 놓여 있는 내면적 형식을 감지함으로써, 또 유한한 것 속에서 무한한 것을, 자료 속에서 이념을, 특수성 내의 보편성을, 실제적인 것 내의 형이상학적인 것을 직관함으로써 역사적 진실에 접근할 수 있기 때문이라는 것이다.

그리고 이렇게 함으로써 연구자의 힘과 연구 대상의 동화가 이루어져 모든 것을 이해할 수 있다고 보았다.[53] 즉, 이것은 "역사의 발전론과 체계를 세우려는 역사철학의 모든 노력에 대한 예리한 비판인 것"이며 역사 내에서 의미심장한 운동을 찾는 것은 우매한 짓이라고 한 데에서 잘 나타나 있는 것이다. 또한 이와 같은 노력은 역사적 사건을 어떠한 도식에 넣음으로써 개성을 상실하는 것이며 인간을 식물에, 국가의 국민을 나뭇잎에 비교해 역사에는 연관이 존재하고 유기체적인 것으로 이성적이 아니라고 했다.[54]

역사가는 한 시대의 진정한 특징을 인식하는 데 필요하다는 훔볼트의 조언은, 역사가의 일이 뚜렷이 나타나지 않는 시대적 경향이나 눈에 띄지 않는 인간 정신의 동요를 알아내는 일이라는 것이며, 이것은 역사 내의 개체성과 똑같이 중요한 것으로 축적된 역사적 자료 속에서 관찰되지 않을 수도 있는 부분이라는 것이다.

---

53 S. A. Kähler, *Wilhelm von Humboldt und der Staat*, p.132f.

54 Wilhelm von Humbolt, *Ideen Zu Einem Versuch, die Grenzen der Wirksamkeit des Staates zu bestimmen*(1880), pp.350~359.

다음으로 훔볼트의 진보의 개념을 보고자 한다. 그의 발전에 대한 믿음은 해방 전쟁 중의 프로이센 개혁을 주도해온 철학자들과 깊은 관련을 맺는 데에서 비롯되었다. 어느 관점에서 보면 선행자들보다 한 걸음 더 나아가서, 성공이란 역사 내에서 승자를 정당화하는 것이요 역사 속에서 이념을 실현하는 것이라고 표현함으로써 한층 더 강화된 입장을 보여주기도 했다. 따라서 훔볼트의 역사에 대한 고찰은 인류를 전체로서 보고 각 부분이 그들의 역사 속에서 다양한 능력을 발전함으로써 전체의 목표에 접근하게 된다는 칸트(I. Kant)의 생각과 비슷한 것이라고 볼 수 있다.[55]

그럼에도 훔볼트는 말년에 전체에 접근해서 고찰하면서 인류와 여러 민족의 발전 이외에 위인 또는 천재란 것을 발견했다. 그는 위인이란 이성적 이념과 함께 역사의 흐름에 간여해 무한하고 결코 도달할 수 없는 일들을 격정과 함께 성취하는 것이라고 생각했다. 그런데 개체성과 행위는 역사적 부수 현상으로 설명할 수 없는 것으로 여겼으며, 그들은 역사의 과정이란 틀을 폭파함으로 해서 목적과 목표를 실현하는 것으로 보기도 했다. 그런데 이 같은 위인과 여러 민족이 결정적이고 조화로운 관계를 유지할 수 있는지는 해결할 수 없는 문제로 남았다.[56]

3. 괴테로부터 랑케까지의 전통 중심사상(역사주의)

괴테의 역사에 관한 사고에 접근하면 짙은 역사주의적 인상을 받게 되는 것이 사실이지만 특이하게도 역사에 관한 언급 가운데 가장 유명한 말은 역사

---

55 W. Humboldt, *Über die Verschiedenheit des menschlichen Sprachbaues und ihren Einfluss auf die geistige Entwicklung des Menschengeschlechts* (1880), p. 33ff.

56 Kurt Rossmann, *Deutsche Geschichtsphilosophie, Ausgewählte Texte von Lessing bis Jaspers*, p. 189f.

에 대해 부정적인 평가를 한 내용들이다. 이러한 종류의 평은 그의 저술의 도처에 산재해 있는 것으로, 『우르파우스트(Urfaust)』에서 그는 "역사를 쓰레기통"이라고 정의하고 말년에는 세계사는 가장 불합리한 것이며 "가장 잘 쓰인 역사 자체도 퀴퀴한 냄새를 풍기는 묘혈의 시체와 같은 것"이라고 말했다.[57]

그런데 괴테의 이 같은 부정적인 입장은 그가 초기에 낮은 수준의 역사가들과 접촉했기 때문이고, 당시의 역사 기술이 피상적인 데 그쳤기 때문이었다. 이는 심오하고도 활력이 넘치는 그의 사관과 모순되는 허위적·계몽적 역사 기술이었다.[58] 그러나 평생 동안 계속된 그의 역사에 대한 부정적 입장은 이후 긍정적 입장과 부정적 입장으로 전환되었으며, 특히 그의 긍정적인 방향으로의 입장 전환은 낮과 밤, 계절, 꽃과 열매, 그리고 시기의 변화에서 그 답을 찾는 것이었다. 그리고 이 변화는 우리가 즐길 수 있고 즐겨야 할 세속생활의 원동력이라 했고 "자연의 진자 운동을 모든 생물체의 원리"라고 보았으며 이로부터 단일성과 다양성, 자연과 문화가 짝을 이룬다고 생각했다. 이리하여 역사의 상반성이 그의 이원적 역사관 속에서 이해될 수 있게 된 것이다.[59] 이 밖에도 그는 『파우스트』에서 무엇이 세계를 결합시키는지 인식하려고 노력했으며 그 해답을 활기에 찬 창조적 인과성에서 찾았다.[60]

그는 역사주의 입장에서, 자연과 역사 내의 유한한 현상들 속에서 무한한 다양성을 그리고 영원한 변형(Metamorphose) 속에서 신의 창조적 전개로서의 단일체를 파악했다. 여기서 신을 향한 인간의 정신 능력은 절대적인 한계에 부딪히는 것이라고 보았으며, 따라서 자연과 인간의 여러 현상은 인간 스스로 인식할 수 없고, 명명할 수 없는 유일자에 비추어서 인식할 뿐이라고 했다.[61]

---

57 F. Meinecke, *Die englische Präromantik des 18 Jahrhunderts als Vorstufe des Historismus*, pp. 544~545.

58 같은 책, p. 547.

59 Kurt Rossmann, *Deutsche Geschichtsphilosophie, Ausgewählte Texte von Lessing bis Jaspers*, p. 161f.

60 J. W. Goethe, *Faust I*(1832), p. 23.

또한 그는 인간을 스스로 충족될 수 없는 것이라고 보았고, 그리고 이것이 개인과 인류와 역사에서도 동일하다는 입장에서 인간의 근본 경험은 항상 독자적인 모습을 나타내지만 언제나 반복되는 것이라고 했다.[62]

돌이켜보건대, 괴테의 회고록과 색의 이론은 뛰어난 역사적 의미를 지닌 것이라고 볼 수 있으며 그리고 이것은 자신의 역사적 고찰이라기보다는 그가 역사 기술에 끼친 자극이 더욱 값지다는 것을 말해주기도 하는 것이다. 즉, 유럽 역사 기술에 지대한 영향을 끼친 세 가지, 개체성, 발전, 성공에 관한 그의 연구는 새로운 전망을 제시했고, 새로운 해결의 기초를 만들어주었으며 이후의 역사 기술에 결정적인 역할을 담당하게 되었다.[63] 그는 지나간 시대의 가치·본질·이상을 파악하는 것이 매우 어려운 문제이므로 이미 소멸된 것을 역사가의 가슴으로 느끼는 가운데 재활해야 한다고 했다. 그러나 지나간 시대의 이상과 척도로서 당시의 가치관을 평가하는 것은 오늘의 독자들의 감정을 손상하게 되므로 또한 오늘의 척도로 평가해야 하는 것으로 보았다.[64]

먼저 그의 개체성의 개념을 살펴보면 훔볼트의 견해와 일맥상통함을 발견할 수 있게 된다. 이 같은 그의 생각은 그의 식물학·형태학 연구에서 나온, 지나가는 속에서 영원한 것을 바라보고자 한 것이었으며 현상에서 이념을 찾고자 한 노력이었다.[65] 다시 말해 생물체는 변형을 거치고 자연의 무한한 창조력이 원형을 수많은 다양성으로 만들듯이 현대사의 과거적 전제를 이해하기 위해서는 "변화 속의 지속적인 것", 즉 영원한 것을 찾아내야 한다고 했다.[66]

61   Kurt Rossmann, *Deutsche Geschichtsphilosophie, Ausgewählte Texte von Lessing bis Jaspers*, p.162ff.
62   같은 책, p.162ff.
63   같은 책.
64   J. W. Goethe, *Faust I*, p.23f.
65   J. W. Goethe, *Aphorisches zu Joachim Jungius Leben und Schriften, zur Morphologie*(1919), p.120.
66   F. Meinecke, *Die englische Präromantik des 18 Jahrhunderts als Vorstufe des Historismus*, p.571.

즉, 그는 완성된 부동의 객관적 역사보다는 주관적이고 바라볼 수 있으며 생과 연결되어 있는 역사를 고찰하고자 했다. 그는 이성과 자유를 부여받은 인간이 동물의 세계로부터 벗어나기 위해 자연을 이용하는 과정에서 인간 상호간에 충돌이 발생하는 것으로 보았다.

나아가 그는 칸트와 비슷하게 인간은 소유욕·지배욕·명예욕 등의 악덕에 의해 자연적 재능을 영원히 사장하지 않고 대신에 이성을 사용할 줄 앎으로써 천부의 재능이 점진적으로 발전되고 인간의 조화가 이루어지는 것이라고 했다.[67] 이렇게 볼 때 괴테의 역사에 대한 두 가지 견해 가운데 하나는 랑케의 객관주의를 대변하는 것이고 또 다른 하나는 트라이치케(H. Treitschke)의 현재와 자기중심적 사고를 대변한다고 볼 수 있다.[68]

그의 철학의 핵심이 바로 발전의 개념이고 이것은 개체성의 개념과 직접적으로 연결된 것이다. 또한 그의 자연과학 연구의 영향을 받은 것이었다. 식물의 세계에서 받아들인 그의 발전관이란 개체성의 발전을 말하는 것이었으며, 비밀의 내적 법칙에 의해 이루어지는 과정으로서 의식적이고 목적을 향한 활동이라기보다는 주위의 영향에 대한 반응이었다. 바로 이것은 대원리에 근거해 목적이 없는 가운데 이루어지는 행동으로서 서서히 진행되면서도 중단 없는 과정을 말하는 것이었다. 따라서 괴테에게 발전이란 단순한 생 자체, 즉 "살아가는 생 자체"를 말하는 것이었다.[69]

그리고 이와 같은 사고는 영국 버터필드(H. Butterfield)의 『역사와 역사가의 과거에 대한 태도(History and Man's Attitude to the Past)』에서 잘 나타난다. 그리스의 관습은 변화하는 조건에 맞춰 수세기에 걸쳐서 적응하는 것이었으며, 그래서 제도나 여타의 것들은 알아차릴 수 없을 정도로 천천히 성장 또는 적응

---

67 I. Kant, *Leipzig 1870, Bd VI: Idee zu einer allgemeinen Geschichte in weltbürgerlicher Absicht*(Sämtliche Werke, 1900), p.8ff.

68 같은 책.

69 J. W. Goethe, *Die natürliche Tochter*, Werke Bd. 10 Weimar(1887~1919), p.57ff.

하게 된다는 것이다. 바꾸어 말해, 점진적 발전이란 영국의 온건한 정치적 전통과도 관계가 있는 것이라고 했다.[70] 이 때문에 우연이 불가피하고 지배적인 역할을 하게 되는 정치 영역이 그에게는 매우 생소한 것이 되었으며 정치사가들이 마주치게 되는 예측 불가능과 그의 유기체적 성장 개념은 거의 일치가 불가능한 것이 되었다.

또한, 그는 사건 자체가 허락하는 한 폭력을 통해 이루어진다고 보는 대신에 마침내 나타나는 조화로운 발전을 더 중요시했다. 즉, '자연은 이와 같이 손톱에 의해 물들지 않으며 우주에 있어서도 폭력에 의하지 않는다'라고 보았다. 그러나 정치에서 폭력의 사용이 불가피하다는 사실을 알게 되자 정치적 대상에 더욱 접근하려 하지 않았으며 또한 자신을 정치적 파국으로부터 멀리 하고자 했다.[71]

이어 괴테의 발전 철학에 관해 고찰해보면 이미 형성된 것이 목표가 아니라 영원히 형성되어 가는 것이 관찰의 목표라고 했다. 평소 괴테와 밀접한 관계를 맺고 있었던 카루스(K. G. Carus)에 의하면 괴테의 발전이란 실체의 성장과 증대를 수반하는 것이었고 조용하고 은밀히 성장과 상승을 바라보는 것이었으며 인류의 역사를 형태학의 입장에서 나선형적 발전으로 보는 것이었다.[72]

또한, 다른 각도에서 그의 발전관을 보면, 그는 발전에 이어서 후퇴가 따르고 야만 속에서 정지가 이루어지며 법칙과 우연이 알아차릴 수 없는 모습으로 상호작용한다고 보았으며 따라서 전체 역사에서 보편적 의미와 목적을 찾으려고 하는 것은 헛된 노력에 불과하다고 생각했다.[73]

---

70   Herbert Butterfield, *History and Man's Attitude to the Past* (1961), p.13.

71   F. Meinecke, *Die englische Präromantik des 18 Jahrhunderts als Vorstufe des Historismus*, p.568f.

72   J. W. Goethe, *Aus meinem Leben, Dichtung und Wahrheit* (1919), p.358; K. G. Carus, *Vernunft und Geschichte* (1963), p.38.

73   Kurt Rossmann, *Deutsche Geschichtsphilosophie, Ausgewählte Texte von Lessing bis*

전체적으로 보아 괴테의 발전관은 계몽사상의 공리주의 발전관과는 다른 것이었다. 그의 견해는 이를테면, "봄과 봄에 피는 꽃의 화려함을 수확의 결실로서만 평가한다면 이것은 분명히 사랑스러운 계절에 대한 불완전한 상상에 불과한 것이며 삶 자체가 중요한 것이기 때문에 결과로만 평가해서는 안 된다"라는 것이었다. 따라서 그는 삶의 과정 자체가 중요하다고 생각하고 모순된 목적인을 증오의 대상으로 여겼으며 결과를 중심으로 역사를 기술하면 개인과 개인의 행위 자체가 상실된다고 생각했다.

그뿐 아니라 결코 목적으로부터 추론해서는 안 되고 뿌리로부터의 성장을 중요시해야 하기 때문에 역사적 현상은 받은 영향이 아닌 끼친 힘에 대해 연구해야 한다고 보았다. 즉, 인간의 목적과 목표를 이성의 보편적 척도가 아닌 행위자 자체 내의 법칙에 따라 평가함으로써 실용주의와 공리주의가 극복되었다. 그리고 도덕주의가 실용주의와 관련되어 있는 것이 사실이지만 개인의 행위를 판단하는 데 매우 중요한 것이 되므로 이것이 유효한 곳에서의 적용은 반대하지 않았으나 이것으로 세계사 전체를 기술할 수는 없다고 보았다. 왜냐하면 인간은 부분적이고 기계적인 잣대가 아닌 전체로서 취급되어야 하는데 도덕적 일면만의 관찰은 좀 더 깊은 인생 관계를 분해하기 때문이었다.[74]

또한 그는 형태학 내의 잠언에서 우리가 신과 자연으로부터 받은 지고의 것은 삶이라고 했다. 큰 코끼리와 마찬가지로 가장 작은 생쥐에게도 삶은 있는 것이며 큰 소나무와 같이 매우 작은 이끼에서도 삶은 찾아볼 수 있다고 했다. 또한 그는 덕행과 과오 사이에는 차이가 없을 뿐 아니라 하나는 다른 하나의 꽃이 되는 격이기에 모두가 생의 참모습을 보여주기 위해 필요한 것이라고 했다.

여기서 역사주의가 고도로 발전했을 때, 그로부터 나타나게 되는 정신적

Jaspers, p. 162.

74 F. Meinecke, *Die englische Präromantik des 18 Jahrhunderts als Vorstufe des Historismus*, p. 569.

자세를 볼 수 있으며 동시에 이것이 상대주의라는 매우 큰 위험을 내포하고 있음을 알게 된다. 실제로 그는 자연과 예술 속에서 발견한 평행선을 제한된 범위 내에서 역사에 적용했고 그의 이념 중의 몇 가지가 이후 유럽 역사 기술에 상당한 영향을 끼친 것이었다.[75]

괴테는 말년에 역사 속 위인과도 같지 않고 일반 유기체적 법칙의 지배를 받지 않으며 전형적 인간과도 다른 역사적 인물, 즉 데몬(Demon)적 개체성에 관해 관심을 갖게 되었다.[76] 그리고 그는 이 데몬적 개체성을 통해 이제까지 모순으로 보여 왔던 역사의 불합리와 이원적 사관을 분열이 없는 가운데 이해할 수 있었으며 진자 운동에서 보는 바와 같이 불만을 기쁨으로 대신 받아들이게 되었다.[77]

즉, 최고의 생산성, 비상한 착상이나 발명, 좋은 결과를 가져다주는 위대한 사고 등은 어느 누구의 힘에도 예속되어 있지 않고 지상의 모든 힘을 능가하는 데몬적 힘이라는 것이다. 이것은 스스로 이루어지는 것 같이 보이나 데몬과의 관련 속에서 자신이 하고 싶은 대로 행동하는 것이며 무의식중에 데몬에 맡겨져 있는 것으로 이 힘의 영향 아래 있는 자는 단 하나의 생각으로 수세기의 모습을 바꾸어놓게 되며 자신의 일이 성취되었을 때는 가차 없이 멸망하게 된다는 것이 그의 설명이다. 그 예로 괴테는 나폴레옹, 모차르트, 라파엘, 바이런, 피터 대제 등을 들었으며 자신의 사명이 완성되는 순간 죽음에 이르게 되는 것으로 보았다.[78] 다시 말해 18세기의 역사의 총체적·구조적 원리에서는 인류의 현 세계에서의 발전만을 중요시했기 때문에 개인은 전 시대를 통해 뉴턴의 우주의 원리에서와 같은 하나의 구성 요소로서 언제나 동등한 존재로

75 J. W. Goethe, *Maximen und Reflexionen, Aus den Heften zur Morphologie*(1919), p.250.
76 같은 책.
77 F. Meinecke, *Die englische Präromantik des 18 Jahrhunderts als Vorstufe des Historismus*, p.575.
78 같은 책.

파악되었다.

그러나 19세기는 위대한 개인들을 전설적 인물로까지 제고시킨 반면에 집단적인 것은 부차적인 것으로 간주하게 되었다. 이 위대한 인물은 어느 종족·민족에서나 발견되며 신 앞에서 자유로이 활동하고 세계를 변화시킬 수 있는 힘을 소유하는 것으로 보았다. 그래서 심지어는 세계사를 시공을 통한 개인의 총합으로까지 생각하게 되었다.[79] 다시 이를 여타 역사주의적 사고와 비교해보면, 이 데몬적 개체성은 훔볼트의 위인을 연상하게 하는 것으로 세계 정신을 가장 완벽하게 구현하고 있다고 보는 헤겔의 이념과는 큰 대조를 이루고 있는 것이다.

일찍이 '근대 역사학의 아버지', '객관적 역사 기술의 대표자', 독일이 낳은 최고의 역사가 또는 독일 '역사주의의 핵심적 사상가'로 널리 알려진 랑케는 신학이나 법학에 종속되었던 역사학에 독립된 학문적 기능을 부여하는 데 공헌했다. 또한, 랑케는 18세기의 합리주의와 계몽주의를 기반으로 하는 보편적·법칙적 사고의 틀에서 벗어나 문화 현상에는 자연 현상과는 달리 법칙적 도식이 적용될 수 없고 그 자체가 일회적인 역사적 가치와 의미를 지닌다고 생각했다.

역사주의를 중심으로 랑케와 헤겔을 비교해보면 랑케 사고의 곳곳에는 역사주의 냄새가 짙게 풍기는 것을 느낄 수 있다. 헤겔의 생각과 크게 구분되는 랑케의 사고는 그의 『정치적 대화(Die grossen Mächte』(vol. 24)라는 글 속의 "숨겨져 있는 조화가 나타나 있는 것보다 더 낫다"라는 말에서 잘 표현되어 있다.[80] 또한 랑케는 역사에 대한 객관적 사료 비판의 정신에도 불구하고 자신이 충실한 루터파 기독교인이란 면을 잊지 않고 있었다. 그래서 그는 역사의 구체성·다양성·특수성·개별성을 보편적 절대적 신의 이념과 어떻게 연결 조

---

79 F. Wagner, *Der Historiker und die Weltgeschichte*(1965), p.178.
80 Leopold von Ranke, *Die grossen Mächte,* vol.24(1890), p.39f.

화할 것인가에 대해 큰 관심을 가져왔다. 이로부터 그는 "역사에서는 개별적인 연구가 필수이며 동시에 역사의 과정을 전체적으로 파악해야 한다"라고 강조했다.

헤겔과 랑케를 더 구체적으로 대조해보면, 헤겔은 인간의 이성이 완전히 실현될 경우 신성과 인간성의 동일화가 이루어진다고 본 데 반해서, 랑케에게는 얼핏 보아 절대정신의 실현 및 계시의 완성으로서의 발전의 목표가 결여된 것으로 보인다. 헤겔이 이념이 실현될 경우 그 과정들은 극복되는 발전의 단계들로서 아무런 가치가 없는 것으로 본 것과 달리 랑케는 마지막 시대가 앞선 시대를 완전히 능가한다는 견해에 대해 강력히 반대했다. 그 대신 모든 시대는 신과 직결되어 있으며 존재로부터 무엇이 이루어졌는가보다는 존재 자체가 더 중요하다는 유명한 말을 했다.

랑케의 이념관에 관해 보면, 변증법적 발전을 인정하지 않았고, 이념의 방사(放射)가 있을 뿐이며 이념은 불변하는 것으로 세계 밖에 존재하고, 이념이 표현되는 다양한 세계는 신과 직접적인 관계에 놓여 있는 것으로 보았다. 또 신이 이념을 안고 있고 시간 속에 전개되는 이념이 역사에 등장하기 때문에 단계적 상승이란 존재하지 않으며, 시간에 따라 동가(同價)의 이념이 나타나는 것이고, 여기에서 분리되지 않은 신의 모습이 현시된다는 것이다.

비록 랑케 이전에 정치 생활의 중요성을 강조하고 이것이 국가 생활에 구현되어 있음을 주장한 사가가 있긴 했으나 랑케는 최초로 국가와 정치 세력을 하나의 개체성으로 관찰한 사람이다. 랑케가 말하는 국가관은 무질서와 혼란의 와중에서 흥망성쇠 하는 국가상이 아니고 정신적 생활, 창조적인 힘, 도덕적인 에너지를 중시하며 상호 간에 영향을 교환하고 쇠퇴하면서도 재활하는 그래서 더욱 충만해지고 중요해지며 광범해지는 세계사의 비밀을 내포하는 내용이었다.[81]

---

81 같은 책.

따라서 국가는 실제 정신적인 존재로 신의 이념에 따라 정해진 발전을 하며 결코 느슨한 집단이나 계약에 의해 이루어지는 구름과 같은 것이 아니고 국가 속에서는 정신의 본질과 인간 정신의 근원이 되는 "창조자의 뜻이 실현되는 것"이라고 했다.[82] 그리고 국가가 존속·발전하기 위해서는 권력투쟁이 따르게 마련이며 개인의 이익은 국가권력에 예속되어야 한다고 믿었다. 헤겔이 역사 내에서 형성되는 정치에 대해 중요성을 부여한 것이 사실이지만 이것은 각 시대에 한 민족만을 택한 것이고 이에 반해 랑케는 전쟁과 평화를 통해 상호 관계를 맺는 여러 민족의 공동체를 중요시했다. 따라서 그는 역사 기술의 참된 대상이 개개의 민족이 아니라 다수의 민족이어야 한다고 생각했다.[83]

이와 관련해 랑케의 관심은 1815년 빈회의 이후의 이른바 5대 강국, 즉 영국·프랑스·프로이센·오스트리아·러시아가 프랑스혁명(1789)이 일어나기 전 약 100년간 발전해온 역사적 내력을 밝히는 데 집중했다. 그의 강국론은 패권적 지배를 위해 무분별한 권력추구에 기반을 둔 것이 아니라 이들 국가가 모색하는 연합을 기반으로 하는 것이었으며 그의 강대국 개념 또한 결코 패권주의가 아니라 천체의 성좌체계(星座體系)와 같이 세력균형을 유지하려는 긴장 관계를 의미했다.

헤르더와 낭만주의자들이 여러 민족의 발전을 자연적·외부적 영향으로부터 벗어난 과정으로 여겼으며, 그래서 초기를 다른 시기보다 중요시했으나 랑케는 외부로부터의 간섭을 역사의 가장 중요한 요인으로 보았다. 이리하여 그는 근세 유럽의 발전에 대해 큰 관심을 보였을 뿐만 아니라 특히 16~17세기의 역사에 특별한 호기심을 보였다.

랑케는 어떤 국가와 민족도 외부로부터 완전히 차단될 경우 진정한 발전을 성취할 수 없다고 본 데에서 대외 정책을 정치 활동 중에서 가장 중요한 것으

---

82   Leopold von Ranke, *Die grossen Mächte,* vol. 24, pp. 321~322.
83   같은 책, p. 288.

로 간주했으며, 역사적으로 중요한 순간은 정치적 세력 간에 분쟁이 야기되어 자신을 보존·유지하려고 할 때로 대립 세력의 상호 충돌 속에서 새로운 발전이 이루어진다고 보았다. 여기서 랑케가 말하는 위기란 헤겔의 사상에 나타난 역사 내의 결정적 시기를 연상시키는 것으로 마르크스의 혁명의 극적 순간을 말한 것은 아니었다.[84] 요컨대 국가가 충분히 발전할 수 있으려면 다른 국가로부터 독립의 위치에 있어야 한다는 데에서 대외 정책과 군사력이 가장 중요시되어야 한다는 것이며 국내 정치 또한 이 두 필요성 안에 놓이게 된다는 것이다.[85]

나아가서 그는 여타 역사주의자들보다 국가의 중요성을 훨씬 강조하며 "국가는 신의 뜻이고 정신적 단일체"이며, 그 자체가 목적이므로 시민의 사생활은 존재할 수 없는 것이라고 했다. 즉, 국가와 개인은 가족 관계이기 때문에 가족의 권한을 문서화할 필요가 없듯이 국가 정치의 최고의 목표도 시민의 자유로운 참여 아래 긴밀한 사회적 유대 관계 내에서 성취되어야 한다고 보았다.[86]

실로 랑케의 사고는 실증주의적인 입장이 아니었다. 즉, 그는 역사의 과정을 신과 동일시해야 한다는 헤겔의 생각과 뜻을 같이하고 있지 않았으며, 다만 몇몇 순간들 속에서 신을 분명히 이해할 수 있다고 보았다. 또한 그는 그의 첫 저서(1824)[87]의 서문에서 역사가는 개인의 생활과 민족·종족의 생활을 인식할 수 있을 뿐 아니라 이따금 그들 위에 내린 신의 손을 인지할 수 있으며 역사 속에서 마치 상형문자와 같은 신의 뜻을 볼 수 있다고 했다. 랑케는 루터의 사고를 빌려서, 모든 사건을 행동하는 인간의 심정에서 밝히는 것이 역사

---

84   Leopold von Ranke, *Die grossen Mächte,* vol.24, p.288.
85   F. Meinecke, *Die englische Präromantik des 18 Jahrhunderts als Vorstufe des Historismus,* pp.258~259.
86   같은 책.
87   Leopold von Ranke, *Geschichte der romanischen und germanischen Vöelker von 1494-1535.*

가의 목적이 될 수 없으며 오히려 그것을 넘어서 있으며 사건을 지배하는 운명·섭리·신과 같은 커다란 관련이 있을 수 있다고 보았다.

또한 그는 피히테에 의해 매개된 신플라톤주의(Neoplatonism)의 입장에서, 세계란 인간의 인식을 초월한 신의 이념이 표시·현시·외화(外化)된 것에 지나지 않는다고 했다. 그리고 무한한 신성, 즉 숨겨진 신이란 인간이 스스로 실현해가는 역사를 통해 표출하는 것으로 해석하고, 루터의 말대로 역사의 최종적 의미가 역사의 종국에 가서야 알려진다고 보았지만, 초월적인 목적 사관을 제시하지는 않았다. 마찬가지로 그는 대국가들을 정신적인 실재 내지는 신의 뜻으로 생각했으며 정신적인 기초와 목표가 없는 국가는 존재할 수 없고 그리고 인류의 이념은 오직 대국가만이 대표하고 있다고 보았다.[88]

랑케의 신의 개념을 좀 더 구체적으로 살펴보면, 만약 개별적인 것의 다양성만을 인정한다면 공통분모가 결여되어 심각한 상대주의에 빠지게 된다는 데에서 신을 인정할 수밖에 없었지만 신과 역사의 전 과정의 일치를 주장하는 헤겔의 범신론에 대해서는 반대하는 입장을 취했다. 즉, 기독교적 범신론의 입장에서, 신은 세상과 격리되어 있으면서 전능의 힘으로 세상을 바라보며 결정적인 순간에는 언제나 간여해 우리가 우연이나 운명이라고 부르는 형태로 나타나며 그리고 이것이 바로 신의 손가락질이라는 것이다.[89]

랑케에 따르면 역사는 이미 정해진 일정한 목표를 향해 가는 것이 아니므로 초기의 역사를 수단이나 준비 과정으로 보아서는 안 된다는 것이고 하나의 개성을 소유한 시기로서 독자적인 품위가 있고 모든 시기는 신과 연결되어 있다는 것이다. 또한 그는 역사의 가치를 역사로부터 무엇이 나타났는가를 보는 것이 아니라 그들의 존재 자체에서 찾았고 "각 시대는 독자성을 가지며 자격과 가치를 지니는 것"으로 보았다. 이러한 사고로부터 랑케는 역사의 흐름

---

88 F. Meinecke, *Die englische Präromantik des 18 Jahrhunderts als Vorstufe des Historismus*, pp. 258~259.

89 Leopold von Ranke, *Die grossen Mächte*, vol. 24, p. 10.

286

속에서 신이 전체 인류를 내려다보고 있다고 생각했으며 그래서 모든 시기가 동일한 가치를 소유하게 된다는 생각을 이어나갔다. 따라서 어떠한 시대가 특별히 행복하고 은혜를 받은 시기로 볼 수 없다는 데에서 빙켈만, 헤르더, 훔볼트 등이 그리스에 대해 취했던 바와 같은, 그리고 낭만주의자들이 중세에 대해 가졌던 바와 같은 특정 시대에 대한 열망과 같은 것은 존재하지 않았다.

이상에서 랑케의 역사 내의 발전이란 개념에 대해 짐작할 수 있게 되었다. 그는 연구나 자연의 지배에서는 발전이 있을 수 있지만, 그러나 윤리적인 면에서는 발전이란 존재하지 않는다고 믿었다. 즉, 피히테, 셸링, 헤겔은 발전이란 이성·신·이념 자체로 인간은 이 최고의 길이 실현되는 자료 및 외피에 불과하다고 보았으나, 랑케는 개인의 특수성이 변증법적 발전에서 단순한 자료가 아니라 불완전한 것이 완전한 것과 절대적 이념으로의 발전 과정에서 상대적 가치를 인정받게 된다는 것이었다.[90] 이리하여 젊은 랑케에게는 니부어의 개별적 연구 방법이 헤겔의 보편적 원리의 추구의 이론과 합쳐짐으로써만이 역사의 참다운 목표가 달성되는 것으로 생각되었다.

계몽사상가들과 마르크스를 포함한 헤겔의 제자들이 변화와 운동을 중요시한 데 반해 랑케는 이와는 대조적으로 지속과 전통을 중요시했다. 그는 역사적 전통의 보존을 정치 세력의 주요 기능 가운데 하나로 본 동시에 역사가의 임무 또한 지속성을 인식하고 확인하는 일이라고 했다. 그 이유로서는 랑케 자신이 인류의 임무가 총체적 역사 내에서 비로소 완성되는 것이라고 보았기 때문이기도 하지만 한편으로는 근세에 들어와 지속이 위협을 받고 있고 그리고 과거에 서구 문명의 존재와 형성이 또한 위험에 직면해왔다는 데에서였다.[91]

또한 랑케는 헤겔과는 다른 입장이긴 하지만 역사 내에서의 성공을 믿고

---

90   Carl Hinrichs, *Ranke und die Geschichtstheologie der Goethe Zeit*(1954), pp.166~167.

91   Leopold von Ranke, *Weltgeschichte*(1992), p.87f; G. Masur, *Rankes Begriff der Weltges-chichte*(1926), p.76.

있었다. 헤겔이 한 시기의 지도적 민족이 진보적 자유정신을 소유하게 되는 것으로 본 데 대해 랑케는 역사 내에서의 "성공이란 도덕적인 힘에 대한 보상"이라고 보았다. 실제로 많은 전쟁 가운데 선한 자의 도덕적인 힘이 승리를 거두지 않는 경우가 거의 없다고 확신하고 있었다.[92] 이리하여 그는 희생을 야기한 로마의 정벌에 관해 부르크하르트(J. Burckhardt)와는 전혀 다른 입장을 대변하는 속에서 소아시아의 파괴된 궁전에 대해 매우 가슴 아파했으며, 따라서 제국의 멸망은 필연적이고 정당화되어야 할 일로서 조금의 동정도 허락지 않았다. 그러나 도덕적인 힘의 우월과 모순이 되는 역사적 사건을 발견함에 따라 랑케는 필연적·긍정적 변화란 새로운 원리를 발견하게 되는데 그 예를 교황 알렉산더 6세(Alexander VI) 시대에서 찾게 되었다.[93]

역대 로마교황 가운데 가장 큰 비난을 받아왔던 교황이란 점에서, 그리고 이를 정당화하기 위해, 역사 내의 결정적인 순간이란 과거의 영향을 반영할 뿐 아니라 미래를 위한 배아를 함유하는 것으로 생각하게 되었다. 또한, 그는 위대한 인물이란 한 역사적 시기의 구현이요 세계정신의 수단이란 헤겔의 생각을 대변하고 있지 않았지만 16세기 후기의 교황들에 관한 그의 고찰들은 헤겔을 연상시키고도 남음이 있는 것이다. 즉, 그는 교황 그레고리우스 7세를 시대의 조류를 인식해 커다란 사명을 실현에 옮긴 위대한 인물로 평가한 데에서 위대한 개인의 역할을 중시했고 일반적 경향이 결정적인 것이 아니라 임무를 수행할 대 인물이 필요하다고 했다.[94]

또한 그는 '국가는 창조적 천재의 산물'이며 '생명을 가진 국가의 줄기찬 성장은 개인의 힘으로부터, 즉 천재로부터 오는 것으로서, 천재란 바로 신의 최고의 아들'이라고 보았다. 또 국가란 수천 가지의 형태로 발전하지만 그 근원적 형태는 유지되면서 발전하고, 신은 인류의 이념을 여러 민족에게 다양하게

---

92 같은 책.
93 Ernst Simon, *Ranke und Hegel*(1928), p.190ff.
94 같은 책, p.184.

표현하도록 한다고 보았다. 한마디로 말해 역사 속에서 활동하는 위대한 개인에 의해 민족이나 국가의 이념이 구현된다는 랑케의 역사 사상의 핵심이 여기에서 분명히 드러나고 있다. 그럼에도 그는 이 "위인들을 항시 시대적인 산물"로 보았으며 일반적으로 개인 행위의 동기 또한 개개인의 충동으로부터가 아닌 시대의 일반적 사상에 의해 이루어진다고 보았다.[95]

랑케는 자신의 영역에서 한 예술가의 재능을 소유한 사람이었다. 이리하여 그의 개인에 대한 서술은 헤겔에서 보는 바와 같은 단순한 세계정신의 대변자가 아니라 개인에 개성을 부여하고 전체와 조화를 이루면서도 활기를 소유하는 자로 부각시키는 데 성공했다. 이리하여 그는 헤겔의 정신·실재의 동일시와 비슷하게 설명이 가능한 부분을 인정하기도 했지만, 비록 결정적인 것은 아니지만 설명이 불가능한 부분, 즉 우연을 인정해 역사에서 우연의 중요성을 강조하기도 했다.[96] 비규칙적 성격을 지닌 우연이란 꼭 그렇게 되어야 한다는 아름다운 꿈에 대한 방해 요인으로서 괴테가 그처럼 증오했고 헤겔이 사악한 적이라고 했으나 랑케는 우연을 신의 섭리이기 때문에 받아들일 수 있는 것이라 하여 역사 내에 일정한 장소를 할애했다.

그러나 그는 이 같은 신의 섭리를 매 사건과 관련시켜 증명해야 한다는 데에서 주저하게 되었고 우연이 만든 역사 속의 주름살을 펴야 하는 데에서 당황하게 되었다.[97] 즉, 그는 사물의 관찰에 순수한 주관이 불가능하고 지상에 나타난 신의 뜻을 각자 자신의 입장에서 해석하기 때문에 객관성이란 불가능한 것으로 생각했고 따라서 역사 기술 또한 시대의 변화에 따르게 되어 시대성이 반영된 역사가 후세에 전달된다고 보았다.

랑케는 역사학파에 속하는 니부어, 사비니(F. C. Savigny), 그림(Grimm) 등과 같이 보편적 인간성의 개념을 완전히 배제하고 인간의 본질은 역사의 조류 속

---

95 Gunter Berg, *Leopold von Ranke als akademischer Lehrer*(1968), p.216f.
96 같은 책, p.276.
97 같은 책.

에 나타나는 변화라고 했다. 그리고 이것은 오르테가 이 가세트(Ortega y Gasset)가 역사학파의 이념을, 인간은 자연이 아니며 역사이고, 그 실존의 형태는 무수하고 다양하며 각 시대와 장소에 따라 다르게 현시된다는 말과 동일한 것이다. 랑케는 이 같은 다양한 역사적 사건들을 연구할 때 개성을 제거하는 대신 역사가 스스로 말하도록 해야 한다고 했는데, 이렇게 함으로써 역사의 논리적·심리학적 연구는 불가능하게 된 것이다.[98] 나아가서 그는 우연의 성격을 밝히는 데 만족치 않고 역사 내의 결정적인 기회를 중요시하게 되었다. 다시 말해 미래사에 결정적인 역할을 하는 기회는 다양한 발전의 힘이 우연·이념과 교묘히 결합해 이루어지는 것으로 역사의 기본요소를 이룬다고 했다.[99]

이리하여 랑케는 비범한 개인이 역사 형성 과정에서 중대한 역할을 하고 있음에 대해 강조했지만 신의 뜻이 내포되어 있다고 하는 우연과 일반적 역사의 조류를 강조함으로써 자신의 역사주의적 역사철학 이론이 양면을 다 포함하게 되었고, 이렇게 해서 이루어진 균형 때문에 자신의 사관의 결함에도 불구하고 사학사 내에서 독특한 지위를 차지하게 되었다.[100]

랑케는 역사가의 임무를 크게 두 가지로 나누어 생각했다. 하나는 비판적인 입장에서 역사적 사실을 편찬하는 일이고 다른 하나는 다시 이것을 역사적 과정의 단일성 속에서 구성하는 일이었다. 만약 이것이 이루어지지 않은 상황에서 단순한 사건의 나열은 의미를 결하게 되고 역사가의 연구는 품위를 잃게 되는 것으로 보았다. 이 같은 그의 입장은 『로만·게르만민족의 역사(Geschichte der romanischen und germanischen Völker 1494-1535)』에서 비록 사실 자체가 완벽하지 못하고 아름답지 못할지라도 엄격한 서술을 지상과제로 삼아야 한다고 한 주장과 투키디데스가 그의 두 가지 주장을 가장 잘 실현시킨

98   J. Ortega y Gasset, *Obras completas*(1952), tomo VI, p.181.

99   Eberhard Kessel, *Zur Theorie und Philosophie der Geschichte*, p.262.

100 Leopold von Ranke, *Weltgeschichte*, p.39.

사가라고 칭찬한 데에서 입증되고 있다.[101]

그 후 그는 역사 연구의 목표를 사건의 중요한 시기의 연구와 보편적 관련의 연구라고 표현했다. 그런데 이 일반적 관계의 인식은 정확한 지식에 의해서가 아니라 감정과 믿음에 바탕을 두고 있다고 했고, 나아가서 정치 세력을 살아 있는 개체성으로 보아 감정을 통해 이해할 수 있는 것이라고 했으며 이를 위해서는 직관이 필요하다고 했다.

부언하면 헤겔의 제자 레오(F. Leo)가 진실이란 개개 사건의 재현을 통해 이루어지는 것이 아니고 전체의 발전과 연관을 지어야 한다는 말로 랑케를 비판하자 이에 대해 랑케는 역사주의 입장에서, 해부나 복사와 같은 사려 없는 단순한 진실의 설명은 만화적인 방법론에 불과하다고 반박했다. 즉, 보편적 진리는 특수한 것의 이해를 통해 가능하다고 생각했을뿐더러 특수자로부터 보편자로 상승할 수는 있지만, 보편적 이론으로부터 특수자를 파악하는 방법은 없는 것이라고 보았으며, 인간과 인간을 둘러싼 모든 사물은 일회적 궤도를 갖고 구체적·개체적 현상으로 움직이는 동시에 보편적 조명 속에 놓여 있음을 알게 되었다.

이리하여 랑케는 "단순히 무엇이 일어났는가"만을 아는 것이 아니고 위와 같은 맥락에서 "정말 사실이 어떠했는가"를 알려고 한 것이었고, 이것은 니부어의 "실제로 어떠했는가"와도 큰 차이를 보이는 것이었다.[102]

결론적으로 랑케가 바랐던 바는 전체사적 과정의 모습을 역사주의 입장에서 고찰하고자 한 것이었다. 그래서 그는 나에게서 가장 큰 매력을 느끼는 것은 인간의 발전 과정과 세계사의 이념을 발견하는 일이며 이것이야말로 가장 아름답고 가장 진귀한 역사라고 했다. 랑케의 보편과 특수의 개념은 규정하기가 매우 어렵기는 하나, 그는 보편적인 세계사·인류·사회와, 특수적인 인

---

101 Eberhard Kessel, *Zur Theorie und Philosophie der Geschichte*, p. 256.
102 같은 책, p. 256f.

격·개별적인 사건을 상호작용과 종속 관계에서 파악하고 역사를 구성하는 유기적인 요인으로 이해하려고 했다. 그래서 그는 일체의 것은 보편적이며 개체적인 정신의 약동이라고 했다.

또한 이와 유사한 사고는 딜타이(W. Dilthey)와 스르비크(H. Srbik)에게서 엿볼 수 있는데, 오스트리아의 학자인 스르비크는 인간이란 역사의 대상으로서 전체적인 입장에서 이성적·비이성적, 외형적·내면적으로 이해되어야 한다고 한 바와 같이, 딜타이는 전 세계, 실제적 생활, 세계질서가 더 높은 차원에서 인식될 수 있도록 지식의 2개의 반구인 정신생활과 자연과학에 의해 이해되어야 한다고 했다.[103]

4. 낭만주의 내의 전통 중심 사상(역사주의)

앞서 말한 바와 같이 18세기 중에 이성주의를 근본으로 삼는 계몽사상이 전성을 이루어갈 때, 그 반작용으로 일기 시작한 여러 사상적 움직임들 속에서 태어난 사상의 하나가 낭만주의였다.[104] 계몽사상가들은 세계를 단일체로 보고 역사를 세계시민주의적 입장에서 사고했으며 급진적 개혁으로 조속한 발전을 시도했다. 그러나 나폴레옹 전쟁 이후 과거의 바탕 위에 의식적으로 세우는 것은 불가능했기 때문에 역사의 진행 속에 점진적으로 형성된 것만이 오랫동안 유지될 수 있는 것으로 보았고, 따라서 계몽사상적 역사사고를 배격하는 운동으로 나아갔다. 다시 이것은 19세기 초부터 특히 독일에서는 낭만주의운동이라고 하는 독일 운동으로 전개되었다. 이로부터 낭만주의는 계몽사상을 민족도 없는 범세계주의로 간주했을뿐더러 혁명은 역사적 전통의 파

---

103 Heinrich Ritter von Srbik, *Geist und Geschichte vom deutschen Humanismus bis zur Gegenwart*(1951), p.255.

104 Jörn Rüsen, *Von der Aufklärung zum Historismus*(1985), p.1ff.

괴자로서 비판되었다. 그런가 하면 국가와 사회는 이제 역사적 형성체로서 연속성 속에서 사고되었으며 역사는 생으로 생은 역사로서 이해되었다.

낭만주의운동이 여러 영역에 상이한 영향을 끼친 것이 사실이지만 그중에서도 역사 기술의 영향은 의심의 여지 없이 가장 중요한 의미를 지니고 있다. 그런데 낭만주의의 영향에 대한 고찰은 먼저 1790년 베를린을 중심으로 활약했던 문인·학자들과 1815년경의 그 후세대를 생각하게 되지만 이 두 그룹 사이에는 그리 크지는 않을지라도 차이점들이 있었다. 즉, 1815년 빈회의(Wiener Kongreß)까지는 희망에 찬 열정이 있었을 뿐이고 전체적인 입장에서 낭만주의 운동에 관해 말할 때는 두 번째 그룹을 지칭하게 되는데, 이것은 이때까지의 그들의 경험과 프랑스혁명에 대한 항의에서 비롯된 것이다. 다시 말해 낭만주의 사상 속에는 19세기 독일 정신의 싹이 터 있었고 해방전쟁 시기에 윤리적·정치적·민족적으로 결정되어 가고 있었다.[105] 이리하여 스스로 낭만주의의 여러 주류를 구현하고 있는 벨로(G. Below)는, 낭만주의 내의 여러 계통의 사상가들이 스스로 다양한 사상의 조류를 함유하고 있지 않았더라면 낭만주의의 광범한 운동은 존재하지 않았을 것이라고 했다.[106]

그런데 낭만주의자들은 섬세한 관조적 능력을 소유하고 있음에도 불구하고 자신들의 창작의 세계를 펴갈 수 있는 힘을 소유하고 있지 못했으며 대신에 풍요로운 생활에 대한 갈망이란 시대적 요구를 역사를 통해 해결하려고 했다. 낭만주의의 첫 그룹에 속하는 노발리스(F. Novalis)는 그의 최초의 근본적인 역사적 구상을 그의 저서 『기독교 세계 또는 유럽(Die Christenheit oder Europa)』속에서 발전, 즉 점증해가는 진보가 역사의 자료가 된다고 표현했다.[107] 또한 그는 정신으로 가득 찬 우주의 깊은 신비를 밝혀내는 것을 시인의

105 李相信, 『西洋史學史』, p.101.
106 Georg von Below, *Die deutsche Geschichtsschreibung von den Befreiungskriegen bis zu unseren Tagen*(1924), p.5.
107 F. Novalis, *Die Christenheit oder Europa*(1987), p.36.

의무로 보는 한편 종교개혁과 이성주의에 의해 분열된 서양이 다시 교회와 중세의 경건성을 중심으로 재통합되어야 한다고 했다.

그러나 역사가 갖는 가치의 인정은 두 번째 시기에 이르러서야 비로소 최대의 성과를 거두게 된 것으로 보아야 옳을 것이다. 그 한 예로서 영국의 작가·역사학자 액튼(J. Acton) 경이 말하기를, 프랑스혁명의 충격으로부터 독일 내에 새로운 역사적 사고가 탄생했다고 격찬했고,[108] 당시 세계의 외형적 여건들이 전무후무하게 역사적 기획과 역사가 학문으로서 인정받는 데 유리하도록 했으며, 높은 사회적·정치적 명망을 얻도록 한다고 했다. 또한 액튼 경은 역사가 모든 정치적 학문 가운데 가장 유익한 학문이라고 했으며, 랑케는 이 역사 속에 나폴레옹의 이념에 대해 투쟁할 수 있는 가장 적합한 무기가 들어 있다고 보았다.[109]

물론 이러한 유리한 조건 하나로서만 역사학의 화려한 향상을 설명하는 것은 불충분한 것이며 그 원동력은 지난날의 역사적 문제를 새롭게 이해하려는 낭만파의 정신력이었다. 이 정신은 과거의 어떤 시대를 찬란한 황금시대로 이상화해 현재와 대조시키고 비판을 가미한 경건을 중요시하며 낭만주의적 감각을 통해 현재의 삶을 황량함에서 구하려는 것이었다. 당시 독일의 낭만주의자들은 샤토브리앙(F. R. Chateaubriand), 바이런, 괴테 사상의 영향 아래 개체성 개념 형성에 기여를 했으며 그리고 이것의 확대된 새로운 개념이 역사에 적용되었던 것이다.

그런데 여기서 실제적으로 문제가 되는 것은 개인 대신에 공동체를 내세우는 일인데 참으로 개인보다 더 큰 단일체가 존재하는가 하는 의문인 것이다. 이로부터 낭만주의자들은 단일체의 본질을 상징하는 것을 찾아내야 하는 필요성을 갖게 되었으며 그리고 이것을 유기체에서 발견할 수 있게 되었다.[110]

---

108 J. E. E. Acton, *German Schools of History, Historical Essays and Studies* (1907), p.345.

109 Leopold von Ranke, *Aufsätze zur eigenen Lebensbeschreibung*, SW.53/54.

110 Jörn Rüsen, *Von der Aufklärung zum Historismus*, p.22ff.

유기체에 관한 생각이 언제 누구에 의해 시작되어 이어져 왔는지에 대해 살펴보면, 멀리로는 고대까지 소급해 올라감을 볼 수 있다. 중세에서는 기독교·이슬람교의 사상가들에 의해 받아들여졌으며 그 후 자연과학의 발전과 함께, 즉 18세기 중에는 그 중요성이 점점 더해갔는데 이 같은 발전의 걸출한 대표들은 라이프니츠, 뷔퐁(G. L. Buffon), 칸트였다. 그리고 또 하나의 다른 노선은 신플라톤주의 사상과 미학으로부터 나온 것으로서 마침내 버크(E. Burke)로 이어졌는데, 그의 낭만주의에 대한 영향은 대단한 것이었다.[111]

프랑스혁명이 발발한 뒤 프랑스 왕권이 타도되어 도덕이 무너지고 무신론이 팽배해지자 버크는 저서 『프랑스혁명의 고찰(Reflexions on the Revolution in France)』에서 프랑스혁명을 강력히 반대하고 헌정에 기초한 국가관을 제시함으로써 독일의 낭만주의에 지대한 영향을 끼치게 되었다.[112] 그러나 본격적인 자극은 괴테의 유기체의 성격에 관한 고찰에서부터 비롯된 것이었으며 이로부터 낭만주의자들은 "모든 유기체들이 부분과는 구별되는 독자적인 생활 구조를 가지고 있다"라고 이해했다. 그들은 유기체가 발전을 하고, 때때로 무의식적으로 변하며, 영향을 받는 반면에 영향을 끼치는 것으로 파악했다. 그러나 괴테의 식물계의 모델에 따라 능동적인 요인은 별로 중요시하지 않는 입장이었다.[113]

낭만주의자들은 공동체의 본질을 투명하게 볼 수 있는 유기체적 개념이란 상징적 유형을 가지고 역사와 정치뿐만 아니라 예술·언어·법률을 설명하려고 했다. 나아가서 이 같은 사고는 어느 면에서 역사의 전체 영역을 포함하게 되었고 다시 이것을 변화하는 단일체로 보았으며, 헤르더·버크와 같은 낭만주의자들의 사상의 핵심인 민족을 중요시하기에 이르렀다. 이로부터 슐레겔(F. Schlegel)은 국가의 개념이 정치적 낭만주의로 변해 국가의 자유와 독립성

---

111 F. Meinecke, *Historism*(1972), p.225.
112 F. C. Savigny, *Vom Berufe unserer Zeit für Gesetzgebung und Rechtswissenschaft*(1814), p.5.
113 Jörn Rüsen, *Von der Aufklärung zum Historismus*, p.19ff.

을 예찬했으며, "자유의 의미는 조잡하게 되어 모든 외국적 혈통의 것은 멀리 하고 전통을 보전하며 민족의 고풍을 숭상하게" 되었다.[114]

이와 유사한 생각은 역사적 법학파의 창조자요 프랑스혁명을 증오했던 사비니의 사상에 잘 나타나 있다. 그는 당시의 비합리주의적 낭만주의 입장에서 자연법사상의 모든 약점들을 파헤치면서 "시대·문화·민족을 초월한 보편적 인간성이란 없고 언어와 관습도 유기적으로 발전한다"라고 주장했다. 또한 그는 논문에서 "법이란 민족과 함께 성장하고, 이와 더불어 형성되며, 민족이 고유성을 잃을 때 사멸한다"를 통해서도 이러한 견해를 피력했다.[115] 이는 민족에 내재하고 있는 정신이란 그들의 제도 속에 나타나게 되는 것이고 이 모든 것의 기초는 민족정신이라고 생각한 것이다. 그런데 개체성을 탄생시킨 민족의 본래의 기능이 어떻게 이루어졌는지에 관해 역사적 방법으로는 답변될 수 없다는 입장에 놓이게 되었다. 의심할 여지 없이 유기체의 단일성의 개념이 각개 민족의 역사 이해의 폭을 넓히고 용이하게 했을 뿐 아니라 제도의 본질과 발전을 좀 더 잘 분석할 수 있도록 한 것이다.

그러나 이것이 역사의 원리로 응용될 경우 이제까지 계몽사상이 이룩한 훌륭한 성과로 여겨지는 세계사의 연구를 위한 통찰이 흐려지게 되리라는 것이 문제로 등장하게 되었다. 기조(F. P. G. Guizot)와 액튼 경을 비롯한 19세기의 몇몇 사가들은 계몽사상과 밀착된 속에서 세계사를 기술하려고 했고 이에 반해 낭만주의에 관해서는 회의적으로 바라보았다.[116] 이로부터 랑케가 또한 국민의 개념을 확대 적용하기 위해 유럽의 게르만·로만 민족을 단일체로 보고자 했으며, 노발리스가 이와 유사한 시도를 했다. 아무튼 랑케가 유럽, 적어도 서유럽을 단일체로, 그리고 발전하는 유기체로 보려고 했지만 비잔틴 제국과 아랍세계에 대해 별로 관심을 두지 않았으며 슬라브인들에게 상응하는 지위

---

114 F. Meinecke, *Weltbürgertum und Nationalstaat* (1908), p.81.

115 F. C. Savigny, *Vom Berufe unserer Zeit für Gesetzgebung und Rechtswissenschaft*, p.5f.

116 Jörn Rüsen, *Von der Aufklärung zum Historismus*, p.22ff.

를 배려치 않으려고 한 것이 사실이다.[117] 따라서 헤르더가 모든 역사를 자연사적 발전으로 이해하려고 했던 시도는 장기적 관점에서 볼 때 낭만주의의 유기체적 이념이 만든 편견으로 인해 실현할 수 없게 되었다.

환언하면 독일의 낭만파들이 낭만주의의 원칙을 정하는 데에는 큰 어려움이 뒤따랐다. 그런데 일반적으로는 낭만주의의 중심이 공동체의 개념이라고 한 트뢸치의 생각에 그런대로 동의하고 있는 입장이었다. 낭만주의자들은 헤르더나 훔볼트와는 달리 공동체의 본질을 이해하는 데 지적 관찰이 적절한 수단이 된다고 생각했다. 그들은 셸링과 마찬가지로 지성을 믿었으나 이것 또한 시간과 더불어 직관으로 옮겨졌으며 심지어는 신비적 명상에 빠지게 되었다. 물론 이 점에 관해서는 사상가들 사이에 두드러진 견해 차이가 있어왔던 것이 사실이다. 낭만주의자들에게는 루소나 헤르더에게서 볼 수 있는 초기 문명에 관한 예찬을 발견할 수 없었다.[118]

노발리스는 역사의 소재를 진화로, 형성되어 가는 인간을 자연으로 보았을 뿐더러 생을 비유기체적인 것에 대한 투쟁으로 보았다. 그리고 유기체적 개념을 사회와 국가에 적용하려 했던 셸링의 철학의 내용이 계몽사상의 발전관으로부터는 멀리 떨어져 있는 것이었다. 그뿐 아니라 이것은 무의식중의 형성에 대해서는 신뢰를, 반면에 능동적인 계획에 대해서는 혐오를 말하는 것이었다. 그리고 이 새로운 낭만주의철학은 이성보다 더 신뢰할 수 있는 지도자로서 본능적 지혜를 믿음으로써 이성의 원리 대신에 비이성적 원리로 대체했다.

베를린자유대학 초대총장이며, 역사주의의 제1선의 투사였던 마이네케(F. Meinecke)가 열광적으로 창조적 비이성에 대해 말했을 뿐 아니라,[119] 스토이시

---

117 Leopold von Ranke, *Die grossen Mächte*, vol. 24, p. 288f.
118 Arthur Lovejoy, *The Great Chain of Being*(1942); *dtv Lexikon*(Deutscher Taschenbuch Verlag, 1971)
119 F. Meinecke, *Die Entstehung des Historismus*, I. p. 65.

즘의 인문주의적 이상을 추구했던 헤르더가 인간종족이란 말과 함께 인류를 대 유기체란 말로 표현했다. 또한 이 같은 사고의 뛰어난 대변인은 사비니였는데, 그는 구치(G. P. Gooch)의 말을 인용해 "법률이 언어와 마찬가지로 민족 생활의 표현이고, 필요에 따라 발생하는 것이며, 자연의 법칙에 따라 발전해 간다. 문법가들이 언어를 만들어 내지 않듯이 법률가가 법률을 만들어 내지 않으며, 백성이 만든 것을 발전시켜 나간다"라고 했다.

또한 액튼 경은 "법률은 만드는 것이 아니라 발견하는 것이며, 법률에 대한 숙고는 무엇이 최선인가 확인하는 데 있지 않고 무엇이 관습과 일치하느냐에 있다"라고 했다. 그리고 기번(E. Gibbon)이 로마 국가의 법제사를 입법자와 법률가의 역사로 본 대신에 사비니는 몰락의 역사로 보았다.[120] 또한 역사주의가 프랑스혁명의 이성주의·계몽철학을 반대한 것은 그들이 가진 역사에 대한 무관심, 즉 다양한 인간의 형상을 만들고 국가의 특성을 이루는 잠재적 비이성의 힘을 무시한다는 데 있었다. 이로부터 역사주의에서는 영원·보편의 인간의 모습은 뒤로 물러서는 대신에 비합리적 활력에 관심을 두게 되었다.

역사에서 성공의 문제에 관해서는 낭만주의자들이 거의 간여하지 않았는데 그것은 그들이 능동적인 의미에 관해 중요하게 생각하지 않았기 때문이었다. 그들의 견해에 따르면 개인이 한 시대의 민족정신을 잘 구현하게 되면 그 자체를 성공적인 것으로 평해야 한다는 것이다. 또한 낭만주의자들이 개인에게 독자적인 가치를 부여하기는 했지만 깊은 내면에서는 공동체에 종속된 것으로 보았기 때문에, 그들이 초기에 오랫동안 간여한 바 있고 훔볼트의 기초적 경험이 되었던 사회와 개인 사이의 대립 관계는 그들에게는 존재하지 않았다.[121] 요컨대 이상의 내용을 종합해보면 낭만주의는 장단점을 가지고 있는 것으로 볼 수 있다. 이 학파의 중요성은 진정한 철학적 기준에 따라 원전을 중

---

120 F. C. Savigny, *Vom Berufe unserer Zeit für Gesetzgebung und Rechtswissenschaft*, p.11f.
121 Jörn Rüsen, *Von der Aufklärung zum Historismus*, p.29f.

심으로 연구하려고 하는 데 있으며, 그들의 연구를 위한 열정이 또한 근본적으로는 미(美)에 대한 감탄으로부터 나온 것이라는 데에 있다고 볼 수 있다. 그들의 단점은 세계사의 조류 속에 있는 힘찬 리듬을 감지할 수 있는 근본원리가 결여되어 있었다는 것 외에 역사 가운데 각 시대 간의 관계가 형성될 수 없어 각 시대를 단절된 시기로 봄으로써 시와 음악에서와같이 건설적 연결이 해체되었다는 것이다.

5. 결어

역사주의는 실증적·자연과학적 연구 방법에 의한 역사적 인식의 가치를 부정할 뿐 아니라 역사적 생의 세계를 주관적으로 보며 따라서 역사자체로부터 이해될 수 있는 것으로 본다. 환언하면, 역사 밖의 관찰 방법이 역사주의에서 중요시하는 특수 부분을 바라보지 못하기 때문에, 주체인 연구자의 탐구는 여타의 방법론 대신에 비판의 대상이 되는 대상에 의해 이루어져야 한다고 보는 것이다. 그래서 일정한 기성의 개념은 일시적 작용의 의미만 있는 것이고 더 중요한 것은 시대로부터 나온 이해적 연구 방법이며,[122] 보편적 표현이 필요할 경우에는 개체적 현상과 시대를 택했다. 이로부터 세계에 관한 모든 기성의 개념들은 이 같은 역사 생활의 의도적 내재적 설명에 대해 반대의 입장에 서게 된 것이다. "모든 것은 전체 역사성의 한 부분으로서 독자적인 생활상과 가치를 소유하고 있다"라는 이해적 실감을 통한 재현이 목표로 되어 있다.

이처럼 순수역사주의는 임의의 과거 생활과 역사적 관련을 완전히 상대주의 입장에서 재현하는 것으로 만족하게 되는데, 이것은 역사주의에서는 오직 인간이 만든 진리만이 도달할 수 있고 누구도 역사성을 피할 수 없기 때문이

---

122 같은 책, p.23f.

라고 보는 데에서 기인한 것이다. 이로써 역사주의 입장에서는 철학이 역사가 되는 것이고, 철학을 역사에 적절히 인도하면 철학사를 체험하게 되며, 철학의 보편적 개념의 역사적 성격이 객관적 타당성의 근거가 되는 것이다. 즉, 진리는 인간과 그 문화, 그 가치에 대한 우리들의 사고의 역사화에서 확인되어야 한다는 것이다. 따라서 질적 특수성을 무시하고 양적 차이를 토대로 보편주의로만 환원시키는 자연주의와는 근본적으로 대립하는 방법론을 뜻한다.

이 같은 역사 연구 방법론은 연구 과정 자체가 또한 자신의 독자적 역사성을 피할 수 없다고 하는 당연한 귀결로 보기 때문에, 학문 자체도 역사적 과정 내에 존재하게 되므로 "당시에 통용되고 있는 주관적 척도에 내맡겨지게 된다"라는 것이다. 나아가서 연구자의 출발점은 언제나 주관적이며 자의적이 아닌 역사적 현주소가 되는 것인데, 그 이유는 이것이 임의로 선택할 수 있는 것이 아니고 그 척도 또한 역사적 과정으로부터 취해지기 때문인 것이다. 또한 역사주의의 독점권 요구는 당시 처하고 있던 회의적인 비생산성과 세계에 대한 총체적 설명의 요구에 대립되는 정숙주의를 야기한 가치 무정부주의에 저항하고자 하는 입장에서 이루어진 것이다. 이것은 방법론 측면에서 실제 생활에 방향을 둔 사고방식을 모르는 계몽사상의 비역사적 자연법사상에 대한 부정에서 나온 답이었다.

따라서 역사주의는 도덕적인 면에서의 중립성과 방법론 측면에서의 객관성으로의 전환을 의미하는 것이며 진실의 파악을 위해 원전을 중요시했을뿐더러 과거를 활성화하는 데 목적을 두었다. 다시 말해 역사의 관심을 경험의 세계에 두는 가운데 역사 발전을 이룩하는 힘을 파악해 현재와 현재를 넘어서 미래에 적용하기 위한 것이었다.[123]

역사주의란 말이 처음으로 사용되고 그리고 그것이 자연과학에 대해 독자

---

123 Gunter Scholtz, *Historismus als spekulative Geschichtsphilosophie* (1973), p.126.

적인 학문을 이룩하기 위한 다양한 노력이 있은 뒤에, 마이네케를 거쳐 트뢸치에서는, 서구 문화의 정신적 유산을 세계사적 발전과의 연관 속에서 파악하며 새로운 보편적 목적으로의 길을 개척하려는 문화종합이란 개념이 되었다. 그 후 인간의 영혼생활을 인과관계 대신에 이해의 방법으로 근원적·전체적으로 파악하려 했던 딜타이의 사상을 따르는 슈프랑거(E. Spranger)·리트(T. Litt)·로타커(E. Rothacker) 등도 트뢸치의 문화종합 이론을 벗어나지는 못했다.[124]

역사주의가 이룩한 긍정적인 면에 관해서는 본문의 내용들을 중심으로 서로 다르게 이해되겠지만 파버는 역사주의가 장기간의 준비 기간 끝에 계몽사상 시대로부터 19세기 중엽까지의 제반 변화 과정을 통해 성립·발전되어 역사철학뿐만 아니라 정신과학 분야에 큰 영향을 끼쳤고 학문적 기초를 마련하는 데 기여한 것이라 보았다. 크로체(B. Croce)는 역사주의를 이상주의 철학과 동일시해 "삶과 현실이 역사이고 역사 이외의 다른 길이 없다"라고 주장해 이상주의를 절대적 역사주의라고 했다.[125]

한 걸음 더 나아가서 마이네케는 역사주의를 칭해 서구 문화가 이룩한 최고의 정신 혁명 중의 하나라고까지 높이 평가하기에 이르렀다. 역사주의가 이룩한 논의의 여지가 없는 공헌이란 역사 형성의 다양성의 인식, 그것이 가지고 있는 내적 의미의 파악 그리고 근본적인 입장에서 우리의 사고와 지식의 역사화인 것이다. 역사주의는 특수한 것과 그것의 형성, 그리고 과거 생활에 대한 후일의 경험 및 이해에 지향을 두게 됨으로써 2개의 기본 개념, 즉 개체성과 발전이란 개념을 전면에 내세우게 된 것이다. 이것은 역사가 정태로부터 벗어나 진취적이고 역동적인 것이 되도록 하는 방법으로서 개체적 원리를 발전의 원리와 결합시킨 것이다. 따라서 역사 세계를 2개의 차원에서 해석해, 모든 역사 현상 속에는 결코 되풀이되지 않는 일면성과 독자성이 있고, 다시

---

124 Ernst Troeltsch, *Der Historismus und seine Probleme*(1922), pp.169~172.
125 B. Croce, *My Philosophy*(1949), p.176.

개체성은 전체의 경향 내에서 변화를 맞게 되는 것으로 생각했다. 그리고 역사 발전에서 가장 중요한 요인이 된다고 보는 개체성, 시대 상황, 각개 현상이 역사주의의 가장 중요한 테마가 되고 있음을 볼 수 있다.[126]

역사주의가 지니고 있는 단점들과 그에 대한 비판을 중심으로 보면, 역사주의는 역사 평가의 척도를 가지고 있지 않았던 순진한 역사의식과 사색 없이 보존된 우리의 기억을 파괴했을 뿐 아니라 과거에 대해 사변적 입장을 취해 실천적 관련에 관한 관조가 결여되어 있었고 미래를 차단했다. 또한 역사주의가 포함하게 되는 상대주의는 모든 가치의 상대화를 가져와 일관성을 을 흐렸으며, 자연법의 기준을 해체시켰다. 각 시대가 가지고 있는 고유한 의미를 그 시대의 척도로 평가하는 것은 유기체적 관찰 방식으로 인생과 역사에는 도움이 될지라도 시대와 사회 내의 분쟁의 성격을 간과하거나 무시하게 되는 것이다. 비판적 분석과 해명적 이론의 평가절하와 거부, 그리고 전체적 성격의 파악을 위한 인생 세계의 해부는 초월적이며, 변화를 일으키는 비판적인 힘과 각 시대 내의 활력에 대해 모르는 체 하게 된다. 그리고 계몽사상 이후의 능동적·직선적 발전관이 각 시대에 어울리는 유기체적 관찰 방식으로 대체됨으로써 더 나은 가능성·발전·해방 등의 요구가 배제된 것이다. 이 같은 내재적 고유의 의미의 이해를 위한 연구 방법은 의식·의도와 관련되는 구조적 내지는 사회적 조건을 인식하지 못하고 인과관계의 과소평가를 가져오며 단순한 설명으로 보충하게 된다.

또한, 역사주의가 연구의 출발점을 과거 생활의 재현에 두고 일면적 개체성을 중요시하기 때문에 그 결과 지속적 구조를 이해하지 못할뿐더러 일반화·유형화·비교적 방법론을 인식하지 못하게 되었다. 한 시대의 역사를 그 시대 자체로부터 이해하는 데 가장 염려해야 할 일은 가능한 모든 비판들이 배제될 가능성이 많게 된다는 것이다. 엄격히 말하면 낮은 데에서 높은 데로

---

126 C. Prantl. *Die gegenwärtige Aufgabe*(1845), pp.31~135.

의 발전에 대해 무관심하게 되고 이로 인해 현재의 권한이 약화될뿐더러 현재 전체를 바로 이해하지 못하게 될 위험이 따르게 되는 것이다. 역사주의는 각 시대가 정당화될 수도 있지만 오류를 범할 수도 있다는 사실을 잘못 인식했으며 언제나 반대세력이 존재하는 데에서 오는 인간존재의 투쟁적 성격과 가치·평등을 중심으로 한 심각한 분쟁이 잠재적으로 은닉되어 있다는 사실을 간과했다.

역사주의는 그 이론과 방법론 면에서 경험의 세계와 언어학적·해석학적 방법으로 축소되기 때문에 변화를 통해 전통을 극복하려는 시도가 무산되는 결과를 가져오며 따라서 이것을 극복하고 활력을 다시 찾기 위해서는 사회사의 근대적 연구 방식이 필요하게 되는 것이다.

시대·문화의 형식 및 생활감정은 전체를 구성하지 못하고 삶의 원천의 지류가 되지 못하며 유기체를 형성하지 못할 뿐 아니라 의미로 충만된 삶의 세계는 매우 희귀한 일시적 행운인 것이다. 어떠한 문화도 그 이상 발전하지 않는 완결된 문화로 볼 수 없고, 이성의 엔텔레키(entelechie)적 발전에 반대의 입장이므로 시대가 자체를 넘어서 발전해가려 하지 않는다면 도덕적인 질이 결여된 것으로 볼 수밖에 없다. 또한 "사회가 스스로 만족하는 자신의 척도가 된다면 인간 사회는 위축되는 것"이고 이성과 실존이 그에게 부여한 자결권을 스스로 포기한 셈이 되어 단순한 성장을 넘어선 시대의 질적 변화를 관찰할 수 없게 되는 것이다. 이 때문에 역사주의는 언제나 긍정적이고, 시민 계층의 정치적 무능이며, 복고주의의 현재 부정적 경향이며, 역사와 현재와의 관련에 대한 잘못된 인식이며, 모든 정치 참여의 금지였다는 부정적 평가를 받게 된다.

역사주의는 성장과 몰락은 인정하나 포괄적 발전을 모르고 마음대로 할 수 있는 분야의 부분적인 발전만을 알며 "도덕적인 영역은 간여를 하지 않기 때문에 이것은 실천이성의 투항을 의미하게 되는 것"이다. 실제로 철저한 역사주의는 문화적 총체라는 자체의 요구 때문에 비록 이 총체가 내외로부터 많은 항의·저항을 받을지라도 학술적 비판을 허용하지 않게 된다. 문화가 이해의 수단으로 총체·양식·영혼·생활감정·동기·유기체를 내세우는 대신 인과관계를 배제한다면 이것은 경험의 역사이지 단순한 생의 세계 이상의 변화의 세계로 보려는 이해의 역사는 아닌 것이다. 이로써 역사주의는 역사 기술을 위해 많은 공헌을 했음에도 불구하고 역사 이론적인 면에서 불충분한 점들이 많다고 보아야 마땅할 것이다. 그럼에도 역사주의가 지니고 있는 장점들은 앞으로 비판 과정을 거쳐 재평가되고 새로운 연구가 시도된다면 역사의 이해와 방법론으로서 발전이 예상될 뿐 아니라 그러한 노력이 포스트모더니즘의 재보수화 경향에 힘입어 신역사주의란 이름 아래 현재 부분적으로 진행되고 있는 것 또한 사실이다.[127]

127 Thomas Nipperdey, *Gesellschaft, Kultur, Theorie*(1976), p.59ff.

참고문헌

이규하. 1980~1981. 「독일분단」. 한국서양사학회. ≪서양사론≫, 21~22호 합병호.

_____. 1981. 「독일의 분단」. ≪서양사론≫, 21호.

_____. 1984.4.2. "역사가 주는 의미." ≪전북대학교 신문≫.

이상신. 1984. 『西洋史學史』. 신서원.

헤르만 마우·H. 크라우슈니크. 1976. 『독일 現代史: 1933-1945』, 오인석 옮김. 서울: 探求堂.

E. H. 카(E. H. Carr.). 1999. 『역사란 무엇인가(What is History?)』. 시사영어사.

岩波書店編輯部. 西洋人名辭典. 1966. 東京: 岩波書店.

Acheson, Dean. 1987. *Present at the Creation, My Years in the State Department.* W. W. Norton & Company.

Acton, J. E. E. 1907. *German Schools of History, Historical Essays and Studies.*

Adenauer, Konrad. 1965. *Erinnerungen 1945~1953.*

Adler, Emil. 1968. *Herder und die deutsche Aufklärung.*

Akten zur Deutschen Auswärtigen Politik V.

Amtsblatt des Kontrollrates in Deutschland, Ergänzungsblatt Nr.1, A Decade of American Foreign Policy 1941~1949. 1950.

Angermann, E. 1966. *Die Vereinigten Staaten.*

Appelt, W. 1946. *Geschichte der Weimarer Verfassung.*

Arendt, Hannah. 1972. *Wirtschaft und Gesellschaft.*

_____. 1974. *Über die Revolution.*

Aris, Reinhold. 1936. *History of Political Thought in Germany.*

Aron, Raymond. 1963. *Frieden und Krieg.* dt. Ausg. Ffm.

Aus dem Bericht des Politbüros an die 7. Tagung des Zentralkomitees der SED, Berichtstatter, Genosse Erich Honecker(동독 공산당의 제7차 회의에 관한 정치국의 보고서, DDR Museum Berlin). 1988. p.10, 91.

Axen, Herman. 1989.10.12. "Eines der bedeutsamsten Ereignisse des Jahrhunderts Deutschlands." *Neues Deutschland.*

Backer, John H. 1971. *Priming the German Economy: American Occupational Policies*

1945~1948.

BAD. vol. II. 1. Dok. 125. 중국과 한국에 관한 양국 간의 조약 전문 6조, 5년간 시효.

BAD. vol.IV. Dok. 155. 1905.8. 영일동맹 조약(12 Englisch-Japanisches Bündnis) 전문 8조, 10년간 시효.

BAD. vol.VIII. 2. Dok. 636. 1911. 그레이·가토 조약(Juli 13 Grey-Nakaahi Kato-Vertrag) 전문 6조, 10년간 시효.

Badisches GVBL. 1948.8.6.

Bahrmann, Hannes and Christoph Links. 1991. *Wir sind das Volk, eine Chronik.*

Ballhausen, R. L. 1921. *Bismarck-Erinnerungen.*

Baring, Arnulf. 1950. *Außenpolitik in der Kanzlerdemokratie.* H.3.

_____. 1969. *Außenpolitik in der Kanzlerdemokratie.*

_____. 2015. *Außenpolitik Adenauers Kanzlerdemokratie.*

Bartel, Hans and Herbert Bertsch. 1969. *Sachwörterbuch der Geschichte Deutschlands.* Berlin. Bd I A-K.

Bayern macht erneut Schwierigkeit: RNZ. 1949.4.28.

Below, Georg von. 1924. *Die deutsche Geschichtsschreibung von den Befreiungskriegen bis zu unseren Tagen.*

Berber, Friedrich. 1973. *Das Staatsideal im Wandel der Geschichte.* München: Beck.

Berdrow, W. 1928. *Alfred Krupp, Briefe.* Berlin: Verlag Reimar Hobbing Berdrow.

Berg, Gunter. 1968. *Leopold von Ranke als akademischer Lehrer.*

Bericht über den Aufbau der Volkspolizei in der SBZ, erstattet vom Bundesmin. f. gesamt dt. Fragen(소련 점령 지역 인민 경찰 창설에 관한 보고). 1951. Frühjahr.

bes. Zur Geschichte und Klärung des Begriffes, K. Heuss. 1932. *Die Krisis des Historismus.*

Binder, Gerhard. 1960. *Epoche der Entscheidungen: Eine Deutsche Geschichte des 20 Jahrhunderts mit Dokumenten in Text und Bild.* Seewald Verlag.

_____. 1972. *Deutsche Geschichte des 20. Jahrhunderts mit Dokumenten in Text u. Bild.* Stuttgart: Seewald.

_____. 1972. *Geschichte des 20. Jahrhunderts mit Dokumentation in Text u. Bild.*

Böhme, H. 1966. *Deutschlands Weg zur Großmacht.*

Borch, Herbert von. 1966. *Friede trotz Krieg.*

Bracher, K. D. 1974. *Die nationalsozialistische Machtergreifung.*

Broszat, Martin and Hermann Weber. 1980. *Staatliche Verwaltungen, Parteien, gesellschaftliche Organisationen und ihre Führungskräfte in der sowjetischen Besatzungszone Deutschlands 1945~1949.* München: Ifz.

Broszat, Martin. 1973. *Der Staat Hitlers.* München: Deutscher Taschenbuch-Verlag.

Buczylowsky, Urlich. 1973. *Kurt Schumacher und die deutsche Frage.*

Bullock, Alan. 1953. *Hitler*, Übers. Düsseldorf: Droste-Verlag.

_____. 1972. *Hitler, A study in tyranny*. Oxford.

Bundesarchiv Koblenz. Z1/14 fol.

Bundesarchiv. "Akten persönlicher Stab Reichsführer, SS. Ns 19/Himmler-Reden/5".

Butterfield, Herbert. 1961. *History and Man's Attitude to the Past*.

Cartier, Raymond. 1970. *Histoire mondiale de l'aprés*.

_____. 1977. *Der Zweite Weltkrieg*. Paris: Buchclub Ex Libris.

Carus, K. G. 1963. *Vernunft und Geschichte*.

Castella, Gaston. 1963. *Illustrierte Weltgeschichte III*.

Churchill, Winston. 1951. *Grand Alliance*.

_____. 1961. *The Unwritten Alliance: Speeches 1953 to 1959 by W. S. Churchil*. London: Cassell & Company.

_____. 1966. *Triumph and Tragedy*.

Clay, Lucius D. 1950. *Entscheidung in Deutschland*.

Craig, Gordon, A. 1959. "Germany and NATO; The rearmament debate(1950~1958)," in Klaus Knorr(ed.). *NATO and American Security*. Princeton: Princeton University Press.

_____. 1966. *Königgrätz*. Übers.

Croce, B. 1949. *My Philosophy*.

Department of State, United States of America. 1943. Foreign Relations of the United States(Diplomatic Papers).

Der Vertrag über die Schaffung einer Währungs-Wirtschafts- und Sozial Union zw. BRD u. DDR. 1990.5.18(BGB I,II). p.537.

Deuerlin, Ernst. 1945. *Deutschland nach dem Zweiten Weltkrieg*.

Deutscher Taschenbuch Verlag. *dtv Lexikon*. 1971.

Die Arbeitsunterlage von 1948, MS Privat Archiv Speidel(1948년 슈파이델 사문서집 자료).

Die Rede Adenauers auf dem Bundesparteitag der CDU Goslar(고슬라르 기민당 전당대회에서의 아데나워의 연설). 1950.10.20~22.

Die wichtigsten Teile des deutschen Textes der Byrnes Rede in Gerhart Binder.

Dobbek, Wilhelm and J. G. Herders Weltbild. 1969. *Versuch einer Deutung*.

Documents on the Creation of the German Federal Constitution(독일연방국 창설 문서).

Dormann, Manfred. 1970. *Demokratische Militärpolitik*.

Duhnke, Horst. 1972. *Die KPD on 1983 bis 1945*.

Edinger, Lewis J. 1965. *Kurt Schumacher: A Study in Personality and Political Behavior*. Stanford University Press.

Eisler, Rudolf. 1927. *Wörterbuch der philosophischen Begriffe*, Bd I, A-K.

Elisabeth, Neumann and Erich Peter Noell. 1956. *Jahrbuch Der Öffentlichen Meinung*

1947-1955. Verlag für Demoskopie.

Ensor, R. C. K. 1939. *Herr Hitler's Self-Disclosure in Mein Kampf.* München: Clarendon Press.

Erdmann, K. D. 1959. *Die Zeitalter der Weltkriege.*

Europa Archiv. 1950/Ⅱ.

Fabri, E. 1889. *Fünf Jahre deutscher Kolonialpolitik.*

Fairbank, J. K. and E. O. Reischauer. 1965. *A History of East Asian Civilization.* Boston: Haughton Mifflin Company.

Falkner, Thomas. "Schritte zur Erneuerung: Aktionsprogram der SED." *Neues Deutschland.* 1989.11.2.

Fest, J. C. 1973. *Hitler.* Berlin: Ullstein TB.

_____. 1976. *Hitler.* Frankfurt.

Foreign Relations of the United States. 1944/I.

_____. 1945/III.

_____. 1945/III. Washington, D.C.: U.S. Government Printing Office.

_____. 1946/Ⅴ.

_____. Potsdam Ⅱ.

Friedel, E. 1867. *Die Gründung Preussisch-deutscher Kolonien in Indischen und großen Ozean mit besonderer Rücksicht auf das östliche Asien.*

Friedensburg, Friedrich. 1946. *Die Weimarer Republik.*

Gasset, J. Ortega y. 1952. *Obras completas,* tomo VI.

Gemeint sind die Aktenpublikationen Foreign Relations of the United States, ed. vom Department of State, Washington, D.C.(워싱턴의 미 국무성 외교문서).

General Anzeiger für Bonn und Umgebung(본과 함부르크를 위한 작은 홍보지). Ⅴ.26/27. 1952.1. Siehe Dokumentation.

Gerloff, W. 1913. *Die Finanz-und Zollpolitik des deutschen Reiches.* Jena: Gustav Fischer Verlag.

Goethe, J. W. 1832. *Faust I.*

_____. 1887~1919. *Die natürliche Tochter,* Werke Bd. 10 Weimar.

_____. 1919. *Aphorisches zu Joachim Jungius Leben und Schriften, zur Morphologie.*

_____. 1919. *Aus meinem Leben, Dichtung und Wahrheit.*

_____. 1919. *Maximen und Reflexionen, Aus den Heften zur Morphologie.*

Golomann. 1964. *Blätter für deutsche und internationale Politik.* H.3.

Gorbatschow, Michail. 1989. *Perestroica.*

Greifhagen, Martin. 1984. *Vom Obrigkeitstaat zur Demokratie.*

Grosser, Alfred. 1974. *Geschichte Deutschlands seit 1945: eine Bilanz.* München: Deutscher

Taschenbuch-Verlag.

Gruchmann, G. 1962. *Nationalsozialistische Großraumordnung, Die Konstruktion einer deutschen Monrore-Doktrin, in Schriftenreihe der Vierteljahreshefte für Zeitgeschichte,* Nr.4.

Gruchmann, Lothar. 1960. *Das Koreaproblem.*

_____. 1970. *Der Zweite Weltkrieg: dtv-Weltgeschichte des 20. Jahrhundert,* vol.10. München: Deutscher Taschenbuch Verlag.

Gysi, Georg and Thomas Falkner. 1990. *Das Polibüro: Ende eines Mythos.*

Habermas, J. 1969. *Technik und Wissenschaft als Ideologie.*

Hall, John, Whitney. 1968. *Das Japanische Kaiserreich.*

Hammond, P. Y. 1963. *Directives for the Occupation of Germany.* Tuscaloosa.

_____. *American Draft of Directive for Germany.*

Hanke, Irma. 1988. *Alltag und Politik, Zur politischen Kultur einer unpolitischen Gesellschaft.*

Heiber, H. 1960. *Adolf Hitler.* Berlin: Colloquium Verlag.

Heidegger, M. 1949. *Sein und Zeit*(Tübingen: Neomarius Verlag.

Heinemann, W. G. 1950.10.13. *Denkschrift für deutsche Sicherheit.*

_____. 1951.9.1. *Deutsche Friedenspolitik.* im Stimme der Gemeinde.

Hermann, Wilhelm. 1948. *Ein Beitrag zur Methodik der Massenführung.* Hamburg: Hansischer Gildenverlag.

Herzfeld, Hans. 1968. *Der Erste Weltkrieg.*

_____. 1978. *Die Weimarer Republik.* Ullstein GmbH.

HHStA. "Pekingbericht, Nr2 Vertraulich 1898(북경으로부터의 보고서)." *Über den Anschluß der Verhandlungen Zwischen Dutschland und China betreffs der Kiautschau Bucht.*

Hillgruber, Andreas. 1947. *Deutsche Geschichte: Die deutsche Frage in der Weltpolitik.*

_____. 1976. *Deutsche Geschichte 1945-1972.* Ullstein Verlag.

Hinrichs, Carl. 1954. *Ranke und die Geschichtstheologie der Goethe Zeit.*

Hiscocks, Richard. 1957. *Democracy in Western Germany.*

Hitler, Adolf. 1925. *Mein Kampf.* Franz Eher Nachfolger.

_____. 1941. *Mein Kampf.* München: Zentralverlag.

_____. 1961. *Zweites Buch.* Stuttgart: Deutsche Verlags-Anstalt.

Hoegner, Wilhelm. 1959. *Der Schwierige Aussenminister: Erinnerungen eines Abgeordneten, Emigranten und Ministerpräsidenten.*

Hofer, Walther. 1950. *Geschichtsschreibung und Weltanschauung.*

Holborn, Hajo. 1947. *American Military Government: Its Organizations and Policies.*

Holstein, F. V. 1957. *Die geheimen Papiere II.*

Horowitz, David. 1969. *Kalter Krieg,* Bd I.

Hösch, Edgar. 1968. *Geschichte der Balkanländer.* Stuttgart: Kohlhamme.

Hubatsch, Walther. 1973. *Hitlers Anweisungen.*

Humbolt, Wilhelm von. 1880. *Ideen Zu Einem Versuch, die Grenzen der Wirksamkeit des Staates zu bestimmen.*

_____. 1880. *Über die Verschiedenheit des menschlichen Sprachbaues und ihren Einfluss auf die geistige Entwicklung des Menschengeschlechts.*

_____. 1903. *Ideen zu einem Versuch, die Grenzen der Wirksamkeit des Staates zu bestimmen.*

Hume, D. 2000. *An Inquiry Concerning the Human Understanding.* Oxford University Press. pp.94~95(Section III, Part I).

Huntington, Samuel. 1968. *Political Order in Changing Societies.* New Haven, CT: Yale University Press.

Iggers, Georg, G. 1971. *Deutsche Geschichtswissenschaft.*

Jacobsen, Hans, A. 1964. *Der Zweite Weltkrieg, Grundzüge der Politik u. Strategie in Dokumenten.* Frankfurt.

_____. 1978. Vorwort, in Arthur Smith, and Churchils Deutsche Armee, *Die Anfänge des Kalten Krieges, 1943~1947.*

Jesse, Eckhard. 1990. *DDR-Von der friedlichen Revolution zur deutschen Vereinigung.* Leske.

Kähler, S. A. 1927. *Wilhelm von Humboldt und der Staat.*

Kaiser, Karl. 1991. *Deutschlands Vereinigung, Die internationale Aspekte.* Bastei Lübbe Verlag.

Kant, I. 1900. *Leipzig 1870, Bd VI: Idee zu einer allgemeinen Geschichte in weltbü rgerlicher Absicht*(Sämtliche Werke).

Karl, G. 1965. *Russische Geschichte.*

Kenann, George. 1947.7. *The Sources of Soviet Conduct, Foreign Affairs.*

Kenntemich, Wolfgang. 1993. *Das war die DDR.*

Kessel, Eberhard. 1959. *Zur Theorie und Philosophie der Geschichte.*

Kindermann, G. K. 1970. *Der Ferne Osten in der Weltpolitik des industriellen Zeitalters.*

Klages, Helmut. 1991. *Deutschlands Vereinigung, Die internationale Aspekte.*

Kluxen, K. 1968. *Geschichte Englands.*

Knopp, Guido and Ekkehard Kuhn. 1991. *Traum und Wirklichkeit.*

Kolze, H. and H. Krausnik(eds.). 1967. *Aufzeichnungen.*

Krenz, Egon. 1989.11.4. "Fernseh-und Rundfunkansprache von Egon Krenz und die Bürger der DDR", *Neues Deutschland.*

_____. 1989.11.9. "In der DDR-gesellschaftlicher Aufbruch zu einem erneuerten Sozialismus", *Neues Deutschland.*

Lan, Fan Wön. 1959. *Neue Geschichte Chinas.*

Laski, H. J. 1946. *Reflection on the Revolution of our Time.* New York: The Viking.

Latourette, K. S. 1966. *The Chinese, Their History and Culture.*

Leonhart, H. H. 1981. *Der Weg preussischer Vorherrschaft und das unsichtbare Reich der Welfen.*

Lovejoy, Arthur. 1942. *The Great Chain of Being.*

Löw, Konrad. 1989. *Ursache und Verlauf der deutschen Revolution.*

Löwenthal, Richard and Hans Peter Schwarz(eds.). 1974. *Die zweite Republik: 25 Jahre Bundesrepublik Deutschland-Eine Bilanz.* Stuttgart: Seewald.

Ludz, Christian, P. 1970. *Parteielite im Wandel.*

Lukacz, Georg. 1953. *Die Zerstörung der Vernunft.* Berlin: Aufbau-Verlag.

Maier, Hans. 1948. *Deutscher und europäischer Föderalismus.*

_____. 1964. *Ein Grundstein wird gelegt: Die Jahre 1945~1947.*

Martin, Laurence W. 1963. "The American Decision to Rearm Germany." in Harold Stein(ed.). *American Civil-Military Decisions. A Book of Case Studies.* Birmingham· Alabama: University of Alabama Press.

Maser, W. 1977. "Er starb mit reinem Gewissen- Interview mit Hitler-Forscher." in Christian Zentner(ed.). *Adolf Hitler, Sonderdokumentation.* Hamburg: Jahr-Verlag K.G.

Masur, G. 1926. *Rankes Begriff der Weltgeschichte.*

Mathias, L. L. 1954. "*Wie kam es zur Teilung Deutschlands?*" *Neuer Vorwärts.* vol.3, no.12.

Meinecke, F. 1935. *Die englische Präromantik des 18 Jahrhunderts als Vorstufe des Historismus.*

_____. 1908. *Weltbürgertum und Nationalstaat.*

_____. 1936. *Die Entstehung des Historismus,* B.I.

_____. 1972. *Historism.*

Meisner, H. O.(ed.). 1929. *Kaiser Friedrich III, Tagebücher von 1848~1866.*

Meissner, Boris. 1953. *Rußland, die Weltmächte und Deutschland.*

Michelet, J. 1827. *Principes de la philosophie de L'histoire de J.B. Vico.*

Miller, Hans. 1967. *Die beiden Weltkriege.*

Ministerpräsident Prof. Geiler an Rossmann. 1946.3.19, fol.155.

Mitter, Armin. 1960.1. *Ich liebe euch: Lageberichte des Mfs.* Berlin: DDRO.

Modrow, Hans. 1989. *Souverane DDR muß ein solider Baustein für europäisches Haus sein.* DDR Museum Berlin.

Mojonnier, Arthur. 1964. *Illustrierte Weltgeschichte.* Zürich: Stauffacher Verlag.

Moltmann, G. 1953. *Amerikanische Deutschlandplanung in 2. Weltkrieg.*

Morgenthau, Henry. 1947. *Our Policy* II. New York Pst.

Möser, Justus. 1937. *Volk und Geschichte über die deutsche Volksgeschichte.*

Murphy, Robert D. 1965. *Diplomat unter Kriegern.*

Nawasky, H. 1948. *Probleme einer deutschen Gesamtstaatsverfassung.* Frankfurter Hefte, März.

Neumann, Sigmund. 1949. *The International Civil War, in World Politics,* 3Jg, Nr.1.

Neumann. Erich, Peter and E. Nölle. 1954. *Antworten.*

Nipperdey, Thomas. 1976. *Gesellschaft, Kultur, Theorie.* Göttingen: Vandenhoeck + Ruprecht Gm.

Nolte, Ernst. 1963. Der Faschismus in seiner Epoche. Berlin: Piper.

_____. 1974. *Deutschland und der kalte Krieg.* München · Zürich: Piper.

Novalis, F. 1987. *Die Christenheit oder Europa.*

Oberndörfer, Dieter. 1962. *Politik als praktische Wissenschaft.* Freiburg/Br.

Oeuvres de Montesquieu. 1819. *Esprit des Lois,* Tome 1, Livre ler. Chap.1.

Office of Military Government, U.S. 1949. Civil Administration Division, Documents on the Creation of the German Federal Constitution(독일연방정부 창설에 관한 문서).

Plötz, A. G. 1959. *Konferenzen und Verträge,* Bd 4(1914~1959). Würzburg: A. G. Ploetz Verlag.

Pollock, John. 1949. *Germany under Occupation.*

Pöschinger, H. F. von. 1896. *Fürst Bismarck und die Parlamentarier.*

Prantl, C. 1845. *Die gegenwärtige Aufgabe.*

Protokoll der Internen Sitzung des Länderrates. 1946.6.4. Z1 18, fol.252.

Protokoll der Pressekonferenz Adenauers(아데나워 기자회견 문서록). MS, Archiv, BPA.

Protokoll der Pressekonferenz(기자회견 기록 문서). 1950.12.1. MS, Archiv BPA.

Protokoll der Verhandlungen des Parteitages der SPD in Hamburg(함부르크 사민당 전당대회의 협상 문서). 1950.5.21~25.

Pünder, Hermann. 1966. *Das bizonale Interregnum: Die Geschichte des Vereinigten Wirtschaftsg ebiets 1946~1949.*

_____. 1968. *Von Preussen nach Europa, Lebensrinnerungen.*

Radowitz, J. M. 1925. *Aufzeichnungen und Erinnerungen* I.

Ranke, Leopold von. 1824. *Geschichte der romanischen und germanischen Vöelker von 1494-1535.* Reimer.

_____. 1890. *Die grossen Mächte,* vol.24.

_____. 1992. *Weltgeschichte.*

_____. *Aufsätze zur eigenen Lebensbeschreibung.* SW.53/54.

Rassow, Peter. 1973. *Deutsche Geschichte im Überblick*.

Rauch, Georg von. 1969. *Geschichte der Sowjetunion*.

Rauschning, Hermann. 1964. *Die Revolution des Nihilismus*. Zürich: Europa Verlag.

_____. 2012. *Gespräch mit Hitler*. Europa Verlag GmbH & Company KG.

Rehufes Nr.582. 1870.6.6. GA 963, 45.

Rehufs an Hart(레후페스가 하르트에게 보내는 문서), 1869.10.25. GA 2017. 53.

Reichmann, E. G. 1956. *Die Flucht in den Haß*.

Rein, Gerhard. 1989. *Die Opposition in der DDR*.

Reinhold, Otto. 1989.8.8. "Der Sozialismus als Leistungsgesellschaft." *Neues Deutschland*.

Richardson, James L. 1967. *Deutschland und die NATO. Strategie und Politik im Spannungsfeld zwischen Ost und West*.

Richert, Ernst. 1964. *Das zwiete Deutschland*.

Richthofen an Bismarck(리히트호펜이 비스마르크에게 보내는 문서). 1877.5.31. GA 963, 14.

Richthofen, F. Freiherr von. 1971. *China*, vol.I.

_____. *Tagebücher aus china*, I.

Rönnefarth, H. 1963. *Konferenzen und Verträge*, vol.III.

Röpke, Wilhelm. 1942. *Die Gesellschaftkrise der Gegenwart*.

Rossmann, Kurt. 1969. *Deutsche Geschichtsphilosophie, Ausgewählte Texte von Lessing bis Jaspers*.

Rüsen, Jörn. 1985. *Von der Aufklärung zum Historismus*.

Salis, J. R. 1968. *Weltgeschichte der neuesten Zeit*, vol. II.

Sauer, W. 1976. *Bismarck und der Imperialismus*.

Savigny, F. C. 1814. *Vom Berufe unserer Zeit für Gesetzgebung und Rechtswissenschaft*.

Schabowski, Günter. 1990. *Das Politbüro, Ende eines Mythos*.

Schäuble, Wolfgang. 1993. *Der Vertrag*.

Scholtz, Gunter. 1937. *Historismus als Spekulative Geshichtsphilosophie*.

_____. 1973. *Historismus als spekulative Geschichtsphilosophie*.

Schubert, K. von. 1970. *Wiederbewaffnung*. DVA.

Schumacher, Kurt. *Die deutsche Sicherheit, Die Sozialdemokratie zur Verteidigung Deutschlands, Hannover 1950*.

_____. *Die Rolle der Volkspolizei*.

Schreiben Pollocks an den Generalsekretär des Länderrates Rossmann. 1946.1.30.

Schumachers Stuttgarter Rede. 1950.9.17.

Schumpeter, J. A. 1952. *Theorie der wirtschaftlichen Entwicklung: eine Untersuchung über Unternehmergewinn, Kapital, Kredit, Zins und den Konjunkturzyklus*. Berlin: Duncker & Humblot.

Schwäbische Post. 1948.11.11.

Schwarz, H. P. 1966. *Vom Reich zur Budesrepublik.*

_____. 1974. *25 Jahre Bundesrepublik Deutschland.* Seewald Verlag.

Schwert, Klaus von. 1970. *Wiederbewaffnung und Westintegration, die innere Auseinandersetzung und die außenpolitische Orientierung der Bundesrepublik 1950~1952.*

Semmel, B. 1965. "On the Economics of Imperialism." in B. Hoselitz(ed.). *Economics and the Idea of Mankind.* N.Y.: Columbia University Press.

Siegler, Heinrich. 1966. *Dokumentation zur Abrüstung und Sicherheit,* Bd I 1943~1959.

Simon, Ernst. 1928. *Ranke und Hegel.*

Snell, J. L. 1952. *Wartime Origin of the East-West Dilemma over Germany.*

SPD Parteitag Protokoll 1948(1948년 사민당 당대회 문서).

Spindler, G. 1950.7.21. *Der Fortschritt.*

Srbik, Heinrich, Ritter von. 1951. *Geist und Geschichte vom deutschen Humanismus bis zur Gegenwart.*

Statisches Jahrbuch. 1955.8.8.

Stimson, H. L. and M. Bundy. 1948. *On Active Service in Peace and War.*

Stocker, Helmuth. *Deutschland und China im 19. Jht des Deutschen Reiches.*

Stöckl, G. 1965. *Russische Geschichte.*

Strang, William. 1956. *Home and Abroad.*

Strauss, Wilhelm. 1948. Zusammenstellung der sechs in Bremen angenommenen Entschliessungen, Europa Archiv, 3(유럽 문서고에 있는 브레멘의 6개항의 결의 내용).

_____. 1957. *Die gesamtdeutsche Aufgabe der Ministerpräsidenten während des Interregnums 1945~1949.*

Taylor, A. J. P. 1976. *Die Ursprünge des 2. Weltkrieges,* Übers. Oxford.

Telegramm CC-5797. 1946.5.

Telegramm Murphys an Byrenes. 1945.12.16.

_____. 1946.8.11.

Text der Atlantik-Charta. *Documents on American Foreign Relations,* vol.IV.

Thalheim, Karl, C. 1975. *Die DDR nach 25 Jahren.* DDR Museum Berlin.

Thayer, W. 1957. *The Unquiet Germans.*

Tillinghast, Pardon E. 1963. *Approaches to history.* New Jersey.

Tönnies, Nobert. 1957. *Der Weg zu den Waffen, Die Geschichte der deutschen Wiederbewaffnung 1949~1957, mit einem Vorwort von Bundesminister für Verteidigung Franz Josef Strauß.* Köln.

_____. 1962. *Der Weg zu den Waffen.*

Treue, Wilhelm. 1948. *Deutsche Geschichte.*

_____. 1955. *Parteien in der Bundesrepublik, Institut für politische Wissen-schaft*.

_____. 1965. *Deutsche Geschichte*.

_____. 1976. *Deutsche Geschichte*.

Trevor-Roper, H. R. 1960. *Hitlers Kriegsziele, in Vierteljahreshefte für Zeitgeschichte*.

_____. 1965. *Hitlers Letzte Tage*. Frankfurt: Ullstein-Verlag.

Troeltsch, Ernst. 1922. *Der Historismus und seine Probleme*.

Truman, Harry S. 1955. *Memoiren* vol.I: *Das Jahr der Entscheidungen 1945*.

_____. 1956. *Memoirs*. Garden City.

_____. *Memoiren*, vol.I.

Tunk, E. von. 1965. *Das 20. Jahrhundert*. Augsburg: Stauffacher Verlag.

Tüngel, Richard. "Soll Deutschland aufrüsten?" *Die Zeit*. 1948.12.2.

Tyulpanow, S. I. 1966. *Die Rolle der sowjetischen Militäradministration in demokratischen Deutschland*.

Valentin, Veit. 1947. *Deutsche Geschichte*, Bd 2. Berlin: Pontes-Verlag.

Verhandlungen des deutschen Bundestages, stenografisches Protokoll(독일연방 의회 협상 속 기록 문서). 1949.12.16.

Vogel, Johanna. 1978. *Kirche und Wiederbewaffnung*.

Vogel, Rudolf. *Der Kampf um den Wehrbeitrag*, vol.II.

Vogelsang, Thilo. 1966. Hinrich Wilhelm Kopf und Niedersachsen(니더작센주의 주문서).

_____. 1976. *Das geteilte Deutschland. Weltgeschichte des 20. Jahrhunderts*, vol.11. München: Deutscher Taschenbuch-Verlag.

_____. 1976. *Die Nationalsozialistische Zeit, Deutschland 1935 bis 1939*. Frankfurt: Fischer Verlag.

_____. *Das geteilte Deutschland*.

Wagner, F. 1965. *Der Historiker und die Weltgeschichte*.

Wagner, Georg. 1993. *Das gespaltene Land: Leben in Deutschland 1945~1990*.

Washington(AP). 1950.6.27.

Weber, Hermann. 1989. *SED und Stalinismus*.

Weber, Max. 1972. Wirtschaft und Gesellschaft, *Grundrisse der Verstehenden Soziologie*.

Wettig, Gerhard. 1967. *Entmilitarisierung und Wiederbewaffnung in Deutschland, 1943~1955*. Seewald Verlag.

Weymar, Paul. 1955. *Konrad Adenauer, eine autorisierte Biographie*.

Wilhelm, Cornides. 1957. *Die Weltgeschichte und Deutschland*.

"Wird Bonn in Berlin tagen." NY. 1948.10.21.

Wright, Harrison M. 1966. *The new Imperialism, Analysis of Late Nineteenth-Century Expansion*.

Zentner, Christian(ed.). 1977. *Adolf Hitler, Sonderdokumentation.* Hamburg: Jahr-Verlag K.G.

Zöllner, Erich. 1966. *Geschichte Österreichs.* Wien: Verlag für Geschichte und Politik.

신문

Frankfurter Allgemeine Zeitung(FAZ).

Frankfurter Rundschau.

Hannover Presse.

Kölnische Rundschau.

Lake Success(AP).

Neue Ruhr-Zeitung.

Neue Zeitung.

Neuer Vorwärts.

Neues Deutschland.

Reinischer Merkur.

Rheinische Post.

Rheinische Zeitung.

지은이 **이규하**

현재 전북대학교 명예교수(2004년 정년퇴임)

전북대학교 인문대학 사학과 졸업(1964)

오스트리아 빈 대학교 철학박사(Ph.D., 서양학 전공) 학위 취득(1964~1971)

독일 뮌헨 대학교 대학원 정치학과 1년 수료(1977~1978)

독일 현대사연구소, 베를린 자유대학교, 본 대학교, 프랑스 스트라스부르 대학교 연구원 역임

하버드 대학교 연구교수 역임

전북사학회장 역임

전북대학교 인문학 연구소장 역임

교육부 세계지역연구소 심사·평가위원 역임

한국 서양사학회 학술·정보이사 역임

부산사학회 학술이사 역임

저·역서

『서양사회분석』(1975), 『서양사의 심층적 이해』(2004), 『새로운 삶』(2005), 『서양 견문 연구록: 지산 이규하 박사의 저작과 생애』(2012), 『새천년을 향한 가톨릭 지성의 좌표』(공저, 2000), 『서양사신론 I·II』(공역, 1979), 『봉건주의에서 자유주의에로 전환』(공역, 1981)

한울아카데미

이규하 교수 논문집

원로 역사학자의 독일 현대사 연구

ⓒ 이규하, 2018

지은이 ㅣ 이규하
펴낸이 ㅣ 김종수
펴낸곳 ㅣ 한울엠플러스(주)
편 집 ㅣ 조인순·김지하

초판 1쇄 인쇄 ㅣ 2018년 12월 26일
초판 1쇄 발행 ㅣ 2018년 12월 31일

주소 ㅣ 10881 경기도 파주시 광인사길 153 한울시소빌딩 3층
전화 ㅣ 031-955-0655
팩스 ㅣ 031-955-0656
홈페이지 ㅣ www.hanulmplus.kr
등록번호 ㅣ 제406-2015-000143호

Printed in Korea.
ISBN 978-89-460-6593-2 93920

※ 책값은 겉표지에 표시되어 있습니다.